北京大学人文学部主办
北京大学西方古典学中心承办

感谢穆启乐教授
（Prof. Dr. Fritz-Heiner Mutschler）
对本刊出版的长期支持和慷慨资助

商務印書館（上海）有限公司 出品
The Commercial Press (Shanghai) Co.Ltd

古典与中世纪研究

— 第三辑 —

吴天岳　主编

彭小瑜　高峰枫　副主编

商务印书馆
The Commercial Press

图书在版编目(CIP)数据

古典与中世纪研究.第3辑/吴天岳主编;彭小瑜,
高峰枫副主编. —北京:商务印书馆,2022
ISBN 978-7-100-20814-7

Ⅰ.①古… Ⅱ.①吴… ②彭… ③高… Ⅲ.①社会科
学-文集 Ⅳ.①C53

中国版本图书馆 CIP 数据核字(2022)第 035551 号

古典与中世纪研究
第三辑
吴天岳　主编

彭小瑜　高峰枫　副主编

商 务 印 书 馆 出 版
(北京王府井大街36号　邮政编码100710)
商 务 印 书 馆 发 行
山 东 临 沂 新 华 印 刷 物 流
集 团 有 限 责 任 公 司 印 刷
ISBN 978 - 7 - 100 - 20814 - 7

2022 年 5 月第 1 版　　开本 710×1000　1/16
2022 年 5 月第 1 次印刷　印张 20.25
定价:98.00 元

目 录

论　文

苏格拉底的系统哲学教育

色诺芬《回忆苏格拉底》IV.2−7 *

刘　玮

想要真正搞清楚历史上的苏格拉底是谁这个"苏格拉底难题"，我们至少需要同时处理阿里斯托芬（Aristophanes）、柏拉图（Plato）、色诺芬（Xenophon）、亚里士多德（Aristotle）这四个主要的资料来源，此外还有其他一些更零散的资料中对与苏格拉底的记载。[1] 而在所有这些资料里，只有色诺芬和柏拉图给我们提供了关于苏格拉底相对完整的记载。关于"苏格拉底哲学"的讨论，曾经几乎完全集中在柏拉图所谓的"早期对话"上 [2]；而色诺芬的"苏格拉底言辞"（*logoi sokratikoi*），以及色诺芬与柏拉图的比较，关注的学者一直以来都要少很多 [3]，这种情况只是在近年才得到了

* 本文得到国家社科基金（项目编号：17BZX098）和中国人民大学 2020 年度中央高校建设世界一流大学（学科）和特色发展引导专项资金的支持。我要感谢易刚对本文初稿提出的修改意见。

1 这些比较零散的资料如今已经得到了很好的编辑整理，参见 Gabriele Giannantoni, *Socratis et Socraticorum Reliquiae* (Napoli: Bibliopolis, 1990−1991)。

2 比较典型的例子包括 G. X. Santas, *Socrates: Philosophy in Plato's Early Dialogues* (London: Routledge, 1979); Hugh Benson ed., *Essays on the Philosophy of Socrates* (New York: Oxford University Press, 1992); T. Brickhouse and N. D. Smith, *The Philosophy of Socrates* (Boulder: Westview Press, 2000); T. Brickhouse and N. D. Smith, *Socratic Moral Psychology* (Cambridge: Cambridge University Press, 2010) 等。当然，关于柏拉图"早期对话"的性质和分期都有大量争论，本文不做讨论。

3 这种忽视有很多原因，比如很多古典学和哲学学者认为色诺芬的记载大都衍生自其他人的记载因而缺少独立价值（比如 Karl Joël, Léon Robin）；色诺芬的"苏格拉底言辞"几乎都是没有什么历史价值的"文学作品"（比如 Charles Kahn），色诺芬笔下的苏格拉底坚持的价值观过于传统因此不可能是真的（比如 Heinrich Maier, Terence Irwin），色诺芬的哲学造诣太差因此无法充分理解苏格拉底（比如 Olof Gigon），等等（而且这些贬低色诺芬的理由并不互相排斥）。我们甚至可以不无夸张地说，在整个 20 世纪真正严肃对待色诺芬的"苏格拉底言辞"的学者寥寥无几，这里面的几个例外包括施特劳斯（Leo Strauss）、帕策（Andreas Patzer）、莫里森（Donald Morrison）和库珀（John Cooper）。

一些改善。[1]

本文试图从色诺芬《回忆苏格拉底》(*Memorabilia, Apomnêmoneumata*；以下简写为《回忆》)第 4 卷第 2—7 章切入色诺芬对苏格拉底的记载。之所以选择这 6 章有两个主要的原因。首先，在几乎所有关于苏格拉底的作品中，苏格拉底都是以某场对话的参与者出现的。虽然我们知道，他和很多人都有过不止一次对话，比如阿尔西比亚德(Alcibiades)、希庇阿斯(Hippias)，等等，但是现有的记载却没有给我们提供任何**连续性**的记录，我们看到的都是苏格拉底和这些人的某一次谈话。色诺芬《回忆》IV.2-7 几乎是这方面唯一的例外，在这里色诺芬为我们呈现了苏格拉底与青年欧叙德谟(Euthydemus)之间的一系列对话，为我们了解色诺芬心目中的苏格拉底作为一个青年的"诱惑者"和"教育者"提供了一个难得的切入点。

其次，关于如何理解这几章的内容，在学者中间也产生了重要的分歧。以施特劳斯和他的弟子布鲁尔、潘格尔为代表的学者认为，这几章具有明显的"反讽"意味，因为苏格拉底的教育对象欧叙德谟是一个英俊无脑、自命不凡的青年，他可以说是"不可教之才"的最佳代表。[2] 而另一方面，莫里森和约翰逊等学者则主张，色诺芬对苏格

1　近些年比较有代表性的著作和论文集包括：L. Rossetti & A. Stavru eds., *Socratica 2005: Studi sulla letteratura socratica antica presentati alle giornate di studio di Senigallia* (Bari: Levante, 2008); L. Rossetti and A. Stavru eds., *Socratica 2008: Studies in Ancient Socratic Literature* (Bari: Levante, 2010); F. De Luise & A. Stavru eds., *Socratica III. Studies on Socrates, the Socratics, and Ancient Socratic Literature* (Sankt Augustin: Academia Verlag, 2013); Gariel Danzig, *Apologizing for Socrates: How Plato and Xenophon Created our Socrates* (Lanham: Rowman & Littlefiled, 2010); F. Hobden and C. Tuplin eds., *Xenophon: Ethical Principles and Historical Enquiry* (Leiden: Brill, 2012); M. Fowler ed., *The Cambridge Companion to Xenophon* (Cambridge: Cambridge University Press, 2017); G. Danzig, D. Johnson and D. Morrison eds., *Plato and Xenophon: Comparative Studies* (Leiden: Brill, 2018)。论文方面，需要特别关注 Louis André Dorion, Gabriel Danzig, D. Morison, D. Johnson 等人的贡献。

2　Leo Strauss, *Xenophon's Socrates* (Ithaca: Cornell University Press, 1972), pp. 94, 100(他认为欧叙德谟这样的青年 "没有[真正]学习的欲求，而只有对学习的某种执念[perverse desire，甚至可以翻译成'变态的欲求']，他没有良好的本性"；就算在 IV.2 欧叙德谟证明了自己比很多人更好，"也不能说明他有良好的本性"); Christopher Bruell, "Introduction: Xenophon and His Socrates", in *Xenophon: Memorabilia*, trans. Amy L. Bonnette (Ithaca: Cornell University Press, 1994), pp. xxi-xxii(他称欧叙德谟为"无脑的美少年"，"绝不会反对苏格拉底"；并且强调"苏格拉底跟谁讨论无关紧要"); Thomas Pangle, *The Socratic Way of Life: Xenophon's Memorabilia* (Chicago: University of Chicago Press, 2018), pp. 167-168(他称欧叙德谟为"良好本性的漫画版本"，"在精神上和理智上都毫无前途的美少年"，"色诺芬在跟读者开玩笑")。事实上，这三位学者都没有给出有力的理由去论证苏格拉底对欧叙德谟的教育带有反讽性，或者论证欧叙德谟是无法被成功教育的典范。在下面我会提到有可能支持他们的最强证据，但是即便如此，我们也会看到，支持这种"反讽性"解读的证据非常单薄。

拉底的这些描绘没有任何反讽的意味，而是呈现了一个成功的教育者的形象。[1]

本文尝试分析色诺芬在这 6 章中如何运用高超的笔法呈现苏格拉底对欧叙德谟的**系统教育**。在此过程中我们会看到，色诺芬的记载不仅没有任何反讽的味道，而且充满了色诺芬对苏格拉底的感情，以及对苏格拉底作为一个杰出老师的深刻洞见。[2]下面的讨论也会印证莫里森的一个判断：《回忆》"精微而复杂的结构表明，任何声称色诺芬太过愚笨无法理解苏格拉底的人都是在说谎"[3]。在这个过程中，我们还会看到柏拉图和色诺芬笔下的苏格拉底之间在一些重要观点和方法上的相似与差别。[4]

一、哲学教育的开端：苏格拉底的"破坏性"（《回忆》IV.2）

色诺芬在这一章的开头说，他的目的是要表明，"苏格拉底如何对付那些自认为接受了最好的教育，并且为自己的智慧而骄傲的人"（IV.2.1）[5]。从这个说法看，色诺芬这一章的目的好像确实是在批判，也好像确实可以为"反讽性阐释"提供初步的支持；另一个似乎可以支持"反讽性阐释"的是欧叙德谟这个名字字面的意思就是"头脑简单的"（$εὐθύς$）"人"（$δημός$）；第三个似乎可以支持"反讽性阐释"的证据是在《回忆》I.2.29 色诺芬也提到了欧叙德谟，说克里提阿斯（Critias）整天缠着这个美少年，苏格

---

1 Donald Morrison, "Xenophon's Socrates as a Teacher", in P. Vander Waerdt ed., *The Socratic Movement* (Ithaca: Cornell University Press, 1994), pp. 181–208; David M. Johnson, "Xenophon at his Most Socratic (*Memorabilia* 4.2)", *Oxford Studies in Ancient Philosophy*, Vol. 29 (2005), pp. 39–73.

2 大体上讲，我同意莫里森和约翰逊对苏格拉底的判断，但是在一些细节上有所不同；更重要的是，他们都将主要的注意力集中在《回忆》IV.2，而我认为整体考察 IV.2–7 会表明，色诺芬笔下的苏格拉底是一个非常系统的教育者。

3 Morrison, "Xenophon's Socrates as Teacher", p. 183.

4 由于篇幅所限本文无法做出细致的比较，而只能给出一些提示性的讨论。

5 《回忆》的文本均为笔者根据 E. C. Marchant ed., *Xenophontis, Commentarii* (Oxford: Oxford University Press, 1901) 中的希腊文本翻译，参考了 Marchant (Xenophon, *Memorabilia, Oeconomicus, Symposium, Apology*, trans. E. C. Marchant and O. J. Todd, Cambridge: Harvard University Press, 1923)、Waterfield (Xenophon, *Conversations of Socrates*, trans. Robin Waterfield, London: Penguin, 1990)、Bonnette（前引）的英译本。

拉底骂克里提阿斯像猪在石头上蹭痒痒一样围着欧叙德谟转，并因此遭到了克里提阿斯的记恨。[1]

但是这三条"证据"远不足以为"反讽性阐释"提供有效的支持。首先，色诺芬接下来的记载很快就清楚地表明，苏格拉底选择欧叙德谟绝非偶然，而是经过了认真的考察，而且欧叙德谟也配得上苏格拉底的挑选。其次，欧叙德谟的名字虽然有可能被理解成"头脑简单"，但是它同时也意味着"单纯""直率"，并不一定是贬义，而且色诺芬给了他这么大的戏份，他应该确实是苏格拉底"圈子"里的重要一员[2]。最后，在《回忆》I.2.29 苏格拉底批评的是克里提阿斯无法克制自己的欲望，这个批评本身与欧叙德谟无关，而且在那个上下文中，色诺芬并没有把欧叙德谟描绘成一个美貌而无脑的"花瓶"。

我们来看看苏格拉底挑选的这个欧叙德谟到底是个什么样的人呢？他确实是个美少年，而且收集了很多著名诗人和智者的作品，并且因此认为自己已经在智慧方面超过了其他人，还对自己日后成为伟大的政治家满怀抱负（《回忆》IV.2.1）。色诺芬这寥寥几笔，就为我们呈现了苏格拉底选定欧叙德谟的深入考量和充分理由：首先是欧叙德谟的美貌和高贵的出身（否则他不可能买得起那么多书）。在希腊人看来，美貌通常都是卓越的一个表征，而且拥有美貌和高贵家世的男孩也最容易受到他人的诱惑。因此苏格拉底更迫切地想要挽救这颗灵魂。[3] 其次，欧叙德谟并不是那种很看重物质和金钱的年轻人，他虽然没有找到正确的方法，但是确实关心智慧，这让他至少在表面上与苏格拉底有大体相同的价值取向。再次，除了智慧之外，欧叙德谟还有明确的政治目标，希望在公共生活中出人头地，这也就很自然地让他对相关的话题产生兴趣，因此会比较容易"引诱"。[4] 在锁定目标之后，苏格拉底开始行动。

1　这已经是最大限度地呈现看似支持"反讽性阐释"的文本了。

2　在柏拉图的《会饮》222a-b 中也提到了欧叙德谟是苏格拉底的追随者之一。

3　苏格拉底对"美少年"的兴趣是出了名的，因此色诺芬也特别提到了欧叙德谟的美貌。

4　和柏拉图在《苏格拉底的申辩》中强调苏格拉底愿意和每一个人不论男女老少讨论问题（29e-30b）不同，色诺芬更强调苏格拉底只选择那些他"爱"的对象，也就是那些学东西很快、记忆力很好，并且愿意学习那些对家政、政治和他人有好处的知识（《回忆》IV.1.2），欧叙德谟看起来完全符合这几条标准。有些学者在欧叙德谟那里看到了阿尔西比亚德或者色诺芬本人的影子，这种可能性当然存在，但是即便有影射阿尔西比亚德或者色诺芬本人也显然不是这段文本的主要目的。

苏格拉底注意到欧叙德谟经常到公共市场旁的一个马具店去，于是和几个同伴一起去了那个马具店，这是苏格拉底第一次带着明确的目的去见欧叙德谟。他没有直接找欧叙德谟说话，而是和同行的朋友非常简短地聊了一个关于特米斯托克勒斯（Themistocles）的话题。特米斯托克勒斯是雅典历史上著名的政治家，为雅典对抗波斯人的入侵，打赢希波战争做出了最大的贡献。苏格拉底的同伴问他：特米斯托克勒斯是因为跟有智慧的人学习，还是仅仅因为自然的天赋，才成为伟大的政治家？苏格拉底的回答看似云淡风轻：如果一般的技艺（皮匠、铁匠等）都要跟师傅学习，那么更加重要的政治技艺当然也需要有人教导。根据色诺芬的记载，苏格拉底和欧叙德谟的第一次见面就这么草草结束了。

这段非常简短的描述，既显示了苏格拉底的策略，又显示了色诺芬对苏格拉底的深刻体察。苏格拉底不想一开始就跟谈话对象一对一交锋——这样容易造成气氛的尴尬和紧张，而是要以并不突兀的方式（他和别人讨论）引起欧叙德谟的关注，而引起关注的方式就是讨论一个欧叙德谟一定会关心的问题，一个关于雅典历史上最伟大的政治家的问题，一个关于如何才能在政治上获得成功的问题。[1]

似乎是为了故意勾起欧叙德谟的好奇和思考，苏格拉底"过了一段时间"才又去马具店第二次见欧叙德谟，还是和几个人一起。这一次苏格拉底注意到，欧叙德谟故意表现得很疏离，不愿意加入他们的讨论，也努力克制自己不对苏格拉底的智慧显示出任何兴趣。于是苏格拉底主动开始调侃欧叙德谟的自负，但依然没有跟他直接交锋，而是用第三人称的方式提起欧叙德谟，想象他在公民大会上如果也表现出这样的姿态，不承认自己从任何人那里学到过任何东西，但是却想要对政治事务给出建议。苏格拉底让在场的人设想，假如一个医生在公民大会上说自己没有跟任何人学过医术，但是却想要给城邦提供医学方面的指导。这样的比较很自然地引来了同伴们的一阵哄笑。这番带着善意的调侃，引起了欧叙德谟进一步的关注，但是他依然保持沉默——这样会显得他更有智慧一些（*νομίζων τῇ σιωπῇ σωφροσύνης δόξαν*

---

[1]　我们甚至可以猜测，那个特别应景的关于特米斯托克勒斯的问题是苏格拉底和朋友事先商量好用来诱惑欧叙德谟的。

περιβάλλεσθαι，这个细节显示出欧叙德谟并非完全没有自知之明的自负），于是苏格拉底继续沿着刚才的思路说了下去：那些真想学习音乐或者骑术的人，一定会热切地寻找一个老师来指导自己，那么在演讲和政治技艺上寻找老师也没有什么丢人的，因为这些技艺显然更困难，需要更长时间的学习（IV.2.6-7）。

之后苏格拉底又和同伴一起去过几次马具店，这时欧叙德谟已经"热心地听他们谈话"（προθυμότερον ἀκούοντα）。于是苏格拉底"独自"（μόνος）去了马具店，第一次和欧叙德谟一对一谈话，而方法就是苏格拉底惯用的"辩驳法"（ἔλεγχος，elenchus）。

苏格拉底从欧叙德谟最感兴趣的话题开始："你是不是收集了很多过去的智慧者[1]的书？"（IV.2.8）这个话题当然很容易让欧叙德谟兴奋起来。随后苏格拉底又加上了他常用的奉承之词："我很欣赏你将智慧看得高于金银……"听到这些话，欧叙德谟当然"非常高兴"（IV.2.9）。随后苏格拉底问他的志向到底是什么，当得知欧叙德谟想要成为"政治家、管理者、统治者、造福者"时，苏格拉底再次赞美这个理想是"最高贵的德性"（καλλίστης ἀρετῆς）、"最伟大的技艺"（μεγίστης...τέχνης）、"君王般的"（βασιλική）。随后抛出了一个更现实的问题：想要实现这些，是不是先要成为一个"正义的人"？（IV.2.10-11）

欧叙德谟非常自信自己是一个正义的人，也知道正义和不义分别包括哪些内容。这时苏格拉底露出了自己的牙齿，开始用辩驳法向他发起挑战。苏格拉底用一番问答向欧叙德谟表明，正义与不义之间的区分并没有他想的那么清晰，通常被当作不义的欺骗、做坏事、奴役，对于一个需要打击敌人的将军来讲就是正义的；为了病人吃药将药物假充成食物，为了防止朋友自杀而偷走他的武器，这些也是正义的，而且在这些情况下越是故意欺骗就越正义。对话进行到这里，欧叙德谟对自己拥有知识和智慧的自信几乎崩溃："你可以想象我有多么沮丧（πῶς...ἀθύμως）……我甚至无法回答一个人最应该知道的问题……"（IV.2.12-23）

---

[1] 在这里苏格拉底用的是褒义的"智慧者"（σοφῶν），而不是色诺芬用来描述欧叙德谟的收藏时用的带有贬义的"智者"（σοφιστῶν）。

　　但是苏格拉底的"破坏性"工作并没有就此结束。[1] 他又抛出了德尔菲神庙的著名铭文"认识你自己"（ γνῶθι σαυτόν ），问欧叙德谟是不是反思过自己到底是谁？这个看起来无比简单的问题，让欧叙德谟又恢复了一些自信：就算不知道别的东西，自己是谁、有什么能力总还是知道的。但是苏格拉底立即向欧叙德谟表明，这同样非常困难，因为知道自己是谁、自己有什么能力，就意味着一个人需要知道什么东西、什么人对自己是好的，以及自己能给别人、给自己的城邦带来什么，而这几乎意味着要知道世界上的一切（ IV.2.26-29 ）。

　　面对这一大堆问题，欧叙德谟再次几乎崩溃。他想要找到一条出路，于是问苏格拉底考察这一切的起点是什么？苏格拉底说是"好与坏"。这个看似简单的回答又燃起了欧叙德谟的希望：不管怎么说，自己也知道健康是好的、疾病是坏的；智慧是好的、无知是坏的；幸福是好的、不幸是坏的。但是即便是看来如此基本的认识，在苏格拉底极具破坏力的辩驳法面前也不堪一击。苏格拉底向欧叙德谟表明，他认为的那些好与坏都不是严格意义上的好与坏，都带有相对性。比如说，要去进行一场致命的远征或者旅行，那些健康的人很可能会因此受到伤害。很多聪明反被聪明误的例子表明智慧也不是绝对的好，比如代达罗斯（ Daedalus ）因为自己高超的技艺沦为米诺斯的奴隶，在逃跑的过程中又痛失爱子；帕拉墨德斯（ Palamedes ）因为识破了奥德修斯（ Odysseus ）的诡计而被奥德修斯诬告丢掉了性命。至于幸福，如果在它里面包括了可疑的东西，比如美貌、力量、财富、权力，还有前面提到的健康和智慧，那么作为整体，幸福也就同样不是一种绝对的好（ IV.2.31-35 ）。

　　欧叙德谟再次认输。但是苏格拉底又发起了最后一轮进攻，挑战欧叙德谟对于政治的热情。他问欧叙德谟"知不知道什么是民主制（ δημοκρατία ）?"这个可怜的年轻人又一次燃起了希望！他满怀信心地说这个他"绝对知道"（ πάντως δήπου ），因为他自

1　莫里森认为，从这里开始苏格拉底与欧叙德谟的对话发生了"转折"，因为欧叙德谟认识到了自己的无知，并且开始依赖苏格拉底来寻求智慧，而苏格拉底接下来引入"认识你自己"是正面教育的开始（Morrison, "Xenophon's Socrates as Teacher", p. 187）。而我认为这里还远远没有达到"转折"，欧叙德谟第一轮的失望并没有真正摧毁他的信心甚至自负。毕竟我们都有这样的经历，当自己对某个观点很自信的时候，哪怕是有人提出异议，而自己没有立刻做出满意的回应，也往往会认为自己只是"失误"而已，并不是自己的观点错误。

己就生活在雅典的民主制之下，并且似乎对这个制度的运作非常了解。于是苏格拉底开始和他讨论"民主制"中的"人民"（δῆμος）是什么人？欧叙德谟按照通常的理解，把"人民"界定成"穷人"，而跟穷人相对的自然是"富人"。但是苏格拉底立即表明，欧叙德谟其实完全不知道什么是穷人什么是富人，因为穷富不仅和一个人拥有多少金钱有关，还和他们欲望的多少有关，一些看来富有但是却永远无法满足自己欲望的僭主（τύραννος），其实是非常贫穷的人；而虽然没有多少金钱但是能轻易满足自己欲望的人（比如苏格拉底本人），却非常富有（IV.2.36-39；另参见 I.6）。

讨论进行到这里欧叙德谟彻底崩溃了，他咒骂自己的"愚蠢"（φαυλότης）和"一无所知"（ἁπλῶς οὐδὲν εἰδέναι），然后带着彻底的失望（πάνυ ἀθύμως）离开了，就像很多跟苏格拉底谈过话的人一样。欧叙德谟当然有理由感到极度失望，因为在这场对话中，他先是被苏格拉底的奉承抬到云端，之后先后四次被苏格拉底看似"尽在把握"的话题点燃希望（什么是正义、是否认识自己、什么是好的、什么是民主制），然后又四次从云端重重地摔在地上。

但是和苏格拉底遇到的大多数对话者不同，在经历了如此惨痛的失败之后，欧叙德谟没有就此沉沦，或者憎恨苏格拉底（像克里提阿斯那样）。恰恰相反，他坚信"除了与苏格拉底尽可能多在一起之外，没有别的办法能让自己有价值。之后除非不得已，他须臾不离苏格拉底，并且开始模仿苏格拉底的做法"（IV.2.40）。这样，欧叙德谟既证明了自己确实立志追求智慧，同时也证明了苏格拉底选中他的眼光。

到这里，苏格拉底就彻底清理了欧叙德谟这块"地基"，把他的头脑几乎变成了一块"白板"，同时也确定了他有追求智慧的意志和决心。[1] 这之后，苏格拉底转而开始进行自己的"哲学建设"："用最直白、最清楚的方式给他解释那些他认为最应该知道的东西，以及他认为最好要去做的事（ἁπλούστατα δὲ καὶ σαφέστατα ἐξηγεῖτο ἅ τε ἐνόμιζεν εἰδέναι δεῖν καὶ ἐπιτηδεύειν κράτιστα εἶναι）。"（IV.2.40）

---

[1]　在这个否定的意义上，苏格拉底的"辩驳法"甚至可以说类似于智者的"智术"（sophistry），关于一种"高贵的智术"所具有的净化作用，参见柏拉图在《智者》230a-231b 中的经典讨论。

二、哲学教育的推进：苏格拉底的"建设性"（《回忆》IV.3-6）

（一）明智与虔诚（《回忆》IV.3）

苏格拉底正面教育的第一步是 σωφροσύνη。这个词经常翻译成"节制"（temperance），是希腊所谓的"四主德"之一（另外三个是勇敢、正义和智慧），指的是节制身体的欲望。这个词的词根 φρήν 指的是横膈膜，在荷马的时代，人们认为这是人的思维器官，因此希腊语里面跟 φρ- 有关的词大都与思维有关。形容词 σώφρων 在荷马等古风时代的诗人那里基本都是指头脑清明、智慧、明智（of sound mind, discreet, prudent），特别是一种对自我的认识。到了古典时期，特别是在柏拉图之后的作者那里，与控制欲望有关的含义才逐渐占了上风。但是即便在柏拉图那里，我们也经常看到苏格拉底利用 σωφροσύνη 两个方面的含义（头脑清明意义上的"明智"和控制欲望意义上的"节制"）之间的含混大做文章（特别是在《普罗塔戈拉》[Protagoras]和《卡米德斯》[Charmides]这两部对话中格外明显）。[1]

在我们讨论的色诺芬《回忆》IV.3 的语境之中，他明显使用了 σωφροσύνη 的本意，即头脑清明或明智，也就是对于自己应该做什么有清楚的认识。因此苏格拉底才会很自然地认为，如果没有明智，其他的能力只会让他的同伴"更加不义，更有能力做坏事"（ἀδικωτέρους τε καὶ δυνατωτέρους κακουργεῖν, IV.3.1）。在苏格拉底看来，有关明智的讨论首先与神相关，也就是要在有关神的问题上有清明的头脑和正确的认识，而这就是对神的虔诚（εὐσέβεια）。[2] 苏格拉底用一系列论证向欧叙德谟表明，神非常关心人，赐予人他们所需之物，比如光与暗、食物、水、火、太阳的运行、各种为人所用的动物；人的各种感觉、理性和语言能力；用占卜、预兆之类的方式向人类提示未来；等等。所有这些都显示了神的先见之明（προνοητικόν）和对人的爱（φιλανθρωπία）。因此人有非常充分的理由对神表示感谢和敬意。在苏格拉底看来，人们无须担心神远远

1　关于 σωφροσύνη 的古典语文学研究，参见 Helen North, *Sophrosyne: Self-kowledge and Self-Restraint in Greek Literature* (Ithaca: Cornell University Press, 1966)。

2　不敬神是苏格拉底被指控的第一项罪名，色诺芬在《回忆》里反复强调苏格拉底的虔诚，特别是 I.1.2-20, I.3.1-4, I.4 中的讨论。

在人之上，因此人无法恰如其分地敬拜神，因为德尔菲的神谕告诉人们遵守城邦的法律（ $νόμος$ ）就是最好的敬神方式（ IV.3.16 ）；同时人也要尽自己所能给予神最大的敬意（ IV.3.17 ）。在讨论完与神有关的明智之后，色诺芬在下一章转向了在人的事情上的正确认识，即正义。

（二）正义（《回忆》IV.4 ）

学者们通常都认为，《回忆》IV.4 非常令人困惑，因为在这里色诺芬突然"中断"了苏格拉底对欧叙德谟的教育，插入了一大段苏格拉底和智者希庇阿斯关于正义的讨论。这是不是说明色诺芬在《回忆》中的记载经常出现混乱，或者对材料的使用没有经过仔细考虑呢？在我看来并非如此。

这一章的目的是讲述苏格拉底关于正义的教育，而色诺芬想要表明："在正义的问题上，他从不隐藏自己的观点，而是用行动展示出来。"（IV.4.1 ）也就是说，在色诺芬看来，和有关其他方面的教育相比，关于正义的教育尤其要包含两个部分：言辞和行动，而且行动还显得格外重要。因此他首先重述了苏格拉底参与雅典政治时坚持正义的几个典型例子，比如他在担任议事会 [1] 主席时拒绝记录违法处死将军的议题；他拒绝服从三十僭主剥夺他人财产的不义命令，也拒绝执行他们禁止他教育青年的命令；在法庭上为自己辩护时拒绝使用任何违背正义的手段请求宽恕（ IV.4.2-4 ）。

在记载了苏格拉底的行动之后，色诺芬才转向了苏格拉底的言辞："他也在与不同的人的讨论中经常表达这些观点"（IV.4.5 ），随后记录了苏格拉底与希庇阿斯之间的一次对话。色诺芬选取的对话人和对正义这个主题的处理都显示出了他的精心安排。

首先，我们来看看苏格拉底对话人希庇阿斯。他被誉为最博学的智者之一 [2]，我们记得在 IV.2，色诺芬提到欧叙德谟曾经收集了很多智者的著作，我们有理由相信在这些作品里就有希庇阿斯的，欧叙德谟还有可能是希庇阿斯的粉丝。此外我们还记得在 IV.2 的结尾，色诺芬提到欧叙德谟下决心要尽可能多地和苏格拉底在一起，"除非不得已，他须臾不离苏格拉底"，那么我们也有理由猜测，苏格拉底与希庇阿斯进行这场

1　在 IV.4.1 色诺芬误将"议事会"（ $βουλή$ ）写作了"公民大会"（ $έκκλησία$ ）。

2　参见柏拉图《希庇阿斯前篇》（ *Hippias Major* ）285b-286a、《希庇阿斯后篇》（ *Hippias Minor* ）368b-d。

关于正义的对话时，欧叙德谟很可能就在旁边。那么这段对话就很可能是苏格拉底教育欧叙德谟（和其他青年）的一部分，要当着他的面消除一个著名的智者对年轻人的影响，同时确立苏格拉底自己在正义这个重要问题上的权威。

接下来，我们来看色诺芬如何处理这场对话的主题——正义。我们也记得在苏格拉底和欧叙德谟第一次一对一讨论时，苏格拉底第一次击溃欧叙德谟的问题就是"正义是什么？"，这也是欧叙德谟最关心的问题之一。因此在这个问题上与一个杰出的智者展开辩论，对于教育像欧叙德谟这样的青年，再合适不过。

这场对话的背景是苏格拉底又在跟其他人讨论一些听起来老掉牙的话题：学习制鞋、建筑、骑马之类的技艺，需要老师（也就是苏格拉底前两次见欧叙德谟时提到的话题），而学习正义却找不到合适的老师。这时候希庇阿斯正好路过，便凑过来嘲笑苏格拉底的老生常谈，并夸口说自己在正义的问题上有他们无法反驳的看法（IV.4.6-7）。但是希庇阿斯在讲出自己对正义的看法之前，要求苏格拉底首先说出他的看法。[1]在柏拉图的"早期著作"中，苏格拉底从来都宣称自己一无所知，从不给出自己对某个问题的明确答案，特别是针对那些智者，苏格拉底只是满足于把他们驳得体无完肤。[2]而色诺芬笔下的苏格拉底却截然不同，他不仅很慷慨地给出了自己对正义的看法，而且还成功地经受住了希庇阿斯用"辩驳法"对他发起的挑战。由此我们看到，色诺芬很明显是在有意识地用"建设性"的方式刻画苏格拉底，树立他在正义问题上的绝对权威。我们这里可以概括苏格拉底与希庇阿斯对话中确立的四个要点，每一点都可以看到苏格拉底与智者的截然对立。

第一，在正义这样重要的问题上，苏格拉底坚持"老生常谈"；而智者的强项是在

1　希庇阿斯的这个要求（IV.4.4）是色诺芬的所有"苏格拉底言辞"中，唯一一处可能暗示苏格拉底会宣称自己"无知"的地方。

2　比如可参见柏拉图的《普罗塔戈拉》（苏格拉底在德性是否可教、是否统一的问题上反驳普罗塔戈拉）、《高尔吉亚》（*Gorgias*）（苏格拉底在修辞学的本质、是否应该追求政治权力和享乐等问题上反驳高尔吉亚、波鲁斯［Polus］和卡里克勒斯［Callicles］）、《希庇阿斯前篇》和《希庇阿斯后篇》（苏格拉底分别在美和说谎的问题上反驳希庇阿斯）、《欧叙德谟》（*Euthydemus*）（苏格拉底在应该过什么样的生活方面反驳智者迪奥尼索多罗斯［Dionysodorus］和欧叙德谟［不是我们这里说的美少年欧叙德谟］）、《理想国》第一卷（苏格拉底在正义的问题上反驳智者特拉叙马库斯［Thrasymachus］）。

同一个主题上不断"推陈出新",用新鲜的论证、新鲜的故事、新鲜的比喻吸引听众,好像只有新的才是正确的。苏格拉底要向在场的所有人表明,在正义这些重要的主题上,新颖没有价值,而只有不变的、稳定的、真的东西才有价值。

第二,苏格拉底坚持"行动比言辞更有价值"(IV.4.10)。智者的武器是言辞,他们靠公共演讲和私人教学,训练学生如何讲话,如何用言辞获得胜利。但是苏格拉底认为,判断一个人是不是正义,关键不是看他说了什么,而是做了什么。他自信自己的一生所行就是自己坚持正义最好的证明。这无疑给苏格拉底的同伴和学生树立了最好的典范。希庇阿斯也不得不承认:"很多人说着正义却做着不义,但是做正义之事的人却不可能不义。"(IV.4.10)[1]

第三,苏格拉底主张"正义就是守法"(IV.4.12)。这个主张又可以进一步被分成两部分。苏格拉底首先将这句话理解成遵守"城邦的法律"(νομοί πόλεως)。这个说法也确证了他在前一章教育欧叙德谟什么是虔诚时说的:神要求人们遵守城邦的法律。随后苏格拉底表明,遵守城邦法律的人不仅可以得到自己城邦和同胞的信任,甚至可以得到敌人的信任,法律还是一个城邦强大和幸福的保障。苏格拉底的这番慷慨陈词,也得到了希庇阿斯的完全认可(IV.4.13-18)。[2]

第四,最后,苏格拉底又抛出了一个让人略感意外的对"正义就是守法"的理解:他从城邦的法律引出了"不成文的法律"(νομοί ἄγραφοι)或"神为人订立的法律"(θεοὺς...τοὺς νόμους τούτους τοῖς ἀνθρώποις θεῖναι, IV.4.19)。这个关于"神法"的讨论一方面再次证实了苏格拉底对神的虔诚;另一方面也引入了对前一章关于虔诚和这一章前面关于正义的讨论的某种修正和限定。苏格拉底想要表明,除了城邦人为制定的那些法律之外,还有一些由神制定不易之法,对所有人和所有城邦来讲都成立,比如要敬神、要尊敬父母、禁止乱伦、知恩图报。苏格拉底关于"神法"的这番言论,再次

---

1 从苏格拉底与希庇阿斯都认可的"行胜于言"的原则来看,这一章开篇重述苏格拉底的几件正义行动也显得非常恰当。

2 从遵守城邦法律的角度看,本章开篇记述的几件事也表明苏格拉底是在严格遵守雅典的法律,拒绝那些违背法律和正义的习俗(比如在法庭上讨好或者哀求法官),以及违背法律的命令(比如服从三十僭主的命令去剥夺他人的合法财产)。

让希庇阿斯心服口服（IV.4.19–25）。[1]

从上面的讨论来看，IV.4 关于正义的讨论不仅非常适合作为紧接着虔诚之后，教育欧叙德谟的主题，而且对于进一步树立苏格拉底在正义问题上的权威，以及让欧叙德谟（以及和他类似的青年）摆脱智者的影响，都有着重要的意义。我们也可以确信，色诺芬在这里绝非散乱地拼凑一些材料，而是非常有的放矢地组织自己的材料，并且沿着"系统教育"的阶梯稳步向上攀登。

（三）自制与行动（《回忆》IV.5）

在确立了虔诚和正义之后，苏格拉底教育欧叙德谟的第三个主题是自制（ἐγκράτεια）。自制这个话题在《回忆》里几乎随处可见，也是色诺芬笔下的苏格拉底最有特色的论题之一。[2] 色诺芬说苏格拉底教育自己的同伴自制，是为了让他们"更能够行动"（πρακτικώτερος, IV.5.1）。这个说法也印证了前面两章关于虔诚和正义的讨论，确实在很大程度上是和"认识"或者"理论"相关的：苏格拉底要首先让欧叙德谟知道，除了自己和人之外，还有更高的权威——神和城邦的法律。[3] 而苏格拉底本人在虔诚和正义方面行动，也是确证这种认识的一部分。

从这一章开始，苏格拉底的教育更多地进入了实践阶段。自制处在一个非常关键的位置上：在认识了正确的事情之后，具体的行动之前。自制就是能够克制住身体的欲望，坚持正确的认识。色诺芬在"知"（在 IV.5.6–7 分别提到了 σοφία [智慧] 和 σωφροσύνη [明智]）与"行"之间引入了一个桥梁，这个桥梁就是自制。严格说来，自制还不算是一种德性，但它是成就一切德性的前提和先决条件，或者用色诺芬的话说"有益于德性的东西"（τῶν πρὸς ἀρετὴν χρησίμων, IV.5.2）。这与柏拉图刻画的那个看起来似乎过于理智主义的苏格拉底又形成了一个重要的对比。在柏拉图的"早期对话"中，一个很典型的苏格拉底式的主张就是"德性即知识"——只要从知识的层面认识了正确的事情，就一定能够做得正确，因此不存在"不自制"（ἀκρασία）的可能

1　本章开篇记载的苏格拉底正义的事例中，第一件可以被看作是苏格拉底遵守"神法"或"不成文法"的例子，即他拒绝记录违背法律精神而非法律字句的议案——处死因为天气无法打捞落水者的将军。

2　参见《回忆》I.2.1–8, I.3.5–15, I.5–II.1, III.9.5 等处。

3　这不免让我们想到智者普罗塔戈拉的名言："人是万物的尺度。"

性，即知道什么是更好的但是却做了更差的。[1]

苏格拉底对欧叙德谟的"自制教育"从"自由"（$\grave{\epsilon}\lambda\epsilon\upsilon\theta\epsilon\rho\acute{\iota}\alpha$）这个每个人都一定会认可的基本价值入手。与自由相对的是奴役，而奴隶的生活显然任何人都不想过，苏格拉底由此就很自然地引入了另一种"自我奴役"，即被身体的快乐奴役，也就是不自制的问题，不自制的人就像被最恶劣的主人（$\delta\epsilon\sigma\pi\acute{o}\tau\eta\varsigma...\kappa\acute{\alpha}\kappa\iota\sigma\tau o\varsigma$）奴役的奴隶（IV.5.4）。不仅如此，"自制也最能给人带来快乐"（IV.5.9），因为自制可以让人按照明智的要求，享受长久的快乐，而不是追求眼前的快乐之后懊悔不已。

通过这场讨论，欧叙德谟也很清楚地认识到："沉迷于身体快乐的人不可能拥有任何德性。"（IV.5.11）认清了自制的重要性，更重要的是通过训练拥有了自制，欧叙德谟就可以将正确的认识与行动完美统一起来了。那么下一步，苏格拉底要做的就是去训练欧叙德谟对于除了虔诚和正义之外的其他事情拥有正确的认识。

（四）讨论与"辩证法"（《回忆》IV.6）

在做好了前面的所有准备工作之后，苏格拉底哲学教育的下一个阶段就是让学生精于"辩证法"（$\delta\iota\alpha\lambda\acute{\epsilon}\gamma\epsilon\sigma\theta\alpha\iota$, dialegesthai），这个词的本意就是"讨论"，我们今天说的"辩证法"（dialectic）正是由它而来。苏格拉底要去训练学生如何进行讨论和辩论，而最终的目的是对要讨论的事物给出定义。这样看来，色诺芬和柏拉图一样，都认为苏格拉底关注的核心问题是"什么是 X？"这个关于定义的问题。但是与柏拉图不同的是，在色诺芬这里，苏格拉底从没有宣称自己"无知"，而是既乐于和同伴们讨论"什么是 X？"的问题，最终又毫不吝啬地给出答案（就像他在"什么是正义？"的问题上给出答案那样）。

色诺芬再次用"虔诚"作为例子阐述了苏格拉底的研究方法（$\tau\grave{o}\nu\ \tau\rho\acute{o}\pi o\nu\ \tau\tilde{\eta}\varsigma$ $\grave{\epsilon}\pi\iota\sigma\kappa\acute{\epsilon}\psi\epsilon\omega\varsigma$, IV.6.1）。我们或许会感到奇怪，在 IV.3 苏格拉底"建设性教育"的第一步，不就是告诉欧叙德谟什么是虔诚吗？这里为什么又要讨论虔诚的问题呢？这是不

---

1 参见柏拉图的《普罗塔戈拉》《拉凯斯》《卡米德斯》等作品中对于"德性即知识"这个论题的讨论；《普罗塔戈拉》特别论证了不自制的不可能性。此外《回忆》III.9.5 似乎暗示不自制的不可能性。色诺芬本人的立场是否前后一致，以及他与柏拉图的对比是一个非常复杂的主题，笔者将会另外撰文讨论。

是一个可以说明色诺芬使用材料混乱的例子呢？绝非如此。再次提出虔诚的问题，恰恰说明色诺芬对于苏格拉底方法的精深把握：仅仅告诉学生什么是"虔诚"是不够的，还需要和他们进行**彻底的讨论**，或者说经过"辩证法"的彻底考察，学生才能清楚地掌握一个知识，而清楚掌握的标志就是"能够给其他人解释"（*τοῖς ἄλλοις ἂν ἐξηγεῖσθαι δύνασθαι*，或者译为"能够引导其他人"，IV.6.1）。我们需要注意，色诺芬在这里用的动词不是"记住""转达"之类，而是"解释"或"引导"。这就意味着，学生不仅要了解一个事物"是什么"，还要通过讨论清楚地把握"为什么"。[1] 只有这样，他才有能力给别人解释，或者引领他人走上认识之路。事实证明，苏格拉底与欧叙德谟关于"什么是虔诚？"的讨论并没有得出与 IV.3 不同的结论，苏格拉底还是将虔诚定义为"正确地知道有关神的法律"（IV.6.4）。但是这里有两个重要的差别值得我们关注：第一，在 IV.3 的讨论中，苏格拉底只是告诉欧叙德谟"虔诚是什么"，而在 IV.6 这里，则是通过讨论，明确了"为什么如此"，因为人们不能按照他们的想法随便崇拜神，需要按照某些规范来进行，而这些规范就是法律。第二，在这个讨论里"城邦的法律"并没有出现，至于原因我们很容易理解：有了 IV.4 关于正义与"神法"的讨论，欧叙德谟也就很自然地知道了，这里说的"法律"绝不仅仅是"城邦的法律"。

在虔诚之后，苏格拉底又和欧叙德谟讨论了正义、智慧、好、美，所有这些定义，最终都和某种"知道"有关，因为有了 IV.5 关于"自制"的讨论，只要一个人知道了正确的东西是什么，他也就拥有了可以按照这种认知行动的能力。

在这一章最后，色诺芬再次强调了苏格拉底对于"讨论"或"辩证法"之中"为什么"的要求，他区分了"声称"或"主张"（*λέγειν*，即"说出"）和"证明"（*ἀπόδειξις*），后者显然需要给出"为什么"（IV.6.13）。如果对方没有做到这一点，苏格拉底就会"将整个讨论带回到最开始的预设上"（*ἐπὶ τὴν ὑπόθεσιν ἐπανῆγεν ἂν πάντα τὸν λόγον*，

---

1 从哲学术语的角度讲，"是什么"（*hoti*）与"为什么"（*dihoti* 或 *dia ti*）之间的区分是亚里士多德做出的（参见《后分析篇》）；但是在思想含义上，这个区分并不难理解。柏拉图在《美诺》中关于"知识"和"真信念"的讨论已经有了很明确的提示。在柏拉图的"早期对话"中，苏格拉底在和其他人讨论"什么是 X？"时，他关心的也是事物具有解释性的"本质"，而并不是简单的"是什么"。关于"苏格拉底问题"的真正意图在于探索事物的本质，参见 Vasilis Politis, *The Structure of Enquiry in Plato's Early Dialogues* (Cambridge: Cambridge University Press, 2015) 中的细致讨论。

IV.6.13 ），这里的"预设"（ ὑπόθεσις ）指的就是"什么是 X？"这个问题的答案，即具有解释性的定义。

三、哲学教育的终点：苏格拉底的"限制性"（《回忆》IV.7 ）

就像在柏拉图的著作中一样，在色诺芬这里，苏格拉底的哲学教育在"辩证法"这里也就达到了**顶点**。但是不同之处在于，柏拉图笔下的苏格拉底似乎永不满足，在"辩证法"的道路上勇往直前、没有终点；而色诺芬笔下的苏格拉底要克制得多，在他看来，虽然也有无穷无尽的事物可以进行永不止息的探索（比如几何学、天文学、神学），但是对人和人的生活而言，对这些真理的探究达到一定程度就可以结束了，无须过多。苏格拉底给自己的同伴或学生设定的界限就是"在适合他们做的事情上达到自足"（ αὐτάρκεις ἐν ταῖς προσηκούσαις πράξεσιν αὐτούς, IV.7.1 ）。这个说法也再次表明，除了给出关于定义的普遍教导之外，苏格拉底也特别善于因材施教。[1]

这里又出现了一个有趣的现象：这一章不仅没有出现欧叙德谟的名字，而且没有出现任何苏格拉底同伴或学生的名字，色诺芬甚至没有记载任何直接对话，而是非常少见地仅仅用转述的方式把苏格拉底教育的这最后一步告诉了我们。为什么这样呢？在我看来，这一章没有任何名字或直接对话出现，或许也是色诺芬的一个非常巧妙的安排。能跟随苏格拉底的脚步走到哲学教育这一步的人，肯定已经是跟苏格拉底走得很近的人了。如果在这里写苏格拉底明确给哪个学生设限，跟他说："你的天赋有限，就别继续研究几何学或者天文学"，听起来毕竟不太好听；而且以色诺芬笔下苏格拉底对同伴几乎无微不至的关心，这种给别人设限的谈话也一定是在私下发生的，因此色诺芬肯定无缘听到，也就无法记录下来。所以色诺芬选择用非常宽泛的方式大致说明了一下"限制性"问题，就结束了他关于苏格拉底系统教育的讨论。

1　苏格拉底非常善于给不同的人提出不同的建议，这一点在《回忆》II.7-10 和 III.3-7 展现得尤其明显。

四、结论：苏格拉底的系统哲学教育

至此，我们在色诺芬的带领下，走完了苏格拉底为他选中的、拥有一定天赋的青年准备的一整套哲学教育。首先，苏格拉底通过"辩驳法"开始哲学教育的**破坏性阶段**，清除青年之前的培养和教育留下的错误观念，让他们意识到自己的无知，以更开放和更积极的态度面对苏格拉底给他们带来的新的知识。之后，苏格拉底会给他们带来逐步提升正面教导，在**建设性阶段**又包括了四个步骤：（1）苏格拉底从虔诚这个与神有关的话题开始，首先让学生对超越的权威心存敬畏。（2）上升到正义的问题，为学生树立法律的意识（包括城邦的法律和神的法律），同时强调行动的重要性。（3）在认识与行动之间，需要训练学生的自制，从而确保他们在正确的认知和正确的行动之间架设完美的桥梁。（4）哲学教育的顶点是通过"辩证法"，引导学生寻求事物的定义，也就是既知其然又知其所以然，达到理智上的正确认识。最后，苏格拉底会根据青年的禀赋，为他们的训练**设定限制**，确保他们不会在对他们无益的事情上浪费时间和精力。

欧叙德谟只是色诺芬笔下的一个个案，但是这个非常优秀的个案，给我们展现了色诺芬心目中的苏格拉底作为一个"系统的哲学教育者"所遵循的普遍程序[1]和高度个性化的因材施教的能力。由此我们也看到，色诺芬对苏格拉底作为一个哲学家和哲学教育家有着非常深刻的体察，他的这些文字也理应成为我们在回答"苏格拉底问题"时更加看重的资源。

（本文作者为中国人民大学哲学院教授）

---

[1] 这种普遍性体现在 IV.2–7 的每一章都以色诺芬关于苏格拉底的普遍性评论开始，之后再用欧叙德谟或者希庇阿斯作为例子说明这个普遍性的评论。IV.2.1："我要表明苏格拉底如何对付那些自认为接受了最好的教育，并且为自己的智慧而骄傲的人"；IV.3.1："他认为同伴们需要首先拥有明智"；IV.4.1："在正义的问题上，他从不隐藏自己的观点，而是用行动展示出来"；IV.5.1："他也让同伴们更能够行动"；IV.6.1："他试图让同伴们更善于讨论问题"；IV.7.1："苏格拉底努力让他们在适合他们做的事情上达到自足。"

维系肉身的灵魂

亚里士多德论营养活动

曹青云

一、问题的缘起：亚里士多德与营养活动的古希腊物理主义传统

"营养活动是什么"似乎并不是一个困扰我们的"问题"。像食物的摄取、消化、新陈代谢、生长和生殖这些现象并不被认为是与心灵有关的活动，而是被限制在物理的领域，它们可以由物质的性质和物理规律得到充分的解释，科学的进步能够为我们提供关于它们的日益精确的解释。现代人的这个"常识"无论是与"物理主义者"的观点还是与"二元论者"的观点都是兼容的，因为"物理主义者"将灵魂视作物理世界的一部分，而营养活动无论是否涉及灵魂都应当由物理规律来决定，而"二元论者"（尤其是笛卡尔式的实体二元论者）则将与认知和意识无关的营养活动归于身体的范围，因此它们完全属于与心灵平行的、由物理规律决定的领域。因此，当我们站在亚里士多德的立场提出这个问题的时候，我们首先需要表明的是亚里士多德在反对什么以及他为什么认为对营养活动的某些理解是成问题的。

首先，亚里士多德反对他那个时代对灵魂的理解局限于"人的灵魂"。在《论灵魂》的开篇，他便指出他之前的哲学家们对"灵魂"的研究只局限在对人的灵魂的理解上，他说："目前为止，那些研究和探讨过灵魂的人似乎都将自己限制在人的灵魂中。"（《论灵魂》I.1, 402b3-5）人的灵魂的显著特点是"认知"（无论是知觉活动还是理智活动）、"情感"或"欲望"，因此，亚里士多德是在说他的前人们是从认知、情感、欲

望的方面来理解灵魂的，但他们忽略了一个非常重要的方面，即营养活动。对于亚里士多德而言，营养也是灵魂的一个部分，因为灵魂不仅仅是"认知"的原则，也是一切生命活动的原则；他持有一个比他的前人们更为宽泛的"灵魂"概念——即"灵魂"是生物体的"自然"，是生物体的一切活动或静止的内在本原。因此，亚里士多德并不是从人的活动特征来建构"灵魂"概念的，而是从自然物之本原的角度来理解灵魂。将"营养活动"纳入"灵魂"之范围是亚里士多德在他的时代的一个创新。

然而，亚里士多德并不是简单地将"营养活动"归入灵魂，从而单纯地扩展了灵魂的范围，甚至持有一种"万物有灵"的立场，而是在这个扩展的范围之中划分等级部分，从而限制了感知活动和理智活动的范围，并确立了营养活动的基础地位。因此，亚里士多德一方面拒绝了自然哲学家的"万物有灵论"的倾向，例如，恩培多克勒认为一切物体都是有感知的，甚至是有欲望和思想的，而德谟克利特认为植物有自己的感知，尽管这些感知与人的不同[1]；另一方面，他又将灵魂的基础部分（即营养）赋予一切有生命的物体。因此，在亚里士多德的时代，他首先反对的是将"营养活动"与"灵魂"概念剥离，或者仅仅从认知的角度来理解灵魂。

其次，更重要的是亚里士多德反对将营养活动视作一种纯粹的物质运动，或者完全由物质元素的性质和运动规律来解释它们。然而，在亚里士多德之前，几乎所有的思想流派都是从物理主义的立场来理解营养活动的各个方面的。例如，恩培多克勒用元素按照一定比例的混合来解释骨头和血肉的生成，用土元素和火元素向不同方向运动来解释生物体的生长现象[2]，用物体的偶然的碰撞结合来解释动物体的生成。他这样说：

残篇 96（Diels-Kranz）：友爱的土覆盖在宽阔的胸部，

---

1 参见佐尔姆森（F. Solmsen）对亚里士多德之前的灵魂观的评述，他指出亚里士多德对灵魂的部分划分对应于存在者的等级，即植物、动物和人构成的等级，这是亚里士多德的理论创新。一方面他拒绝了前苏格拉底自然哲学家们对感知和理性的物理主义解释，另一方面他又将柏拉图对灵魂部分的划分"自然化"——即从一种生物功能的角度来划分，而不是伦理学和政治学的角度。参见 F. Solmsen, "Antecedents of Aristotle's Psychology and Scale of Beings", *The American Journal of Philology*, Vol. 76, 1955, pp. 148–164, esp. p. 153.

2 参见《论灵魂》第二卷第四章。亚里士多德讨论了恩培多克勒的这个观点，他说："恩培多克勒是错误的，他认为植物的生长是这样解释的：根向下生长是因为土元素向下运动的自然倾向，而枝干向上生长是因为火元素下上运动的自然倾向。"（415b29–416a2）

赢得八分之二的洁净的水，

再加入八分之四的火，

这样，白骨便成了。[1]

残篇 98：土与火偶然地以同等的分量相遇，

雨水和轻盈的气在爱的港湾中安置，

要么这个多点，要么那个少点，

不同的血和各式各样的肉从之中生成。[2]

残篇 57：从这里伸出许多没有脖子的脸来，

没有肩的手臂在游走，分散着，

眼睛孤零零的，

它们需要前额。[3]

　　然而，不仅是恩培多克勒这样的物理主义者，像柏拉图这样的二元论者也是从物理主义的角度来解释营养活动的各个方面的。柏拉图在《蒂迈欧》中用热和火"切割"和"分解"食物来解释消化和营养的过程。他说："无论何时只要内在的火与呼入和呼出的气息联合起来，并随着它一道运动，它就不断上下翻滚，切开前面的通道，直达肚脐。在那里，内在的火遇到食物和饮入的液体，它切割它们，把它们分成小块，然后随着自己的运动将这些小块带入通往外部的管道，再将它们分流在两根血管中，就像从泉眼中流出的水被分流在管道中。因此，内在的火使得血管中的血液流经身体就好像水流流经沟渠一样。"[4]（《蒂迈欧》79A）在《蒂迈欧》中，火元素被认为

1　摘自亚里士多德《论灵魂》410a2–6，笔者自译中文。

2　笔者自译中文，参见 G. S. Kirk, J. E. Raven and M. Schofield, *The Presocratic Philosophers: A Critical History with a Selection of Texts* (Cambridge: Cambridge University Press, 1983 [second edition]), p. 302。

3　*Ibid*., p. 303.

4　《蒂迈欧》文本引用为笔者翻译，参见 *Plato: Complete Works*, J. M. Cooper and D. S. Hutchinson eds. (Indianapolis: Hackett Publishing Company), 1997。

是由三角锥构成的（56B），因此它有最为锋利的形状，最易于运动，能够进入其他物体的缝隙，将它们切割成小的构成部分。所以，柏拉图认为消化的过程就是体内的火切割食物和食物的分解运动，而这些食物的小块被火运送到血管的过程就是营养的过程。

此外，柏拉图用物质元素的运动和更迭来解释生物体的新陈代谢和生长。他说："现在，更新和流失这两种过程都遵循宇宙中所有事物的一般运行方式：任何事物都朝向它们自身的本性而运动。因此，我们外部的环境不断地消耗我们，分解我们的身体，使得每一种元素离开身躯并朝它们自身的位置运动。我们血液中的成分在我们的体内被切碎，并被个别的生物体包围起来，就如同被宇宙的框架包围起来，这些成分必然模仿宇宙的运动。因此，我们体内的每一个细小的部分都朝向它原本的位置运动，它补充到流失的区域内。所以，如果离开躯体的部分比补充进来的多，身体就萎缩，如果离开的比补充的少，身体就生长。"（《蒂迈欧》81B）因此，在柏拉图看来，构成生物体的元素总是倾向于朝向原来的位置运动，有些物质元素离开身躯，有些进入，这就造成了身体的新陈代谢和生长，即生物体的营养活动取决于物质元素的性质、数量和运动。

佐尔姆森指出柏拉图在《蒂迈欧》中对血管、血液和营养的观点来自当时的医学流派，公元前4世纪的前30年左右古希腊的医生们已经发现了人体的血管系统和血液的作用。在希波克拉底学派的著作《论人的本性》（作者一般被认为是Polybus）中，有这样的话："从肚子上伸出每一种类型的主血管，它们铺满身体，正是通过这些血管，营养输送到全身。"[1]因此，亚里士多德时代的医学流派同样把营养活动视作物质元素的运动。

因此，亚里士多德对"营养活动是什么"的解释以及对营养灵魂的重新定位是对当时的整个传统的反抗，这个传统的对"营养活动之本质"的"常识"认知在亚里士多德看来是错误的。他的观点当然奠基于他的质料形式理论——这是区别于物理主义

1　参见 F. Solmsen, "Tissues and The Soul: Philosophical Contributions to Physiology", *The Philosophical Review*, Vol. 59, 1950, pp. 435−468, esp. p. 455。

的和二元论的新范式，并在整个动物学的研究中得到实践和检验。我们先来看亚里士多德是如何批评物理主义者（以恩培多克勒为代表）的解释的，然后再来分析他自己是如何理解营养活动的本质的。

二、亚里士多德对物理主义的批判

亚里士多德对古希腊的物理主义的批评散见于全集各处，与营养活动有关的集中于如下几个方面。

第一，亚里士多德批评物理主义者无法用元素的混合和元素自身的性质与运动"充分"解释血肉的生成和生物体的生长，因为这些现象是与营养灵魂有关的活动，它们不能通过物质运动得到完整的解释。在亚里士多德看来，无论元素以何种比例混合生成万物，我们都可以追问："为什么火和土能够结合成一体而不分离，既然土依其本性向下运动而火依其本性向上运动？"因此，这里必须存在某种原则使不同的元素结合在一起。亚里士多德说："这个问题必须提出来：是什么使得元素结合在一起？元素似乎对应于质料；而使它们结合在一起的，无论是什么，都是更有力的东西。但这不可能是比灵魂（和理智）更有力的和统治灵魂的东西；因此，有理由认为理智依其本性是最有力的和占据统治地位的，而他们说元素才是存在中第一位的。"（《论灵魂》I.5, 410b11-15）这里的"他们"正是指"物理主义者"，因为他们把物质元素视作存在的奠基者，所以他们把一切现象还原为元素的性质和运动。这正是亚里士多德要反对的，他认为灵魂和形式才是存在的奠基者，物质实体是依据灵魂和形式而生成的。因此，亚里士多德指出，血和肉并非仅仅是各元素依照某种比例的混合，也不是仅仅靠物质元素的作用产生的，而是拥有灵魂的和被灵魂生成的。他说："没有灵魂在其中的脸或肉是不可能存在的；如果灵魂不在它们之中，那么它们只是同名异义地被称为脸或肉，好像它们是用石头或木头做成的脸或肉。同质的部分是和器官一同生成的。正如我们不能说一把斧子只是被火产生的，我们也不能说脚和手只是被热产生的。同样的理由也适用于肉，因为它也有功能。"（《论动物的生成》II.1，734b24—31）因此，血肉的生成不仅仅是因为物质元素的混合和火的作用，而是包含灵魂的作用；生物体（及其部分）的生成和生长这些现象无法还原为物质元素的性质和运动。

第二，亚里士多德批评恩培多克勒错误地将生物体生成的原因归于运动的偶然性，而没有认识到形式因和目的因的作用。他说："生成是为了存在，而不是存在是为了生成。恩培多克勒的观点是错误的，因为他说动物的许多特征仅仅是在发展中的偶然运动产生的结果；例如，脊柱骨是这样的（弯曲的），是因为胚胎在子宫中翻转所致。因此，他忽视了这样一个事实：生殖预设了一个有着某些能力的、能创生的种子。其次，他忽略了另一个事实：动物的父本是预先存在的，不仅在定义上，而且在时间上。因为，人是从人之中生成的；因为父本是如此这般的，所以子代的生成也是如此这般的。"（《论动物的部分》I.1，640a18—27）在这里，亚里士多德指出恩培多克勒将动物的脊柱骨的弯曲归于胚胎的偶然运动造成的结果，但这不能解释为什么绝大多数有血动物的脊柱骨都是弯曲的；恩培多克勒的错误在于没有认识到脊柱骨的弯曲形态是由动物的本质决定的，而这是一种必然性。在亚里士多德看来，一个动物并不是由不同的身体部分偶然碰撞组合而产生的，而是为了实现父本所代表的形式、通过一个有序的、不断向目的迈进的过程而生成的。任何被生成物都具有一个生成的结构，并非出于偶然性。

第三，亚里士多德批评物理主义者不区分"必然性"的多种意义，他们将"必然性"等同于"质料的必然性"，而没有认识到目的的必然性，以及"质料的必然性"只是有条件的必然性，因而不能认识到物质元素的性质和运动不能决定营养活动的本质，而是服务于这个本质。亚里士多德说：

> 有两种原因（模式）：为了目的（οὗ ἕνεκα）和出于必然（ἐξ ἀνάγκης）。许多事实是出于必然性的结果。然而，当我们这样说的时候，我们要问的是我们说的是哪种必然性。因为这部哲学著作中说的或许都不是这两种原因，而是第三

种，它在被生成的事物之中。例如，我们说**食物**是必然的，这并不是在上述两种意义上说的，而是说一个动物没有食物不能存活。这第三个可以被称为有条件的必然性。因为，如果一把斧头可以劈开一块木头，那么斧头必然是坚硬的；如果它是坚硬的，那么它必然是由铜或铁制成的。身体也是类似的，因为它是工具——整个身体和它的单个部分都是为了某物而如此存在——如果它能这样活动，那么它必然具有如此这般的特点，并被这样的质料构成。因此，显见的是这里有两种原因，它们都应当被包含在定义中，至少尽量被包括在对事物的解释中；那些没有这样做的人无法告诉我们自然之本性。因为，本源比起质料来更是自然（ἀρχὴ γὰρ ἡ φύσις μᾶλλον τῆς ὕλης）。恩培多克勒确实在某些段落中提到这一点，并在事实的引导下不得不说出是比例构成了事物的本质和实体。例如，他对什么是骨头的解释。……我们的前辈们不能认识到这个研究方法的原因是他们没有把握到本质的概念，也没有认识到对实体的定义。（《论动物的部分》I.1，642a1-27）

　　这段文本的要义有三点。第一，亚里士多德指出有三种原因模式：为了目的，出于必然和有条件的必然性；在被生成的事物中，不是"目的因"和"质料因"单独起作用，而是它们共同起作用，这形成了第三种原因模式——即质料的"有条件的必然性"。这意味着一个物质实体的质料是为了实现目的才必然具有如此这般的性质的，或者说，如果这个目的可以被实现，那么质料必然是如此这般的。例如，如果斧子能够劈开木头，那么构成它的质料必然是坚硬的，或者，如果玻璃刀能够切割玻璃，那么它的质料必然比玻璃坚硬（一般是金刚石）。因此，质料的"有条件的必然性"反映的是质料在本体论上的依附地位，换言之，质料必然是受限制的，即它是受目的之必然的支配的。第二，亚里士多德指出本源（即形式）比质料优先，即形式才是"自然"的首要意义，但形式和质料都应当包含在对被生成物的定义之中。第三，亚里士多德认为他的前辈们在对自然的研究中都没有认识到"本质"的概念，因而把质料之必然当作自然实在的唯一原因。他尤其提到了恩培多克勒、德谟克利特和苏格拉底[1]，尽管他们似乎触及了这个问题，但由于没有认识到形式或目的在自然物中的作用模式，他们最终没有发现"目的的必然"。

至此，我们看到物理主义者对自然物的解释一方面诉诸运动的偶然性，一方面又诉诸质料引起的运动的必然性，这在某种程度上是不自洽的。当然，我们的目的并不是驳斥古希腊的物理主义者的观点，而是从亚里士多德对物理主义的批判中看到他的理论预设。他的理论预设是：生物体的身体构成，身体部分的特征、生长、营养和生殖这些现象无法还原为物质元素的性质和运动，这些现象也不是由于运动的偶然结果，更不是出于质料之必然，因为物质元素仅仅提供了产生这些现象的质料因，灵魂才是产生它们的形式因；并且形式在本体论上优先于质料，质料之必然是为了实现形式。当我们带着亚里士多德反对物理主义解释的背景进入《论灵魂》第二卷第四章时，我们才能够对他所认为的营养活动的本质有准确的理解。

三、亚里士多德对营养活动的定义

亚里士多德在《论灵魂》第二卷第四章中讨论了营养灵魂的本质及其活动的特点。营养灵魂有两个从属部分：生殖与生长，因为亚里士多德认为对生殖和生长的定义必须包含对营养的定义，但对营养的定义不包含生殖和生长。在《论灵魂》第二卷第四章中亚里士多德甚至将生殖与营养同等对待（415a23，416a19），说营养的灵魂也是生殖的灵魂，在这里，我们不单独讨论生殖的主题，《论动物的生成》是对动物生殖

1　亚里士多德在这段文本中也提到了苏格拉底，他说苏格拉底更接近这个方法，但是在苏格拉底的那个时代，人们放弃了对自然的研究，哲学家们更关注政治学和人的美德问题（642a28-30）。在《形而上学》第一卷中，亚里士多德认为柏拉图并没有发现目的因（988a8-15，988b6-15）。或许有人认为，亚里士多德对苏格拉底—柏拉图的评价是不公正的，柏拉图在很多地方都谈到了目的，甚至《蒂迈欧》中描述的宇宙的生成就是按照神的意愿和目的来进行的。我想指出的是，亚里士多德在这个问题上对柏拉图的理解是否公正是一个问题，但另一个问题是亚里士多德的目的论与柏拉图谈及的目的有一个显著的区别：前者并不是通过人或神的意愿或理智设计的目的来理解自然的，而是"无意识的"、内在于物质自然的运作之中目的。因此，亚里士多德的目的论又被称为"自然目的论"。正是在这个方面，亚里士多德有很好的理由认为柏拉图仍然没有发现作为目的的自然。

的系统研究；我们也不单独讨论生长的主题，《论生灭》第一卷第五章有专门对生长运动的探讨。我们的阐述主要集中在亚里士多德对营养活动之本质的研究中。

那么，在亚里士多德看来，营养活动究竟是什么呢？他在《论灵魂》第二卷第四章中首次谈到营养活动时，这样说：

> 营养灵魂表达自身的活动是生殖和摄取食物，因为，对于任何已经发展成熟的生物，并且它没有残疾，它的生殖方式也不是自发生殖，那么，它的最自然的活动就是产生一个与自己相似的东西，一个动物产生一个动物，一棵植物产生一棵植物，只要自然允许，生物能以此参与永恒和神圣。这就是所有事物朝向的目的，为了这个目的，它们做自然允许的一切可能的活动。"所为什么"这个短语的含义是模糊的；它可以指所追求的目的，也可以指为了某个存在者而做某事。既然，没有任何生物能够以不间断的方式参与永恒和神圣（因为，可朽者不可能永远存在），它只能在可能的方式中尽量获取那个目的，并且在不同的程度上成功；因此，生物确实不可能以同一个体的方式持存下去，而是在某个与之相似的个体中持续存在——不是个体的一而是种的一。（《论灵魂》II. 4, 415a26-415b7）

这段对营养活动的阐述就算不是出人意料的，也是十分突兀的，假若我们不了解亚里士多德反对营养活动的物理主义的解读的话。难道不是应当首先澄清营养活动是生物体如何利用或摄取食物的物理运动吗？亚里士多德为什么给我们提供一个关于"目的"的描述？因为，他首先给出了营养活动的目的因——这就是"产生一个与自己相似的东西"，或者说"以维持种的存在的方式参与永恒"。

亚里士多德在《论灵魂》的开篇便指出任何灵魂活动（或许理智活动是个例外）都是"质料之中的逻各斯"（403a25），即它们是灵魂和身体的共同产物；换言之，任何灵魂活动都是由灵魂引起的、发生在身体中的运动，它们的存在是"一元的"，但产生它们的原因机制是"二元的"。因此，对一个灵魂活动的定义必须包含两个部分：形式和质料。例如，亚里士多德把愤怒定义为"身体或身体部分或身体官能的如此这般的运动，它是由这个或那个原因引起的、并为了这个或那个目的"（403a26-28）；对"愤怒"的定义的质料部分是"身体或身体部分的如此这般的运动"，而这个定义的形式部分是"由这个或那个原因引起、并为了这个或那个目的"。类似地，营养活动也是一种"质料之中的逻各斯"，因此，当亚里士多德讨论营养活动的本质时，他首先向我们挑明了营养活动的形式部分，不仅因为营养活动的定义必须包含对形式的描述，而且因为形式具有优先性——即形式和目的才是产生营养活动的首要原因。这个"形式部分"首先是由"产生一个与自身相似的东西"这个目的来构成的。

稍后，在第二卷第四章中，亚里士多德进一步把营养活动的形式部分提炼为"保存实体自身"。他说：

> 我们现在研究的这个灵魂能力能够被描述为使得拥有它的存在者保存自身之所是（σώζειν τὸ ἔχον αὐτὴν ἦ τοιοῦτον），食物辅助它完成这个活动。这就是为什么一旦被剥夺食物，它就不能存在。（416b17-19）

因此，营养灵魂被刻画为"保存自身之所是"的能力，即拥有营养灵魂使得生物体维系作为一个实体的存在。倘若我们将"营养活动"的定义理解为"生物体保存自身的活动"，那么这便说的是营养活动的形式部分。接下来的问题是：营养活动的质料部分是什么？

亚里士多德在《论灵魂》中对营养活动的质料部分的研究十分简略，但这并不意味着他不重视这个领域，而是因为《论灵魂》主要是形式方面的研究，在占据亚里士多德全集四分之一篇幅的动物学著作中有大量的对质料部分的细节研究。我们在这里只能对有关食物的消化和吸收做一个概略的描述。

亚里士多德在《论灵魂》第二卷第四章中提到营养灵魂的功能在于摄取食物（416a21）。食物与生物体是一对相对者的关系，还是一对相似者的关系呢？有些人认为生物体被与之相似的东西营养，但有些人认为生物体被与之不相似的东西营养。亚里士多德指出我们需要在这里加入一个区分：如果我们说的是未被消化的食物，那么食物与生物体是一对相对者的关系；如果我们说的是被消化过的食物，那么食物与生物体是一对相似者的关系。在这里，亚里士多德引入了一个新的对象：被消化过的食物。他说："如果我们在两个意义上使用'食物'这个词，即未被消化的食物和被消化过的食物，那么我们就能为两种解释辩护；如果说的是未被消化的食物，那么被营养的东西与之是相反的，如果说的是被消化过的食物，那么被营养的东西与之是相似的。"（416b4–9）尽管亚里士多德在《论灵魂》中并未说明被消化过的食物是什么，但在《论动物的部分》第二卷第三章中"被消化过的食物"指的是血液（650b34），实际上，这个观点贯穿于亚里士多德的动物学中。因此，青草是与动物体不相似的，但血液是与动物体（的部分）相似的。

在《论动物的部分》中，亚里士多德是这样来描述动物如何摄取和消化食物以及吸收营养的：

既然任何生长的物体都需要摄取食物，而食物都包含干的或湿的物体，因为它们是被火的力量消化（πέψις）和改变的，因此，一切生物，生物和植物因为这个原因，如果不是因为别的，必然拥有原初的自然热量，而这些热量和食物的运用（αἱ ἐργασίαι τῆς τροφῆς）必然属于许多部分。首先，嘴巴和嘴巴里面的部分在完成任务后将食物移交给下部，在以食物为生的动物中，食物首先被切碎。但是，嘴巴并不消化食物，只是帮助消化；因为切割食物成小块有助于火的作用。在嘴巴下面是上腹腔和下腹腔，正是在那里，消化在自然热量的**辅助**下被实施着。此外，正如有一个管道将未消化的食物送入胃部，即嘴巴，有些动物有食道，食道连接嘴巴并通向胃，身体之中也有其他的管道将营养物从胃和肠送到整个身体，这些腔道就像身体的食槽（φάτνης）。……嘴巴完成任务之后将食物送到胃部，那里必然有接收它的部位。这个部位被血管覆盖，血管覆盖整个肠系膜，从最低的部位向上直达胃部。对这些的描述可在《解剖学》和《自然的历史》中看到，现在，正如有一个容器接收食物，也有一个容器负责排泄，第三个容器，即血管，是为血液服务的；显见的是，血液一定是有血液的动物的最后的营养物；而

在无血液的动物中有类似的物质。（《论动物的部分》II.3, 650a3-36）

根据这段文本的描述，亚里士多德认为动物用嘴巴摄取食物，食物被嚼碎之后传递到胃部和肠部，并在体内的火的辅助作用下被消化，消化后的食物变成了血液，血液存在于血管之中，血管从肠胃部分伸展至全身，血液流淌过血管因而向全身输送营养物，在这里，亚里士多德明确地将血液视作最终的营养物。这个图景显然受到柏拉图和医学流派的影响，柏拉图在《蒂迈欧》中也使用了"食槽"的比喻，但是亚里士多德在他的阐述中谨慎地将体内的热或火对食物的作用描述为"辅助原因"，即它们只是消化食物的工具，而非首要原因，营养灵魂才是消化食物、吸收营养的首要原因。

亚里士多德提醒我们注意，将热或火对食物的消化作用等同于营养灵魂的作用就像将刻刀的运动等同于雕刻师的作用。他说："有些人宣称灵魂是火或类似的力量。但这是一个鲁莽的断言；我们最好说灵魂与某种拥有火的性质的东西合作。因为，在所有的实体中，只有拥有热量的实体才适宜于实施灵魂的功能。因此，营养和引发运动是灵魂的功能（ἔργον），而它们因为火的力量最容易被产生。因此，说灵魂是火就好像是把刻刀和锯子看作雕刻师和他的技艺，只是因为当这两者接触彼此时运动被产生。"（《论动物的部分》II.7, 652b8-15）因此，亚里士多德认为像柏拉图那样用火和热的性质和运动来解释营养和消化的过程仅仅只是给出了这些活动的质料方面，而完全忽略了产生这些活动的真正原因——形式或目的。

现在，让我们试着为亚里士多德的营养活动下定义。营养活动是一种"质料中的逻各斯"，我们已经澄清了营养活动之定义的形式部分是"保存实体自身的活动"，而质料部分是"食物由嘴巴摄入并在火和热量的作用下被消化、变成血液、通过血管输送到全身"；因此，与"愤怒"的定义类似，我们可以把"营养活动"定义为"食物由嘴巴被摄入动物体内并在火和热量的作用下被消化、变成血液、通过血管输送到全身，这是由营养的灵魂引起的，并为了保存实体（即动物体）自身"。在这个定义中，营养灵魂既是引起营养活动的动力因，也是营养活动所为了的目的——营养活动保存了生物体之存在便意味着也同时保存了生物体的营养灵魂。

四、营养活动的原因结构

在亚里士多德对营养活动的定义中体现着营养活动的原因结构：营养的灵魂是产生营养活动的首要原因，而身体是产生营养活动的次要原因或辅助原因，因为形式在本体论上是优先的，而质料是为了形式而如此存在和如此运动的。亚里士多德在《论灵魂》第二卷第四章的最后一段中阐明了这个原因结构。他说：

> 营养活动包含三个要素：被营养的东西，用什么（以引起）营养的东西（ᾧ τρέφεται），以及引起营养活动的东西；在这些要素中，引起营养活动的是第一灵魂，被营养的是身体——它在自身中拥有灵魂，用以进行营养的东西是食物。……"用什么进行营养的东西"这个短语的意义是多重的，正如"用什么操纵船只"的意义是多重的；这既可以是手，也可以是船桨，即要么是自身被推动又推动他物，要么是自身仅仅被推动。任何食物必然是能够被消化的，而产生消化的是热量；这就是为什么任何拥有灵魂的物体都拥有热量。（《论灵魂》II.4，416b20-30）

因此，营养活动的原因结构中有三个要素：营养活动的主体——即被营养的东西——是"拥有灵魂的身体"，引起营养活动的原因是营养灵魂，用以进行营养的东西是食物。营养灵魂是产生营养活动的首要原因，食物是营养灵魂产生活动的"工具"，而复合实体即生物体是营养活动的承载者。这个三要素中隐藏着亚里士多德对灵魂活动的双层结构的原因机制的理解[1]：从内部原因看，营养灵魂与身体是一个统一体，营养灵魂推动身体运动，从外部原因看，未消化的食物与身体是相反者，它也是推动身体运动的原因；但是营养灵魂不仅决定了什么存在者可以作为食物对生物体产生作

---

[1] 关于灵魂活动的双层原因机制的更多讨论，参见拙文《亚里士多德论心理活动的生成机制及其当代意蕴》，《西南大学学报（社会科学版）》2018 年第 1 期，第 22—32 页。

用，而且它使用热量消化食物，得到食物的最终形式——血液[1]，血液推动生物体整体的营养运动，这个运动使得生物体保存自身。因此，在营养活动的原因机制中，营养灵魂是原初动力因，也是内部原因，食物是辅助动力因，也是外部原因。在一个更完善的原因结构的图景中，辅助动力因不仅仅包括食物，还包括消化食物的热量，因此，在动力因的链条上还有热量。[2] 我们用下图来表示营养活动的原因机制：

在这个图示中，箭头表示运动的原因方向——即箭头从推动者指向受动者，灵魂和身体是一个统一体，我们用方框表示，面包和血液分别是食物的最初形态和最终形态，我们用线段连接。摄食是生物体整体的活动，但是营养灵魂决定了什么对象可以作为食物对生物体产生作用，因此我们用虚线表示这个原因效用，以区别于用实线表示的运动。营养是最终的食物（即血液）作用于生物体整体的活动，这个活动使得身

1　血液处于有灵魂的物体和无灵魂的物体之间，它现实地是食物，但潜在地是（动物的）肉。血液作为动物生成的质料（母亲提供的经血）被生成为心脏或身体器官——这是动物的生成的过程，血液作为最终的营养物使得动物的肉或骨头增长——这是生长运动。但是，血液被作为食物的最终形态时，它不是动物身体的一部分——它尚未成为肉（即它是潜在的肉），所以，在营养活动中，血液是"外部对象"。参见克里斯托弗·弗雷（Christopher Frey）对血液作为食物和作为潜在的肉的讨论：C. Frey, "From Blood to Flesh: Homonymy, Unity and Ways of Being in Aristotle", *Ancient Philosophy*, Vol. 35, 2015, pp. 375−395。

2　如果不了解亚里士多德对"营养活动"的"质料形式主义"的解释，尤其是不了解灵魂在这个原因机制中的地位，不把营养的灵魂看作原初动力因，那么就很难对《论灵魂》第二卷第四章的本文给出合理的解释。例如，海姆伦（D. W. Hamlyn）在评注中说："416b20 以下似乎是荒谬的，因为说灵魂（即灵魂的最初形式，即营养能力）使用食物营养身体，尽管它好像是从亚里士多德所认为的灵魂是运动、性质变化和生长的动力因的观点中推出的。然而，一个更准确的陈述是：动物或植物自我营养或自我繁殖；灵魂使得动物实施这个活动，但它的意义不同于食物使得动物实施这个活动。"显然，海姆伦的最后一句话更加混淆了食物的作用和灵魂的作用，也不能说明动物或植物为什么是自我运动的。参见 D. W. Hamlyn, *Aristotle De Anima Book II and III*（Oxford: Clarendon Press, 1993）, p. 98。

体作为如此这般的身体得以维系，并因此保存了身体之中的灵魂。

亚里士多德认为，在生物体的现实存在中，营养活动的原因机制必然持续地作用着；换言之，只要营养活动持续进行，生物体就能作为实体而存在——这既是对肉身的维系，也是对营养灵魂的保存。因此，营养的灵魂既是动力因链条的发端，也是整个活动的目的。

至此，我们可见亚里士多德对营养活动之本质的理解是"质料形式主义"的：他不仅反对将营养活动还原为物质元素的性质和运动，而且将营养活动的首要原因归于非物质的形式和灵魂，营养灵魂既是营养活动的原初动力因，也是目的因，而"拥有灵魂的身体"是营养活动的承载者，是展现着灵魂效用的质料主体。因此，对于亚里士多德而言，生物体的营养活动并不属于单纯的物质元素运行的场域，而是由形式和目的统治的物理运动，这个运动本身就是对营养灵魂的实现。

（本文作者为云南大学哲学系副教授）

从铭刻看罗马帝国时期马其顿共同体的区域性

吴靖远

本文从区域性视角，讨论罗马时期马其顿省的共同体发展情形。以下首先简短介绍本文脉络中所谓的"共同体"和区域性为何，再以马其顿地区的共同体视野，看马其顿行省如何经由这类城际的、社群间纽带联系的组织，形成互联相依的行省整体。

一、罗马时期的共同体

本文所谓共同体，即帝国东部希腊语区铭刻资料中之 *κοινόν*/koinon，以及帝国西部拉丁语区的 concilium。前者在古典时期和希腊化时期具有以族裔或地域联系为基础的"政体"之意，罗马时期的概念则有所转化，趋近于以民族（ethnos）或行省（eparchia/prouincia）为单位（甚至同义词）的"集体"之意；而后者所指的，则是一种具有以地域、行省，或族裔界定成员的政治议事集会。[1]这两种组织字面上的意义虽略有不同，却能互换使用，学界也多以"省议会"（Provinziallandtag/assemblé provinciale）称之，表明其在罗马时期城市代表集会的本质。[2]

1　J. Larsen, *Representative Government in Greek and Roman History* (Berkeley & Los Angeles: University of California Press, 1955), p. 106; J. Farrell, "The Distinction Between Comitia and Concilium", *Athenaeum* 64 (1986), p. 438; M. Vitale, *Eparchie und Koinon in Kleinasien von der ausgehenden Republik bis ins 3.Jh. n. Chr.* (Bonn: Rudolf Habelt, 2012), pp. 38–40.

2　B. Edelmann-Singer, *Koina und Concilia. Genese, Organisation und sozioökonomische Funktion der Provinziallandtage im römischen Reich* (Stuttgart: Franz Steiner, 2015), pp. 26–27.

　　就缘起论，一般认为罗马时期的共同体是希腊古典时期到希腊化时期之间城邦联盟的遗绪[1]，不同之处在于罗马对军事、司法、行政的完全控制，使得共同体近乎仅剩褒扬、祭祀、赛会、庆典等功能，虽偶有传世文献提及与罗马元首交涉以及告发行省总督不当治理的事件，就帝国历史发展而言，仍显得不足为道。最早系统性研究共同体的保罗·吉罗（Paul Guiraud）认为，罗马时期的共同体虽然模式上是一个地区内的各个城市派代表来讨论事情，但因为所有的立法权、行政权、司法权都在城市议会和行省总督手上，共同体实际上的作用是比较有限的，虽然有些比较有钱、有影响力的行省共同体议会看似具有左右元首和帝国行政单位的影响力，多数应该趋近于新闻媒体一般的角色，什么都能谈，但什么都不能解决（ils pouvaient parler de tout, mais ils ne pouvaient rien résoudre），他们也不是什么抵抗罗马征服者统治的精神堡垒，而是协助罗马散布罗马人的语言、惯俗、法律、影响的传声筒（elles ne furent pas pour les vaincus le refuge et la forteresse de l'esprit particulariste; elles aidèrent, au contraire, à propager partout la langue, les moeurs les lois, l'influence de Rome）。[2]蒙森（Mommsen）于 1904 年出版的遗作中，则认为共同体所代表的，其实是共和体制和元首体制的根本不同：

　　　　罗马共和时期与罗马帝国时期之间最大的反差，除了前者是有大片海外属地的大城市、后者是有个自由首都的国家之外，还明显反映在地方组织的层面上，也连带反映在帝国归属的概念上，特别是发动无罗马公民权的地方社群加入大群体的归属问题。而城市政体与国家政体间的核心反差，又特别反映在处理希腊语地区的"共同体"问题上。在共和时期是采取压制的手段，而奥古斯都时期则致力于其之恢复与扩张。[3]

1　Edelmann-Singer 2015, pp. 31–43; J. Deininger, *Die Provinziallandtage der Römischen Kaiserzeit von Augustus bis zum Ende des dritten Jahrhunderts n. Chr.* (München & Berlin: C. H. Beck, 1965), pp. 7–16.

2　Guiraud, *Les Assemblées provincials dans l'empire romain* (Paris: Imprimerie Nationale, 1887), pp. 295–297.

3　Mommsen, "Die Roemische Provinzialautonomie. Ein Fragment", *Hermes* 39.3 (1904), p. 321: "Der grosse Gegensatz zwischen der romischen Republik und der römischen Monarchie, der Grossstadt mit überseeischen（转下页）

蒙森的分析是，共和末期罗马在海外的扩张采取了两种手法，第一是军事征服，第二是拆散、限缩既有组织。但是到了帝国时期，要解决的问题不是防止地方叛变，而是要解决地方治理上的死角，以及组织地方显贵，让他们解决地方上的一些罗马派去的官员比较难以掌握的问题。蒙森看共同体，就完全是采取地方自治的观点，且认为共同体不是罗马时期新创的制度，而是希腊化时期城邦文化制度的延续。[1]

虽然共同体或具有历史延续性，帝国行省体制局限其功能下，实质的地方治理意义不得彰显。艾伯特（Abbott）与约翰逊（Johnson）就认为[2]，共同体集会次数少、成员增减不定，维持稳定的治理传统具有难度，且元首、行省总督对行省治理的掌控相当全面，使得共同体作为组织的发展空间上具有先天的限制，再加上古代城邦文化的个体性延续到罗马时期，要希腊社群就共同目的采取协同作为相当困难，多数城市不喜

（接上页）Landgütern und dem Staat mit befreiter Hauptstadt, kommt vor allem in diesem Kreise [der lokaler Gliederung] zum Ausdruck und damit zugleich der Gedanke der Reichsangehörigkeit, die Anbahnung der Zugehorigkeit auch der des römischen Burgerrechts entbehrenden Ortschaften zum Gesammtreich. Der principielle Gegensatz ziwschen dem Stadt- und dem Staatsregiment tritt nirgends so schroff hervor wie in der Unterdrückung der hellenischen *κοινά* durch die Republik und in ihrer Wiederherstellung und Erweiterung durch Augustus." 本文所引用的译文，除特殊说明，均为笔者自译。

1   科尔内曼（kornemann）在蒙森对于共同体作为城邦文化延续的概念之上，又根据一些观察做了调整。他把希腊化的因素放大，认为有罗马帝国之下，有希腊文化影响的地方，就有共同体。 Kornemann, s.v. *Κοινόν RE*, Supp. 4 (1924), p. 935: "Soweit das Hellenentum im Osten vorgedrungen war oder eine durchgreifende Hellenisierung einheimischer Völker wie der Lykier stattgefunden hatte, erstreckt sich die Sphäre der koinon auch in der römischen Zeit. Auch jetzt noch wird die Institution durchaus als etwas Hellenisches angesehen, die Teilnehmer sind Hellenen in dem neuen Sinne, den das Wort im Laufe der Zeit angenommen hatte, nämlich als Träger hellenischer Bildung. Die Römer haben offenbar mit der Konservierung dieser Institution dem Griechentum des Ostens schmeicheln und die gräzisierte Oberschicht des Orients dem Kaiserkult dienstbar machen wollen. Nichts ist so bezeichnend wie der Umstand, daß die Angehörigen des koinon Asias als Asias Hellenes oder diejenigen der bithynischen als koinon der Hellenes im Bithynia....Wenn man diesen Stellen liest, versteht man erst, daß die Institution dort fehlt, wo das Hellenentum selbst als Kulturmacht nicht mehr wirksam gewesen ist."［共同体不仅伴随希腊性穿透地中海东部的各个角落，将吕奇亚人彻底希腊化，共同体的范畴也在罗马时期有所开展。这个体制此时仍然被视为是一种希腊性的表征：参与者仍为希腊人，但随时间变化，已经有了新的意义，即希腊教育系统的承载者。罗马人显然希望透过保有这个制度来讨好东部的希腊区，让东方的上层阶级投入皇帝崇拜的系统。最好的例证，是如亚细亚共同体的成员被称为亚细亚希腊人，或比提尼亚共同体的成员被称为在比提尼亚的希腊人……由这些称呼可知，共同体制度不存在的地方，只有在希腊文化不具影响力的地方。］

2   F. F. Abbott & A. C. Johnson, *Municipal Administration in the Roman Empire* (Princeton: Princeton University Press, 1926), p. 175.

欢经过集体议会,而是直接向元首、元老院派使节维护自己的利益,使得罗马中央政府发展出了一些部门来应付城市行政的不同面向与阶段,削弱共同体存在的意义。

对于共同体的看法在第二次世界大战后有了比较显著的转变。学界开始重新检视传世文献中关于共同体的叙述,认为共同体确实在一些案例中具备左右皇帝和元老院意见、影响官僚利益的行动能力,在影响力上有相当重要性[1],且一些铭刻也显示,共同体公职人员会被指派承担治理任务,如普查、收税等行政工作,并非完全无治理功能。[2]再者,共同体与城市政治系统的交集重叠面既广且深:两者的常态运作皆靠地方显贵的参与,才能确保庆典赛会和元首崇拜等用高昂花费才能支持的活动能够正常举行。[3]另外,分析参与共同体成员的出身和原乡时,可发现若干跨省、跨地域参与非原乡共同体的显贵,建立起复杂的互动关系网络,无法单纯用传统帝国体系模型中的

---

1 F. Millar, pp. 385–394, esp. 387: "The leagues, which united areas sometimes identical with that of a Roman provinces, sometimes larger and sometimes smaller, had [very] different backgrounds and histories....they all held meetings, prbably annual, attended by representatives from their constituent cities, all eventually appointed priests for the cult of one or more emperors, and probably all conducted annual festivals. These institutions themselves necessitated arrangements between the cities on matters of mutual obligations and expenses which...might themselves require rulings by the emperor. But the koina, or in the west concilia or communia, might also approach the emperor both on purely diplomatic occasions, such as accessions, victories, or [a prince's] assumption of the toga uirilis, and on matters of substance [such as repetundae cases against governors]." [所谓"共同体联盟"是许多地界成员与罗马行省划分相同的组织,有的大些或小些,背景与历史或不相同……这些联盟都集会,可能一年一次,集会成员为成员城市派出的代表。议会上共同指派一位或多位元首的祭司,并大概都举办年度庆典。这些组织订定城市之间的义务和经费支出,或许得经元首批示。共同体也能够直接派使节与元首交流,就新元首继位、战事胜利、元首之子成年礼,以及如告发行省总督不当治理的举措。]

2 *CIL* II 4208; Deininger 1965, p. 127; F. Millar, "Review: Provinzial Assemblies", *The Classical Review* 16.3 (1966), pp. 389–390; B. Takmer, "Lex Portorii Provinciae Lyciae. Ein Vorbericht über die Zollinschrift aus Andriake aus neronischer Zeit", *Gephyra* 4 (2007), pp. 177–178.

3 Quaß 1993, pp. 307–308: "Eine der kostspieligsten Funktionen auf dem Gebiet der Festveranstaltungen und Wettkämpfe in der Kaiserzeit war die eines Oberpriesters des provinzialen Kasierkultes. Von ihm wurden allgemeine Bewirtungen und Verteilungen und vor allem die Veranstaltung von Tierhetzen und Gladiatorenkämpfen erwartet. Als Vorsitzen der des Provinziallandtages hatte er zugleich auch die Provinzialspiele durchzuführen, wie z.B. in Asia, Galatia, und Macedonia. In der letzten Provinz trug der Provinzialpriester regelmäßig den Titel, Oberpriester der Augusti und Agonothet des Koinons der Makedonen." [帝国时期花费最多的公职是承担庆典赛事的省级元首崇拜大祭司。除了一般性的招待与施舍外,承担这个公职的人还得组织动物狩猎和格斗表演,并作为省议会的首席,必须得组织省级赛事,如亚细亚赛事、加拉太赛事、马其顿赛事等。马其顿的省级大祭司同时兼任诸皇大祭司以及马其顿共同体赛会长等公职。]

行省界限来解释。[1] 简单来说，现在学界对于共同体的讨论，已经从帝国传声筒演变为探究罗马帝国时期维系城与城、社群之间纽带联系的组织，具有多层次的区域性特征，在铭刻资料数量和研究不断深化的背景下，具有值得关注的学术延展性。本文以马其顿地区的共同体，作为从区域观点来深化讨论的尝试。

二、马其顿共同体的瓦解与延续性

根据赫佐普洛（Miltiades Hatzopoulos）的看法，罗马时期马其顿共同体的前身，当是在希腊化时期就有与王权平阶、发布正式决议和意见的"马其顿共同议会"。[2] 这个共同议会与菲利普二世因应内忧外患时建立起的全马其顿军民大会一脉相承[3]，在希腊化时期马其顿王国定期举行春季大会、团结马其顿王国与各属邦同盟城镇之外[4]，

---

1 T. Bekker-Nielsen, "Leading Men", *Kaiserkult in den Provinzen des Römischen Reiches*, A. Kolb & M. Vitale eds. (Berlin: De Gruyter, 2016), p. 380.

2 M. Hatzopoulos, *Macedonian Institutions under the Kings I. A Historical and Epigraphic Survey* (Athens: De Boocard, 1996), pp. 266–270.

3 Diod. Sic. 16.3.1: "*οἱ δὲ Μακεδόνες διά τε τὴν ἐν τῇ μάχῃ συμφορὰν καὶ διὰ τὸ μέγεθος τῶν ἐπιφερομένων κινδύνων ἐν ἀπορίᾳ τῇ μεγίστῃ καθειστήκεισαν. ἀλλ᾽ ὅμως τηλικούτων φόβων καὶ κινδύνων ἐφεστώτων ὁ Φίλιππος οὐ κατεπλάγη τὸ μέγεθος τῶν προσδοκωμένων δεινῶν, ἀλλὰ τοὺς Μακεδόνας ἐν συνεχέσιν ἐκκλησίαις συνέχων καὶ τῇ τοῦ λόγου δεινότητι προτρεπόμενος ἐπὶ τὴν ἀνδρείαν εὐθαρσεῖς ἐποίησε, τὰς δὲ στρατιωτικὰς τάξεις ἐπὶ τὸ κρεῖττον διορθωσάμενος κτλ.*" [马其顿人因为在战争中的挫折以及接踵而来的危难，已陷入极大恐慌。但是，即便恐惧和危险相逼，菲利普并没有因为已可以预见的险恶而慌张，而是将马其顿人用一系列集会的方式集结起来，用相当有技巧的演说激励，鼓起他们的勇气，并将军队阵容组织得更强。]

4 Diod. Sic. 17.16.3–4: "*(Ἀλεξάνδρος)...θυσίας μεγαλοπρεπεῖς τοῖς θεοῖς συνετέλεσεν ἐν Δίῳ τῆς Μακεδονίας καὶ σκηνικοὺς ἀγῶνας Διὶ καὶ Μούσαις, οὓς Ἀρχέλαος ὁ προβασιλεύσας πρῶτος κατέδειξε. τὴν δὲ πανήγυριν ἐφ᾽ ἡμέρας ἐννέα συνετέλεσεν, ἑκάστῃ τῶν Μουσῶν ἐπώνυμον ἡμέραν ἀναδείξας. σκηνὴν δὲ κατασκευασάμενος ἑκατοντάκλινον τούς τε φίλους καὶ τοὺς ἡγεμόνας, ἔτι δὲ τοὺς ἀπὸ τῶν πόλεων πρέσβεις παρέλαβεν ἐπὶ τὴν εὐωχίαν. λαμπραῖς δὲ παρασκευαῖς χρησάμενος καὶ πολλοὺς μὲν ἑστιάσας, πάσῃ δὲ τῇ δυνάμει διαδοὺς ἱερεῖα καὶ τἆλλα τὰ πρὸς τὴν εὐωχίαν ἀνήκοντα προσανέλαβε τὸ στρατόπεδον.*" [亚历山大……为众神在马其顿的迪昂举办了盛大的祭典以及献给宙斯与缪斯的戏剧赛会，遵从先王阿凯拉乌斯的先例。庆典为期九天，每天以一位缪斯女神命名。他架起了一座大帐，可容纳一百张席位，设宴款待好友、将军，以及城市来的使节。在尽可能奢华铺张地招待了许多宾客之外，他还将献祭的牲品和各种物品分发出去，让全军皆大欢喜。]

面对若干政治危机时，发挥了对内审判王家贵族[1]、对外支持王权[2]的重要特色。马其顿议会在罗马人征服马其顿王国后出现了比较大的变化。根据李维的说法，这个议会在艾米力乌·包卢（Aemilius Paulus）于公元前 168 年击败菲利普五世之子波希乌斯（Persius）之后，经罗马元老院派遣之十人委员会决定解散，马其顿分为四个区，各自有自己的议会（concilium），且明定不得共同议事，以防煽动者闹事。[3] 隔年，艾米力乌·包卢在安非波利召开全马其顿大会，发布了适用于全马其顿的行政法规，除按照十人委员会的裁示，将马其顿王国分为四部，有各自的议会、首都之外，艾米力

1　Diod. Sic. 19.51.1–2: "ὁ δὲ Κάσανδρος ὁρῶν περὶ τὸν Ἀριστόνουν ὑπάρχον ἀξίωμα διὰ τὴν παρ᾽ Ἀλεξάνδρου προαγωγὴν καὶ σπεύδων ἐκ ποδῶν ποιεῖν τοὺς δυναμένους νεωτερίζειν ἐπανεῖλε τὸν ἄνδρα διὰ τῶν Κρατεύα συγγενῶν. προετρέψατο δὲ καὶ τοὺς οἰκείους τῶν ἀνῃρημένων ὑπ᾽ Ὀλυμπιάδος ἐν κοινῇ τῶν Μακεδόνων ἐκκλησίᾳ κατηγορεῖν τῆς προειρημένης γυναικός. ὧν ποιησάντων τὸ προσταχθὲν καὶ τῆς μὲν Ὀλυμπιάδος οὔτε παρούσης οὔτε ἐχούσης τοὺς ἀπολογησομένους οἱ μὲν Μακεδόνες κατεγίνωσκον αὐτῆς θάνατον κτλ." [凯山卓见到亚里斯托努因为亚历山大对他的尊崇而有名望，并急着要把能够推翻他的有力人士弄走，就透过一个叫夸图阿的亲戚解决了他，并且要那些被奥林匹亚给杀死亲人的家族到马其顿人的共同议会指控这个的女人。当它们照做了，奥林匹亚却既不在场，她也没有代言者，马其顿人就判了她死罪……]

2　IG XI.4 1102 (221–179 BCE): "τὸ κοινὸν Μ [ακε] δόν [ων] | βασιλέα Φί [λιππον βασιλέως] | Δημητρίου ἀ [ρετῆς ἕνεκα] | καὶ εὐνοίᾳ [ς τῆς εἰς ἑαυτούς] ." [马其顿共同体（立）德米特里王之子菲利普王（之像），因其美德之故，以及其对（共同体）之眷顾]; SEG 29.795 (221–179 BCE): "Βασιλέα Φίλιππον | βασιλέως Δημητρίου | Μακεδόνες | Θεοῖς Μεγάλοις." [马其顿人向众大神（献上）德米特里王之子菲利普王（之像）。]

3　Liv. 45.18.1–7: "omnium primum liberos esse placebat Macedonas atque Illyrios, ut omnibus gentibus appareret arma populi Romani non liberis servitutem, sed contra servientibus libertatem adferre...metalli quoque Macedonici, quod ingens vectigal erat, locationes praediorumque rusticorum tolli placebat; nam neque sine publicano exerceri posse et, ubi publicanus esset, ibi aut ius publicum vanum aut libertatem sociis nullam esse. ne ipsos quidem Macedonas id exercere posse; ubi in medio praeda administrantibus esset, ibi numquam causas seditionum et certaminis defore. denique ne, si commune concilium gentis esset, improbus vulgi adsentator aliquando libertatem salubri moderatione datam ad licentiam pestilentam traheret, in quattuor regiones discribi Macedoniam, ut suum quaeque concilium haberet, placuit et dimidium tributi, quam quod regibus ferre soliti erant, populo Romano pendere." [首先，（十人委员会）议定，所有马其顿人与依理瑞亚人当为自由人，让各国各族看清罗马人民武装不为自由人带来奴役，而全然相反，是未受奴役者带来自由……另马其顿矿区，利润甚巨，（十人委员会）议定，所有开采许可与农地许可全部无效；（因为现有模式是）无公家收税单位则无法生产，但是哪里有公家收税单位，那里就没有法治，工作参与者就没有自由。马其顿人也无法自行工作，因为可贪之财对掌行政权者来说俯拾即是，也从不缺理由制造骚乱与竞争。然后（决议），不得有（全马其顿族）之共同议会，以防无羞耻的民粹煽动者将已经安全的、有序的自由，卷入无序的混乱之中；马其顿当化为四区，每一区有自己的议会，并且以之前上交马其顿王室的数量为基准，税收减半。]

乌·包卢还加码禁止通婚和跨区持有地产等。[1] 后面禁止通婚和跨区持有地产，与个人是哪一区的身份有关，是一种依照政治区划分所制造的类族籍概念。这个框架维持了多久不得而知。从 *EKM* 1. Beroia 61 与 63 两则来看，四区的行政架构起码延续到了弗拉维朝，即 1 世纪末。[2] 有趣的是，马其顿共同体虽然被分割为四部，不得共同议事，到了弗拉维朝，却已经开始共同集会，运用马其顿共同体的框架议事、发布决议，

1 Liv. 45.29.2–10: "deinde in quattor regiones diuidi Macedoniam: unam fore et primam partem quod agri inter Strymonem et Nessum sit amnem; accessurum huic parti trans Nessum ad orientem uersum, qua Perseus tenuisset, uicos, castella, oppida, praeter Aenum et Maroneam et Abdera; cis Strymonem autem uergentia ad occasum, Bisalticam omnem cum Heraclea, quem Sinticen appellant. secundam fore regionem, quam ab ortu Strymo amplecteretur amnis, praeter Sinticen Heracleam et Bisaltas, ab occasuque Axius terminaret fluuius, additis Paeonibus, qui prope Axium flumen ad regionem orientis colerent. tertia pars facta, quam Axius ab oriente, Peneus amnis ab occasu cingunt; ad septentrionem Bora mons obicitur; adiecta huic parti regio Paeonia, qua ab occasu praeter Axium amnem porrigitur; Edessa quoque et Beroea eodem concesserunt. quarta regio trans Boram montem, una parte confinis Illyrico, altera Epiro. capita regionum, ubi concilia fierent, primae regionis Amphipolim, secundae Thessalonicen, tertiae Pella, quartae Pelagoniam fecit. eo concilia suae cuiusque regionis indici, pecuniam conferri, ibi magistratus creari iussit. pronuntiauit deinde neque conubium neque commercium agrorum aedificiorumque inter se placere cuiquam extra fines regionis suae esse." [（艾米力乌·包卢）随后分马其顿为四区：第一区为施翠蒙河与耐苏河间之地；当划入此区者，另有耐苏河东马其顿王波希乌持有之村落、要塞、城镇，除艾努、马罗内亚、阿布德拉外；（另包含）位于施翠蒙河以西之地，即比造提卡全境、包含赫拉科里亚，即当地称新提坎地界。第二区东起施翠蒙河，除新提坎、赫拉科里亚、比造提卡等，西界止于艾奇乌河，另包括派欧尼亚人地界，彼等居于艾奇乌河之东。第三组成部分，即艾奇乌河东、本内乌河西环抱之地；于北博拉山为屏。另并入此区者，有派欧尼亚西侧艾奇乌河之部分。第四区位于博拉山西侧，分别与伊利瑞亚、伊庇鲁斯。各区之首都，即议会之所在，第一区为安非波利，第二区帖撒隆尼基，第三区佩拉。第四区佩拉贡尼亚，即各区议事、收集税款、派任职官之处。他又宣布，各区之间人士无通婚权、无跨自己所属之区买卖土地房产之权。]

2 *EKM* 1. Beroia 61: " [Αὐτοκράτορα Καίσαρα Οὐεσπασιανὸν Σεβαστὸν Μ] ακεδόνων τὸ Κοινὸν καὶ | [Βεροιαίων ἡ μητρόπολις καὶ νεωκόρος, διέποντος τ] ὴν ἐπαρχείαν Λ (ουκίου) Βαιβίου Ὀνωράτου | [ἀγωνοθετοῦντος καὶ γυμνασιαρχοῦντος τοῦ δεῖνος] τοῦ Ἀμύντα ἐκ τῶν ἰδίων, ἱερω| [μένου τοῦ δεῖνος τοῦ δεῖνος, ἀρχόντων (ἢ ἡγετῶν ἢ ἡγουμένων ἢ ἀφηγουμένων) τοῦ] συνεδρίου· πρώτης μερίδος Ἀπελ [λᾶ τοῦ δεῖνος, δευτέρας τοῦ δεῖνος τοῦ δεῖνος, τρίτης Σωτ] αίρου τοῦ Κλέωνος, τετάρτης Ἀλε| [ξάνδρου τοῦ δεῖνος] ." [马其顿共同体、母城与皇庙守贝瑞亚城致凯撒韦士帕先奥古都皇帝：（镌刻时），行省首长为路奇乌·白比乌·奥诺拉图、赛会长与教练长为阿敏达之子某某任内并出资，祭司为某某，共同体议会联席领导为：第一区某某之子阿佩拉；第二区某某之子某某；第三区克雷翁之子索泰如；第四区某某之子亚历山卓。] 另一则铭刻复原部分较多，但若可信，则甚至到了图拉真朝，*EKM* 1. Beroia 64: " [αὐτοκράτορι Καίσαρι Νέρουα Τραϊαν] ῷ Σεβαστῷ Γερ [μανικῷ, Δακικῷ...] | [...Μακεδόνων τὸ Κοινόν...] ΣΤΩΝ Φουλκιν [ίου τοῦ δεῖνος πρώτης] | [μερίδος, δεῖνος δε] υτέρας, Εἰσιδώρ [ου τοῦ δεῖνος τρίτης,] | [τοῦ δεῖνος τετάρτης, τα] μίου τῶν συνέ [δρω ν ...] ." [马其顿共同体（致）凯撒纳华图拉真奥古都皇帝，平日耳曼、大奇……某某之子弗奇努，第一区；某某之子某某，第二区；某某之子艾西多罗，第三区；某某之子某某，第四区；议会财务长……]

并由四区的首长或代表联名发布。

帝国时期与希腊化时期的马其顿共同体究竟有无延续性，学者有不同意见。[1] 康纳祖立（Kanatsoulis）采取比较保守的解读，认为罗马时期的马其顿共同体已经是一个全新的组织，采取的架构和运作模式是仿效奥古斯都时期在亚细亚省共同体所发展出来的、以元首崇拜为核心的仪式性议事组织。[2] 赫佐普洛则持帕帕佐格鲁（Fanula Papazoglou）的立场，认为罗马时期的马其顿共同体在弗拉维朝时与四部共存的铭刻证据，所明确表现出的是四部为归属于马其顿共同体的次级组织，也就意味着马其顿共同体的地位不是一般的、架空的集会场合而已，而是有组织、阶级的国族概念中，最高的集会机构。[3] 后设的共同体往往是根据罗马人所划定的疆界决定共同体幅员与成员等组成问题，政治社会组织内涵上也不具备有历史延续性，其集会与决议所具备的效力于象征意义，可能比不上马其顿共同体这类有悠久历史的组织。马其顿共同体的大祭司、赛会长等公职，或许可视为是王权拆解后存留的马其顿族宗教礼仪、首长领袖等权力与象征的遗绪。[4] 换

1　相关学术回顾可见 Hatzopoulos 1996, pp. 350-359。

2　L. Kanatsoulis, "Tὸ Koινὸν τῶν Μακεδόνων", Μακεδόνικα 3 (1953-1955) 34: "Τὸ κοινὸν ὅμως, δηλ. ἡ ὁμοσπονδία τῶν ἑνώσεων αὐτῶν, ὡς ἓν σῶμα, ἐνσαρκῶνον τὴν ἑνότητα τοῦ μακεδονικοῦ λαοῦ καὶ δυνάμενον νὰ παράσχῃ πράγματα μελλοντικῶς εἰς τοὺς Ῥωμαίους, πρέπει ἀσφαλῶς τότε νὰ κατηργήθη, ὅπως καὶ ἡ μοναρχία. Μοῦ φαίνεται λοιπὸν ἀπίθανον ὅτι οἱ Μακεδόνες, ὅταν μετὰ ἑκατὸν καὶ πλέον ἔτη ἵδρυον τῇ αἰτήσει τῶν ἢ κατ' ἀπαίτησιν τῆς Ῥώμης τὸ κοινὸν τῆς αὐτοκρατολατρείας, εἶχον ὑπ' ὄψιν ὀργάνωσιν, ἢ ὁποία πρὸ πολλοῦ εἶχεν ἤδη ἐκλείψει καὶ ἡ ὁποία μάλιστα μόλις περὶ τὰς δυσμὰς τοῦ πολιτικοῦ τῶν βίου εἶχεν ἐμφανισθῆ καὶ δὲν ἔπαιζε σημαντικὸν ρόλον. Μᾶλλον πρέπει νὰ δεχθῶμεν ὅτι αὐτοί, ὀργανούμενοι εἰς τὴν νέαν ἐπαρχιακὴν ἕνωσιν πρὸς ἄσκησιν τῆς αὐτοκρατορολατρείας, ἠκολούθησαν τὸ παράδειγμα τῶν ἄλλων ἐπαρχιῶν τοῦ ρωμαϊκοῦ κράτους παρὰ ὅτι ἀνενέωσαν ἴδιον παλαιὸν θεσμόν." ［马其顿共同议会——即马其顿人的联邦组织——作为一个代表马其顿人民整体性和权力、能够对罗马人造成不确定性的实体，应该是如王权一般被废除了。以我看来，当在百年之后马其顿人再次要求（或根据罗马的要求）建立新的皇帝崇拜共同体时，不可能回顾过往重新建起已经早就绝迹的组织，且（新的共同体）反映的是公民参政生活消亡的景象，没有扮演重要角色。］

3　Hatzopoulos 1996, pp. 355-356: "As Papazoglou has very aptly noted, the very use of such a formula (Μακεδόνων-μερίδος) is the clearest evidence for the maintenance of a united Macedonia, of which the districts were mere subdivisions like the Boiotian μέρη or the Thessalian τετράδες (merides, mere, partes)."

4　Hatzopoulos 1996, pp. 347-349: "[The] 'Macedonian crowd,' which used to form a theoretically sovereign assembly, [henceforth became] a group of passive spectators. They are still this under the Early Empire...Already in our earliest pieces of evidence the sovereign body of the Macedonian Commonwealth is no longer the Assembly but the synedroi, who vote the dogmata of the Koinon. There seems to be no executive besides this new Macedonian Council. The religious functions of the king and the honors attached to them seem to have devolved to the （转下页）

言之，赫佐普洛的立场[1]比起蒙森所言更为鲜明了：罗马人不只是在帝国时期希望透过希腊语地区的"共同体"恢复其一定的功能，来解决地方治理问题，而是在共和时期分化、弱化马其顿王国王权以及固有政治权力的完整性时，就可能采取了比较有前瞻性的举措，仅短暂（或甚至没有完全）取消共同议会的机制，在公元前169年战败后到公元前146年建省期间，再次恢复了这个机制，只是将城市和地方代表权扩大，限制上层王族、显贵家族的影响，对共同议会的权力组成彻底改造。

退一步看，不论赫佐普洛的推测是否正确，从中央政府的立场来看，共和时期还是帝国时期的中央政府在重建/新建一个四区之上的省级/马其顿族级组织，都意味着四区划分的做法，无法满足地方治理需求，而必须要扶植或容许一个跨越自然地理分水岭的高层组织，处理属于区域性层级的事务。[2]我们还可以从地方利益考虑：四区划分缺乏（或被禁止）跨区协调机制，似是对地方利益产生了一定程度的损害，马其顿共同体也就（再度）出现，作为各区可接受的复杂跨区问题解决方案。[3]另外，我们也能从帝国时期显贵的角度看。有资本、家族名望的显贵，在罗马压缩建省前原有职官荣誉体系、又碍于身份而无法进入罗马中央政府的职官体系等窘境下，寻求提升自己与家族的政治社会影响力的途径有所限

（接上页）ἀρχιερεὺς τῶν Σεβαστῶν καὶ ἀγωνοθέτης τοῦ κοινοῦ Μακεδόνων, an annually elected figurehead, continuing perhaps the ἱερεὺς and the γυμνασίαρχος of the federal Macedonian contests of the royal period."［"马其顿人民"过去曾是可以理解为一种理论上的主权议会，（在罗马重整之后）成了被动的见证者。他们在帝国时期仍然处于这个状态……我们最早的（帝国时期）证据已经不是共同议会而是发布共同体决议的参议会。共同体似乎没有其他的决议机构了。王的宗教礼仪功能以及（与王权对应的）荣誉象征似乎转移到了诸皇大祭司和马其顿赛会长这个每年一任的荣誉公职上，可能是王国时代全马其顿赛会时的祭司和教练长的遗绪。］

1　Hatzopoulos 1996, p. 358.

2　罗马帝国政府利用豪强管控行省和区域的策略早为葛兰朵（Paul Graindor）注意，如被雅典公民控诉为暴君的西帕尔古（Hipparchos），阿提卡的贺罗狄（Herodes Atticus）、伯罗奔尼撒的攸力克利家族（Eurykleidai）等，皆是拥有罗马公民身份又长期独霸一方的士族豪强，见 P. Graindor, *Une milliarde antique. Atticus et sa famille* (Cairo: Société anonyme Égyptienne, 1930), pp. 13–14; Ibid., *Athènes de Tibère a Trajan* (Cairo: Société anonyme Égyptienne, 1931), p. 21.

3　艾德曼–辛格（Babett Edelmann-Singer）分析行省议会作为区域性统合平台的特性后发现，不同自治单元于议会聚集过程中建立显贵豪强的关系网络，促使资讯与资源流动、分享、配给等，对于促成行省身份认同有显著意义，也对自治研究之下的行省自治问题有重要贡献，见 Edelmann-Singer 2015, pp. 253–268, 310–311.

缩。[1]跨区域的政治社会领导公职，对于若干显贵家族来说，反而是一种值得选择的长久经营途径。

考量这些观察角度后，本文从铭刻探讨马其顿共同体的三个面向，以下分别呈现。第一，地理联系网络视觉化，探讨马其顿共同体在帝国时期所扮演的区域性角色。第二，用马其顿共同体公职的实际作为，来描绘此机构在帝国时期区域性内涵。第三，马其顿共同体在公职选拔、发布褒扬令的地理纵深、共同体钱币流通的广度，进一步说明此组织的区域性特质。

三、马其顿共同体的地理联系网络

马其顿行省在帝国时期南北疆界虽经多次变动，但以艾格那提亚干道（via Egnatia）为基准的东西向格局基本不变：这条干道横跨了整个巴尔干半岛北部，幅员近 2000 平方公里，包含了今天的阿尔巴尼亚、北马其顿，希腊北部，以及保加利亚西南的一小角。从帝国视角来看，马其顿最为知名的战略性意义就是一条横跨巴尔干半岛北部的艾格那提亚干道（图 1 上），连接亚得里亚海的杜拉其翁（Dyrrachium）与北爱琴海的帖撒隆尼基（Thessalonike）、拜占庭（Byzantium）相连，总长约 800 公里，是罗马控制爱琴海、黑海，乃至多瑙河区域的关键要道。

没有在艾格那提亚干道上的贝瑞亚城（Beroia）也是相当重要的城市。贝瑞亚城是保罗传教的地点[2]，是地中海地区最早使用水力驱动设备的城市之一[3]，也是在公元 1 世纪间由罗马中央政府正式认可的"母城"（metropolis）。贝瑞亚市中心虽然也发现了

1 　福尔诺（Fernoux）分析比提尼亚省共同体成员认为，参与的显贵之主要目的，似是为了维持个人以及自己家族在本籍城市（patris）乃至于省会（metropolis）的领导地位，可用维持寡头格局（le maintien d'un statut oligarchique）来形容，见 H.-L. Fernoux, *Notables et élites des cités de Bithynie aux époques hellénistique et romain (IIIe siècle av. J.-C. – IIIe siècle ap. J.-C)* (Lyon: Jean Pouilloux, 2004), pp. 349–360。

2 　Acts 17.10–14.

3 　P. Nigdelis & G. Souris, *Anthypatos legei* (Thessaloniki: Nomarchiake Autodioikese Emathias, 2005), pp. 63–69.

一条东北—西南向的罗马时期道路，但从泰佛（Theophilus Tafel）梳理古图谱的驿站资料可知[1]，艾格那提亚干道走的是艾德萨（Edessa）到佩拉（Pella）这条路径，并没有向南进贝瑞亚。是以贝瑞亚的罗马时期道路比较可能是接到艾格那提亚干道的支线。也就是说，若聚焦在艾格那提亚干道上，观察者的视野有可能会像上了高速公路一样，马其顿周遭的社群以及他们的生活方式变成了背景。

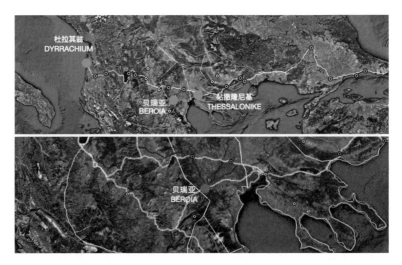

图 1　罗马时期马其顿地区艾格那提亚干道（上）与其他推测的主、副干道（下）比较

把在上层网络之外的联系呈现出来，则以贝瑞亚城为中心的网络联系会呈现出一种不同的辐射型模式（图 1 下）。这个辐射模型的呈现是用帝国时期马其顿共同体的铭刻所建立的。马其顿铭刻在迪米特萨斯（Dimitsas）和帕帕耶奥尔尤（Papageorgiou）的工作下，建立了初步的铭刻集成系统。[2]到"二战"之后，随着战后重建和马其顿各地区基础建设逐渐发达，新出土文物不断累积，对于新铭刻集成的出版也就变得比较频繁，包括了1972年艾德森（Edson）发表的帖撒隆尼基铭刻集成以及2017年尼格德

1　Theophilus Tafel, *Via Militaris Romanorum Egnatia, qua Illyricum, Macedonia et Thracia iungebantur. Pars Occidenta* (Tubingae: Hopferi de L'orme, 1841), p. 4.

2　M. Demitsas, *H Makedonia en lithois phtheggomenois kai mnemoeiois sozomenois* (Athens: Adelphoi Perre, 1896); P. Nigdelis, Petrou N. Papageorgiou, *Epigraphika Meletemata* (Thessaloniki: Epitrope Ereunon-Ionio Panepistemio, 2015).

里斯（Nigdelis）出版的增补[1]、1999 年帕帕佐格鲁等人主持的马其顿北部铭刻集成[2]、1985 年里撒其斯（Rizakis）和图拉佐格鲁（Touratsoglou）出版的马其顿西部铭刻[3]，以及 1998 年及 2015 年古尔纳罗普洛（Gournaropoulou）与赫佐普洛出版的下马其顿铭刻集成[4]。这些集成都有尽可能追溯铭刻发现地，并介绍各则铭刻的研究情况。在总数接近三千的铭刻集成中，有 64 则铭刻是与马其顿地区的共同体相关，若将铭刻发现的地点视觉化，就是图 1 下所见的辐射型网络。

　　若更进一步将各发现地的情况视觉化，可得到两种观察。第一，马其顿共同体相关的铭刻集中在马其顿行省东部，但最西也可能到达今北马其顿奥赫里德湖东岸[5]，已经超越旧马其顿王国核心地带，到达所谓的"自由马其顿"地界（图 2）。较无争议的是在今维齐山（*Βέρνο*）东麓与南端所发现的马其顿共同体铭刻，已经处于林凯斯提斯共同体和奥瑞斯提共同体的地界。[6]

1　*IG* X 2.1 = C. Edson, *Inscriptiones Graecae Epiri, Macedoniae, Thraciae, Scythiae Pars II Inscriptiones Macedoniae Fasc. I. Inscriptiones Thessalonicae et Viciniae* (Berlin: De Gruyter, 1972); *IG* X 2.1 Suppl. = P. Nigdelis, *Inscriptiones Graecae Epiri, Macedoniae, Thraciae, Scythiae Pars II Inscriptiones Macedoniae Fasc. I. Inscriptiones Thessalonicae et Viciniae Supplementum Primum* (Berlin: De Gruyter, 2017).

2　*IG* X 2.2 = Papazoglu et al., *Inscriptiones Graeae Epiri, Macedoniae, Thraciae, Scythiae Pars II Inscriptiones Macedoniae Fasc. II. Sectio Prima Inscriptiones Lyncestidis, Heracleae, Pelagoniae, Derriopi, Lychnidi* (Berlin: De Gruyter, 1999).

3　*EAM* = *Epigraphes ano Makedonias (Elimeia, Eordaia, Notia Lynkestis, Orestis)* (Athens: Ypourgeio Politismou, 1985).

4　*EKM* I = L. Gounaropoulou & M. Hatzopoulos, *Inscriptiones MacedoniaEInferioris (inter Bermium Montem et Axium flumen repertae) Fasc. A Inscriptiones Beroeae* (Athens: Ypourgeio Politismou, 1998); *EKM* II = L. Gounaropoulou et al., *Inscriptiones Macedoniae Inferioris (inter Bermium Montem et Axium flumen repertae) Fasc. B* (Athens: Ypourgeio Politismou, 2015).

5　*IG* X 2.2 194: "Π (οπλίωι) Αἰλίωι Μενελάωι, | συνέδρωι, ἥρωϊ, | Αἰλία Δημάρχη | ἡ σύνβιος ἔστησεν καὶ ἑαυτῇ ζώσηι." ［致波普利乌艾里乌门能拉乌，共同体参议员，英雄，同居人艾莉亚德玛和仍在世时立此碑。］帕帕佐格鲁主张在此的 *συνέδρωι* 所指为多斯通尼亚尼共同体（*Δοστωνέων τὸ κοινόν*），但赫佐普洛认为只有马其顿共同体的参议院才会在铭刻上简单以 synedros 为头衔，见 Hatzopoulos 1996, p. 83 fn. 4。

6　*IG* X 2.2 71: "ἀγαθῆι τύχηι · | τὸ κοινὸν | τῶν Μακεδό|νων Μανλίαν || Φοντείαν Λού|κουλλαν Ἀφρι|κανην Μαξίμαν, | Λ (ουκίου) Ποντίου Βή|ρου τοῦ λαμ||προτάτου ἀν|θυπάτου, ὑπά|του γυναῖκα, | ἀρετῆς ἕνε|κεν." ［马其顿共同体献给曼利亚封坦那露库拉阿佛利卡那梅西马，总督执政路齐乌庞提乌维鲁之妻，因其美德之故。］*IG* X 2.2 72: "Μακεδόνων | οἱ σύνεδροι | Μαρκ (ίαν) Ἀκυλίαν | Φαβρικιανοῦ | Ἄπερος θυγατέρ<α> | ἀνδρὸς ἀγαθοῦ." ［马其顿共同体参议员群体致玛奇亚阿库利亚，善人法布里恰努阿佩尔之女。］*EAM* 189 [Π.]: "Αἴλιον | Πολύευκτον | οἱ συνεδροι | ἀρετῆς ἕνεκεν." ［参议员全体致波普利乌埃利乌波利埃乌克图，因其美德之故。］

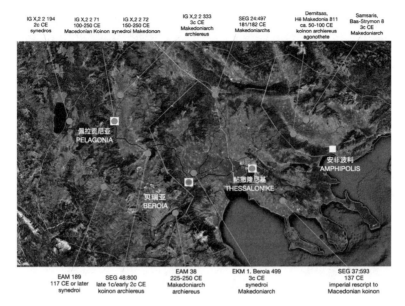

图 2　马其顿共同体铭刻分布图之一（非发现于贝瑞亚、帖撒隆尼基之铭刻）

以下用一个具体例子说明这类共同体与马其顿共同体是截然不同的组织。图 4 是奥瑞斯提共同体为克劳狄献上的祭坛。[1] 这则铭刻的特殊之处首要在于时间：它是马其顿地区所有共同体中，进行元首崇拜活动的最早记录。第二，发布此铭刻的权力机构不是马其顿共同体，但从事的活动与马其顿共同体乃至于整个希腊语区行省雷同，也就是用铭刻、雕像、祭坛等方式，尊崇乃至崇拜罗马元首。在此看到的，是共同体可复制的模型，也是罗马与当地社群妥协的成果。帕帕佐格鲁认为[2]，上马其顿为数众多的自治部族与共同体，就是所谓"自由（地区）"（图 3）。

这个山岭地带中，区域自治的传统可以上溯到马其顿的几个历史悠久的部族，他们维持着上古时期的政治独立性，其中包括了奥瑞斯提、艾利美亚、林凯斯提斯等。经

1　" [Αὐτοκράτορι] Τι Κλαυδίωι καίσαρι | [θεοῦ Δρούσ] ου υίῶι Σεβαστῶι | [Γερμανι] κῶι τὸ κοινὸν Ὀρεστῶν | −−−−− − ντος Δρακα τοῦ Ἀλεξάνδρου | [……ca. 11……κ] αὶ. ἐπιμεληθέντος τοῦ ἔρ| [γου καὶ ἀγωνο] θετοῦντος Ἀλεξάνδρου | [του……ca. 18……] " [奥瑞斯提共同体（献此（坛）？）给皇帝提伯略·克劳狄凯撒，神德鲁斯之子，又称奥古斯都日耳曼尼古……亚历山卓之子卓卡……工程之执行者与出任赛会长者为某某之子亚历山卓……]

2　F. Papazoglou, "Quelques aspects de l'histoire de la province de Macédoine", *ANRW* II.7.1 (1979), p. 362.

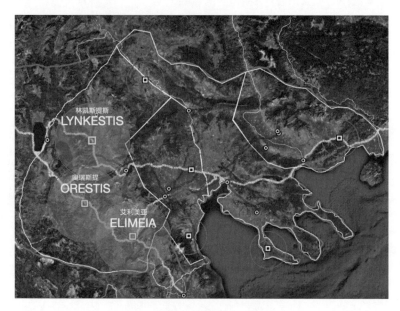

图 3　"自由马其顿"示意图

济与社会变迁在这些地方发生的是比马其顿其他地方还要慢的，也延迟了城市化和部
落解构的进程。为了适应他们原生的系统，罗马人采用了共同体的制度作为行省的中
央力量与地方势力的中介组织。这些社群在罗马消灭马其顿王室之后，似乎就进入了
相对高度自治。

图 4　*EAM* 188。藏于阿尔果斯·奥瑞斯提考古博物馆
（Archaeological Museum of Argos Orestiko）（作者摄）

　　马其顿西部的社群虽然维持了一定程度的历史延续性，但是他们接受了共同体体制，就是与罗马人达成了某种程度的妥协，而罗马人就是用共同体制的中介价值，来寻求与地方上合作的基础。罗马与奥瑞斯提共同体之间的一个具体的交涉案例是，奥瑞斯提共同体底下的一个叫巴提那（Battyna）的城市，遇到了行省籍人士过度甚至非法租用他们城的公有地的情形，于是这个城市的市长召开公民大会。[1] 大会中，奥瑞斯提共同体代表成员达成了若干决议，其中的大原则是再次认可前任马其顿省长真提艾

1　*EAM* 186: "ἐκκλησίας ἀγομένης ὑπὸ τοῦ Βαττυναίων π|ολειτάρχου Ἀλεξάνδρου τοῦ Λεωνίδα καὶ πολλῶν ἀποδυρωμένων πολειτῶν ὑπὸ τῶν ἐπαρ|χικῶν ἐξελαύνεσθαι τῆς τῶν δημοσίων τόπων χρήσεως, οὐκ ἀρκουμένων αὐτῶν οἷς | ἀπετειμήσαντο, πολλὰ καὶ ἐκεῖ ψευσάμε|νοι, ἀλλ᾽ καὶ περιβαλλομένων ἄλλας ἑαυτοῖς κα|τοχὰς ἐν χωρίοις Ὑπὲρ ὧν οἱ δια [κα] τέχοντες αὐτὰ | πρότερον ἔδοσαν χεῖρας ἀφιστάμενοι αὐτῶν καὶ || παραχωροῦντες αὐτὰ τῇ πολειτείᾳ, νῦν δὲ οἱ δυνα|τώτεροι τῶν ἐπαρχικῶν ἐκβιάζονται τοὺς πένητας καὶ αὐτά τε ἐκεῖνα ἃ οὐκ ἐξὸν αὐτοῖς βούλον|ται κατέχειν, καὶ προσεμπονοῦσιν τὴν ἄλλην | γῆν χαρακισμῷ τε καὶ νομῆς ἀποκλείουσιν καὶ ἀφαι|ροῦνται τοὺς πολείτας καὶ διόδους · ἔδοξεν τῷ τε πολειτάρῃ καὶ τοῖς πολείταις ὁμογνωμονοῦσιν · μόνα κατὰ τὴν Γεντιανοῦ διάταξιν τοὺς ἐπαρχι|κοὺς ἃ ἐτειμήσαντο καλῇ πίστει κατέχειν, εἰς | δὲ τὰ λοιπὰ μηδενὶ ἐξεῖναι ἐπαρχικῷ ἢ ἐνπο| |νεῖν ἢ ἀγοράζειν ἢ κατέχειν δημοσὰν γῆν μη|δὲ δόγμα τινὶ διδόναι πολειτείας ἢ χρήσεως | τῶν δημοσίων, μόνοις δὲ ἀνεῖσθαι τὴν γῆν τοῖς ἀπετετειμημένοις Ὀρεστοῖς · ἐπιμελεῖσ|θαι δὲ τούτων τὸν κατὰ ἔτος γεινόμενον πολειτάρχην, ὥστε ἐπι<έ>ναι μετὰ τῶν πολειτῶν καὶ ἐκβάλ|λειν καὶ κωλύειν τοὺ<ς> εἰς τὴν μὴ ἀποτετειμημένην | γῆν βιαζομένους, ἐὰν δέ τις ἀμελήσῃ τούτου πολιτάρχ [η] ς | καὶ δόγμα τινὶ δῷ καὶ καταπροδῷ τὰ δημόσια, τοῦτον ἀ|ποδοῦναι εἰς φίσκου δηνάρια πεντακισχείλι||α καὶ ἄλλα τῇ πολειτείᾳ δηνάρια πεντακισχείλια · προσ|ανενεχθῆναι δὲ τοῦτο τὸ δόγμα ἔδοξεν τῷ διέποντι | τὴν ἐπαρχείαν Ἡγέμονι Ἰουνίῳ Ρουφείνῳ διὰ τῶν πρεσβευ|τῶν το<ῦ> ἔθνους Ἰουλίου Κρίσπου καὶ Φιλάγρου καὶ Κλείτου τῶν | Πτολεμαίου, ε<ὰ>ν δ᾽ ἐκεῖνο αὐτὸ κυρώσῃ καὶ στηλογραφηθῇ πα<ρ>᾽ αὐτ [ῶν] , | ἐπὶ τῆς ἀγορᾶς εἰς τὸ διηνεκὲς μένειν κείμε|νον, ἐπ<ε>ὶ τινα τῶν παλαιῶν ἠφάνισται γραμάτων · ὁμοίως | δὲ καὶ εἴ τις ἁλώσεται πωλῶν ἐπαρχικῷ τινα τῶν δημοσίων καὶ τοῦτον ὑποκεῖσθαι τῷ προγεγραμένῳ προστ|είμῳ, τά τε ἤδη πεπραμένα ἄκυρα εἶναι καὶ μὴ κρατεῖσ|θαι τοῖς ἠγορακόσιν. ἐγένετο ἔτους τεσσαρακοστοῦ | καὶ τριακοστοῦ, μηνός Ἀ [ρ] τεμισίου τριακάδι. | Ἀλέξανδρος ΛΕωνίδου ὁ πολιτάρχης [ἐπε] σφραγισάμην. Τρόφιμος [......] . κτλ."〔集会由巴提那人执政长雷奥尼达之子亚历山卓召开，因许多公民抱怨其等受行省籍人士侵权影响公有地使用之故，他们不满足于已承租之公有地，承租当下还多有欺瞒，甚者，行省籍人士等还觊觎他人于界内持有之标的，而这等地产之持有者先前已同意放弃持有、将产权交割给市政府。现下，行省籍人士中较有权势者欺凌穷人，并欲持有他们不应当持有之地产，他甚至开始耕作、将其他地围起不让他人割杆和放牧、并且阻塞公民通行。执政长与公民集体决议，一致同意：行省籍人士只能依据真提艾努颁布之命令持有合宜正当租用之公有地；不得有行省籍人士获许耕作、贩卖、持有其他公有地；任何人不得授予任何行省籍人士公民权或公有地使用权，唯享租用权之奥瑞斯提国人得获许（使用）。这些规定之执行，每年上任之执政长承担，使他得协同公民巡视、驱赶、避免侵权者进入已承租之土地；倘有不执行此决议、并给予交易公有地与他人之执政者，当向府库缴纳罚金五千德纳利，并向市政府缴纳五千德纳利。另决议：此决议若行省总督确认决议，决议文当由使节刊刻于石上，于市场永久存放，有鉴于旧文中若干字已不可读。当呈行省总督攸尼鸟·如非努大人，交付者为（奥瑞斯提）国使节攸利乌克里斯普以及托勒麦之子拉古与克来同，若行省总督核可，决议文当由使节刊刻于石上，于市场永久存放，有鉴于旧文中若干字已不可读。另，若有人向行省籍人士租借公有地遭逮捕，且此人士身份适用于前述罚则，已然非法进行之公有地贩售，对买家而言，将不成立。此年为第三百四十年，阿特密西月第三十日。雷奥尼达之子亚历山卓执政长用印。〕

努对于行省人士跨区使用公有地的权限规定。其次是针对自己城的市长所能具有的权限。有趣的是，城市的议会达成决议后，交由奥瑞斯提共同体的代表，转呈行省总督。这种城市法规的制定与审核过程，或许可以视为马其顿省内各种共同体与罗马行政体系接轨的常规，而共同体这种组织对于马其顿省内地方的整合性意义也就更为突出了，因为属于不同共同体的城市，或许都需要经过共同体这个中介，才能让自己社群的法规或作为合法化。

我们把视角再度转回马其顿共同体铭刻，看另外一张分布图（图5）。绝大多数与马其顿地区的共同体相关的铭刻，都是在贝瑞亚和帖撒隆尼基发现的。显然这两个城市对于马其顿共同体来说有举足轻重的地位。主要原因与这两个城市分别在公元1—3世纪间，先后承担了马其顿省会、马其顿共同体集会所在的重要场域。在进入讨论这两个城市发现的铭刻之前，先就两张分布图的铭刻总量提出一些简单的观察。虽然共同体常常与谄媚皇帝画上等号，但64则与马其顿地区的共同体相关的铭刻中，只有6则是与皇帝崇拜直接相关。其余58则铭刻中，有比较完整的字句可以分析内容的，多是表彰一些父母兄弟姐妹的褒扬决议。[1]这些决议并非随便可以获得，而是经过共同体议会决议的，所以必然都有相当特殊的个人家庭故事在后头，或者是存在金钱交易、捐赠帮忙的情况，只是我们缺乏细部的脉络，许多事件已不可知。

至于传达对罗马元首崇敬、崇拜之意的铭刻，值得比较仔细的观察。其中四则，

1　以下为此类铭刻，以为参考：*EAM* 189 Argos Orestiko 2c CE: " [Π (όπλιον)] Αΐλιον | Πολύευκτον | οἱ σύνεδροι | ἀρετῆς ἔνεκεν; *EKM* Beroia 73 2c CE: οἱ σύνεδροι | Μ (ᾶρκον) · Αΐλιον Βει|λιανὸν Κλαυ|διανὸν Θε||ότειμον τὸν | ἀρχιερέα τῶν | Σεβαστῶν | καὶ ἀγωνοθέ|την τοῦ κοι|νοῦ Μακεδό|νων; *EKM* 1. Beroia 79 2c CE: οἱ σύνεδροι | Μενέλαον | Ἀντιγόνου | πατέρα συνε||δρίου διὰ Ἰουλίου | Μενελάου τοῦ υἱ|οῦ; *EKM* 1. Beroia 82 181/182 CE: Τίτον | Ἰουουέντιον | Γάιον | ἐστήσαντο || οἱ σύνεδροι | Γαϊανοῦ ἀνα|στήσαντος | τοῦ υἱοῦ ἔτους θκτ΄; *EKM* 1. Beroia 83 2c CE: οἱ σύνεδροι | Ἰουλίαν Πρίσκιλ|λαν · Γ (άιον) · Ἰουλίου | Μενελάου · καὶ || Αἰλίας · Πρισκίλλης | θυγατέρα. κατὰ τὸ δόξαν | τοῖς συνέδροις | Γ (άιον) · Ἰούλιον · Μενέ|λαον · ἀρετῆς · ἕ||νεκα · Αἰλία Πρίσ|κιλλα · ἡ γονή; *EKM* 1. Beroia 84 2c CE: Ἀννίαν Τυδδαν [ὴν (?)] | γυναῖκα Οὐε [βίου Οὐ] |έντονος | Μακεδόνων οἱ σύνεδροι || [.2–3.] τοῦ Κασσάνδρου ἱερωμέν [ου]; *IG* X 2.2 Herakleia Lynkestis 72 2c CE: Μακεδόνων | οἱ σύνεδροι | Μαρκ (ίαν) Ἀκυλίαν | Φαβρικιανοῦ || Ἄπερος θυγατέρ<α> | ἀνδρὸς ἀγαθοῦ; *EKM* 1. Beroia 91 2c/3c CE: κατὰ τὸ δόξαν | τῷ λαμπρο|τάτῳ συνεδρίῳ | Ἰούνιον Ἀντίγο||νον τὸν καὶ | Ἀνακτόριον | ἤθους καὶ εὐπαιδευ|σίας χάριν ἡ μή|τηρ Ἰουνία Καλή; *EKM* 1. Beroia 92 2c/3c CE: κατὰ τὸ δόξαν | τῷ λαμπροτάτῳ | συνεδρίῳ Ἰού|νιον Διοσκου|ρίδην τὸν καὶ | Δουλκίτιον | ἤθους καὶ εὐ|παιδευσίας | χάριν ἡ μήτηρ || Ἰουνία Καλή; *EKM* 1. Beroia 93 2c/3c CE: κατὰ τὸ δόξαν | τοῖς συνέδροις | Ἰούλιον Κλε|άνθην Ἰου|λία Κλέα τὸν | ἀδελφόν."

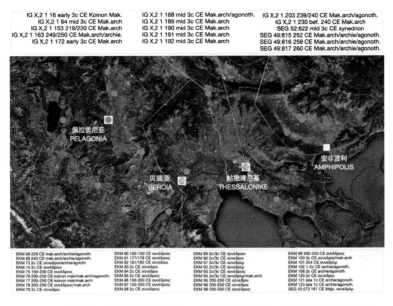

图 5　马其顿共同体铭刻分布图之二（发现于贝瑞亚、帖撒隆尼基之铭刻）

是于帖撒隆尼基古市场发现的新材料。这些铭刻收录在 2017 年新出版的 *IG* X 2.1 Suppl. 1072–1076 中。由于题材比较特别，且又与显贵所参与、主持的马其顿共同体活动直接相关，在下个部分与其他共同体铭刻一同讨论。

四、从显贵参与看马其顿共同体的区域性特质

帖撒隆尼基古罗马广场在公元 4 世纪间进行了一次改建工程，在原本的剧场之上盖起了新的商业用建筑，而为求地基平整，改建者将一些公元 3 世纪上半叶刻有格斗表演告示的石板拿来铺在底层。[1]1999 年发掘工作进行时，仅注意到这些再次利用的石板上所刻录的文字，但随着对石板载体有更细致的清理和修复后，进一步发现其中

1　这种告示在文类上已经有了比较确定的名称，叫作参加格斗表演的邀请告示（invitatio ad munera），两则同文类、格式相似的邀请铭刻也在 20 世纪 70 年代于贝瑞亚城发现：*EKM* 1. Beroia 68–69。

一板（*IG* X 2.1 Suppl. 1074）还有保存着相当醒目的绘画，绘制的是格斗士战斗的图画的情景（图6右上）。[1]

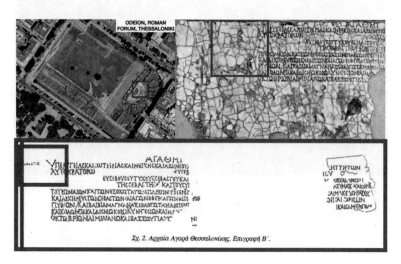

图6　左上，帖撒隆尼基古罗马广场；右上，*IG* 2.1 Suppl. 1074 复原后图像，摘自 Adam-Veleni 2012, p. 634；右下，复原前绘本，摘自 Velenis 1999, p. 1326

由于保存有图画的那则文告残渺较多，且内容大同小异，我用另外一则比较完整的文告来作为参考。这则邀请告示在文末有罗马执政纪年与希腊纪年两种，其中希腊纪年用的是阿克提翁纪年，起始点为公元前31年，可以知道发布的时间是攸利亚历的公元259年9月。文告以瓦勒良（Valerian）与他的家族开头，用了相当多的敬语和形容词，看起来全都是谄媚之言，但与帝国核心权力结构最关键的单位都提到了：皇帝、皇室、军队、元老院、近卫军等。若要用这段开头来看马其顿共和体，与其批评其谄媚，不如说是撰文者对帝国权力结构、各掌权者和掌权单位的次序等行政官僚体系的关键，有相当细腻的掌握。

1　P. Adam-Veleni, "An Illustrated Invitatio ad munera gladiatoria from the Agora of Thessalonike and Roman Spectacles in Macedonia", *Threpteria. Studies on Ancient Macedonia* (Thessaloniki: AUTH, 2012), pp. 278–315; Veleni. Georgos, *"Επιγραφές από την Αρχαία Αγορά της Θεσσαλονίκης", ΣΤ΄ Διεθνές Συμπόσιο για την Αρχαία Μακεδονία, Θεσσαλονίκη*, 15-19 *Οκτωβρίου* 1996, *Θεσσαλονίκη* 1999, σ. 1317–1327.

鸿运。为了两位伟大神圣我主不败皇帝【凿毁】庇佑强运奥古斯都与【凿毁】庇佑强运奥古斯都与【凿毁】显赫凯撒和他们神圣家庭之健康、平安、胜利、永垂不朽，以及为了神圣元老院、神圣军队、罗马人民、近卫军最优秀的领导们：提伯略·克劳狄乌·如夫里乌门诺，圣洁卡北若神之伟大司祭，马其顿共同体终身职赛会长、马其顿长，二次诸皇大祭司，《最光荣母城殖民地二次皇庙守》帖撒隆尼基城所主办之"伟大凯撒胜利卡北若皮西亚神之神圣世界阿克提翁赛会"永久赛会长，与白碧雅·马革娜——他夫人，最受崇敬的马其顿长夫人与二次大祭司，将在《最光荣母城殖民地二次皇庙守》帖撒隆尼基城用神圣礼物举办……诸皇记忆，包括狩猎表演、格斗表演一天，用各种野兽，包括六只豹子、鬣狗、拉孔巨犬，以及宰杀在地野兽，每一种四只，同样，他们会呈现两对格斗士，格斗至死。公益表演将于赛库拉瑞乌二次为执政、多那图二次为执政时，于攸利亚历九月十八、希腊历第二百九十一年亥伯倍泰月第二十日举办。祝福运。[1]

虽然开头对帝国元首和中央政府不同单位的敬语相当冗长，但不减损重点人物在全文正中央的气势。提伯略·克劳狄乌·如夫里乌门诺和他太太白碧雅·马革娜的头

---

1 *IG* 2.1 suppl. 1075: "ἀγαθῆι τύχηι· | ὑπὲρ ὑγείας καὶ σωτηρίας καὶ νείκης καὶ αἰωνίου διαμονῆς τῶν μεγίστω [ν] καὶ θειοτ [άτων] κυρίων ἡμῶν ἀη [ττήτων Αὐ] |τοκρατόρων〚— — —〛Εὐσεβοῦς Εὐτυχοῦς Σεβαστοῦ καὶ |— — —〛 [Εὐσεβοῦς] | Εὐτυχοῦς Σεβαστοῦ κα〚 ὶ — — — 〛τοῦ ἐπιφανεστάτου Καί [σα] ρος || καὶ τοῦ σύνπαντος θείου οἴκου αὐτῶν καὶ ἱερᾶς συνκλήτου καὶ ἱερῶν στρατευμάτων καὶ δήμου Ῥωμαίων καὶ τῶν ἐξοχωτάτων ἐπά [ρχων τοῦ ἱεροῦ πραιτωρίου] | Τιβ (έριος) Κλ (αύδιος) Ῥούφριος Μένων ὁ κρ (άτιστος) ἱεροφάντης τοῦ ἁγιωτάτου θεοῦ Καβείρου καὶ διὰ βίου ἀγωνοθέτης [τοῦ κοινοῦ τῶν Μακεδόνων] | καὶ μακεδονιάρχης καὶ β ἀρχιερεὺς τῶν Σεβαστῶν καὶ αἰωνιοτάτης λαμπρᾶς Θεσσαλονεικαίων μητροπόλεως καὶ κολωνείας καὶ β´ [νε] ωκόρου ἀγ [ωνοθέτης ἀγῶνος ἱερ] οῦ οἰκουμε||νικοῦ εἰσελαστικοῦ τῶν μεγάλων Καισαρείων Ἐπεινεικίων Καβειρίων Πυθίων· καὶ Βαιβία Μάγνα ἡ γυνὴ αὐτοῦ ἡ ἀξ (ιολογωτάτη) μ [ακεδονιάρχι] σσα καὶ · β · ἀρχιέρεια ἐπιτελέσουσιν [φιλοτιμί] αν ἐν τῇ λαμ|προτάτῃ Θεσσαλονικ [έ] ων μητροπόλει καὶ κολωνείᾳ καὶ · β · νεωκόρῳ ἐκ θείας δωρεᾶς [— —] .. μνήμην Σεβαστῶ<ν> κυνηγεσίων τε κ [αὶ μονομαχιῶν] ἡμέραν μίαν εἰσάγο [ντε] ς καὶ ζῶα ἅπ [αντα] τὸν ἀριθμὸν · ἐξ || λεοπάρδου κ (αὶ) ὑ<αί>νης · καὶ ΛΑΙ [.] ΑΝΑ · καὶ ἀποσφάζοντες τῶν ἐνχωρίων ζώων ἑκάστου εἴδους τέσσαρα · ὁμοί (ως) εἰσάγοντες [καὶ ζε] ύγη δύο [μονο] μάχων περὶ / ψυχῆς ἀγωνιούμενα· ἄρχονται δὲ τὰς φιλοτειμίας · Σεκουλαρίῳ τῷ β καὶ Δονάτῳ τῷ · β · ὑπάτ (οις) τῇ πρὸ ιβ´ καλανδῶν Ὀκτωβρίων, | Ἑλληνικῇ δὲ ἔτους · α.φ.σ · σεβαστοῦ καὶ τοῦ ζυ´ | Ὑπερβερτα [ί] ου κ´. | εὐτυχ [εῖ] .τε."

衔经巨细靡遗地列举，明白地彰显了他们夫妇在帖撒隆尼基乃至马其顿行省中的重要地位。在帖撒隆尼基剧场发现的另外三则格斗表演告示都是由他和他的太太发布的，有定年的分别是 252 年与 254 年，当时提伯略·克劳狄乌·如夫里乌门诺还只是共同体的大祭司、马其顿长而已，到了此刻，即 259 年时，提伯略·克劳狄乌·如夫里乌门诺的马其顿长头衔已经直接成了终身职了。[1] 这次告示的另外一个亮点，还强调了豹子、鬣狗、拉孔巨犬等神兽，将与格斗士厮杀拼斗，至死为止，是投入相当大资本的一次表演。[2]

　　路易·罗伯特（Louis Robert）认为，这类文告在本文脉络里的意义是对元首皇室和中央政府效忠、崇拜的表征。[3] 但当正文里头的显贵如此放大自己和家人在马其顿共同体中的公职头衔时，这种形式化的语言究竟可否算是皇帝崇拜的仪式？可能是随帝国发展，地方文书建立起一套联系中央和地方权力关系的话语套式。[4] 从这个角度看，由于另外两则与皇帝崇拜相关的贝瑞亚城铭刻，也是格斗文告，马其顿共同体的 64 则铭刻中，没有任何一则可以作为共同体进行皇帝崇拜的绝对证据。但是，相对来

1　P. Nigdelis, "Ἀριστοκράτες καὶ οἰκουμενικοὶ ἀγῶνὲς τὸν 3ο αἰ. μ.Χ. (SEG 45, 1999, 816–817)", *Epigraphika Theesalonikeia I* (Thessaloniki: University Studio Press, 2006), pp. 76–77.

2　卡特（Michael Carter）指出，格斗士受伤或死亡会对组织竞技表演的大祭司或金主损伤惨重，所以一般情况下，若没有特别宣传使用尖头武器，格斗表演的期待比较接近于点到为止；若是宣传中特别以致死为广告宣传噱头，则必是下了重资本的赛事。见 M. Carter, "Gladiatorial Combat with 'Sharp' Weapons (τοῖς ὀξέσι σιδήροις)", *ZPE* 155 (2006), pp. 167–168；与格斗表演高昂经费支出导致显贵破产的相关传世文献回顾，参见 Carter 2006, p. 169 fn. 42。

3　L. Robert, Les Gladiateurs dans l'orient grec (Amsterdam: Hakkert, 1971), p. 270: "Dans tous les autres cas, les combat des gladiateurs sont liés au culte impérial de façon expresse [fn. 1 Remarquons d'ailleurs que, dans les documents cités précédemment, deux sont rattachés aux empereurs...A Thessalonique, l'annonce des spectacles est précédée d'une formule développée de voeux en faveur des empereurs régnants, de la maison impériale, du sénat et du peuple romains.]" 其他例子的格斗士作战表演都是皇室崇拜的表征。[注一：前面提及的两则文献，都与皇室相关……在帖撒隆尼基，一则宣传文告开头是一串具结构形式的誓言，对象为当政元首、皇家成员、元老院、罗马人民。]

4　维尔（George Ville）认为，传世文献中出现献给元首皇室的格斗表演，都是相当特殊的案例，在卡里古拉朝成为许多谄媚之辈的陋习（Dio Cass. 59.8.3），到了克劳狄朝就明言禁止了（Dio Cass. 60.5.6）；再者，开场敬语不能算是正式的敬献语，意即若确有将某个格斗表演当作元首或皇室的献礼，那会有另外一套明确的、毫无疑问的正式话语作为区分。见 G. Ville, *La gladiature en Occident des origines à la mort de Domitien* (Rome: Ecole française de Rome, 1981), pp. 160–161, 208。

说，若共同体没有以元首或皇室成员为名义举办的赛会表演，会发生什么事情？会不会被解读为对罗马政权的亵渎？行省的利益会不会因为与皇室和中央政府关系恶化，而受到惩治？从《元老院关于缓解格斗士价格的决议》来看，罗马帝国各地行省显贵都面临必须要举办格斗表演，并承担破产后果的巨大财务风险。[1]在这种必须要有足够资本的显贵出面承担财务风险的压力下，马其顿共同体以及其他共同体都面对显贵数量不足或意愿不高、导致推举困难的问题。[2]

以元首或皇室名义调配资金资源、举办格斗表演、庆典活动，将马其顿省会置于全共同体社群成员生活中一年一度的核心，才是共同体显性的特征。在此还必须注意的是，帖撒隆尼基成为省会、举办共同体活动的时间段，是公元3世纪的事情了，在此之前共同体的集会场所是贝瑞亚城。[3]图5亦可发现，帖撒隆尼基的铭刻定年皆是在公元3世纪，而贝瑞亚城的铭刻则是从公元1—3世纪皆有，若要了解马其顿共同体的情形，从贝瑞亚的铭刻资料着手，会得到比较完整的认识。前面提到，贝瑞亚城也有发现两则格斗表演文告，活动形态与帖撒隆尼基的例子是比较类似的，随后就不再细谈。以下从褒扬类铭刻观察贝瑞亚城显贵参与马其顿共同体事务的实际面。

我们从三位攸波利亚山城人氏花钱所造的立像的基座着手。这三位从北边到贝瑞亚为他们称为救主的一位显贵人士立像。

> 攸波利亚山城人阿波罗多罗之子巴斯托、塔鲁、亚历山卓（立此永志）马其顿共同体之终身职诸皇大祭司、赛会长昆图·博皮里乌·皮松，救主。[4]

1　J. H. Oliver & R. Palmer, "Minutes of an Act of the Roman Senate", *Hesperia* 24.4 (1955), pp. 340–341, 16–18; M. Carter, "Gladiatorial Ranking and the 'SC de Pretiis Gladiatorum Minuendis' (CIL II 6278 = ILS 5163)", *Phoenix* 57.1 (2003), p. 84.

2　比较知名的一个例子是哈德良回信给阿芙罗蒂西亚（SEG 50.1096），就组织引水道经费的问题，要求该城当局仔细检视显贵中号称无法承担大祭司公职的说法是否成立，并强迫实际上能承担公职花费的显贵上任。见 K. Coleman, "Exchanging Gladiators for an Aqueduct at Aphrodisas", *Acta Classica* 51 (2008), pp. 37–40。

3　B. Burrell, *Neokoroi. Greek Cities and Roman Emperors* (Leiden & Boston: Brill, 2004), pp. 191–192, 198.

4　τὸν δία βίου | ἀρχιερέα τῶν | Σεβαστῶν καὶ ἀγω | νοθέτην τοῦ κοι || νοῦ Μακ<ε>δόνων | Κ(όιντον) Ποπίλλιον | Πύθωνα Βάσ | τος, Τάρυς, Ἀλέ | ξανδρος · οἱ Ἀπόλλο || δώρου Εὐπορίανοὶ | Ὀρεινοὶ τὸν | σωτῆρα.

在此受到表彰的显贵人士的头衔：马其顿共同体的祭司、赛会长等。这些职位和身份与他被三个兄弟叫作救主有没有直接关系，是个无法获得满意答复的问题，因为并没有足够的证据。但这三兄弟选择将皮松的共同体头衔用上，显示其中存在一定的关联性。这则铭刻还有可以再进一步考虑的问题。首先，攸波利亚在哪？其次，皮松有多厉害，竟然让人叫他救主？最后，马其顿共同体究竟是什么，竟然在社会上还很有架势的感觉，但到了学界就好像不太重要的样子？

攸波利亚为于贝瑞亚东北 160 公里处（见图 2 最东点）。这个距离具有显著的区域性意义。古地中海兽力陆运的单日航程极限，可以用 18 世纪有驮兽载物的旅行游记来观察。[1] 一般来说，有兽力协助的移动距离，一天约为 37 公里，在小亚细亚西北的比提尼亚庞图省，东部地区的若干城市大致就是这个一天能够移动的距离，而比较发达的西部地区，许多城镇之间的距离约为这个的一半。从区域大致的位置来看，攸波利亚坐落在安非波利西北 37 公里左右的山脚下，而距离贝瑞亚则达到了四天左右的旅程。换句话说，这三兄弟花了不少力气，从自己的居住环境离开，目的之一是到另一个城市为一位马其顿共同体的重要人士立起一座纪念物，当是人像之类。这包含的时间和金钱成本可以视为是一种投资。他们的目的不仅仅是要彰显一位对他们有恩的人的好而已。他们也要让在贝瑞亚流动的人知道他们三兄弟是谁，打响他们小城的名声。

那皮松又是何许人物？从另一则感念他的铭刻来看，皮松是个在弗拉维朝末年相当重要的一位地方显贵。这则同样出于贝瑞亚的刻文，是贝瑞亚城内的普卡司提克（Peukastike）"族"（φυλή）献给皮松的。[2]

马其顿共同体终身职诸皇大祭司、赛会长昆图·博皮里乌·皮松，祖城贝瑞

1　J. W. Hanson, "The Urban System of Roman Asia Minor and Wider Urban Connectivity", *Settlement, Urbanization, and Population*, A. Bowman & A. Wilson eds. (Oxford: Oxford University Press, 2011), pp. 237–244.

2　在此所谓"族"，是针对有贝瑞亚公民权的人所做的次级细部组织，可能是按居住的区域、财产多寡或社会阶级，总之不是自然部族，而是后设的、城市化现象下所的公民群体划分。见 Hatzopoulos 1996, p. 118。

亚派至神纳华帝使节，就续为诸皇庙守、母城头衔问题，获得成功；曾于大祭司任内为全省缴人头税；用自己资产修路；宣告并举办类阿克提乌竞赛、塔伦级竞赛、戏剧竞赛、体育竞赛等；举办多物种斗兽表演（含本地与外地）以及格斗表演；曾以低于成本价的方式提供谷物，并于时局紧张时降价交易；（他）大祭司任内，每有集会，都全面发放福利，欢迎全省；并于教练长期间，提供每位公民全时间服务。普卡司提克部族（立此永志）公益者。亚历山卓之子狄奥斯库里底（为）责任人。[1]

从这则丰富的铭刻，我们可以得知皮松除了是大祭司、赛会长，需要承担如前面格斗文宣中提到的高费用支出的庆典表演项目。我们也知道他或许曾以共同体使节的身份，代表了贝瑞亚与皇帝交涉，把皇帝庙守还有母城的这两个头衔留下来了，没有让与贝瑞亚竞争的其他城市给抢了去。他在共同体公职的期间，帮全省缴了人头税；至于他自己出钱修路、平抑物价、解决粮荒，是否是共同体公职任内，不得而知，但最后一项全省集会时发放"福利"，应该就是以共同体公职人员的身份出手了。[2] 他活跃的公共服务记录，或许就是远在攸波利亚的人士会专程前来贝瑞亚城，献上雕像、特别注明皮松共同体公职身份、赞扬其功德铭刻的原因。若非成为马其

1　*EKM* 117: "τὸν διὰ βίου ἀρχιερῆ τῶν Σεβαστῶν | καὶ ἀγωνοθέτην τοῦ κοινοῦ Μ<α>κε | δόνων Κ(όιντον) Ποπίλλιον Πύθωνα πρεσ | βεύσαντα ὑπὲρ τῆς πατρίδος Βεροί || ας ἐπὶ θεὸν Νέρουαν ὑπὲρ τοῦ μό | νην αὐτὴν ἔχειν τὴν νεωκορίαν τῶν Σε | βαστῶν καὶ τὸ τῆς μητροπόλεως ἀξίω | μα καὶ ἐπιτυχόντα καὶ δόντα ἐν τῷ | τῆς ἀρχιερωσύνης χρόνῳ τὸ ἐπικε | φάλιον ὑπὲρ τῆς ἐπαρχίας καὶ ὁ | δοὺς ἐκ τῶν ἰδίων ἐπισκευάσαν | τα καὶ κατανγείλαντα καὶ ἀγαγόντα | εἰσακτίους ἀγῶνας, ταλαντιαίους, | θυμελικοὺς καὶ γυμνικούς, δόν || τα θηριομαχίας διὰ παντοίων ζῴων, | ἐντοπίων καὶ ξενικῶν, καὶ μονομαχί | ας, ποιησάμενον δὲ κ<α>ὶ σεῖτων παραπρά | σεις κ<α>ὶ ἐπευωνίσαντα ἐν καιροῖς ἀνανκ<α>ίοις | κ<α>ὶ διαδόμασιν παρ᾿ ὅλον τὸν τῆς ἀρχιαρω || σύνης χρόνον πανδήμοις κατὰ πᾶσαν σύ | νοδον ὑποδεξάμενον τὴν ἐπαρχείαν καὶ | γυμνασιαρχίας κοινῇ πᾶσιν ἑαυτοῦ εὔχρη | στον ἐν παντὶ χρόνῳ παρασχόμενον κ<α>ὶ κα | τ᾿ ἰδίαν προσηνῆ πολείτην φυλὴ Πευκαστι || κὴ τὸν εὐεργέτην. ἐπεμελήθη Διοσκουρίδης | Ἀλεξάνδρου."

2　διάδομα 多有"发钱"之意（LSJ s.v. διάδομα），但也有学者把它解读为"宴饮"，在此也不排除，姑且暂以"福利"解。见 M. Mari, "The Macedonian Background of Hellenistic Panegyreis and Public Feasting", *Feasting and Polis Institutions*, F. van den Eijnde et al. eds. (Leiden & Boston: Brill, 2018), p. 309; Hatzopoulos 1996, pp. 348–349。

顿共同体的公职人员，或许就无法建立如此的跨地域人际联系。

　　皮松的记录过于出色，完全可能是独一无二、偶然性的大善人，毕竟其他遗存的共同体公职记录中，没有像他这般强大财力与政治社会能量的显贵。例如提伯略·克劳狄乌·佩耶里翁，就是简简单单地列举头衔。[1] 但像是提伯略·克劳狄乌·狄奥根尼，除了出任共同体大祭司、赛会长之外，还担任了安非波利城大祭司、赛会长，瑟瑞城首席赛会长，并两次自费任某城的教练长，也是另外一种相当实在的公共服务记录。[2] 赛会长、教练长等职位的主要任务，是组织共同体赛会、管理教练场和不同年纪的锻炼人员，并提供锻炼所需之油膏经费等。[3] 这种职务的重要性可从贝瑞亚城教练场因营运经费出问题而突发关闭的窘境理解。贝瑞亚城的一则行省总督政令记载了在公元 1 世纪末至 2 世纪初之间，该城缺乏公职出资人承担教练场经费支出，出现了比较严重市政危机，导致马其顿行省总督介入的特殊事件。[4] 铭刻前十七行保存了《政令》的梗概。行省总督表示，从他从上任以来，就关注到贝瑞亚城在生活习惯上可能会衍生出的问题。他们似乎太爱干净了，在用油膏清洁身体上似乎不容易节制，而且贝瑞亚城的若干行政人员还对自己的教练场管理的手段相当自豪，会拿来吹嘘，却没料到贝瑞亚城突然间找不到显贵人士承担营运经费，使得教练场被迫关闭。行省总督于是就得透过组建专款专用的教练场基金共十万德纳里（denarii）[5]，以基金利息作

1　*EKM* 123: "τὸν διὰ βίου ἀρχιερέ | α τῶν Σεβαστῶν καὶ | ἀγωνοθέτην τοῦ | κοινοῦ Μακεδό || νων Τι (βέριον) Κλαύδιον | Πειερίωνα γυμνα | σιαρχήσαντα τὸ β | Τι (βέριος) Κλαύδιος Ἔτυμος | ἐφηβαρχήσας."［提伯略·克劳狄乌·俄提莫为青少年团长（立此永志）马其顿共同体之终身职诸皇大祭司赛会长提伯略·克劳狄乌·佩耶里翁，任教练长二次。］

2　CIG II Pars X p. 62–63 no. 2007: "οἱ νέοι | ἀρχιερεία {ἀρχιερέα} κ<αὶ> ἀγωνοθέτην | τοῦ κοινοῦ Μακεδόνων, | ἀρχιερέα δὲ καὶ ἀγωνοθέτην || καὶ τῆς Ἀμφιπολειτῶν πόλεως, | πρῶτον δὲ ἀγωνοθέτην τῆς | Σιρραίων πόλεως, δὶς ἐκ | τῶν | ἰδίων γυμνασίαρχον, | Τι (βέριον) Κλαύδιον Διογένους υἱὸν || Κυρίνα Διογένη, ἀρετῆς ἕνεκεν. | ἐπιμεληθέντος | Κασάνδρου {Κασσάνδρου} τοῦ Κασάνδρου."［青年团（立此永志）奎瑞那（部落人）提伯略·克劳狄乌·狄奥根尼之子提伯略·克劳狄乌·狄奥根尼，共同体大祭司、赛会长，安非波利城大祭司、赛会长，瑟瑞城首席赛会长，两次自费任教练长，因其美德之故。卡山卓之子卡山卓执行。］

3　Quaß 1993, pp. 307–308; P. Nigdelis, "Oberpriester und Gymnasiarchen im Provinziallandtag Makedoniens: eine neue Ehreninschrift aus Beroia", *Klio* 77 (1995), pp. 180–182.

4　P. Nigdelis & G. Souris, *Anthypatos legei* (Thessaloniki: Nomarchiake Autodioikese Emathias, 2005); *EKM* I. 7.

5　《政令》A+B，第 10 行，ἐνθήκην μυριάδων ἀργυρ]ίου δέκα［十万银基金］；A+B 第 38 行，ἐν]|θήκη τῶν δηναρίων ὑπόκειται μυριάδες δέκα［基金存放十万德纳里。］

为教练场营运费用，建立其基本的财务独立性[1]。贝瑞亚教练场还是一个城市的规模，若是出现共同体公职人员空缺、无人张罗资助共同体赛会庆典等项目，问题就更严重了。除了设立专款基金支持项目外，没有显贵能够（或愿意）出任共同体公职时，还会出现的解决方案，就可能包括半强迫的做法。克莱维（Marc Kleijwegt）就指出，希腊东部行省的褒扬决议中，偶尔可以看到赞扬公职承担人"自愿"出任公职的说法，而这与希腊语区能够承担巨额公职支出的人数急剧下滑、仅限一小部分显贵家族轮流承担公职支出和相伴随的风险有关。[2] 换言之，若马其顿共同体必须定期以元首和皇室名义举办赛事庆典，来彰显该共同体成员对中央政府的基本忠诚和对成员城市的义务，那如皮松之类的显贵承担起共同体公职的这个行为本身，就是关键区域性稳定因子。

另外需关注的，是皮松缴人头税金的记录。这牵涉帝国如何征税、共同体有无在过程中扮演角色的问题：若有，则共同体在帝国治理体系中的角色就相当突出了，因为这个机构就会实际成为中央政府管控全马其顿的重要中介组织。马其顿税收从公元前 169 年战后受到十人团整顿，就有明定得上缴给罗马一定额度的税收，只是较之前给马其顿王廷的总量减半。[3] 公元前 167 年开始，意大利全面免去所得税之余，税开始在行省征收人头税（tributum capitis），马其顿地区似是也被纳入了同一种税政体系。这种人头税是由主要是持有收税特许的民营组织收取的：每个省会因为与罗马来的征服者有不同的约定，而有总税收上不同的定额。凯撒就把高卢的直接税订在4000万赛斯特提[4]，而帝国税收总量在共和末年可以达到两亿赛斯特提[5]。在贝瑞亚还

1　Nigdelis & Souris 2005, p. 80 指出，第 40 行之 6000 德纳里年息收入（ἄπερ γεινόμενα δηνάρια ἑξκισχείλ<ι>α διὰ τὸ τροπαϊκαῖα）当是指教练场基金的年息，γεινόμενα 在财务语境中通常指基金年息总额，τροπαϊκαῖα 则是指每月每 100 德纳里产生 1 枚 victoriatus 银币（等于半个 denarius）的比例，也就是月息 0.5%、年息 6%。教练场基金为 100000 德纳里，而安纳托利亚地区已知基金年息多为 6%—9% 之间，是以将 6000 德纳里视为基金年息有一定论证基础。

2　M. Kleijwegt, "'Voluntarily, but under Pressure' Voluntarity and Constraint in Greek Municipal Politics", *Mnemosyne* 47.1 (1994), pp. 72–74.

3　Liv. 45.18.7.

4　Suet. *Iul.* 25.1.

5　Plut. *Pompeius* 45.

有一则刻文,与税务相关。这则铭刻的定年并不确定,但其中提到一个公元 2 世纪的重要法家里其尼乌·卢非努,曾就马其顿与南边的塞撒利在税收分摊的问题上,替马其顿说话,而马其顿长也因此掏钱,在贝瑞亚为这位法家立了一个碑:

> 鸿运。根据伟大议会之决议,里其尼乌·卢非努,执政阶级,为行省谈判关于塞撒利税收一事(立此永志)。由马其顿长多米提乌·攸如狄古个人出资。[1]

研究马其顿共同体的重要学者康纳祖立提到,这则以及皮松缴税的例子,似乎指向马其顿共同体与行省的税收有若干的关联性。他说得比较保守,是并未完全不牵涉行省治理的问题,例如"从这两则(与税收相关的铭刻)来看,我们可以断定共同体至少在税收方面,会就行省事务有所掺和"(*ἐκ τῶν δύο αὐτῶν παραδειγμάτων συμπεραίνομεν ὅτι τὸ κοινὸν ἀνεμειγνύετο εἰς φορολογικὰ τούλάχιστον ζητήματα τῆς ἐπαρχίας*)[2]。关键在于,目前并无直接证据说明马其顿共同体公职人员掺和行省税务

---

1 *EKM* 1. Beroia 101: "ἀγαθῆι τύχηι. | <κατὰ τὸ δόξαν τῷ> | <λαμπροτάτῳ συνε>|δρίῳ Λικίνιον || Ῥουφεῖνον, τὸν ὑ|πατικόν, συναγο | ρεύσαντα τῇ ἐπαρ|χείᾳ περὶ τῆς συντε|λείας τῶν Θετταλῶν, || Δομίτιος Εὐρύδικος | ὁ μακεδονιάρχης | ἐκ τῶν ἑαυτοῦ."

2 Kanatsoulis 1955, p. 44: "τὸ κοινὸν δὲν ἦτο πολιτικὴ διοικητικὴ ὀργάνωσις, ὡς τὰ προρωμαϊκὰ κοινὰ ἐν τούτοις δὲν ἔμενε παντελῶς ἀμέτοχον εἰς ζητήματα τῆς ἐπαρχίας. Εἰς μία ἐπιγραφὴν τῆς Βεροίας ὁ γνωστὸς ῥήτωρ τοῦ 3ου μΧ αἰῶνος Λικίνιος Ῥουφεῖνος τιμᾶται ὑπὸ τοῦ συνεδρίου τοῦ κοινοῦ, διότι συνηγόρησεν ὑπὲρ τῆς ἐπαρχίας παρὰ τῇ ρωμαϊκῇ διοικήσει εἰς φορολογικὸν ζήτημα τῶν Θεσσαλῶν, πιθανῶς καθορισμῶν τῶν καταβλητέων παρ᾽ αὐτῶν φόρων. Ἀπὸ μίαν ἄλλην, μνημονευθεῖσαν πολλάκις ἀνωτέρω, μανθάνομεν ὅτι ὁ ἀρχιερεὺς τῶν Σεβαστῶν καὶ ἀγωνοθέτης, τοῦ κοινοῦ Μακεδόνων, δηλ ὁ πρόεδρος τοῦ κοινοῦ, Πύθων κατέβαλεν ἐξ ἰδίων κατὰ τὸν χρόνον τῆς ἀρχιερωσύνης του τὸ σύνολον τοῦ κεφαλικοῦ φόρου, τῆς ἐπαρχίας ἀδυνατούσης προφανῶς λόγῳ σιτοδείας νὰ πληρώσῃ αὐτόν. Ἐκ τῶν δύο αὐτῶν παραδειγμάτων συμπεραίνομεν ὅτι τὸ κοινὸν ἀνεμειγνύετο εἰς φορολογικὰ τούλάχιστον ζητήματα τῆς ἐπαρχίας." [共同体不是个政治行政组织,但就如罗马时期之前的共同体一般,它没有完全不参与行省事务。在一则贝瑞亚的刻文里,著名学者里其尼乌·卢非努受到了共同体议会的表彰,因为他站在行省的立场向罗马当局就塞撒利税务一事进行游说,内容应该是与塞撒利应该缴交的额度有关。从另外一则前面常常引述的铭刻,我们知道皮松作为马其顿共同体的诸皇大祭司和赛事长(也就是共同体的主席),在大祭司任内从自己的财产中出钱把所有的人头税给包下了,在行省明显无力并缺乏粮食的时候,他供给了整个省。从这两个例子,我们下个结论:共同体至少在税务上有掺和行省事务。]

的关联性是常态的，还是随机的。若是后者，那有钱显贵出任共同体职官，刚刚好行省遇上了问题，本人又急公好义，出钱出力当仁不让，就不一定与共同体的功能有任何关系。西部行省反而有进一步的铭刻证据显示共同体公职人员会执行罗马中央政府交付的任务，如进行公民普查的工作等。[1]虽然共同体是否常态性参与帝国治理工作的问题，仍有待进一步出土文献的发现，但法兰斯（Jérôme France）指出，现有资讯起码能够推定，罗马中央政府在若干比较需要在地知识的行政治理工作上，需要除了中央政府直接控制的人员以外的显贵人士，就地方上公民对普查问题的答复是否真诚、确实，是否有抱怨或不满影响工作等调剂和反馈的处理机制，而行省共同体的公职显贵就可以扮演类似于协助中央政府的角色。[2]目前虽然没有其他证据说明马其顿地区的公民普查和税收等工作是否与近西班牙共同体有明确的相似之处，但罗马中央政府对于各地的处理原则或许有一定的共同性。这也意味着马其顿共同体的公职人员可能存在隐性的、非常态性的协助治理功能，而这也增添了一种区域性稳定治理的行政意义。

五、马其顿共同体职官文物的穿透力

马其顿共同体是一个有发行钱币特许的组织。这个特许在马其顿王国末期可能就已经存在，马其顿王国在公元 168 年被拆成四部后，各部都有发行钱币的权力，这

1　比较著名的案例是 *CIL* 2.4248: "C(aio) Val(erio) Arabino | Flauiani f(ilio) Bergido F(lauiensi) | omnib(us) hon(oribus) in re p(ublica) | sua func(to), sacerdoti ‖ Romae et Aug(usti), p(rouincia) H(ispania) c(iterior). | ob curam tabulari | censualis fideliter | administr(atam) statuam | inter flaminales | uiros positam ex‖ornand\<a\>m uniuers(i) | censuer(unt)." ［近西班牙省致伯及东福莱文斯人盖尤斯弗拉维斯，完全承担过本城所有公职，为罗马与奥古斯都祭司。因其忠实执行监察任务，一致通过，其雕像将放置于卸任司祭之列，并增添装饰。］关于此铭刻的讨论，见 J. France, "Les rapports fiscaux entre les cités et le pouvoir impérial dans l'empire Romain: Le rôle des assemblées provinciales (à ropos d'une dédicace de Tarragone, CIL, II, 4248)", *Cahiers du Centre Gustave Glotz* 14 (2003), pp. 209–225, esp. 217–219; 另见 Millar 1966, pp. 389–390; Edelmann-Singer 2015, pp. 261–262。

2　Deininger 1965, p. 95; France 2003, 217–218; Edelmann-Singer 2015, pp. 262–263.

RPC 1612 Claudius AE 23mm 8.72g Obverse: TI ΚΛΑΥΔΙΟΣ ΚΑΙΣΑΡ; head of Claudius, l. Reverse: ΣΕΒΑΣΤΟΣ ΜΑΚΕΔΟΝΩΝ; Macedonian shield Reference: AMNG 238–9, BMC 145, Cop 1334 Specimens: 54 https://rpc.ashmus.ox.ac.uk/coins/1/1612

RPC 1614 Nero AE 23mm 8.27 g ; Obverse: ΝΕΡΩΝ ΚΑΙΣΑΡ; head of Nero, l. Reverse: ΣΕΒΑΣΤΟΣ ΜΑΚΕΔΟΝΩΝ; Macedonian shield Reference: AMNG 242, BMC 146, Cop 1335 Specimens: 30 https://rpc.ashmus.ox.ac.uk/coins/1/1614

RPC II 334 AE 24 24 mm 8.39 g Obverse: ΑΥΤΟΚΡΑΤΩΡ ΟΥΕΣΠΑΣΙΑΝΟΣ ΚΑΙΣΑΡ; laureate head of Vespasian, l. Reverse: ΣΕΒΑΣΤΟΣ ΜΑΚΕΔΟΝΩΝ; Macedonian shield Reference: AMNG 250 Specimens: 10 https://rpc.ashmus.ox.ac.uk/search/browse?q=macedonian+koinon&page=2

RPC II 336 AE 24 mm 15.51g Obverse: ΑΥΤ(Ο) ΚΑΙΣΑΡ ΔΟΜΙΤΙΑΝΟΣ ΣΕΒ; laureate head of Domitian, r. Reverse: ΚΟΙΝΟΝ ΜΑΚΕΔΟΝΩΝ; Macedonian shield Reference: AMNG 252 Specimens: 5 https://rpc.ashmus.ox.ac.uk/coins/2/336

RPC III 633 AE 26 13.51 g Issue: AD 129 onwards Obverse: ΑΔΡΙΑΝΟC ΚΑΙCΑΡ; laureate and cuirassed bust of Hadrian, with paludamentum, seen from rear; r. Reverse: ΚΟΙΝΟΝ ΜΑΚΕΔΟΝΩΝ; winged thunderbolt Reference: AMNG —, Varbanov 3030–1 Specimens: 7 https://rpc.ashmus.ox.ac.uk/3/633

RPC IV.1 4264 AE 11.95 g Obverse: ΚΑΙCΑΡ ΑΝΤΩΝΕΙΝοC; laureate-headed bust of Antoninus Pius wearing cuirass and paludamentum, r. Reverse: ΚΟΙΝΟΝ ΜΑΚΕΔΟΝΩΝ (facing inward); thunderbolt with four wings Reference: AMNG 261, BMC 155 Specimens: 10 https://rpc.ashmus.ox.ac.uk/4/4264

图 7　马其顿共同体名义发行之钱币

或许与当地已经相当成熟的货币经济有关。马其顿共同体的钱币发行权在三巨头时期到奥古斯都时期似乎被收回了，直到克劳狄朝才又开始发行。之前刻的发行人是 *Μακεδονῶν πρωτῆς*，而现在则是正面为皇帝头像，背面为奥古斯都带上"马其顿人"字样，要到多米提安朝，共同体的字样才出现在钱币上（图 7）。到了赛为鲁朝，马其顿共同体好似不再需要发行有皇帝头像的钱币了，而他们开始把亚历山大大帝的头像拿来做钱币的正面使用，背面则放一些亚历山大身形的宣传。

这些钱币可以用来说明马其顿共同体所具有的区域性特质。艾德曼–辛格指出，马其顿共同体发行的钱币既是全省流通，且不限于共同体活动最密集的区域，那上头所用的字样和选择的图像，就具有一定程度的宣传意义，有助于马其顿共同体在全省的正当性。[1]这感觉起来好像没有什么特别之处：在马其顿省里，谁不知道马其顿共同体呢？但若考虑马其顿省内社群的歧义性，则会有不同的理解角度。图8中，林凯斯提斯（Lynkestis）、奥瑞斯提（Orestis）、艾利美亚（Elimeia）等为自由马其顿的三个共同体，而斯多比（Stobi）、佩拉（Pella）、迪翁（Dium）、卡珊德拉（Kassandreia）、菲利比（Phillipi）等是从意大利法（ius Italicum）、不从马其顿行省法的罗马殖民地。[2]殖民

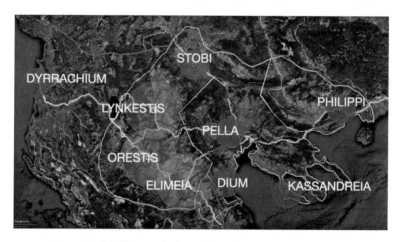

图8 "自由马其顿"之各个共同体与享意大利法之罗马殖民地

---

1 Edelmann-Singer 2015, p. 302: "Die Münzen waren in der gesamten Provinz präsent, nicht nur am Ort der Provinzialversammlung oder der Provinzspiele. In Makedonien zirkulierten die Münzen in allen Teilen der Provinz. Ihre "dynamische Präsenz auf den Märkten der makedonischen Städte" zeigt deutlich, dass in erster Linie die Provinzbevölkerung als Adressat angesehen werden muss. Da die Münzen durch Handelsrouten oder durchmarschierende Heere sicherlich auch eine gewisse Außenwirkung erzielen konnten, dienten sie dem makedonischen Landtag auch zur Außendarstellung.[这些钱币在整个行省都能见到，不是只在马其顿共同体集会点或者共同体赛事或表演场域才会见到而已。马其顿共和体发行的钱币是全省流通的。它们或活跃地出现在马其顿城市的市集里，显然意味着（钱币上的图像）针对的主要（宣传）对象就是行省百姓。既然这些钱币绝对能够透过贸易路线和行军路线达到一些外部效益，他们也是马其顿共同体的外部宣传载体。]

2 各省总督虽然具有相当显著的司法判决权和行政处分权，但仍需考量各省不同历史脉络所形成的行省法；罗马时期马其顿的公共场域行事规则有多层级的法律惯例，可见 I. Arnaoutoglou, "An Outline of Legal Norms and Practices in Roman Macedonia", *Law in the Roman provinces*, K. Czajkowski & B. Eckhardt, eds. (Oxford: Oxford University Press, 2000), pp. 291–292, 300–302；殖民地的行政、司法问题，更是独立于行省其他社群，菲利帕（Philippoi）的案例，可见 A. Rizakis, "Société, institutoions, cultes", *Philippes, de la préhistoire à Byzance*, J. Fournier ed. (Athens: École française d'Athènes, 2016), pp. 176–177；与其他行省之比较，可见 A.J. Marshall, "Pompey's Organization of Bithynia-Pontus: Two Neglected Texts", *JRS* 58 1&2 (1968), pp. 103–109。

地通常有经过非常缜密的土地调查和区块划分，产权清楚，也让殖民地的实际领地有个比较精确的计算基准。从歌林多的例子来看，比较大的殖民地领地可以达到约 220 平方公里，而在此以罗马殖民地大小为半径 18.5 公里，来模拟可能的领地范围。这个领地范围内的土地，在意大利法的架构下，有与马其顿城市不同的特权，包过免除若干税则或劳役等。全省流通的意思，就是在这些殖民地与其他非马其顿共同体传统活动范围内，都有发现马其顿共同体发行的钱币。

马其顿共同体钱币往西最远到了奥瑞斯提共同体地界。1988 年，帕帕佐托（Papazotos）率领的考古队于阿尔果斯·奥瑞斯提西北挖掘一个 5 世纪的大型教堂聚会所，下方则是一座公元 2 世纪兴建的大型建筑之上；2006 年起，约阿尼纳大学考古队在该地继续挖掘，发现这栋建筑物的形状有两个特性：第一是西北方有个房间，最底部有个龛形墙围绕着一个台座。台座附近有雕像残块，复原后是阿波罗的样貌。第二，这栋建筑物相当大，适合作为集会所。他们推测，这栋建筑物应该是奥瑞斯提国共同体的集会所。考古队还发现了一枚哈德良时期的钱币，以及一枚马其顿共同体发

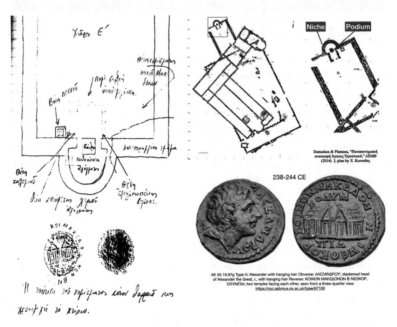

图 9　发现于阿尔果斯·奥瑞斯提的马其顿共同体钱币绘图与实物比较

行的钱币。从双庙背面来看，这枚钱币当与戈尔迪安三世（Gordianus III）发行的钱币在时间上较为接近。这枚钱币出现在奥瑞斯提国的议会所里，是马其顿共同体钱币的高流通性的一个佐证（图9）。

除了钱币以外，如图2所呈现的态势一般，马其顿共同体的铭刻竟然也出现在这种"自由马其顿"地带的共同体势力范围中，显示了马其顿共同体具备独特的政治文化穿透力。马其顿共同体的职官在2—3世纪间扩散开来，每一个职称都代表着当地融入以贝瑞亚为首的行省政治体系的人物以及资本投入。马其顿王国的遗存透过共同体的这种组织方式，整合了区域内不同地域的有产人士，建立起人才库、资本库。马其顿共同体聚会的频率可能不高，但省内显贵精英定期聚会的模式，是马其顿行省在历经公元前2世纪到奥古斯都时期之间两百年不停的战乱所能够获得的比较好的结果。随着时间进展，以国族议会为基础的马其顿城市和社群建立起了一个具有若干抵御外部风险、维持区域稳定性的机制。从资源整合的观点来看，马其顿共同体所具备区域性特质，是在帝国体制之外的另一种稳定机制。

六、结 论

本文从区域性视角，讨论罗马时期马其顿省的共同体发展情形。以下首先简短介绍本文脉络中所谓的"共同体"和区域性为何，再介绍以马其顿地区的共同体视野，看马其顿行省如何经由这类城际的、社群间纽带联系的组织，形成互联相依的行省整体。考量若干学界长期以来对罗马时期共同体的研究与观察角度后，本文从铭刻的地理联系网络视觉化，来塑造马其顿共同体在帝国时期所呈现出的地理纵深，并从承担马其顿共同体公职的显贵所能展现的实际作为，来描绘此机构在帝国时期对于区域性的影响力。本文还考虑了马其顿共同体在公职选拔、发布褒扬令的地理纵深、共同体钱币流通的广度，说明此组织的区域性特质。

本文分析显示，马其顿共同体虽然在罗马击溃马其顿王族、消灭王权势力后，一并受到打击，但从铭刻证据来看，不论是共和时期还是帝国时期，王国体制下的马其顿各级组织都无法不以某种罗马中央政府允许的方式集会、议事。到了帝国时期，这种必须进行的年度聚会转化为爱琴海地区常见的共同体形式，以元首和皇室等中央政府和权力核心为号召，系统性地进行跨城、跨地域的区域性祭司与庆典活动。承担马其顿共同体公职的显贵，厉害者若如皮松之类，则近乎重新再见马其顿王的格局，不仅承担罗马中央政府期待的仪式性花费，还自费投入基础建设、缴纳税金、与元首就贝瑞亚城的头衔资格谈判等复杂任务。稍微逊色的显贵，也是能够在担任共同体的公职之外，承担地方上的公职，支持锻炼活动经费和油品支出等。在一般情况下，马其顿共同体似是可以视为透过一种抽取显贵的资源，并以区域性的政治社会地位作为回馈的正循环机构，来解决不同地域的在地问题。

通过地理纵深分析也可看见，马其顿共同体从钱币、职官，甚至决议的效力，都有显著的穿透力。所谓的自由马其顿地区的共同体地界，可发现马其顿共同体相关的铭刻与钱币，虽然不能完全排除偶然、随机流通或搬迁所造成的结果，大概率当是马其顿共同体的影响力确实达到了其他共同体的地界之内。马其顿共同体是否有影响到其他共同体运作的模式，或对这些共同体造成利益上的冲击，尚待更多证据讨论。就目前来看，马其顿共同体的社会经济影响力如此显著，或许确实如赫佐普洛所言，马其顿共同体的地位不是一般的行省共同体，而是国族共同体。这也意味着对马其顿共同体的研究，应该要适当地与其他地区的共同体在资料类型与比较等研究方法上有所区分。马其顿共同体是个具有高强度纽带联系的组织，随着罗马征服的过去阴影日渐淡化，个别成员有趋近于互联相依的国族整体的态势。

（本文作者为北京大学历史学系助理教授）

古典文化复兴与亚里士多德作品在拜占庭帝国的传承

以希腊语手抄本 paris.gr.1853 为例

褚敏绮

一、亚里士多德传统在拜占庭

古希腊文化传统在拜占庭帝国的流传一直是拜占庭知识史的重点研究对象。安东尼·卡德尔利斯（Athony Kaldellis）和尼克塔斯·西尼索鲁（Niketas Siniossoglou）在强调拜占庭知识史研究的重要性时就指出，拜占庭人是古希腊文化最直接的继承人，他们选择、保留并延续了古希腊文献作品及其文化内涵。如今我们能接触到的古典希腊文献，大多历经拜占庭人的阅读、抄写与传播，是拜占庭人对古希腊文化的选择性保存与塑造的产物。[1]

以亚里士多德作品为例，不同于西欧的多次引进与翻译，拜占庭有着直接继承自古希腊并且从未断绝的亚里士多德文献传统。根据意大利学者罗科尼（F. Ronconi）的统计，16 世纪前抄写的亚里士多德作品希腊语手抄本（manuscripts）共有约 605 份。现存最早可以断代的亚里士多德作品为 9 世纪的手抄本 Vind.phil.gr.100 和 Paris.suppl.gr.1156。9—10 世纪抄写的亚里士多德希腊语手抄本约有 13 份，11—12 世纪抄写的约有 32 份，在 13—14 世纪，亚里士多德作品数量剧增，目前留存的约 287 份，而 15—16 世纪即意大利文艺复兴时期约有 273 份。[2] 学者多强调，现存最早亚里士多

1　Anthony Kaldellis, Niketas Siniossoglou, eds., *The Cambridge Intellectual History of Byzantium* (Cambridge, 2017), pp. 1–2.

2　Filippo Ronconi, "Le Silence des Livres. Manuscrits Philosophique et Circulation des Idées à l'époque Byzantine Moyenne", in P. Pecere ed., *Il libro filosofico dall'antichità al XX secolo* (Cassino, 2011), p. 8.

德作品手抄本开始出现的 9—10 世纪，以及亚里士多德作品抄写数量激增的 13—14 世纪是亚里士多德文献传统在拜占庭帝国传播历程的两大关键时期。

德国学者魏茨曼（K. Weitzmann）指出，529 年查士丁尼下令关闭雅典学园以及之后两个多世纪的"黑暗时代"（阿瓦尔人、斯拉夫人的入侵，拜占庭与波斯阿拉伯人的战争，叙利亚、巴勒斯坦和埃及等近东地区领土相继丢失以及两次圣像破坏运动）导致了拜占庭文化的持续衰败，其中，古希腊文化传承的断裂尤为明显。而后，在圣像被恢复后的 9—10 世纪，拜占庭圣像绘画中出现了一种新的现象：对于古希腊文学作品的重新发现、研究与模仿。由此，他认为，9—10 世纪迎来了古希腊文化的复兴，此时帝国对于古典文化的容忍态度使得其不仅存在于基督教世界，更是能够与基督教文化并列发展。[1] 法国学者伊黑贡（J. Irigoin）将魏茨曼所言之古典文化复兴从艺术领域引至古希腊作品的传抄与阅读这一新领域。他指出，6—8 世纪"黑暗时代"拜占庭世俗教育的衰败直接导致了古典作品的式微。而 9 世纪的大知识分子如利奥（Leo the philosopher）、佛提乌斯以及凯撒利亚的阿雷塔斯（Arethas of Caesarea）都对荷马、柏拉图、亚里士多德等古希腊作家的作品表现出极大的兴趣，他们一方面从古图书馆中重新发现了这些古典作家的作品并重新传抄，另一方面他们也热衷对于世俗高等教育的发展以及对古典作品的阅读与研究。由此，他强调，9 世纪开始，拜占庭世界迎来了"第二次希腊主义"，直至 13 世纪初君士坦丁堡的陷落。[2] 1971 年，法国学者保罗·莱默勒（Paul Lemerle）在总结前人观点基础上，将 9—10 世纪的拜占庭称为"第一次人文主义"时期。[3]

在 9—10 世纪"第一次人文主义"时期，亚里士多德的作品受到活跃于帝国世俗与教会文官系统，并接受过良好世俗教育的高级知识分子群体的格外关注。生活于 8 世纪末至 9 世纪的利奥，在成为塞萨洛尼基主教前，曾是玛格瑙拉宫（Magnaure）新

1　K. Weitzmann, *Studies in Classical and Byzantine Manuscript Illumination* (Chicago, 1971), p. 221; Filippo Ronconi, "Le Silence des Livres. Manuscrits Philosophique et Circulation des Idées à l'époque Byzantine Moyenne", p. 2.

2　J. Irigoin, "Survie et Renouveau de la Littérature Antique à Constantinople (IXe siècle)", in *Cahiers de Civilisation Médiévale*, Vol. 5, July-September 1962, pp. 287–288.

3　Paul Lemerle, *Le Premier Humanisme Byzantin: Notes et Remarques sur Enseignement et Culture à Byzance* (Paris, 1971).

开设的学校的教授。他本人对于古希腊哲学与科学有着浓厚的兴趣。[1] 在利奥去世之后，他的学生之一，来自西西里的君士坦丁指控他"沉迷于作为异教的希腊古典诸神而否认圣三位一体"[2]。君士坦丁的指控中强调了利奥对于荷马、赫西俄德、苏格拉底、柏拉图、亚里士多德等古希腊作家作品的重新发现。[3] 此外，9 世纪另一位大知识分子佛提乌斯也对亚里士多德作品十分了解。佛提乌斯出身于君士坦丁堡文官家族，他掌握所有世俗知识，精通语法、修辞、哲学甚至医学。[4] 在成为君士坦丁堡牧首前，他曾是君士坦丁堡的一名哲学教授，曾教授后来前往斯拉夫地区传教的、来自塞萨洛尼基的君士坦丁逻辑与哲学。[5] 佛提乌斯在作品《安菲洛基亚》(Amphilochia) 第 137—147 个问题中详细阐述了亚里士多德的《范畴论》。[6] 生活 9—10 世纪的凯撒利亚的阿雷塔斯资助亚里士多德作品的抄写，包括手抄本 vat.urb.35 抄写的《范畴论》以及 932 年一位名叫斯提利阿努斯 (Stylianos) 的执事在他要求下抄写的《论美德与邪恶》(De virtutibus et vitiis)。[7] 同时，10 世纪编纂的词典苏达 (Suda) 也多次提及并引用亚里士多德的多部作品。

1970 年，史蒂芬·路西曼 (Steven Runciman) 在《拜占庭最后的文艺复兴》(The Last Byzantine Renaissance)一书中指出，拉丁人的征服及尼西亚流亡的经历使得拜占庭人进一步致力于与西欧进行区分，同时，安纳托利亚和巴尔干地区大量领土的丢失使得拜占庭在地理空间上与古希腊越来越接近；由此，希腊认同成为巴列奥略王朝新的选择，古希腊遗产也越来越受到拜占庭人的重视。在此背景下，古希腊文化迎来了"重生"，直至拜占庭帝国的灭亡。他将巴列奥略王朝时期的古典文化复兴称为拜占

1　Paul Lemerle, *Le Premier Humanisme Byzantin: Notes et Remarques sur Enseignement et Culture à Byzance*, p. 173.

2　*Ibid.*

3　*Ibid.*, p. 174.

4　γραμματικῆς μὲν γὰρ καὶ ποιήσεως ῥητορικῆς τε καὶ φιλοσοφίας ναὶ δὴ καὶ ἰατρικῆς καὶ πάσης ολίγου δεῖν ἐπιστήμης τῶν θύραθεν τοσοῦτον αὐτῷ τὸ περιὸν ὡς μὴ μόνον σχεδὸν φάναι τῶν κατὰ την αὐτοῦ γενεὰν πάντων διενεγκεῖν, ἤδη δὲ καὶ πρὸς τοὺς παλαιοὺς αὐτὸν διαμιλλᾶσθαι. Smithies ed., *The Life of Patriarch Ignatius* (Washington, D.C.), 2013, p. 35.

5　*The Slavic Life of Constantine*, c.4.10. http://macedonia.kroraina.com/en/kmsl/kmsl_1.htm, 2021 年 3 月 10 日。

6　Paul Lemerle, *Le Premier Humanisme Byzantin: Notes et Remarques sur Enseignement et Culture à Byzance*, p. 201.

7　*Ibid.*, p. 217.

庭"最后的文艺复兴"。[1]1983 年，美国学者威尔逊（N. G. Wilson）写作的《拜占庭学者》（*Scholars of Byzantium*）一书出版，在该书中，他强调了 1204 年君士坦丁堡陷落给拜占庭文化带来的灾难：君士坦丁堡的诸多图书馆及其所藏大量书籍被毁坏，或者被带至西欧，以亚里士多德作品为例，1260 年穆尔贝克的威廉（William of Moerbeke）就从尼西亚带走了 9 世纪抄写的亚里士多德作品集手抄本 vind.phil.gr.100，并应托马斯·阿奎那的要求将这些作品翻译成拉丁语；同时，拉丁人的统治及其在拜占庭地区推行的拉丁教育也导致了原本的世俗高等教育走向衰落，古典希腊作品在这一时期更是几近消失。[2]而后，巴列奥略王朝推翻拉丁王朝并于 1261 年重回君士坦丁堡，由此开启了新一次文化复兴。这一次文化复兴时期的大知识分子如马克西姆·普拉努德（Maximos Planudes）等均对古典文化展现出浓厚的兴趣，因此，很大程度上而言，巴列奥略文化复兴可以说是古希腊文化在拜占庭的又一次复兴。意大利学者 D. 比安科尼（D. Bianconi）将上述学者所言之古希腊文化复兴称为"巴列奥略人文主义"。[3]

在"巴列奥略人文主义"时期，亚里士多德仍是知识分子关注的重要对象。安德洛尼卡二世（Andronikos II）统治时期的知识分子与首席行政长官西奥多·梅托基特斯（Theodore Metochites）就曾在总结自身学术生涯的诗中强调，没有人比亚里士多德更值得赞扬。[4]然而，不同于同时期的西欧将亚里士多德哲学用于神学理论建构，拜占庭学者仍将亚里士多德的作品视为高等教育的工具书。[5]13 世纪著名知识分子、君士坦丁堡牧首（1283—1289 年）塞浦路斯的格里高利（Gregory of Cyprus）在自传中回忆自身教育经历时指出亚里士多德在他所受教育中的重要地位：他的课程从亚里士多德的逻辑学著作开始，而后是修辞学课程，最后又回到亚里士多德的《形而上学》。[6]事实上，他们对亚里士多德作品的大量阅读与传抄也多出自以上目

---

1 Steven Runciman, *The Last Byzantine Renaissance* (Cambridge, 1970), pp. 17-19.

2 N. G. Wilson, *Scholars of Byzantium* (London, 1996), pp. 218-223.

3 D. Bianconi, "La biblioteca di Cora tra Massimo Planude e Niceforo Gregora. Una questione di mani", in *Segno e Testo*, Vol. 3, 2005, pp. 391-438.

4 Edmund Fryde, *The Early Palaelogan Renaissance 1261-c.1360* (Leiden, 2000), p. 192.

5 *Ibid.*, p. 194.

6 *Ibid.*, p. 191.

的。此外，这一时期的知识分子更是关注亚里士多德的评注与研究，他们亲自整理、编纂并抄写前代亚里士多德评注作品。塞浦路斯的格里高利就曾亲自抄写新普里西乌斯的评注作品（marc.gr.227）。[1]14 世纪成书的手抄本 laur.Plut.85.1 是当时最大的亚里士多德评注合集[2]，其中包含了阿斯巴西乌斯（Aspasius, 1—2 世纪），亚历山大（Alexander Aphrodisiensis, 2—3 世纪），大卫（David philosophus, 4—5 世纪），阿摩尼乌斯（Ammonius philosophus, 5—6 世纪），约翰·费罗普勒斯（Iohannes Philoponus, 5—6 世纪），小奥林匹奥多罗斯（Olympiodorus Philosophus, 5—6 世纪），新普里西乌斯（Simplicius, 6 世纪），以及 11—12 世纪尼西亚的艾夫斯特拉提乌斯（Eustratius Nicaeae）和以弗所的米歇尔（Michel of Ephesus）等人对亚里士多德逻辑学与自然科学作品的评注。当然，此时的拜占庭知识分子如利奥（Leo Magentinos）、所芙尼阿斯（Sophonias）、乔治·帕奇米尔斯（George Pachymeres）、约瑟夫（Joseph the philosopher）以及西奥多·梅托基特斯也都热衷于亲自写作亚里士多德作品评注。但是，他们的评注都大幅度借鉴了前代学者的评注，尤其是借鉴了 12 世纪安娜·科穆宁（Anna Komnena）资助下以弗所的米歇尔写作的评注。[3]

总结而言，笔者在上文中简单勾勒了亚里士多德作品在拜占庭帝国的流传史，尤其是其在"拜占庭第一次人文主义"和"巴列奥略人文主义"两大关键时期的传播与应用。在下文中，笔者将回归手抄本的抄写与流传本身，集中关注拜占庭时期抄写的一份亚里士多德作品集（Corpus Aristotelicum），即编号为 Paris.gr.1853 的希腊语手抄本。这份手抄本现藏于法国国家图书馆（Bibliothèque Nationale de France），是现存拜占庭帝国时期最为完整且重要的亚里士多德作品集之一。从文献学角度而言，它是一份复杂的"汇集"（manoscritti miscellanei），即一个手抄本并不是在同一时间、同一地点由一个或多个抄工抄写完成，相反的，它是由不同抄工在不同时间或不同地点独立完成并历经多次装订而终成一册。此类由互不相关的不同内容"层累"而成的手抄

1　Edmund Fryde, *The Early Palaelogan Renaissance 1261–c.1360*, p. 186.

2　*Ibid.*, p. 185.

3　*Ibid.*, pp. 197–198.

本，成书情况错综复杂，分析难度大，其复杂的成书经历也导致它们蕴含了更为丰富的历史信息。目前可见的 Paris.gr.1853 这份手抄本由两个抄写时间完全不同的部分组成，它的第一部分 ff. 1r–344v（即第一张纸［folios］的正面［recto］至第 344 张纸的反面［verso］，下同），于 10 世纪即"拜占庭第一次人文主义"时期抄写而成，第二部分 ff. 345r–453r 于 14 世纪初即"巴列奥略人文主义"时期抄写而成。笔者以为，这部历经多个世纪"层累"而成的亚里士多德作品集为我们提供了关于亚里士多德文献在拜占庭帝国不同时期流传的诸多信息。在下文中，笔者将以该手抄本为个案，运用文献学理论详细分析各部分的成册过程，从而更为具象地展现"拜占庭第一次人文主义"与"巴列奥略人文主义"时期亚里士多德作品传抄情况，并以此探索亚里士多德作品在拜占庭帝国的流传与延续。

二、paris.gr.1853 第一部分的成书与拜占庭"第一次人文主义"

首先，就抄写内容而言，paris.gr.1853 第一部分（ff. 1r–344v）主要包含了亚里士多德、伪亚里士多德与提奥夫拉斯图斯（Theophrastus）的作品共 13 部。笔者列出 paris.gr.1853 第一部分（ff. 1r–344v）所抄作品与页码分布表如下：

ff. 1r–2v，《论灵魂》第二卷（部分）"版本二"（ἀριστοτέλους περὶ ψυχῆς B）[1]

ff. 3r–67v，《物理学》（ἀριστοτέλους φυσικῆς ἀκροάσεως）八卷

ff. 68r–68v，《物理学》卷九提要与书中相关名词解释（κεφάλαια τοῦ θ, τῶν δοξασάν των περὶ στοιχείων）

ff. 69r–106v[11]，《论天》四卷（ἀριστοτελους φιλοσοφου περὶ ὀυρανοῦ τῶν εἰς Δ）[2]

1　根据文本内容可知，ff. 1r–2v 所抄《论灵魂》第二卷部分内容在版本上与 ff. 196r–196v 所抄《论灵魂》第二卷一致。

2　f. 106v[11] 指 f. 106v 第 11 行，下同。

ff. 106v¹²–129r⁷,《论生灭》两卷（ἀριστοτέλους φιλοσοφου περὶ γενέσεως καὶ φθορας τῶν εις B）

ff. 129r⁸–175v²⁴,《天象论》四卷（ἀριστοτέλους φιλοσοφου μετεωρολοιςῶν τῶν εις Δ）

f. 175v²⁵–186v,《论灵魂》第一卷（ἀριστοτέλους περὶ ψυχῆς A）

ff. 187r–f. 195v¹⁹,《论灵魂》第二卷"版本一"（ἀριστοτέλους περὶ ψυχῆς B）[1]

ff. 196r–196v¹⁹,《论灵魂》第二卷（部分）"版本二"（ἀριστοτέλους περὶ ψυχῆς B）

ff. 196v²⁰–202v,《论灵魂》第三卷（ἀριστοτέλους περὶ ψυχῆς Γ）

ff. 203r–f. 210r⁵,《论感觉与所感》（ἀριστοτέλους περὶ αἰσθήσεων καὶ αἰσθητῶν）

ff. 210r⁶–f. 212v¹⁷,《论记忆》（ἀριστοτέλους περὶ μνήμης καὶ ἀναμ[ν]ήσεως）

ff. 212v¹⁸–221r¹⁰,《论睡眠》（ἀριστοτέλους περὶ ὕπνου καὶ τῆς ὑπνονμαντικῆς）

ff. 221r¹¹–225v⁴,《论动物之运动》（ἀριστοτέλους περὶ ζωίων κινήσεως）

ff. 225v⁵–308r²⁰,《形而上学》（ἀριστοτέλους τῶν μετὰ τὰ φυσικὰ）

ff. 308r²¹–309r¹⁰,法则汇要（συλλο[γὴ] πε[ρὶ] νο[μίμου]）

ff. 309r¹¹–f. 312r,提奥夫拉斯图斯《形而上学》评注（θεοφράστου τῶν μετὰ φυσικὰ）

ff. 312v–318r¹²,《论色彩》（ἀριστοτέλους περὶ χρωμάτων）

ff. 318r¹³–344v,《论动物之构造》（ἀριστοτέλους περὶ ζωίων μορίων）

1　f. 187r首行至 f. 195v第19行为《论灵魂》第二卷（ἀριστοτέλους περὶ ψυχῆς B）。而后, f. 195v剩余版面留白。f. 196r首行没有标题, 内容依然是《论灵魂》第二卷, 直至 f. 196v第19行结束。但是 ff. 196r–v抄写的《论灵魂》第二卷既不完整又非开篇, 与 ff. 187r–195v所抄内容也不连续, 可见 f. 196r–v为独立且残缺的《论灵魂》第二卷。f. 186v所留批注为我们解释了上述情况的成因。该页右下角空白处有一处批注, 内容为 "ζήτει τὸν περὶ ψυχῆς λόγον τὸν β παρὰ τὸν γ ὁλόκληρον ἀνόμοιος γὰρ κατὰ πολύ ὁ ἐνταῦθα γεγραμμένος τοῦ ἐκεῖσε"（寻求《论灵魂》第三卷一侧的第二卷, 因为此处所抄第二卷内容遗失）; 后又有批注, 内容为 "γράφεται ἀρχή τοῦ β λόγου ἐν ἄλλω"（另一种第二卷开始被抄写）。这两处批注告诉我们, 这份手抄本最初抄写的《论灵魂》第二卷内容遗失或部分遗失, 因而后被补上另一种《论灵魂》第二卷。由此, 笔者推测, 现仅剩部分内容的 ff. 196r–196v. lin.19为批注所言内容部分遗失的最初版本, 后来重新补抄的完整《论灵魂》第二卷即现在的 ff. 187r–f. 195v. lin.19。事实上, 从文本内容来看, ff. 187r–f. 195v.lin.19所抄《论灵魂》第二卷与 ff. 196r–196v.lin.19所抄《论灵魂》第二卷（部分）版本相异。由此, 笔者将 ff. 187r–195v所抄《论灵魂》第二卷称为 "版本一", f. 196所抄《论灵魂》第二卷称为 "版本二"。P. Moraux, "Le Parisinus graecus 1853 (Ms. E)d'Aristote", in *Scriptorium*, Vol. 21(1967), p. 33.

　　其次，从抄写字体而言，德国学者莫豪（Moraux）首先提出 paris.gr.1853 第一部分（ff. 1r–344v）包含了四位来自 10 世纪的抄工的抄写：其中，抄工 "E I" 抄写了 ff. 1r–186v；抄工 "E III" 抄写了 ff. 203r–306v；抄工 "E II" 抄写了 ff. 187r–195v 以及 ff. 306r–337v；抄工 "E IV" 接替抄工 "E III" 抄写了 ff. 337r–344v。[1] 同时，莫豪认为，ff. 68r–68v 所写《物理学》卷九提要与书中相关名词解释的作者并非上述四位抄工，而是来自一位 10 世纪的评注者，他将这位评注者称为 "E 2"。这位评注者 "E 2" 不仅在 ff. 68r–68v 写作了自己的阅读笔记，还在抄工 "E I"（ff. 3r–186v 与 ff. 196r–202v）和 "E III"（ff. 203r–306v）所抄内容上写作了大量评注。[2] 在莫豪研究的基础上，法国学者埃克盖特–德韦恩尼（Hecquet-Devienne）从字体差异的角度指出莫豪所区分抄工 "E II" 与 "E IV" 以及评注者 "E 2" 应该是同一个人，他们的字体十分相似，且是典型的君士坦丁堡斯图迪奥斯修道院（monastery of Stoudios）抄写中心所用字体，因此，"E II/E IV/E 2" 应当是 10 世纪来自该修道院抄写中心的同一位抄工。[3]

　　意大利学者罗科尼肯定了埃克盖特–德韦恩尼对于抄工 "E II" 与 "E IV" 应当为同一个人的判断；同时，他也指出，评注者 "E 2" 的字体与 "E II/E IV" 虽然十分相似，应当是来自同一个抄写中心的同事，但这两个笔迹并非来自同一人。他的理由如下：首先，"E II/E IV" 所用重音符号更有棱角，而 "E 2" 所用重音符号则更为圆滑；再者，"E II/E IV" 在字母 "phi" 的写作中只使用小写体（minuscule），而 "E 2" 多使用大写体（majuscule）；同时，"E II/E IV" 与 "E 2" 对于 "zeta" 与 "rho" 两个字母的书写不同，"E II/E IV" 所书 "zeta" 如图 ꝫ（f. 192v），"E 2" 所书则如图 ꝫ（f. 68v），"E II/E IV" 所书 "rho" 如图 ſ（f. 192v），而 "E 2" 则如图 ℮（f. 68v）。[4] 同时，罗科尼进一步推测，抄工 "E I" 与 "E III" 抄写的具体时间应该是 10 世纪上半叶，二者字迹全然不同，他们之间应该毫无交集；而抄工 "E II/E IV" 与评注者 "E 2" 应当是来自 10

1　P. Moraux, "Le Parisinus graecus 1853 (Ms. E) d'Aristote", pp. 36–37, 39–40.

2　*Ibid.*, pp. 38–39.

3　Hecquet-Devienne, "Le Mains du Parisinus graecus 1853. Une Nouvelle Collation des Quatre Premiers Livres de la Métaphysique d'Aristote (folios 225v–247v)", in *Scrittura e Civiltà*, Vol. 24 (2000), p. 135–142.

4　Filippo Ronconi, "Le Corpus Aristotélicien du Paris.gr.1853 et les Cercles érudits à Byzance. Un Cas Controversé", in *Studia Graeco-Arabica*, Vol. 2 (2012), p. 212.

世纪下半叶的斯图迪奥斯修道院抄写中心。[1] 笔者赞同罗科尼对于抄写笔迹与时代的辨认。

综合上述学者研究，笔者以为，根据抄写笔迹与抄写时代的差异，paris.gr.1853 第一部分（ff. 1r–344v）主要可以分为三个小部分。第一部分是由 10 世纪上半叶抄工"E 1"抄写的 ff. 1r–186v，内容包括《论灵魂》第二卷（部分）"版本二"、《物理学》、《论天》、《论生灭》、《天象论》、《论灵魂》第一卷；以及 ff. 196r–202v，内容包括《论灵魂》第二卷（部分）"版本二"和《论灵魂》第三卷。第二部分是由另一位抄工"E III"于 10 世纪上半叶抄写的 ff. 203r–306v，内容包括《论感觉与所感》《论记忆》《论睡眠》《论动物之运动》以及大部分的《形而上学》。第三部分则是 10 世纪下半叶君士坦丁堡斯图迪奥斯修道院抄工"E II/E IV"抄写的 ff. 187r–195v，内容为《论灵魂》第二卷"版本一"；以及 ff. 337r–344v，内容为接替抄工"E III"继续抄写的《形而上学》的剩余部分、提奥夫拉斯图斯的评注、法律汇要、《论色彩》以及《论动物之构造》。同时他的同事"E 2"还对抄工"E I"与"E III"所抄内容进行了评注。

再者，分析完 paris.gr.1853 第一部分（ff. 1r–344v）的抄写内容与笔迹之后，我们再详细分析手抄本的物质特征，主要包括纸张尺寸、标尺线（即抄写前进行横向纵向划线来确定书写范围和具体行数）的规格以及"帖"（quire）的规律性及其排布。[2]

1　Filippo Ronconi, "Le Corpus Aristotélicien du Paris. gr. 1853 et les Cercles érudits à Byzance. Un Cas Controversé", p. 212.

2　"帖"是西方文献学的一个重要概念，传统西方书籍制作中会将多张牛／羊皮纸折叠，并折叠处用线进行装订，从而形成一个"帖"，而书籍的装订就是一个个"帖"的叠加。在拜占庭传统中，一个"帖"通常是 4 张羊皮纸折叠而成的 8 张牛羊皮纸（folios），也就是现代所言的 16 页纸。然而，在叙利亚、巴勒斯坦等帝国边远地区，流行一"帖"由 5 张羊皮纸折叠而成 10 张纸（即现代意义上的 20 页纸）的传统，叙利亚语和阿拉伯语的手抄本承袭了这一传统。"帖"的排布是书籍装订的重要内容，"帖"的不规律（也就是一"帖"由不足或超过 8 张纸组成的情况）可以分为多种情况：首先它可能体现了抄工能力的不足，因为经验丰富的抄工经常会在抄写活动开始前根据所抄文本长度对"帖"的排布进行合理规划，尽量避免在文本末尾出现羊皮纸张剩余的状况；再者，"帖"的不规律这也是书籍质量不高的一个重要体现，比如，抄工没有用完一整个"帖"的羊皮纸文本内容就已经结束，这种情况下，为了节省羊皮纸，抄工可能会裁下剩下的纸张用于其他书籍；最后，后世将不同文本装订到一处也可能导致"帖"的裁剪与不规律。

从尺寸与标尺线的角度而言，paris.gr.1853 第一部分（ff. 1r–344v）主要可以分为三个不同的部分：第一部分为 ff. 1r–187v 和 ff. 196r–202v，采用 Leroy-Sautel 20C1 标尺线类型，每页抄写 38 行；第二部分为 ff. 203r–306v，采用 Leroy-Sautel00C 1 标尺线类型，每页抄写 45 或 47 行；第三部分为 ff. 188r–195v 以及 ff. 307r–344v，也采用 Leroy-Sautel00C1 标尺线类型，每页抄写 46 行。[1]

从"帖"的排布与编号来看，paris.gr.1853 第一部分（ff. 1r–344v）一共包含了三种"帖"编号系统，如下表所示[2]：

页码（ff.）	编号系统一	编号系统二	编号系统三	页码（ff.）	编号系统一	编号系统二	编号系统三	页码（ff.）	编号系统一	编号系统二	编号系统三
1—2			1	113—120	IE	ιε	16	235—242		λ	31
3—10		α	2	121—128		ις	17	243—250		λα	32
11—18		β	3	129—136	IZ	ιζ	18	251—258		λβ	33
19—25		γ	4	137—144		η	19	259—266		λγ	34
26—33		δ	5	145—152		ιθ	20	267—274		λδ	35
34—41		ε	6	153—160		κ	21	275—282		λε	1
42—49	ς	ς	7	161—168	KA	κα	22	283—291		λς	2
50—57		ζ	8	169—176		κβ	23	292—298		λζ	3
58—65		η	9	177—187		κγ	24	299—305		λη	4
66—73		θ	10	188—195		κδ	25	306—312		λθ	5
74—81		ι	11	196—202	KE	κε	26	313—320		μ	6
82—89	IA	ια	12	203—209		κς	27	321—328		μα	7
90—97		ιβ	13	210—217		κζ	28	329—336		μβ	8
98—105		ιγ	14	218—226		κη	29	337—344		μγ	9
106—112		ιδ	15	227—234		κθ	30				

---

1 Filippo Ronconi, "Le Corpus Aristotélicien du Paris. gr. 1853 et les Cercles érudits à Byzance. Un Cas Controversé", p. 212.

2 "帖"编号表格参考自 *Ibid.*, pp. 204–205。

由上表可见，第一种编号系统使用大写的希腊字母进行编号[1]，同时，这一编号系统并不连续，仅出现如下五个"帖"上：ff. 42-49（编号为希腊数字 ς，即阿拉伯数字 6，表示第 6 "帖"），ff. 82-89（编号为 IA，表示第 11 "帖"），ff. 113-120（编号为 IE，表示第 15 "帖"），ff. 129-136（编号为 IZ，表示第 17 "帖"），ff. 161-168（编号为 KA，表示第 21 "帖"），ff. 196-202（编号为 KE，表示第 25 "帖"）。这一编号出现在每一"帖"首页（即 f. 42r, f. 82r, f. 113r, f. 129r, f. 161r 和 f. 196r）纸张的右上角，在 ff. 196-202 这一"帖"以后再未出现，可见这一编号系统在此处结束。由此，我们推算，这一独立的编号系统从 ff. 3-10 这一"帖"开始，以其为第一"帖"，直至第 25 "帖"（ff. 196-202）。那么，除了 ff. 188-195 这一"帖"以及 f. 187 这张属于 ff. 177-187 这一"帖"的纸张外，第一种编号系统所涉纸张均由抄工"E I"于 10 世纪上半叶抄写。在前文中，我们已经提及，f. 196 前由"E I"抄写着《论灵魂》第二卷"版本二"的内容遗失，因此 10 世纪下半叶的抄工"E II/E IV"插入现在的 ff. 188-195 这一"帖"用于补抄另一版本的《论灵魂》第二卷。由此，笔者推测，在现在的 ff. 177-187（第 23 "帖"）与 ff. 196-202（第 25 "帖"）之间，原本应当还有一个由抄工"E I"抄写着《论灵魂》第二卷"版本二"遗失内容的第 24 "帖"，与 f. 196r 相连。而属于 ff. 177-187 这一"帖"的 f. 187，所划标尺线与"E I"所用纸张相同，应当是抄工"E I"抄写中留白的纸张，后来被抄工"E II/E IV"再次利用进行抄写。由此，笔者推测，第一种"帖"编号系统应当存在于 ff. 3r-186v、ff. 196r-202v 以及 ff. 177-187 与 ff. 196-202 之间原本丢失的那一"帖"中，应当只与抄工"E I"的抄写密切相关，并书写于"E I"抄写完成之时。[2]

不同于第一种编号系统，第二种编号系统是连续的，出现在 ff. 3r-344v 的每一"帖"上，用小写希腊字母编号，写作于每一"帖"的最后一页（比如在 ff. 3r-10v 中编号出现在 f. 10v）末尾。这一编号在 paris.gr.1853 第二部分（ff. 345r-453r）延续，但并

---

1 在阿拉伯数字进入拜占庭帝国之前，拜占庭人使用希腊字母进行数字标号。

2 ff. 1r-2v 内容为抄工"E I"所抄《论灵魂》第二卷"版本二"，虽然与 ff. 196r-v 所抄《论灵魂》第二卷"版本二"在内容上不连续，但抄工笔迹、抄写时间以及抄写作品与版本都一致，因此，笔者推测，ff. 1r-2v 应为 ff. 177-187 与 ff. 196-202 之间曾经丢失的那一"帖"的部分。

非由同一笔迹书写（笔者将在下文说明）。莫豪指出，第二种编号系统的书写应当是在 13—14 世纪。[1] 同时，第一种与第二种编号系统均未对现存 ff. 1r–2v 进行编号，可见至少在 13—14 世纪，这部亚里士多德作品集还不含 ff. 1r–2v，仅有 ff. 3r–344v 的内容。

第三种编号系统由阿拉伯数字编号，出现在 ff. 1r–344v 的每一"帖"中，并在 paris.gr.1853 第二部分（ff. 345r–453r）中延续，同时，以这一编号系统书写时，ff. 1r–2v 已被装订进这本书籍。莫豪认为，这一编号系统书写于 17 世纪。[2]

综上所述，从物质材料排布而言，10 世纪写作的 paris.gr.1853 第一部分（ff. 1r–344v）一共由四个部分组成，如下表：

对比项 \ 部分	第一部分 ff. 1r–2v	第二部分 ff. 3r–187v +ff. 196r–202v	第三部分 ff. 203r–306v	第四部分 ff. 188r–195v +ff. 307r–344v
标尺线类型	Leroy-Sautel 20C1	Leroy-Sautel 20C1	Leroy-Sautel 00C1	Leroy-Sautel 00C1
留存"帖"编号系统	第三种	第一、二和三种	第二和三种	第二和三种
每页所写行数	38	38	46	45/47
抄工	E I	E I（f. 187: E II/E IV）	E III	E II/E IV
抄写时间	10 世纪上半叶	10 世纪上半叶（f. 187: 10 世纪下半叶）	10 世纪上半叶	10 世纪下半叶

第一部分为"E I"抄写的 ff. 1r–2v，但在 10 世纪并没有成为这份手抄本的一个组成部分；第二部分为 ff. 3r–187v 和 ff. 196r–202v，采用了相同的标尺线类型，书写了第一、二和三种编号系统，所涉纸张除 f. 187 外均由抄工"E 1"于 10 世纪上半叶抄写而成；第三部分为 ff. 203r–306v，采用与第一、二部分并不相同的标尺线类型，写作了第二和三种编号系统，所涉纸张均由抄工"E III"在 10 世纪上半叶抄写而成；第四部

---

1 P. Moraux, "Le Parisinus graecus 1853 (Ms. E) d'Aristote", p. 40.

2 *Ibid.*

分为 ff. 188r-195v 以及 ff. 307r-344v，虽与第三部分采用相同标尺线类型，但每页所写行数不同，写作了第二和三种编号系统，所涉纸张均由抄工"E II/E IV"在 10 世纪下半叶抄写而成。

由上，在综合抄写字体，抄写内容，物质材料排布三个维度的信息基础上，笔者以为，10 世纪 paris.gr.1853 第一部分（ff. 3r-344v）的成册可以分为三个步骤。

首先，来自 10 世纪上半叶的抄工"E I"在 ff. 3-186 和 ff. 196-202 抄写了《物理学》《论天》《论生灭》《天象论》和《论灵魂》这五部亚里士多德作品。其中，抄工"E I"将 f. 187 留白，同时被他留白的还有《物理学》抄写完后的 f. 68。与此同时，笔者上文已经说明，f. 187 与 f. 196 之间原本应该还有一"帖"由"E I"抄写《论灵魂》第二卷"版本二"，文本内容应该与 f. 196 相连。这一部分有单独的"帖"编号系统一，同时，标尺线规格也与其他部分不同，由此推测，抄工"E I"抄写的这一部亚里士多德作品集在 10 世纪上半叶完成后单独成书并流传。[1]

再者，10 世纪上半叶的另一位抄工"E III"在目前的 ff. 203r-306v 抄写了亚里士多德的作品《论感觉与所感》《论记忆》《论睡眠》《论运动之运动》以及《形而上学》（未完）。未完的《形而上学》极有可能意味着抄工"E III"的工作并没有完成就出于某种原因停止。[2] 抄工"E III"与"E I"之间所用字体不同，抄写内容没有重合，羊皮纸所用标尺线也不相同，属于抄工"E I"作品的"帖"编号系统一也没有在"E III"所抄纸张中出现，由此可见，他们的抄写完全独立，所抄内容也独立成书。值得注意的是，根据意大利文献学家希尔维亚·法佐（Silvia Fazzo）对于亚里士多德

1　值得注意的是，抄工"E I"所抄内容中，大多数情况下（尤其是《论天》这一作品）重音符号所用墨水颜色与文本不同，明显是在抄写完成后添加。9 世纪以来，拜占庭帝国自君士坦丁堡的斯图迪奥斯修道院始，大规模推行希腊语小写体的书写，而在此之前，所有书写大多使用大写体。重音符号在大写体的书写中通常是被省略的，而在小写体的书写中则没有被忽视。因此，抄工"E I"虽使用小写体抄写，但在多数情况下并未标注重音符，这表明其所用底本应当为前代大写体书写的亚里士多德作品手抄本，他所做工作作为大写体到小写体的转换。

2　笔者认为，"E III"所抄《论形而上学》应当是未完成而停工，而不是他完成了抄写但 f. 306v 后续内容丢失。因为 f. 306v 并非其所属"帖"的最后一页，而是 ff. 306-312 这一"帖"第一张纸的反面（即第二页）。这一"帖"在 f. 306v 之后并没有出现纸张裁剪、残缺或重新组合的痕迹，可见 f. 306 后面的纸张没有丢失。同时，f. 306v 后面的纸张也并没有出现羊皮纸二次写作（即刮掉前代文本重新写作）的情况。综上而言，"E III"的抄写没有内容丢失的可能性。

《形而上学》这一作品版本研究成果，"E III"所抄《论形而上学》所有底本应当有二：第一个底本源自 4—8 世纪，用大写体所抄，现已亡佚，文献学者称其为"Π"；在此基础上，"E III"还借鉴了属于 9 世纪君士坦丁堡所制 vind.phil.gr.100 这份手抄本的另一版本《形而上学》。[1] 由此可见，"E III"在抄写《形而上学》时，借鉴并融合了两个前代版本，也就是说，抄工"E III"的抄写，是一项收集、整理、校正前代版本并制作新版本的工作。

最后，10 世纪下半叶来自君士坦丁堡斯图迪奥斯修道院抄写中心的抄工"E II/E IV"与他的同事评注者"E 2"获得了上述两部独立的书籍。在此基础上，抄工"E II/E IV"所做工作有二：首先，由于"E I"所抄《论灵魂》第二卷残缺，所以他在"E I"留白的 f. 187 上补抄《论灵魂》第二卷，又因为纸张不够而在 f. 187 后重新插入新的一"帖"（即现在的 ff. 188-195）继续抄写，从而将残缺部分补全，但他所抄《论灵魂》第二卷与"E I"所抄版本不同；再者，他在"E 1"文本之后（即 f. 306 之后）续抄了其未完成的《论形而上学》，而后又继续抄写了其他作品，包括提奥夫拉斯图斯对《形而上学》的评注、《论色彩》以及《论生物的组成部分》（未完）。他可能并没有完成《论动物之构造》的抄写，当然，也有可能他完成了，但是 f. 344v 后面内容已经丢失。[2] 在"E II/E IV"完成这两部分工作后，"E 2"校正了"E II/E IV"的抄写，并在"E I"与"E III"所抄作品边缘写作阅读笔记，还在抄工"E I"留白的 f. 68 整页纸张上写作了《物理学》第九卷提要以及对于亚里士多德哲学体系的理解。

"E 2"这位评注者值得我们进一步关注。从他写作的阅读笔记可知，他学识渊博，自然科学与哲学造诣颇为深厚，由此，莫豪与罗科尼都推测，他的身份应当是 10 世纪君士坦丁堡的热爱古典哲学的高级知识分子。[3] 同时，莫豪还认为，"E 2"对

1　Silvia Fazzo, "Lo Stemma Codicum della Metafisica di Aristotele", in *Revue d'Histoire des Textes*, Vol. 12 (2017), pp. 35-58, 49-50 and 58.

2　f. 344v 是其所属"帖"（第 43"帖"：ff. 337-344）的最后一页，也就是说，之后开始全新的一"帖"。因此，f. 344v 之后可能存在一个完整的"帖"（第 44"帖"）丢失的情况，也就是说，很有可能"E II/E IV"抄写了全本的《论动物之构造》，但 f. 344v 后面文本在流传过程中丢失，由此，在 14、15 世纪，paris. gr. 1853 第二部分的抄写中补抄了丢失部分。

3　P. Moraux, "Le Parisinus graecus 1853 (Ms. E) d'Aristote", p. 20; Filippo Ronconi, "Le Corpus Aristotélicien du Paris. gr. 1853 et les Cercles érudits à Byzance. Un Cas Controversé", p. 124.

"E II/E IV" 抄写的校正以及他在 paris.gr.1853（ff. 3–344）书写个人阅读笔记的行为都指向他本人即这本书籍的拥有者，是他雇用 "E II/E IV" 为其抄写并重新装订。[1] 更值得注意的是，在 "E I" 所抄作品部分纸张边缘留白处，"E 2" 还抄写了 "E I" 所抄内容中存在的异文，也就是说，"E 2" 手中拥有与 "E I" 抄写所用版本相异的《物理学》《论天》《论生灭》《天象论》和《论灵魂》五部作品。根据法国文献学者 M.L. 布赫（M.L.Boureux）对于《物理学》版本的研究，评注者 "E 2" 应当拥有并使用一本与 "E I" 所抄版本相异的《物理学》，被文献学者标记为 'ι'，现已亡佚，但是，现存手抄本 vat.gr.1027（H）与 vat.gr.241（I）均直接源自 'ι'。vat.gr.1027（H）与 vat.gr.241（I）的制作者在抄写中保留了前代评注内容，而其所抄评注内容与 "E 2" 在 paris.gr.1853 第一部分所留评注（尤其是 f. 68r 所写《物理学》卷九提要）极其相似，因此，布赫推断，这些评注应当由 "E 2" 留于手抄本 'ι' 上，后被 vat.gr.1027（H）与 vat.gr.241（I）这两份手抄本继承。[2] 由此，笔者以为，"E 2" 在 paris.gr.1853 第一部分《物理学》所注异文，或许来自现已亡佚的手抄本 'ι'。同时，罗科尼等学者强调，"E I" 所抄《论天》与现存 9 世纪手抄本 vind.phil.gr.100 版本相异，"E 2" 所注《论天》异文或许来自 vind.phil.gr.100 所属手抄本支系[3]，也就是说，"E 2" 手中应该存在一本与 vind.phil.gr.100 版本相似、与 "E I" 所用版本相异的《论天》。当然，"E 2" 的雇工 "E II/E IV" 所抄《论灵魂》第二卷与 "E I" 所抄版本相异也证明其手中存有另外版本的《论灵魂》。综上可见，"E 2" 收集不同版本的亚里士多德文本，将这些不同版本的文本内容进行对照，并将文本相异之处在 "E 1" 抄写空白处进行标注，可见 paris.gr.1853 第一部分（ff. 3r–344v）的成册是知识分子 "E 2" 收集、整理并校勘前代书籍的成果。

总之，paris. gr. 1853 第一部分的成册，尤其是 "E III" 和 "E 2" 的工作，让我们看到了 "拜占庭第一次人文主义" 时期的知识分子，除了阅读、抄写与运用亚里士多德

1　P. Moraux, "Le Parisinus graecus 1853 (Ms. E) d'Aristote", p. 21.

2　M.L.Boureux, "La Version α du Livre VII de la Physique d'Aristote et Son Rapport aux Familles byzantines a et b", in *Elenchos*, Vol. 39 (2018), p. 99.

3　Filippo Ronconi, "Le Corpus Aristotélicien du Paris. gr. 1853 et les Cercles érudits à Byzance. Un Cas Controversé", p. 126.

作品外，更具备收集、整理与校勘、编纂前代书籍的能力与实践。事实上，他们的整理与编纂成为后世亚里士多德文献传统的基石。在这种意义上，"拜占庭第一次人文主义"时期成为亚里士多德文献传承的关键时期。

三、paris.gr.1853 第二部分（ff. 345r–453r）的制作
与"巴列奥略人文主义"

paris.gr.1853 第一部分（ff. 3r–344v）于 10 世纪成册之后，在拜占庭帝国继续流传。而后，在 14 世纪初，这份手抄本被续抄了第二部分（ff. 345r–453r），从而形成了如今我们看到的 paris.gr.1853（ff. 3r–453r）。在下文中，笔者将详细探讨 paris.gr.1853 第二部分（ff. 345r–453r）的制作过程以及成册后的 paris.gr.1853（ff. 3r–453r）的流传。

从抄写内容看，paris.gr.1853 第二部分（ff. 345r–453r）补抄了第一部分末尾残缺的《论生物的组成部分》，又继续抄写了亚里士多德另外四部作品。笔者列出 paris.gr.1853 第二部分（ff. 345r–453v）所抄作品与页码分布表：

ff. 345r–351r，《论动物之构造》（$\dot{\alpha}\rho\iota\sigma\tau\sigma\tau\dot{\epsilon}\lambda\sigma\upsilon\varsigma$ $\pi\epsilon\rho\grave{\iota}$ $\zeta\dot{\omega}\omega\nu$ $\mu\sigma\rho\dot{\iota}\omega\nu$）[1]

ff. 352r–393r.lin.5，《论动物之生殖》（$\dot{\alpha}\rho\ddot{\iota}\sigma\tau\sigma\tau\dot{\epsilon}\lambda\sigma\upsilon\varsigma$ $\pi\epsilon$ [$\rho\grave{\iota}$] $\zeta\omega\dot{\iota}\omega\nu$ $\gamma\epsilon\nu\dot{\epsilon}$ [$\sigma\epsilon\sigma\varsigma$]）

ff. 393r.lin.6–lin.12，《论动物之行进》（部分）（$\dot{\alpha}\rho\iota\sigma\tau\sigma\tau\dot{\epsilon}\lambda\sigma\upsilon\varsigma$ $\pi\epsilon\rho\grave{\iota}$ $\zeta\dot{\omega}\omega\nu$ $\pi\sigma\rho\epsilon\acute{\iota}$ [$\alpha\varsigma$]）

ff. 393r.lin.13–437r.lin.39，《尼各马克伦理学》（$\dot{\alpha}\rho\iota\sigma\tau\sigma\tau\dot{\epsilon}\lambda\sigma\upsilon\varsigma$ $\dot{\eta}\theta\ddot{\iota}\kappa\omega\nu$ $\nu\ddot{\iota}\kappa\sigma\mu\alpha\chi\epsilon\dot{\iota}\omega\nu$）

ff. 437r.lin.40–453r，《伦理学》（$\dot{\alpha}\rho\iota\sigma\tau\sigma\tau\dot{\epsilon}\lambda\sigma\upsilon\varsigma$ $\dot{\eta}\theta\iota\kappa\tilde{\omega}\nu$ $\mu\epsilon\gamma\dot{\alpha}\lambda\omega\nu$）[2]

就 paris.gr.1853 第二部分（ff. 345r–453r）物质材料而言，这一部分没有明显的标

1　f. 351v 被抄工留白。

2　f. 453v 被抄工留白。

尺线规格，每页所抄行数也不尽相同。同时，从"帖"的排布来看，这一部分一共由 14 个"帖"组成，在每一"帖"的最后一页末尾左下角[1]，存在用希腊字母小写体书写的编号系统，这一编号系统（我们称为第四种编号系统）延续了 paris.gr.1853 第一部分（ff. 3r–344v）中的第二种编号系统：paris.gr.1853 第一部分的最后一"帖"编号为"$\mu\gamma$"（即第 43 "帖"），paris.gr.1853 第二部分首个"帖"的编号为"$\mu\delta$"（即第 44 "帖"）。但是，上述两种系统的书写位置不同，笔迹也不同，可知这两个编号系统并非同一人书写。由此，我们推测，第四种编号系统应当是在 paris.gr.1853 第二部分（ff. 345r–453r）抄写完成并与 paris.gr.1853 第一部分合并装订后添加。第四种编号系统依旧没有出现 ff. 1r–2v 这一部分，可见，在 paris.gr.1853 第二部分抄写并与第一部分合并装订之时，该书籍仍然不包含 ff. 1r–2v 的内容。[2]

就抄写笔迹而言，莫豪指出，paris.gr.1853 第二部分（ff. 345r–453r）主要包含三个主要的抄工：抄工"E V"抄写了 ff. 345–351r 以及 ff. 445v–453。[3] 抄工"E VI"主要抄写了 ff. 352r–364v。[4] 抄工"E VII"抄写了如下页码：ff. 365–365v, 366v–367v, 376, 382, 383v, 384, 398, 401, 402v, 403, 404, 406–407bis, 409, 423, 425v, 435 以及 444–445。[5] 同时，抄工"E V"在 f. 453r 末尾留下了自己的身份信息："这项工作由菲阿里提迪斯（Fialitidis）完成，来自上帝的恩赐给予这位优秀的制作者。"（πόνος Φιαλιτίδεω τοδὶ πέλει/ τῷ συντελεστῇ τῶν καλῶν θεῶ χάρις）莫豪认为这位抄工的抄写时间应当是在 14—15 世纪。[6] 意大利学者奥西尼（Orsini）则认为抄工"E VII"的字迹与 vat.gr.1029 的第二部分 ff.

1　f. 352v, f. 360v, f. 368v, f. 376v, f. 384v, f. 393v, f. 401v, f. 409v, f. 416v, f. 425v, f. 433v, f. 441v, f. 449v 这些页码左下角有"帖"的标号。但是，这一编号系统并没有真正地反映"帖"的构成。

2　当然，17 世纪书写的阿拉伯字母编号系统（第三种编号系统）在这一部分也存在。

3　抄工"E V"所写笔迹的主要特征：笔迹整体正，字体圆润，尤其体现在 α, υ, φ, o, ω, σ, θ 这五个字母的书写中；大写体的 Λ, Ρ, Ν, Κ, Γ, Δ 这几个字母通常尺寸比其他字母小。P. Moraux, "Le Parisinus graecus 1853 (Ms. E) d'Aristote", p. 27.

4　抄工"E VI"的字迹与"E V"相比更为瘦长且略微右倾，同时，莫豪指出，"E VI"的抄写中，Γ、Κ、Τ 这三个字母多使用大写体，且较其他字母更高大，参见 P. Moraux, "Le Parisinus graecus 1853 (Ms. E) d'Aristote", p. 28。

5　抄工"E VII"所写字迹在三位抄工中最为潦草，且右倾最为严重，因此最好辨认。

6　P. Moraux, "Le Parisinus graecus 1853 (Ms. E) d'Aristote", pp. 20, 27. 他指出，1740 年法国王室图书馆写作的手抄本目录（Catalogus Codicum Manuscriptorum Bibliothecae Regiae）认为 paris. gr. 1853 第二部分（ff. 345r–453r）抄写时间为 14 世纪，但是，现代文献学者大多认为其抄写时间应当为 15 世纪。

353r-487v 十分相近，应当出自同一位抄工。而 vat.gr.1029 第二部分抄写于 14 世纪初期，因此，"E VII" 这位抄工应当生活于 14 世纪初期。[1]

笔者同意莫豪对于 "E V""E VI" 和 "E VII" 三位抄工及其笔迹的认定。但是，笔者并不同意其对三位抄工抄写内容的归纳。笔者认为，"E V" 除了抄写 ff. 345–351r 以及 ff. 445v–453 外，还抄写了 f. $372r^{2-9}$、f. $372r^{21}$–f. $372v^{19}$、f. $373r^{13}$ 至 f. $373v^{14}$、f. $374r^{19}$ 至 f. $374v^{1}$、f. $378v^{19}$ 至 f. $379r^{23\,中部}$、f. $379r^{33}$ 至 f. $379v^{12}$、f. $379v^{21}$ 至 f. $380r^{8\,中部}$、f. $380r^{15}$ 至 f. $382r^{15}$、ff. 382v–383r、ff. 384v 至 f. $398r^{25}$（除 f. $393r^{12-14}$）、ff. 398v–400v、f. $401v^{8}$ 至 f. 402r、f. 403v 至 f. $404r^{18}$、ff. 404v–405v、ff. 407v.bis–409r、f. $409v^{28}$ 至 f. $423r^{9}$、ff. 424r–425r、ff. 426r 至 f. $435r^{10}$、ff. 436r–443v、f. $444v^{5-18}$。抄工 "E VI" 除抄写 ff. 352r–364v 外，还抄写了 f. 366r 至 f. $366v^{13}$、f. 368r 至 f. $372r^{1}$、f. $372r^{10-20}$、f. $372v^{19}$ 至 f. $373r^{12}$、f. $373v^{15}$ 至 f. $374r^{19}$、f. $374v^{2}$ 至 f. 375v、f. 376v 至 f. $378v^{19}$、f. $379v^{13-20}$、f. $380r^{8-15}$。"E VII" 则抄写了 f. 365、f. $366v^{14}$ 至 f. 367v、f. 376r、f. $382r^{16\,至页尾}$、ff. 383v–384r、f. $393r^{12-14}$、f. $398r^{26\,至页尾}$、f. 401r 至 f. $401v^{8}$、ff. 402v–403r、f. $404r^{19\,至页尾}$、ff. 406r–407v.bis、f. $409v^{1-28}$、f. $423r^{9\,至页尾}$、f. 425v、f. $435r^{11}$ 至 f. 435v、f. 444r 至 f. $444v^{5}$ 以及 f. $444v^{18}$ 至 f. 445r。

由此，笔者认为，paris.gr.1853 第二部分（ff. 345r–453r）主要由 "E V""E VI" 和 "E VII" 三位抄工合作抄写而成，他们的笔迹互相交错，甚至经常可以在同一页码中看到不止一种笔迹。比如，f. 366v 的第 1—13 行为 "E VI" 的笔迹，而第 14 行开始至页尾则变成 "E VII" 的笔迹；f. 374r 第 1—19 行中间是 "E VI" 的笔迹，"E VI" 写到第 19 行的一半就由 "E V" 替换他继续书写；f. 382r 前 15 行由 "E V" 抄写，而自 16 行开始，"E VII" 替换他进行抄写直到页尾。由此可见，"E V""E VI" 和 "E VII" 应当是轮流交替合作完成了 paris.gr.1853 第二部分的抄写。不同于 paris.gr.1853 第一部分中 "E I" 和 "E III" 独立抄写成书或 "E 2" 雇用 "E II/E IV" 抄写的模式，"E V""E VI" 和 "E VII" 三位抄工应当是在一个共同空间互相交替抄写的合作模式。由此可知，抄工 "E V""E VI" 和 "E VII" 必定抄写于同一时间，也就是说，paris.gr.1853 第二部分应当

1　P. Orsini, "Pratiche collective di scrittura a Bisanzio nei secoli IX e X", in *Segno e Texte*, Vol. 3 (2005), pp. 313–317.

抄写于 "E VII" 所处的 14 世纪初期。事实上，抄工之间如此亲密地频繁轮替这一合作模式是 "巴列奥略人文主义" 时期十分典型的现象。[1]

最后，笔者发现，抄工 "E V""E VI" 和 "E VII" 的笔迹均出现在 paris.gr.1853 第一部分（ff. 3r–344v）页面空白处，也就是说，三位抄工不仅合作抄写了 paris.gr.1853 第二部分的部分内容，还共同评注了 paris.gr.1853 的第一部分。从评注内容可知，这三位抄工应当都是 14 世纪初期熟悉亚里士多德作品的知识分子。意大利学者米歇尔·特里兹（Michele Trizio）指出，13—14 世纪拜占庭的高等教育中，作为知识分子的老师常常在教学中与自己的学生合作抄写或评注前代作品。[2] 希腊学者庞坦提斯·格里兹斯（Pantelis Golitsis）就详细研究了 13—14 世纪初期拜占庭著名知识分子、亚里士多德作品评注者乔治·帕奇米尔斯所制手抄本，其中，vat.gr.261、laur.plut.87.5、paris.gr.1859、paris.gr.1897A 这四份手抄本均抄有亚里士多德多部作品，且都是乔治·帕奇米尔斯带领或组织多位抄工频繁轮替合作抄写而成，其中 vat.gr.261、laur.plut.87.5 还由他本人亲自写作评注。[3] 根据抄工批注所示，他们应当是与乔治·帕奇米尔斯关系亲密的朋友兼学生。格里兹斯认为，上述抄本是乔治·帕奇米尔斯带领自己的学生、朋友对亚里士多德作品进行抄写与评注的成果，是乔治·帕奇米尔斯哲学教学与研究内容的集中体现。[4] 由此，笔者推测，paris.gr.1853 的第二部分，或许也是 14 世纪初的知识分子（也许是 "E V" 即 Fialitidis）在哲学教学中带领有着共同学术兴趣的学生、朋友一起阅读、抄写、研究并评注而成。

综合上述三个维度的信息，我们可以看到，paris.gr.1853 第二部分（ff. 345r–453）

1　G. Cavallo, "Qualche Riflessione sulla Collezione Filosofica", in Cristina D'Ancona ed., *The Libraries of the Neoplatonists: Proceeding of the Meeting of the Network "Late Antiquity and Arabic Thought. Patterns in the Constitution of European Culture"* (Leiden, 2007), p. 159.

2　M. Trizio, "Reading and Commenting on Aristotle", in A. Kaldellis and N. Siniossoglou eds., *The Cambridge Intellectual History of Byzantium* (Cambridge), p. 398.

3　Pantelis Golitsis, "Copistes, élèves et érudits: la Production de Manuscrits Philosophiques Autour de Georges Pachymère", in A. Bravo Garcia ed., *The Legacy of Bernard de Montfaucon: Three Hundred Years of Studies on Greek Handwriting. Proceedings of the Seventh International Colloquium of Greek Palaeography* (Turnhout, 2010), pp. 158–163, 168–170.

4　*Ibid.*, pp. 163–167.

是由 14 世纪初期的三位拜占庭知识分子合作抄写完成。他们得到了 10 世纪所制古籍 paris.gr.1853 第一部分，并在其基础上补抄了末尾残缺的《论生物的组成部分》，又继续抄写了亚里士多德其他四部作品《论动物之生殖》、《论动物之行进》(部分)、《尼各马可伦理学》和《伦理学》，并将上述两大部分装订成一册。不仅如此，他们还合作研究并评注了 paris.gr.1853 第一部分。由此，paris.gr.1853(ff. 3r–453)成册。[1]

总之，上述三位抄工的合作抄写与评注一方面展现了"巴列奥略人文主义"时期的知识分子发掘整理前代文献的实践，另一方面是此时知识分子热衷于研究与评注亚里士多德作品的表现。事实上，"巴列奥略人文主义"时期对于亚里士多德文献传统的重要性不仅体现在亚里士多德作品本身的大量传抄，更体现在亚里士多德研究的发展与繁荣。

四、亚里士多德文献传统在拜占庭帝国覆灭后

笔者在上文中详细分析了 paris.gr.1853 这部"层累"的希腊语亚里士多德"汇集"的成册过程。总结而言，paris.gr.1853 这份手抄本主要可以分为两个部分。第一部分抄写于 10 世纪"拜占庭第一次人文主义"时期，它的成册是当时的知识分子"E 2"收集、整理并校勘前代书籍的成果：首先，10 世纪上半叶的抄工"E I"与"E III"各自抄写并单独成册("E III"的抄写是整理前代版本并制作新版本的体现)；而后，10 世纪下半叶知识分子"E 2"收集了上述两部作品，并雇佣抄工"E II/E IV"补抄"E 1"作品残缺部分并继续抄写亚里士多德其他作品；最后，"E 2"校正"E II/E IV"抄写内容，在"E I"与"E III"所抄部分边缘处写作阅读笔记，并且使用手中其他版本标注"E I"所抄作品异文。"E III"与"E 2"的文献整理、校正与编纂实践使得亚里士多德作品在"拜占庭第一次人文主义"时期的流传成为后世亚里士多德文献流传的基石。这份手

1　然而，我们目前看到状态的 paris. gr. 1853 这份手抄本的真正成册是在更晚之时：在 17 世纪 (或之前)，10 世纪 "E I" 抄写的 ff. 1r–2v 被重新发现并再次装订到成册的 paris. gr. 1853 (ff. 3r–453) 开篇，而后有人给全书所有 "帖" 用阿拉伯数字重新编号，即第三种编号系统。由此，我们目前看到的 paris. gr. 1853 最终成册。

抄本的第二部分抄写于 14 世纪 "巴列奥略人文主义" 时期，由三位来自同一学术共同体的知识分子、抄工在发现 10 世纪古籍的基础上合作续抄，他们还对第一部分书籍合作进行了学术评注。他们的实践是 "巴列奥略文化复兴" 时期亚里士多德研究与评注热潮的体现之一。由此，paris.gr.1853 这部历经多个时代的抄写与流传的亚里士多德作品集最终成册。笔者以为，它的成册过程是拜占庭时期亚里士多德文献传统一直延续从未断裂的最好体现。

然而，这份手抄本的流传并没有结束。约在 1510 年左右，意大利人文主义者法比奥·维吉里（Fabio Vigili）为红衣主教约翰·美第奇（即 1515—1521 年在位的罗马教宗利奥十世）制作了一份希腊语书籍藏书目录，列出了约翰私人所藏 420 本希腊语书籍。这份藏书目录即现存于梵蒂冈图书馆编号为 vat.barb.lat.3185（ff. 1-76）的拉丁语手稿。在这份藏书目录编号第 81（f. 23）列举了一本亚里士多德作品集（*Aristotelis opera*），内容为：《物理学》八卷、《论天》四卷、《论生灭》两卷、《天象论》四卷、《论灵魂》第三卷、《论感觉与所感》一卷、《论记忆》一卷、《论感觉与所感》一卷、《论动物之运动》一卷、《形而上学》十四卷、提奥夫拉斯图斯《形而上学》一卷、亚里士多德关于颜色的学说即《论色彩》一卷、《论动物之构造》四卷、《论动物之生殖》五卷、《尼各马可伦理学》十卷、《伦理学》两卷。[1] 除了缺少《论睡眠》这一作品外，这份目录所列书目及其排序与 paris.gr.1853（ff. 3r-453）一致，美国学者迪里尔（A. Dilier）推断，这份亚里士多德作品集应当就是 paris.gr.1853（ff. 3r-453）。[2] 之后，利奥十世的侄子，来自美第奇家族的红衣主教尼古拉·利多尔菲（Niccolo Ridolfi）也在去世（1550 年）

1　De physica auditu libri octo. De coelo et mundo iiij. De generatione et corruptione ij. De meteororum iiij. De anima iij. De memoria et reminiscentia unus. De somno et secundum somnum divinatione i. De motu animalium i. Metaphyscorum xiiij. Theophrasti Metaphyscorum liber unus. Aristotelis eiusdem περὶ χρωμάτων id est de coloribus liber unus. De partibus animalium iiij. De generatione animalium quinque. Ethicorum nicomachiorum libri x. Magnorum moralium ij.

2　约翰·美第奇的这些希腊语藏书应当继承自佛罗伦萨的美第奇家族图书馆藏书。美第奇家族图书馆在其父罗伦佐·美第奇时达到鼎盛，然而，罗伦佐去世（1494 年）之后，美第奇家族官殿被查理八世的法国军队洗劫，图书四散。罗伦佐·美第奇的幼子约翰收集前代家族藏书并置于罗马。因此，paris. gr. 1853 (ff. 3r-453) 或许在 15 世纪中后期曾是佛罗伦萨美第奇家族图书馆藏书，后被约翰重新收藏于罗马，参见 A. Dilier, Notes on the History of Some MAnuscripts of Aristotle, in K. Treu ed., *Studia codicologica, Texte und Untersuchungen zur Gechsichte der altkristlichen Literatur 124* (Berlin, 1977), pp. 148-149。

之前委托他人撰写藏书目录，现存希腊语手稿 paris.gr.3074 就是他的希腊语书籍藏书目录。在这份目录的哲学类（in Philosophia）编目第 103 条（ff. 12-13），记载了一份亚里士多德文集，作品名称及排序与 paris.gr.1853（ff. 3r-453）完全一致。可见，尼古拉继承了叔父约翰·美第奇的 paris.gr.1853（ff. 3r-453）等私人藏书。由此可见，自 15 世纪中期始，成册后的 paris.gr.1853（ff. 3r-453）在文艺复兴中心的威尼斯、佛罗伦萨以及罗马流传，成为意大利文艺复兴的重要组成部分。

事实上，14—15 世纪，随着土耳其人对于拜占庭帝国的入侵与君士坦丁堡的最终陷落，大量希腊移民前往意大利，他们带去了大量希腊语书籍，其中就包括了亚里士多德作品。比如，vat.barb.lat.3185（ff. 1-76）所列约翰·美第奇藏书中，编号 1—176 的作品为希腊古典作品（也就是说，在约翰·美第奇所藏希腊语书籍中，古典希腊文献超过三分之一）。其中，编号为 80—100、167—169、171—176 的书籍均为亚里士多德作品。而 paris.gr.3074 所列尼古拉藏书中也包括大量希腊古典作品，其中包含 28 部亚里士多德作品。[1] 这些希腊语亚里士多德作品或从拜占庭帝国流传至意大利，或由移民意大利的希腊学者根据前代拜占庭希腊文献在意大利重新抄写或印刷制作[2]，丰富了意大利文艺复兴时期的亚里士多德文献传统，成为当时古典文化复兴的重要构成。

（本文作者为巴黎索邦大学博士研究生）

1　这 28 部亚里士多德作品具体为：哲学类编号为 2 (paris.gr.1856), 4, 9 (paris.gr.1864), 10 (paris.gr.1847), 18 (paris.gr.2026), 47 (paris.gr.2120), 56, 58 (paris.gr.1851), 67 (paris.gr.1856), 68 (paris.gr.1865), 70, 72, 74 (paris.gr.1860), 79 (paris.gr.1863), 80 (paris.gr.1850), 84 (paris.gr.2086), 85, 87, 95 (paris.gr.2036), 98 (paris.gr.1893), 99 (paris.gr.2114), 100 (paris.gr.1921), 102 (paris.gr.2115)-103 (paris.gr.1853), 106 以及 110 (paris.gr.1852) 的书籍；医学类编号为 100 (paris.gr.1849) 的书籍；关于人的散文（prosa de umanita）类编号为 7 (paris.gr.1921) 的书籍。

2　以尼古拉·利多尔非所藏现存于法国国家图书馆的希腊语亚里士多德书籍为例，9—10 世纪抄写的 plut.81.11 于 15 世纪中后期藏于佛罗伦萨美第奇家族图书馆，10 世纪抄写的 paris.gr.2036、12 世纪抄写 paris.gr.1849 于 15 世纪由希腊学者、罗伦佐·美第奇的顾问亚努斯·拉斯卡里斯（Ianos Laskaris）携带至意大利。而由希腊移民抄写于文艺复兴时期的意大利的书籍如 paris.gr.2038 由 15 世纪希腊知识分子、抄工安德洛尼卡·卡利斯图斯（Andronikos kallistos）于意大利抄写，后由罗伦佐·美第奇的顾问亚努斯·拉斯卡里斯收藏于美第奇家族图书馆；paris.gr.2115 由一位属于亚努斯·拉斯卡里斯社交圈的匿名希腊抄工抄写等。参见 D. Jackson, "An Old Book List Revisited: Greek Manuscripts of Janus Lascaris from the Library of Cardinal Niccolò Ridolfi", in *Manuscripta*, Vol. 43-44 (1999), pp. 77-133。

对天主的六次追寻

《忏悔录》文学结构新解

夏洞奇

在奥古斯丁的一百余种传世著作中,《忏悔录》是受研究最多的一种。尽管如此,该书的文学结构仍是一个言人言殊、迄无定论的难题。[1] 大略而言,该书的 13 卷可以划分为三大部分:卷 1—9 具有自传性,回忆了奥古斯丁自从儿时以来的经历,直至他在米兰花园里 "转变",随后受洗并启程回乡为止;卷 10 剖析了作为新任主教的奥古斯丁在写作该书时期的内心状况;卷 11—13 则是围绕着《创世记》开篇部分的《圣经》解释。更笼统地说,前 9 卷约略相当于作者的 "自传",而后 4 卷是神哲学性质的探讨。《忏悔录》的文学结构复杂而独特,为此现代学者们已经提出了各式各样的解释方案。大体上,我们可以归纳出三种常见的路径:其一是寻找书中的某种三重性结构,例如 "三位一体" 或 "忏悔"(confessio)的三重含义;其二是充分注意到书中各部分在文体上的明显差异,由此入手大做文章;其三是从新柏拉图主义的视角入手,认为该书的主题就是灵魂从堕落到重新向神回归的历程,因此个人的回归与宇宙的回归这两个层面均包括在内。

麦克马洪(Robert McMahon)提出,《忏悔录》全书包含了对整个宇宙之历史和模式的三次 "重演"(卷 1—9、卷 10—12、卷 13)。[2] 他的解释也属于新柏拉图主义式解

1　简要的综述见夏洞奇:《奥古斯丁〈忏悔录〉1.1.1 释义》,《云南大学学报》2012 年第 6 期,第 10—20 页,此处参见第 10—11 页;较为详细的综述,参见:Annemaré Kotzé, *Augustine's Confessions: Communicative Purpose and Audience* (Leiden: Brill, 2004), pp. 13-44。

2　Robert McMahon, *Augustine's Prayerful Ascent: An Essay on the Literary Form of the Confessions* (Athens, Ga.: University of Georgia Press, 1989).

读，其优点在于从文学形式（动态性的口头祈祷）入手，对于该书的结构与主题做了更深入的诠释。不同于麦克马洪的"三次重演"论，笔者认为，就整体结构而言，《忏悔录》是由六次对天主的追寻组成的；不同于新柏拉图主义视角的理解，笔者仍然相信《忏悔录》的主题与宗旨是非常基督教的。

本文的基本论点是，整部《忏悔录》是由一系列的文学表演，亦即六次前后相继的对天主的追寻组成的：第一次追寻位于卷1的前5章，其基本特点是以"认识"为先；第二次追寻是奥古斯丁个人的"转变"[1]，即卷1—9；第三、四、五次追寻分别对应于卷10、卷11、卷12，依次以心理、哲学、"文字上的争辩"这三种方式进行；第六次追寻即卷13，主要以寓意解经的方式展开。在这六次追寻中，只有第二次、第六次取得了成功，二者都体现了对于天主恩典的全心全意的依靠；而其余四次都是失败的，因为它们都走上了依靠自我能力的理性主义道路。这六次追寻各自的成败，在根本上是《忏悔录》的基督教原则所决定的。

在《忏悔录》全书的开篇一章中，奥古斯丁个人的经历被高度凝练地概括为：

> 这人遍体带着死亡，遍体带着罪恶的证据，遍体证明"你拒绝骄傲的人"。[2]

很明显，奥古斯丁个人的"转变"是以拒绝"骄傲"、全心全意依靠天主为特点的。按照本文的解释框架，这次追寻的成功与卷13寓意解经的成功，具有内在的相似性，二者可以归为一类。鉴于这次追寻占用了书中9卷之多的篇幅，对其之文学分析只

1　正如奥马拉所论，《忏悔录》是将奥古斯丁个人的经历作为"典型的转变"，借以说明一种具有普遍意义的人的理论，见 John J. O'Meara, *The Young Augustine*, 2nd ed. (New York: Alba House, 2001), pp. xxvi–xxviii, xxxii–xxxiv. 本文所谓的奥古斯丁"个人的转变"，是在这种意义上理解的。

2　*Conf.* 1.1.1: "... et homo circumferens mortalitatem suam, circumferens testimonium peccati sui et testimonium quia superbis resistis." 见周译第3页。本文对《忏悔录》的引用均标注为 *Conf.* x.x.x（卷、章、节、编号）。本文所引用的《忏悔录》拉丁文本，以奥唐奈的校勘评注本为准（James J. O'Donnell, *Augustine: Confessions*, Oxford: Oxford University Press, 2012[1992], Vol. 1）；中文译文均参考过周士良译《忏悔录》（商务印书馆，1963年），凡有改动处皆有说明。

能另外成文 [1]，不再包括在本文之中。除了第一节，下文的文本分析将主要针对《忏悔录》的最后 4 卷。

一、卷 1 前 5 章：第一次追寻的失败

尽管《忏悔录》并不是现代意义上的"自传"，但该书的前 9 卷仍然经常被当作奥古斯丁的"自传"来看待。按照这样的先入之见，卷 1 就经常被默认为对于奥古斯丁幼年与童年经历的回忆了。但值得注意的是，卷 1 内部明显地存在着前 5 章与后 15 章之间的两分：就内容而言，前 5 章基本上不具有"自传性"（仅第 1 章除外）；就文学而言，前 5 章以祈祷而不是回忆为主，以思辨而不是叙述为主，也与后 15 章泾渭分明。进一步说，鉴于前 5 章从本体论与认识论的高度出发，集中地提出了一系列关于天主的根本性命题，所以将这一部分仅仅理解为卷 1 的导言，就等于是一种降格了。更合理的认识是，前 5 章乃是整部《忏悔录》的导言。

卷 1 的第 1 章实为昭示《忏悔录》全书基本结构与中心思想的两部"预告片"，对此笔者已经另文阐述。[2] 在"预告片"之二的开头，奥古斯丁提出了一个最基本的方法论问题："主啊，请使我得知并理解应先向你呼吁还是先赞颂你，应先认识你还是先向你呼吁。但谁能不认识你而向你呼吁？因为不认识你而呼吁，可能并不是向你呼吁。抑或你只有先受呼吁，才能被人认识？"[3] 这就提出了应当以哪种途径和方式追寻天主的根本问题，究竟是应当先"认识"天主，还是先"呼吁"天主？[4] 换言之，是应以理性的探索为先，还是以信仰的追求为先？

虽然第 1 章接下来就肯定了以"呼吁"为主的进路（"请使我在呼吁你的时候追

1　请参见夏洞奇：《奥古斯丁〈忏悔录〉1.1.1 释义》及拙作《〈忏悔录〉中的"微型自传"》（待刊）。

2　即夏洞奇：《奥古斯丁〈忏悔录〉1.1.1 释义》。

3　*Conf.* 1.1.1: "da mihi, domine, scire et intelligere utrum sit prius invocare te an laudare te, et scire te prius sit an invocare te. sed quis te invocat nesciens te? aliud enim pro alio potest invocare nesciens. an potius invocaris ut sciaris?" 此处改动较大，见周译第 3 页。

4　夏洞奇：《奥古斯丁〈忏悔录〉1.1.1 释义》，第 12—13、17—18 页。

求你；即使我相信你，仍要向你呼吁"[1]），但从第 2 章开始，文章还是马上落入了试图先"认识"天主这个顽固的思维窠臼。第 2 章至第 4 章依次提出了三个哲学性的问题："我身内是否有地方足以使我的天主降临，使创造天地的主宰降至我身？"[2] "既然你充塞天地，天地能包容你吗？"[3] "我的天主，你究竟是什么？我问：你除了是主、天主外，是什么呢？"[4] 有趣的是，第 2 章提出了在自我身内认识天主的命题，实际上就是对卷 10 的预演；第 3 章的提问方式具有纯粹哲学的色彩，可以说是对卷 11 的预演；第 4 章在言辞上追问天主之名，可以说是"文字上的争辩"，恰好就是对卷 12 的预演。

值得注意的是，这一系列的追问，最后都没有得到什么实质性的结果。第 2 章、第 3 章都提出了一连串环环相扣的疑问，都没有得到解答。鉴于这两章的追索都没有将天主理解为精神性的神，而是将其理解为某种物质性的存在，因此从基督教神学的立场来看，这些探讨完全不顾最基本的神学预设，都是不得要领的。[5]

那么，第 4 章对于天主之名的追问，又如何呢？这一章的问题很简单，但回答却极其冗长：

"除主之外，谁是天主？除了我的天主外，谁是天主？"至高、至善、至能、无所不能、至仁、至义、至隐、无往而不在，至美、至坚、至定、但又无从执持，不变而变化一切，无新无故而更新一切："使骄傲者不自知地走向衰亡"；行而不息，晏然常寂，总持万机，而一无所需；负荷一切，充裕一切，维护一切，创造一切，养育一切，改进一切；虽万物皆备，而仍不弃置。你爱而不偏，嫉而不愤，悔而不怨，蕴怒而仍安；你改变工程，但不更动计划；你采纳所获而未有所失；你从不匮乏，但因所获而欢乐；你从不悭吝，但要求收息。谁能对你格外有所贡献，你便

1　*Conf.* 1.1.1: "quaeram te, domine, invocans te et invocem te credens in te." 改动较大，参见周译第 4 页。

2　*Conf.* 1.2.2: "et quis locus est in me quo veniat in me deus meus, quo deus veniat in me, deus qui fecit caelum et terram?" 略有改动，参见周译第 4 页。

3　*Conf.* 1.3.3: "capiunt ergone te caelum et terra, quoniam tu imples ea?" 参见周译第 5 页。

4　*Conf.* 1.4.4: "quid es ergo, deus meus? quid, rogo, nisi dominus deus?" 参见周译第 5 页。

5　对于物质性的天主概念的最终克服，参见《忏悔录》卷 7。

若有所负，但谁能有丝毫不属于你呢？你并无亏欠于人，而更为之偿；你免人债负，而仍无所损。[1]

更有趣的是，这一章竟然是以这样的方式结尾的：

我能说什么呢？我的天主，我的生命，我神圣的甘饴，谈到你，一人能说什么呢？但谁对于你默而不言，却是更为不妙，因为即使这人谈得滔滔不绝，还和未说一样。[2]

可以说，"滔滔不绝，还和未说一样"（quoniam loquaces muti sunt）正是奥古斯丁对于上述 3 章内容的传神概括。作者正是以这种俏皮的方式，告诉读者以"认识"为先这条探寻天主的进路是行不通的。

既不能对天主"默而不言"，又不能指望这种"滔滔不绝，还和未说一样"的方式，于是探寻天主的努力就陷入了困境："谁能使我安息在你怀中？"[3] 在此关头，第 5 章立即就指向了另一个方向："求你怜悯我使我能够说出"，"请告诉我的灵魂说：'我是你的救援'"（重复两遍）。[4] 以"认识"为先的理性方式的追寻失败之后，祈求天主"自上

1　*Conf.* 1.4.4: "quis enim dominus praeter dominum? aut quis deus praeter deum nostrum? summe, optime, potentissime, omnipotentissime, misericordissime et iustissime, secretissime et praesentissime, pulcherrime et fortissime, stabilis et incomprehensibilis, immutabilis mutans omnia, numquam novus numquam vetus, innovans omnia et in vetustatem perducens superbos et nesciunt. semper agens semper quietus, conligens et non egens, portans et implens et protegens, creans et nutriens et perficiens, quaerens cum nihil desit tibi. amas nec aestuas, zelas et securus es, paenitet te et non doles, irasceris et tranquillus es, opera mutas nec mutas consilium, recipis quod invenis et numquam amisisti. numquam inops et gaudes lucris, numquam avarus et usuras exigis, supererogatur tibi ut debeas: et quis habet quicquam non tuum? reddis debita nulli debens, donas debita nihil perdens." 略有改动，参见周译第 5—6 页。

2　*Conf.* 1.4.4: "et quid diximus, deus meus, vita mea, dulcedo mea sancta, aut quid dicit aliquis cum de te dicit? et vae tacentibus de te, quoniam loquaces muti sunt." 略有改动，参见周译第 6 页。

3　*Conf.* 1.5.5: "quis mihi dabit adquiescere in te?" 参见周译第 6 页。

4　*Conf.* 1.5.5: "miserere ut loquar ... dic animae meae, 'salus tua ego sum' ... aperi eas et dic animae meae, 'salus tua ego sum.'" 参见周译第 6 页。

而下"的"救援"就成了唯一的指望了。

总之,卷 1 的前 5 章旨在以含蓄的方式说明,"自下而上"的、理性主义的对天主的追寻是行不通的。但是限于篇幅,在这里奥古斯丁只是简短地、象征性地尝试了一下三种不同的追寻方式,而它们共同的特点就是企图依靠人类自我的能力,企图以理性的"认识"为出发点。卷 10—12 奥古斯丁将会更加深入地尝试这三种广义上的理性主义范畴的进路,并且依次展示出它们何以无法成功。在那样的语境下反观,一味祈求天主的"救援"这种看似消极的态度,就反而显得"合情合理"了。

二、卷 10:心理的追寻的失败

从卷 10 开始,《忏悔录》进入了专门的神哲学探讨部分。与叙事性的、貌似线索分明的前九卷相比,对于一般读者而言,后四卷就更显晦涩了。但对于后 4 卷的理解,直接关系到我们对于这部大著作的整体把握。正如奥唐奈所说,只要后 4 卷晦暗不明,就无法真正理解前 9 卷。[1]

《忏悔录》研究的权威奥唐奈(James J. O'Donnell)将卷 10 划分为四个部分:第 1—5 章为导言,第 6—27 章是在"记忆"中找寻天主,第 28—39 章围绕着"人生岂不是一个考验"而展开,第 40—41 章从记忆与考验这两方面总结了上文对天主的追寻,第 42—43 章则以对"真正的中保"耶稣基督的讴歌而结束全卷。[2]

表面上,卷 10 前 5 章的重点就是解释作者之所以写作《忏悔录》的想法,也就是所谓的:"我愿意在你面前,用我的忏悔,在我心中履行真理,同时在许多证人之前,用笔来履行真理。"[3] 但是,如果将卷 10 当作一个整体来理解,我们就会发现,与"忏

---

1 Robert J. O'Connell, *St. Augustine's Confessions: The Odyssey of Soul* (Cambridge, Mass.: Belknap Press of Harvard University Press, 1969), pp. 6–7.

2 James J. O'Donnell, *Augustine: Confessions*, Vol. 3, p. 150.

3 *Conf.* 10.1.1: "volo eam facere in corde meo coram te in confessione, in stilo autem meo coram multis testibus." *略有改动*,见该书第 185 页。

悔"这个话题相比，本卷开篇的第一句才是提纲挈领的真正核心：

> **主，你是认识我的，愿我也能认识你，愿我能认识如同我被认识那样。**[1]

很明显，"愿我也能认识你"就是整个卷 10 的主旨。而"主，你是认识我的"这个道理，马上就在第 2 章中得到了展开：因为"主，不论我怎样，我完全呈露在你的面前"[2]，因为"主，在你眼前，人良心中的深渊是袒露敞开的"，"哪怕我不肯向你忏悔，在我身上又能包藏什么秘密？那样只会把你在我眼前隐藏起来，而不是把我在你眼前隐藏起来"[3]。

既然如此，为何卷 10 的前 5 章会展开对于"忏悔"本身这个概念的长篇讨论呢？在《忏悔录》全书的结构中宏观地看，这是因为"忏悔我的过去"（qualis fuerim）已经完成，而"忏悔我的现在"（qualis sim）即将展开，所以此处需要一段"承上"的结语和"启下"的导言[4]；在本卷前 5 章的微观层面来看，是因为人的"忏悔"是他认识天主的前提，因为"你喜欢真理，'谁履行真理，谁就进入光明'"，因此奥古斯丁必须"用我的忏悔"来"履行真理"[5]；在卷 10 的中观层面来看，是因为本卷的主干部分围绕着"愿我能认识如同我被认识那样"[6]，紧随而至的就是"我要忏悔我对自身所知的一切"[7]了。因此，在卷 10 的内部结构中观察，关于"忏悔"的讨论服务于开篇第一句，不过是构成了一条支线。

---

1 *Conf.* 10.1.1: "cognoscam te, cognitor meus, cognoscam sicut et cognitus sum." 有所修改，参见第 185 页。"cognoscam sicut et cognitus sum"这句出自《哥林多前书》13：12，思高本《圣经》将其译作："那时我就要全认清了，如同我全被认清一样。"

2 *Conf.* 10.2.2: "tibi ergo, domine, manifestus sum, quicumque sim." 参见周译第 186 页。

3 *Conf.* 10.2.2: "et tibi quidem, domine, cuius oculis nuda est abyssus humanae conscientiae, quid occultum esset in me, etiamsi nollem confiteri tibi? te enim mihi absconderem, non me tibi." 此处改动较大，参见周译第 185 页。

4 关于这两个说法，见 *Conf.* 10.4.6, 10.3.4. 分别参见周译第 188、187 页。

5 *Conf.* 10.1.1: "ecce enim veritatem dilexisti, quoniam qui facit eam venit ad lucem. volo eam facere in corde meo coram te in confessione, in stilo autem meo coram multis testibus." 参见周译第 185 页。

6 *Conf.* 10.1.1.

7 *Conf.* 10.5.7: "confitear ergo quid de me sciam ..." 参见周译第 189 页。

卷 10 的根本目标就是对天主的追寻，而其基本进路就是通过"认识自我"拾级而上，最终实现"认识天主"的目标。可以说，"主，你是认识我的"是开展追寻的基本前提，"愿我也能认识你"是最终的目标，而"愿我能认识如同我被认识那样"就是本卷的基本进路。按照这样的构思，叙述的内容自然要从"忏悔我的过去"转向"忏悔我的现在"，而"我被认识"与"我能认识"将会构成一个相互缠绕的双螺旋结构。

值得注意的是，早在卷 10 的导言部分，奥古斯丁已经意味深长地做出了预告：虽然本卷对于天主与自我的探索将会冗长而曲折，但这番探索的进程并不会顺利成功。尽管"你天主知道人的一切"[1]，尽管"不论我怎样，我完全呈露在你的面前"[2]，但毕竟"我们现在犹如镜中观物，仅能见影，尚未觌面"[3]。哪怕仅就认识自我的目标而言，作者仍然处于"犹如镜中观物"，或者说"我的黑暗"尚未被照亮的境地。正如导言部分之结尾所言："我要忏悔我对自身所知的一切，也要忏悔我对自身所不知的种种。因为对我自身而言，我所知的，是由于你的光照；所不知的，只要我的黑暗在你面前尚未转为中午，仍是无从明彻。"[4]

在卷 10 的第二部分，对天主的追寻真正展开了。在第 6 章中，奥古斯丁"问遍了整个宇宙"，而他所得到的答复只是天主"不是我，而是创造了我的他"。[5] 在第 7 章中，作者又快速地"超越"(transibo) 了在灵魂中维系人的肉体生命与感官的力量，因为动物也有类似的力量。接着，本卷的高潮紧随而至："我要超越我本性的力量，拾级而上，趋向创造我的天主，我到达了记忆的领域、记忆的殿廷。"[6] 在第 40 章的回顾中，这一番探索

1　*Conf.* 10.5.7: "tu autem, domine, scis eius omnia ..." 略有改动，参见周译第 189 页。

2　*Conf.* 10.2.2.

3　*Conf.* 10.5.7: "et certe videmus nunc per speculum in aenigmate, nondum facie ad faciem." 参见周译第 189 页。"镜中观物"与"面面相对"的状态相对，参见 *Conf.* 12.13.16。

4　*Conf.* 10.5.7: "confitear ergo quid de me sciam, confitear et quid de me nesciam, quoniam et quod de me scio, te mihi lucente scio, et quod de me nescio, tamdiu nescio, donec fiant tenebrae meae sicut meridies in vultu tuo." 略有改动，参见周译第 189 页。

5　*Conf.* 10.6.9: "... interrogavi mundi molem de deo meo, et respondit mihi, 'non ego sum, sed ipse me fecit.'" 有所改动，参见周译第 191 页。

6　*Conf.* 10.8.12: "transibo ergo et istam naturae meae, gradibus ascendens ad eum qui fecit me, et venio in campos et lata praetoria memoriae ..." 参见周译第 192 页。

过程则被概括为："我尽力之所及用感觉周游了世界，我又观察了肉体赖以生活的生命以及感觉本身。从此我又进入了我的记忆深处，那里充满着千奇万妙无数事物，我参观后惊愕不止；没有你，我可能什么也分辨不出；我发现其中一切都不是你。"[1]

本文无意于从哲学或神学的角度分析奥古斯丁关于"记忆"（或者说自我的心灵）的论说，下面仅仅从文学呈现的角度考虑这番探讨的效果。卷 10 关于"记忆"（memoria）的讨论，起初尚可说取得了一定的进展。[2]但是，一旦进入了"遗忘"（oblivio）这个话题，作者的文风立即为之一变，困惑与不确定的感觉很快就主导了讨论的气氛。

一方面，对于"具有记忆的我、我的心灵"的探索遇到了严重的困难："谁能揭开这疑案？谁能了解真相？主，我确实正在苦苦探索，在我自己身内苦苦探索。"[3]在根本上，这是因为认识自我的心灵这个任务过于艰巨了："我的天主，记忆的力量真伟大，它的深邃，它的千变万化，真使人望而生畏；但这就是我的心灵，就是我自己。我的天主，我究竟是什么？我的本性究竟是怎样的？真是一个变化多端、形形色色、浩无涯际的生命！"[4]

更严重的问题在于，天主与人的"记忆"究竟是什么关系呢？马上就会遇到的问题是："我将超越记忆［而寻获你］。但在哪里寻获你，真正的美善、可靠的甘饴，我将在哪里寻获你？如果在记忆之外寻获你，那末我已忘掉了你。如果我忘掉你，那末我怎能寻获你呢？"[5]在经过长达 6 章 8 节的烦琐探讨之后，作者终于得出一个过程

1　*Conf.* 10.40.65: "lustravi mundum foris sensu quo potui, et attendi vitam corporis mei de me sensusque ipsos meos. inde ingressus sum in recessus memoriae meae, multiplices amplitudines plenas miris modis copiarum innumerabilium, et consideravi et expavi, et nihil eorum discernere potui sine te et nihil eorum esse te inveni." 稍有改动，参见周译第 226 页。

2　*Conf.* 10.8.12–10.15.23.

3　*Conf.* 10.16.24–10.16.25: "et hoc quis tandem indagabit? quis comprehendet quomodo sit? ego certe, domine, laboro hic et laboro in me ipso ... ego sum qui memini, ego animus." 有所改动，参见周译第 200 页。

4　*Conf.* 10.17.26: "magna vis est memoriae, nescio quid horrendum, deus meus, profunda et infinita multiplicitas. et hoc animus est, et hoc ego ipse sum. quid ergo sum, deus meus? quae natura sum? varia, multimoda vita et immensa vehementer." 参见周译第 201 页。

5　*Conf.* 10.17.26: "transibo et memoriam, ut ubi te inveniam, vere bone, secura suavitas, ut ubi te inveniam? si praeter memoriam meam te invenio, immemor tui sum. et quomodo iam inveniam te, si memor non sum tui?" 稍有改动，参见周译第 201—202 页。

性的结论，天主确实就在"我的记忆"之中："主啊！我走遍了记忆的天涯地角找寻你，在记忆之外没有找到你。从我认识你的时候开始，凡我找到有关你的东西，都不出乎我的记忆的范围，因为从我认识你的时候开始，我从未忘掉你……从我认识你的时候开始，你就常驻在我的记忆之中，我在记忆中想起你，在你怀中欢欣鼓舞，找到了你。"[1]

尽管这也是一项积极的进展，但最大的挑战仍然悬而未决。因为更困难的问题是："主啊，你驻在我记忆之中，究竟驻在哪里？你在其中建筑了怎样的屋宇，兴造了哪一种圣堂？你不嫌我记忆的卑陋，惠然肯来，但我要问的是究竟驻在记忆的哪一部分。"无论是在"有形事物的形象中"，还是在"心灵庋藏情感的部分"，还是在"记忆为心灵而设的专室"，天主都不在那里。[2]

对于这个难题，奥古斯丁秉承基督教信仰之本位，只能如此解答：人只能依靠天主主动赐予的启示。[3] 面对上述问题，他连续追问了两遍："那么我想认识你时，是在哪里找到你的呢？"[4] 对此的回答是，"只能在你里面，在我上面"；因为"你是无往而不在的真理，处处有你在倾听一切就教的人，同时也答复着一切问题"。[5] 然而，奥古斯丁立即补充说："你的答复非常清楚，但不是人人能听清楚。人人能随意提出问题，但

1　*Conf.* 10.24.35: "ecce quantum spatiatus sum in memoria mea quaerens te, domine, et non te inveni extra eam. neque enim aliquid de te inveni quod non meminissem, ex quo didici te, nam ex quo didici te non sum oblitus tui ... itaque ex quo te didici, manes in memoria mea, et illic te invenio cum reminiscor tui, et delector in te." 有所改动，参见周译第 208 页。

2　*Conf.* 10.25.36: "sed ubi manes in memoria mea, domine, ubi illic manes? quale cubile fabricasti tibi? quale sanctuarium aedificasti tibi? tu dedisti hanc dignationem memoriae meae, ut maneas in ea, sed in qua eius parte maneas, hoc considero. transcendi enim partes eius quas habent et bestiae cum te recordarer, quia non ibi te inveniebam inter imagines rerum corporalium, et veni ad partes eius ubi commendavi affectiones animi mei, nec illic inveni te. et intravi ad ipsius animi mei sedem, quae illi est in memoria mea, quoniam sui quoque meminit animus, nec ibi tu eras ..." 稍有修改，参见周译第 208 页。

3　Cf. *Conf.* 1.1.1: "invocat te, domine, fides mea, quam dedisti mihi, quam inspirasti mihi per humanitatem filii tui, per ministerium praedicatoris tui."

4　*Conf.* 10.26.37: "ubi ergo te inveni, ut discerem te? ... ubi ergo te inveni ut discerem te ..." 有所修改，参见周译第 209页。

5　*Conf.* 10.26.37: "ubi ergo te inveni ut discerem te, nisi in te supra me? ... veritas, ubique praesides omnibus consulentibus te simulque respondes omnibus etiam diversa consulentibus." 参见周译第 209 页。

不是时常听到所希望的答复。"[1]

为何"你的答复非常清楚，但不是人人能听清楚"呢？卷10的第三部分马上就做了解释。在这一部分的开头，奥古斯丁如此描述当下的状态："一人越充满你，越觉得轻快；由于我尚未充满你，我依旧是我本身的负担。我理应恸哭的快乐和理应欢喜的忧苦，还在相持不下，胜利属于哪一方，我尚不得而知。我的罪恶的忧苦和良好的喜乐正在交绥，也还在相持不下，胜利属于哪一方，我也不得而知。"[2]作者连续两次重复，"胜利属于哪一方，我尚不得而知"（et ex qua parte stet victoria nescio），极力强调了"还在相持不下"（contendunt）的状态。

之所以"我依旧是我本身的负担"，是因为当下他仍然无法摆脱三重欲望的负担，也就是所谓的"淫欲、声色、荣华富贵"。[3]正因为如此，第三部分在开头就反复强调"人生岂不是一个考验"[4]，以相似的句子连续重复了三遍。卷10的第三部分就围绕着对这三重欲望的忏悔而展开。

卷10的第四部分从记忆与考验这两方面总结了奥古斯丁对天主的追寻。之所以周历已遍，他仍然无法在自己的心灵中找到天主之所在，这是因为："可惜我仍堕入困难重重的尘网中，又被结习所缠扰。我被束缚着，我痛哭流泪，可是我紧紧地被束缚着。习性的包袱是多么沉重啊！我欲罢不能，欲行不可，真觉进退两难！"[5]接着，他"从三种贪欲中检查我罪恶的病根，并求你伸手挽救我"；他的"受伤的心灵"

1　*Conf.* 10.26.37: "liquide tu respondes, sed non liquide omnes audiunt. omnes unde volunt consulunt, sed non semper quod volunt audiunt." 参见周译第 209 页。

2　*Conf.* 10.28.39: "nunc autem quoniam quem tu imples, sublevas eum, quoniam tui plenus non sum, oneri mihi sum. contendunt laetitiae meae flendae cum laetandis maeroribus, et ex qua parte stet victoria nescio. contendunt maerores mei mali cum gaudiis bonis, et ex qua parte stet victoria nescio." 本段周译对原文句序改动较大，笔者对此有所调整，参见周译第 209—210 页。

3　*Conf.* 10.30.41: "iubes certe ut contineam a concupiscentia carnis et concupiscentia oculorum et ambitione saeculi." 参见周译第 211 页。

4　*Conf.* 10.28.39: "numquid non temptatio est vita humana super terram? ... ubi non sit humana vita temptatio? ... numquid non temptatio est vita humana super terram sine ullo interstitio?" 参见周译第 210 页。

5　*Conf.* 10.40.65: "sed recido in haec aerumnosis ponderibus et resorbeor solitis et teneor et multum fleo, sed multum teneor. tantum consuetudinis sarcina digna est! his esse valeo nec volo, illic volo nec valeo, miser utrubique." 略有改动，参见周译第 227 页。

虽然已经"看到了你的光辉",但却"头晕目眩"了,所以结果还是"我被抛在你视线之外"。[1]

由此来看,在卷 10 中,奥古斯丁采取了通过"认识自我"进而"认识天主"的进路,但并未获得真正的成功。卷 10 在心理层面对于自我的探讨相当深入,但这一切工作并不能真正解决问题,只不过是"尽我所能的向你陈述我浅陋的见解,请你教导"而已。[2] 心理层面对天主的追寻,之所以仅以"我被抛在你视线之外"(proiectus sum a facie oculorum tuorum)的结果告终,在根本上是因为尘世中人无法摆脱"淫欲、声色、荣华富贵"这三重欲望的严峻考验。因此,"我目前的情况","在你眼中,我为我自己是一个不解之谜,这正是我的病根";而唯一的出路只能是"主、我的天主,求你俯听、垂视我、恻然医治我"。[3] 可以说,只有先请耶稣基督"治疗我的一切疾病,否则我绝无希望"[4]。正因为如此,从第四部分开始,治病的隐喻就反反复复地出现在行文之中,形成了一个引人注目的文学现象。[5]

总之,在卷 10 中,"愿我能认识如同我被认识那样"这个追寻天主的方案不如人意,奥古斯丁对于自我的认识仍然"犹如镜中观物",对于天主的答复更不能"听清楚"。尽管该卷的最后一部分仿佛是以一个乐观的结论("凡追求天主的人,都将赞美天主!"[6])而结尾的,但这句话不过是这个第五部分本身(唯有耶稣基督才是"真正的中保")的逻辑结论,而这个部分实为一篇附加于卷 10 末尾的祷告,是相对游离于本卷的主体部分的。

---

1 *Conf.* 10.41.66: "ideoque consideravi languores peccatorum meorum in cupiditate triplici, et dexteram tuam invocavi ad salutem meam. vidi enim splendorem tuum corde saucio et repercussus dixi, 'quis illuc potest?' proiectus sum a facie oculorum tuorum." 略有改动,参见周译第 227 页。

2 *Conf.* 10.40.65: "... cum ad te referrem inferiora visa mea quae potui, teque consulerem?" 参见周译第 226 页。

3 *Conf.* 10.33.50: "ecce ubi sum! ... tu autem, domine deus meus, exaudi: respice et vide et miserere et sana me, in cuius oculis mihi quaestio factus sum, et ipse est languor meus." 参见周译第 217 页。

4 *Conf.* 10.43.69: "merito mihi spes valida in illo est, quod sanabis omnes languores meos per eum qui sedet ad dexteram tuam et te interpellat pro nobis; alioquin desperarem." 参见周译第 229 页。

5 例见:*Conf.* 10.28.39, 10.30.42, 10.31.43–44, 10.33.50, 10.36.58, 10.37.60, 10.37.62, 10.39.64, 10.41.66, 10.43.69, 10.43.70。作为对比,在第 28 章之前,治病的隐喻仅有寥寥几处,参见:10.3.3, 10.3.4, 10.15.23。

6 *Conf.* 10.43.70: "et laudant dominum qui requirunt eum." Cf. *Conf.* 1.1.1.

三、卷 11：哲学的追寻的失败

正如奥唐奈所言，对于《忏悔录》的研究者，最后 3 卷构成了最令人困惑的结构性问题，转折点出现了。除了对《创世记》的解经这条表面上的线索，他所提供的解释框架是，卷 11、卷 12、卷 13 分别对应于"三位一体"中的圣父、圣子、圣神。[1] 这种解释具有一定的启发性，但并不能完全令人信服。如果说圣神在卷 13 中的地位确实比较突出，那么将卷 11、卷 12 分别对应于圣父、圣子，就略为牵强了。按照本文的解释框架，最后 3 卷（或者说最后 4 卷）之间的主要差别，不在于对应于"三位一体"的分工，而在于追寻天主的不同进路。

奥唐奈将卷 11 划分为两大部分：第一部分仅包括第 1—2 章，这是导言部分；第二部分从第 3 章直至本卷末尾，是关于《创世记》第 1 章第 1 节的评注。他又将第二部分划分为三个部分，分别为：天主永恒之谜（第 10—13 章）、时间问题（第 14—28 章）、关于时间与永恒的总结（第 29—31 章）。[2] 应当说，上述划分只具有形式上的意义，对于读者的帮助是有限的。

值得注意的是，除了导言部分的两章，卷 11 实际上只是围绕着《创世记》第 1 章第 1 节这一句（"在元始创造了天地"[3]）而展开的。第 3 章肯定了摩西（《创世记》传说中的作者）的权威，第 4 章解说"天地"，第 5—7 章解说"创造"，而接下来的全部 24 章都是为探讨何谓"元始"而展开的。

卷 11 关于"天地"与"创造"的解说都是简明有力的，关于二者都给出了相对确定的回答："天地"不是自造的，而是天主创造的[4]；天主是以他的"道"亦即永恒的

1　James J. O'Donnell, *Augustine: Confessions*, Vol. 3, pp. 250–252. 威尔斯也有类似看法，参见 Garry Wills, *Augustine's Confessions: A Biography* (Princeton: Princeton University Press, 2011), pp. 112–132。他还指出，关于"三位一体"的最后三卷才是理解全书的钥匙，是读者应当始终遵循的线索，*ibid.*, p. 148. 本文按照周士良的译法，一律将"圣灵"译为"圣神"。

2　James J. O'Donnell, *Augustine: Confessions*, Vol. 3, p. 253.

3　*Conf.* 11.3.5: "... quomodo in principio fecisti caelum et terram." 思高本《圣经》将本句译为"在起初天主创造了天地"。本文从周译，仍将 "principio" 译为"元始"。

4　*Conf.* 11.4.6.

"言语"(verbum)"创造"了万物。[1]但接下来关于"元始"探讨与辨析尽管细致而冗长，实质上却未能得出清晰明确的结论。

值得注意的是，行文的风格从第 10 章开始就发生了明显的改变，第 3—9 章那种简明有力的语言突兀地停顿了，热情讴歌天主的主旋律也不再那么连贯了。作者突然切换到了另一种语言风格，其节奏拖沓反复，其语气犹豫不决，甚至时不时地流露出情绪焦躁的暗示。

重大的转折之所以突然出现，是因为有人做出了一个哲学式的发问："有些人满怀充塞着成见，向我们诘问：'天主在创造天地之前做些什么？是否闲着无所事事？'"[2]在从神学的角度做出简明的答复之后（概括而言就是"你丝毫没有无为的时间，因为时间即是你创造的"[3]），关于"时间究竟是什么"(quid est enim tempus?)[4]的探讨就随之而展开了。

《忏悔录》卷 11 关于"时间"的探讨长期以来都被视为一段颇具哲学意义的哲学文本，深受关注。尽管如此，从整体性的文学呈现的角度来看，从第 14—28 章关于"时间"的哲学探讨尽管占据了卷 11 整整一半的篇幅，其效果却谈不上是多么成功的。在讨论的开端，作者自谓"时间究竟是什么？没有人问我，我倒清楚；有人问我，我想说明，便茫然不解了"[5]。但直到本卷告终，最后的进展在根本上也依然可以用这番话形容。

关于"时间"的哲学探讨可以被划分为以下几个层次。首先被讨论的是时间的长短问题，时间的度量问题也初次提出了（第 15—16 章）。而这番讨论的结果只是："我的慈父，我是在探索，我并不作肯定。"[6]

---

1 *Conf.* 11.5.7–11.7.9.

2 *Conf.* 11.10.12: "nonne ecce pleni sunt vetustatis suae qui nobis dicunt, 'quid faciebat deus antequam faceret caelum et terram? si enim vacabat,' ..." 稍有修改，参见周译第 239 页。

3 *Conf.* 11.14.17: "nullo ergo tempore non feceras aliquid, quia ipsum tempus tu feceras." 参见周译第 241 页。

4 *Conf.* 11.14.17.

5 *Conf.* 11.14.17: "quid est ergo tempus? si nemo ex me quaerat, scio; si quaerenti explicare velim, nescio." 略有改动，参见周译第 242 页。

6 *Conf.* 11.17.22: "quaero, pater, non adfirmo." 参见周译第 245 页。

其次探讨了"现在""过去"与"将来"的关系（第17—20章），并且第二次讨论了"时间"的度量问题（第21章）。在这一轮探讨的前后，奥古斯丁多次插入了一些抒发感想的评论。第一次是第17章开头的"我是在探索，我并不作肯定"。第二次是第18章开头的"主啊，我的希望，请容许我进一步探索下去，使我的思想不受任何干扰"[1]。第三次是在第19章中，在这段插入哲学讨论过程中的祈祷中，作者感叹说："这个方式［天主对"将来"的启示］远远超越我的眼力，它是太强烈了。"[2]最后，又是一段对天主的祈祷，在此奥古斯丁又祈求说："我的心渴望能揭穿这个纠缠不清的谜！主、我的天主、我的慈父，请不要堵塞，我通过基督恳求你，请你不要对我的心愿堵塞通往这些司空见惯的难题的门径，许我进入其中，用你慈爱的光辉照明这些问题。"[3]此时，他充分地认识到，"时间"的问题"是最明白、最寻常的事"，但是"这些字句含有深邃莫测的意义，要想发现它们是一桩新奇的事"[4]；"摆在我面前的是一项艰难的工作，我要坚持下去，直到你使我豁然开朗"，所以要祈求基督"使任何人不来阻挠我"。[5]

在这番感叹之后，奥古斯丁接着讨论了"时间"与天体运行的关系。在第23章的结尾，他对自己的思考提出了质疑："但我真的看清楚吗？是否我自以为看清楚？真理、光明，只有你能指点我。"[6]在这一轮讨论的结尾，又是一段祈祷。在此作者语气沉重地反省道："主啊，我向你承认，我依旧不明了时间是什么"；"既然我不知道时间是什么，怎能知道这些呢？是否我只是不知道怎样表达我所知道的东西？我真糟，甚至

1　*Conf.* 11.18.23: "sine me, domine, amplius quaerere, spes mea; non conturbetur intentio mea." 参见周译第 245 页。

2　*Conf.* 11.19.25: "nimis longe est modus iste ab acie mea: invaluit." 有所修改，参见周译第 247 页。

3　*Conf.* 11.22.28: "exarsit animus meus nosse istuc implicatissimum aenigma. noli claudere, domine deus meus, bone pater, per Christum obsecro, noli claudere desiderio meo ista et usitata et abdita, quominus in ea penetret et dilucescant allucente misericordia tua, domine." 有所修改，参见周译第 248 页。

4　*Conf.* 11.22.28: "manifestissima et usitatissima sunt, et eadem rursus nimis latent et nova est inventio eorum." 稍有修改，参见周译第 249 页。

5　*Conf.* 11.22.28: "... et labor est ante me, donec aperias." 参见周译第 248—249 页。

6　*Conf.* 11.23.30: "sed video? an videre mihi videor? tu demonstrabis, lux, veritas." 参见周译第 250 页。

不知道我究竟不知道什么"。[1]

在这段祈祷之后,奥古斯丁第三次讨论了"时间"的度量问题(第26—28章)。这次的讨论更加深入,但仍然十分艰难,因此他要求自己"我的灵魂,你再坚持一下,努力集中你的注意力"[2]。可是这一轮的讨论,仍然没有得出任何实质性的、重要的结论。在随后的祈祷中(第29章),作者以一番相当消极的感慨做了总结:"现在,'我的岁月消耗在呻吟之中'。主,我的安慰,我的慈父,你是永恒的,而我却碎裂在莫名其究竟的时间之中。"[3]

在卷11中,作者付出巨大的努力,不懈地坚持了这项艰难的工作。然而,"我的岁月消耗在呻吟之中",他直到最后也没有迎来期盼之中的"豁然开朗"。[4]本卷的最后一章清楚地总结了关于"时间"问题的全部探讨的结果:"主、我的天主,你的秘蕴真是多么高深屈曲,我的罪恶的结果把我远远抛向外面,请你治疗我的眼睛,使我能享受你的光明而喜悦。"[5]值得注意的是,对于本卷以哲学探索的方式所做的努力,作者的最终评价只是"把我远远抛向外面"(quam longe inde me proiecerunt)。这种措辞是与卷10的结局"我被抛在你视线之外"(proiectus sum a facie oculorum tuorum)极为相似的。二者都说明,"自下而上"的、理性方式的对天主的追寻是不成功的。

关于"时间"的哲学探讨尽管烦琐冗长,但整个讨论过程并没有得出十分确定的、决定性的结论。更为严重的是,基于神学的立场,奥古斯丁认为,在根本上这样的哲学提问是没有意义的。可以说,卷11之所以会走上哲学式探求的道路,是因为"有些人满怀充塞着成见"[6],引发了"时间究竟是什么"这个哲学上的难题。在这个基督教

1　*Conf.* 11.25.32: "et confiteor tibi, domine, ignorare me adhuc quid sit tempus ... quomodo igitur hoc scio, quando quid sit tempus nescio? an forte nescio quemadmodum dicam quod scio? ei mihi, qui nescio saltem quid nesciam!" 稍有改动,参见周译第 251—252 页。

2　*Conf.* 27.34: "insiste, anime meus, et attende fortiter." 参见周译第 253 页。

3　*Conf.* 11.29.39: "nunc vero anni mei in gemitibus, et tu solacium meum, domine, pater meus aeternus es. at ego in tempora dissilui quorum ordinem nescio ..." 稍有改动,参见周译第 256—257 页。

4　*Conf.* 11.22.28, 11.29.39.

5　*Conf.* 11.31.41: "domine deus meus, quis ille sinus est alti secreti tui et quam longe inde me proiecerunt consequentia delictorum meorum? sana oculos meos, et congaudeam luci tuae." 参见周译第 257 页。

6　*Conf.* 11.10.12.

化的潮流滚滚向前的时代,站在教会的立场上看,那些以这样的方式来发问的人,已经是不合时宜的了。奥古斯丁对他们的评价是,"想法轻率的人徘徊于过去时代的印象中","我希望他苏醒过来,认识他的诧异是错误的"。[1] 站在神学的立场上看,"说这些话的人还没有了解你,天主的智慧、一切思想的光明"[2];哪怕人们确实知道一些什么,"但我们的知识和你的知识相较,还不过是无知"[3]。

作为虔诚的基督徒,奥古斯丁将信仰作为最高的判断标准,在根本上不仅看轻了那些哲学式的问题,甚至还否定了那些喜欢以哲学的方式发问的人:"我将坚定地站立在你天主之中,在我的形式、你的真理之中。愿我不再忍受人们所提出的无聊的问题,这些人染上了惩罚性的病症,饥渴难耐无法满足。"[4] 对于这些已经"染上了惩罚性的病症"的人,主教奥古斯丁对他们的期待不过两条而已:第一,"主啊,使他们好好考虑自己的问题","希望他们认识到没有创造就没有时间,不要再说这样的胡话";第二,"更希望他们'专心致志于目前种种',懂得你是在一切时间之前,是一切时间的永恒创造者;任何时间,任何受造之物,即使能超越时间,也不能和你同属永恒"[5]。

奥古斯丁认为,采取哲学式进路探求天主,本来就是误入歧途。正因为如此,在整个卷 11 当中才会多次出现暗示作者焦躁情绪的文句。置于整部《忏悔录》之中来看,这个文学现象都是很值得注意的。作者多次强调,要克服干扰,坚持思考[6],暗示读者这样的哲学思考艰涩深奥,极为困难。

---

1 *Conf.* 11.13.15: "at si cuiusquam volatilis sensus vagatur per imagines retro temporum ... evigilet atque attendat, quia falsa miratur." 稍有修改,参见周译第 240—241 页。

2 *Conf.* 11.11.13: "qui haec dicunt nondum te intellegunt, o sapientia dei, lux mentium ..." 参见周译第 239 页。

3 *Conf.* 11.4.6: "scimus haec: gratias tibi, et scientia nostra scientiae tuae comparata ignorantia est." 参见周译第 235 页。

4 *Conf.* 11.30.40: "et stabo atque solidabor in te, in forma mea, veritate tua, nec patiar quaestiones hominum qui poenali morbo plus sitiunt quam capiunt ..." 稍有修改,参见周译第 257 页。

5 *Conf.* 11.30.40: "da illis, domine, bene cogitare quid dicant ... videant itaque nullum tempus esse posse sine creatura et desinant istam vanitatem loqui. extendantur etiam in ea quae ante sunt, et intellegant te ante omnia tempora aeternum creatorem omnium temporum neque ulla tempora tibi esse coaeterna nec ullam creaturam, etiamsi est aliqua supra tempora." 稍有修改,参见周译第 257 页。

6 *Conf.* 11.18.23, 11.22.28, 11.27.34.

奥古斯丁还指出，这里还存在着一个悖论，因为关于"时间"的哲学思辨已经浪费了太多的时间："我依旧不明了时间是什么"，但"我知道是在时间之中说这些话，并且花了很长时间讨论时间"。[1]为了这些"莫名其究竟"的问题，徒劳地让"我的岁月消耗在呻吟之中"[2]，岂不是得不偿失吗？要知道，仅仅为了从哲学的角度探讨《创世记》的第一句，就已经消耗了几乎整整一卷的篇幅了。作为一心追求信仰的基督徒，他们又有多少光阴可以虚度呢？"我的希望便是'瞻仰主的欢乐'，我为此而活着。'你使我的时日消逝'，时日正在过去，怎样过去的呢？我不知道。"[3]

作为新任的希波主教，奥古斯丁的公务十分繁忙，工作之余还需要深入钻研《圣经》的奥秘。在卷11的导言部分，作者已经极力申明了时间上的紧迫性："我的笔舌怎能缕述你对我作出的一切教诲、警诫、抚慰和安排，如何引导我向你的子民传布你的圣言、分发你的圣事？如果我能具述这一切经过，那末一点一滴的时间为我也是宝贵的。我久已渴望能钻研你的律法，向你承认我的所知与所不知，叙述你照耀我的曙光与我剩下的昏暗，直至我的病弱被力量吞没。除了为恢复体力的必要休息和心灵的思索，以及我分内或自愿为别人服务的工作外，所余下的空闲时间，我不愿再消磨在其他事务上了。"[4]正因为"一点一滴的时间为我也是宝贵的"，让"我的岁月消耗在呻吟之中"就更加无法忍受了。尽管"我久已渴望能钻研你的律法"[5]，但奥古斯丁不可

1　*Conf.* 11.25.32: "et confiteor tibi, domine, ignorare me adhuc quid sit tempus, et rursus confiteor tibi, domine, scire me in tempore ista dicere, et diu me iam loqui de tempore ..." 参见周译第 251 页。

2　*Conf.* 11.29.39.

3　*Conf.* 11.22.28: "haec est spes mea, ad hanc vivo, ut contempler delectationem domini. ecce veteres posuisti dies meos et transeunt, et quomodo, nescio." 稍有改动，参见周译第 249 页。

4　*Conf.* 11.2.2: "quando autem sufficio lingua calami enuntiare omnia hortamenta tua et omnes terrores tuos, et consolationes et gubernationes, quibus me perduxisti praedicare verbum et sacramentum tuum dispensare populo tuo? et si sufficio haec enuntiare ex ordine, caro mihi valent stillae temporum. et olim inardesco meditari in lege tua et in ea tibi confiteri scientiam et imperitiam meam, primordia inluminationis tuae et reliquias tenebrarum mearum, quousque devoretur a fortitudine infirmitas. et nolo in aliud horae diffluant quas invenio liberas a necessitatibus reficiendi corporis et intentionis animi et servitutis quam debemus hominibus et quam non debemus et tamen reddimus." 有所修改，参见周译第 232 页。

5　指研究《圣经》，此处具体而言就是指对于《创世记》的解释。

能采取哲学的方法来实现这个目标。

哲学的进路不仅在卷 11 的这次尝试中未竟成功（"把我远远抛向外面"），从时间管理的角度来看也不具有现实性。更重要的是，在奥古斯丁看来，在当下的"基督教时代"里，这样的提问方式在神学上也显得陈旧落伍了。现在，探求天命神意的认识论也必须与一神教的世界观相适应了。现在，人们必须充分认识到天主是"无边的深奇奥妙"[1]，因此，"自下而上"的理性的思辨必须让路于"自上而下"的启示的光照了。尽管"我的心渴望能揭穿这个纠缠不清的谜"，但"除了向你外，我能向谁承认我的愚昧无知而更取得进益？"唯一的指望只有依靠神的启示，"用你慈爱的光辉照明这些问题"[2]。

在卷 11 中，天主的光照是反复出现的主题。"我""甚至不知道我究竟不知道什么"，然而"你将使我的灯发光，主、我的天主，你将照明我的黑暗"。[3] 这光照就是神的启示：本来这光"远远超越我的眼力，它是太强烈了。凭我本身，决不能达到，但依靠你就有可能，只要你赐与我，'你是柔和的光明，照耀我昏蒙的双目'"[4]。在这"无边的深奇奥妙"面前，罪人们的祈求只能是"请你治疗我的眼睛，使我能享受你的光明而喜悦"。[5]

正因为如此，《忏悔录》卷 11 的主旨就不是通过哲学的探索而获得对天主的真正认识，而只能被概括为"向你承认我的所知与所不知，叙述你照耀我的曙光与我剩下的昏暗"[6] 了。在本质上，卷 11 所讲述的不是哲学认识的成功，而是哲学道路的失败。

---

1 *Conf.* 11.31.41: "longe tu, longe mirabilius longeque secretius." 参见周译第 258 页。

2 *Conf.* 11.22.28: "exarsit animus meus nosse istuc implicatissimum aenigma ... et dilucescant allucente misericordia tua, domine. quem percontabor de his? et cui fructuosius confitebor imperitiam meam nisi tibi ..." 参见周译第 248 页。

3 *Conf.* 11.25.32: "ei mihi, qui nescio saltem quid nesciam! ... tu inluminabis lucernam meam, domine, deus meus, inluminabis tenebras meas." 参见周译第 252 页。

4 *Conf.* 11.19.25: "nimis longe est modus iste ab acie mea: invaluit. ex me non potero ad illum, potero autem ex te, cum dederis tu, dulce lumen occultorum oculorum meorum." 有所修改，参见周译第 247 页。

5 *Conf.* 11.31.41.

6 *Conf.* 11.2.2.

四、卷 12：文字的追寻的失败

奥唐奈将《忏悔录》卷 12 分为四个部分：第 1 章为导言，第 2—13 章为对《创世记》第 1 章第 1 节（实际应为第 1—2 节）的实质性解经，第 14—29 章为关于解经的方法论思考，第 30—32 章为总的结论。[1] 应当说，奥唐奈的划分大体尚可，但他划出的第二、第三部分都包括多个比较明显的小单元，其内部的文学结构与逻辑关系还值得进一步推究。在笔者看来，除了导言的一章，本卷的主体部分可以被划分为七个层层递进的层次。以下即按照这个新的思路对卷 12 进行分析。

需要指出的是，卷 11 围绕着《创世记》第 1 章第 1 节展开了烦琐冗长的哲学探讨，但在此基础上，卷 12 所讨论的经文仍然不超过《创世记》第 1 章的前两节，亦即"在元始天主创造天地，地还混沌空虚，深渊上面是一片黑暗"[2]。

卷 12 的第一层次是第 2—9 章，第二层次为第 10—13 章。这两个层次实际上都在正面阐述奥古斯丁本人对于相关几句经文的理解（或者说他自己的假说）。

第一层次不仅探讨了《创世记》第 1 章第 2 节中的"地是混沌空虚，深渊上面是一片黑暗"，还引入了《诗篇》第 11 篇第 16 节[3]所谓的"天外之天"（caelum caeli）。之所以引入后者一起讨论，是因为作者区分了两种"天"，一是精神性的"天外之天"，一是物质性的"地上之天"（caelum terrae）。[4] 在第 8 章中，作者第一次总结了自己关于"在元始天主创造天地"的"天"与"地"究竟是什么的观点。值得注意的是，第一层次是以探索性的语气展开的。在第 2 章的开头，作者自称下文不过是"我卑微的口舌向高深莫测的你忏悔"[5]。在讨论的过程中，他又自称"人类的思想如此说时，只能力求

1　James J. O'Donnell, *Augustine: Confessions*, Vol. 3, p. 300.

2　《忏悔录》所引用的拉丁文本为："in principio fecit deus caelum et terram. terra autem erat invisibilis et incomposita, et tenebrae erant super abyssum." 实际上卷 12 只探讨了第 1 节与第 2 节的前一半，即思高本的"在起初天主创造了天地"，"大地还是混沌空虚，深渊上还是一团黑暗"；还不包括第 2 节的最后半句"天主的神在水面上运行"。周士良译文与思高本译文略有不同，在本文正文中，除了另有说明的情况，均以周译为主。

3　这一节经文在思高本中被编号为《圣咏集》第 115 篇第 16 节。

4　*Conf.* 12.2.2. 见周译第 259—260 页。亦称"caelum corporeum"，参见 *Conf.* 12.8.8.

5　*Conf.* 12.2.2: "confitetur altitudini tuae humilitas linguae meae ..." 略有改动，参见周译第 259 页。

达到不懂而似懂，似懂而又不懂"[1]；"但我所要的是认识，不是猜测"[2]。

第二层次以一大段祈祷开始，接着就转入了一种非常强有力的语气。这段祈祷具有"微型自传"[3]的性质，其大意可以概括为"我迷失了路，你想起我"[4]。在这一章的结尾，作者强调说："我在你之中复活了。请你对我说话，叮嘱我。我相信你的圣经，可是圣经中的话太深奥了。"[5]紧接着，就是"主啊，你已用有力的声音在我心灵的耳边对我说过"所引导的第11章了。在本章中，作者连续三遍重复了"主啊，同样你用有力的声音，在我心灵的耳边对我说……在你面前，我已清楚看到，我求你使我能越来越清楚地看出，使我在你双翼覆庇之下小心翼翼地坚定在这启示之中"[6]这个嵌套式的结构。之所以采用如此强烈的表达方式，是为了强调：只有天主是永恒的，而包括纯粹理性造物（可以被称为"天外之天"）在内的一切造物都不是真正永恒的。第13章进而总结了奥古斯丁本人的看法："在元始天主创造天地"所谓的"天"是指"天外之天"或者说理智的天，而"地"是指未具形相的"混沌空虚的地"。[7]总之，在第二层次中，作者声称已经得到了天主的明确启示，所以就有信心高度肯定自己的观点了。

从第三层次开始，卷12的内容发生了很大的改变，从正面阐述奥古斯丁本人的见解，转向讨论关于《创世记》开头两节经文的歧异观点。

第三层次是第14—17章。第14章实为下一部分的导言。本章再次强调了《圣

---

1 *Conf.* 12.5.5: "dum sibi haec dicit humana cogitatio, conetur eam vel nosse ignorando vel ignorare noscendo?" 参见周译第261页。

2 *Conf.* 12.6.6: "sed nosse cupiebam, non suspicari." 参见周译第262页。

3 详见夏洞奇：《〈忏悔录〉中的"微型自传"》（待刊）。

4 *Conf.* 12.10.10: "erravi et recordatus sum tui." 参见周译第264页。

5 *Conf.* 12.10.10: "in te revivesco. tu me alloquere, tu mihi sermocinare: credidi libris tuis, et verba eorum arcana valde." 参见周译第265页。

6 *Conf.* 12.11.11-12.11.13: "iam dixisti mihi, domine, voce forti in aurem interiorem ... hoc in conspectu tuo claret mihi et magis magisque clarescat, oro te, atque in ea manifestatione persistam sobrius sub alis tuis. item dixisti mihi, domine, voce forti in aurem interiorem ... hoc in conspectu tuo claret mihi et magis magisque clarescat, oro te, atque in ea manifestatione persistam sobrius sub alis tuis. // item dixisti mihi voce forti in aurem interiorem ... // ... hoc in conspectu tuo claret mihi et magis magisque clarescat, oro te, atque in hac manifestatione persistam sobrius sub alis tuis." 略有改动，参见周译第265—266页。

7 *Conf.* 12.13.16. 参见周译第267—268页。

经》的权威，还连续三次重复，强调天主之言是"深奇奥妙"（mira profunditas）的。[1]接下来，作者再次重复了第 11 章中的排比，连续两次重复"真理在我心灵的耳边对我说"[2]。第 15 章、第 16 章通过对那些"反对我的人们"（contradictores）[3]的反复诘问，再次强调了几项重要的共识：天主是永恒的；理性造物也来自天主的创造，并非真正的永恒（此二项重复第 11 章论点）；存在某种未具形相的物质；承认《圣经》的权威（此二项为新增的共识）。[4]在厘清共识的基础上，第 17 章罗列了关于"在元始天主创造天地"的五种不同观点（详见表 1）。总结起来，第三层次可被概括为第一次罗列基本共识与不同观点。值得注意的是，提出这些不同观点的人（所谓的"反对我的人们"）究竟是谁，很难在文中找到提示。[5]

第四层次是第 18—22 章。第 18 章是方法论层面的。奥古斯丁首先就在理论上阐明了对于上述歧异见解的基本判断："听取并研究了以上各种解释，我不愿'作文字上的争辩，因为一无好处，徒乱人意'。"[6]他认为，那种烦琐的讨论，在效果上只不过是"一无好处，徒乱人意"，在学理上也没有多大的意义。原因在于，从基督教信仰的角度来看，《圣经》的文字总是真实、正确的，完全可以做出多元化的解释；判断《圣经》解释是否合理的标准，不是某种观点是不是符合作者的原意，而是它是不是符合信仰的标准："我的天主，我双目在黑暗中的光明，只要我真诚地向你忏悔，那么圣经上的这些话既然是真实的，即使有种种解释，对我有什么关系？我以一种与别人不同的方式来理解圣经所写的，为我有什么关系？……既然我们都力求在圣经中领会作者的真义，而如果你、一切真诚无妄者的光明，你启示我们某一种见解是正确的，即

1　*Conf.* 12.14.17. 参见周译第 268 页。

2　*Conf.* 12.15.18: "num dicetis falsa esse, quae mihi veritas voce forti in aurem interiorem dicit ... item quod mihi dicit in aurem interiorem ..." 参见周译第 268—269 页。

3　*Conf.* 12.15.19, 12.15.22. 参见周译第 269、271 页。

4　*Conf.* 12.15.18–12.16.23.

5　奥唐奈的意见，见：James J. O'Donnell, *Augustine: Confessions*, Vol. 3, pp. 316–317。

6　*Conf.* 12.18.27: "quibus omnibus auditis et consideratis, nolo verbis contendere; ad nihil enim utile est nisi ad subversionem audientium." 参见周译第 273 页。《圣经》引文出自《提摩太后书》第 2 章第 14 节，在本文中以周士良译法为准。

使这并非作者的本意，而作者的本意即使不同，也属正确，这有什么不好呢？"[1] 奥古斯丁连续两次重复 "对我有什么关系"（quid mihi obest），强调 "文字上的争辩"（verbis contendere）无益于《圣经》解释，因为在信仰的视野里《圣经》之奥秘本身就具有开放性与多重性。

紧接着，第 19 章连续十次使用了 "确无可疑的是"（verum est）这种强势的表达，坚持了十条作者 "蒙受你的恩赐" 而以 "内在的眼睛" 看到的 "真理"[2]，从而为自己对《创世记》经文的解释做了辩护。其要义在于，天主确实创造了未具形相的原质，而 "地" 与 "深渊" 就是最合适的说法。接下来的两章又开始罗列各种不同的观点了：第 20 章罗列了对于 "在元始天主创造天地" 的五种解释；第 21 章则罗列了对于 "地是混沌空虚" 的五种解释。[3] 总体上，第四层次是第二次罗列基本的共识与不同的观点，其中又按照针对的经文分为两组（亦见表 1）。

第五层次是第 23 章至第 28 章第 38 节，依次从解经方法、道德评价和文学理论三个方面入手，深入地阐述了作者关于《圣经》解释的基本思想，全面地否定了 "文字上的争辩"。奥古斯丁谦称，这只是 "听取了这些言论，用我病弱的能力加以考虑后，向你、洞悉一切的天主陈述我的见解"[4]。他先区分了两类性质不同的分歧：一类是 "关于事实的真假"（de veritate rerum），另一类是 "关于作者的本意"（de ipsius qui enuntiat voluntate）。[5] 既然 "摩西是天主的忠仆，他的著作即是圣神的神谕"[6]，前者就不是问题

---

1 *Conf.* 12.18.27: "quae mihi ardenter confitenti, deus meus, lumen oculorum meorum in occulto, quid mihi obest, cum diversa in his verbis intellegi possint, quae tamen vera sint? quid, inquam, mihi obest, si aliud ego sensero quam sensit alius eum sensisse qui scripsit? ... dum ergo quisque conatur id sentire in scripturis sanctis quod in eis sensit ille qui scripsit, quid mali est si hoc sentiat quod tu, lux omnium veridicarum mentium, ostendis verum esse, etiamsi non hoc sensit ille quem legit, cum et ille verum nec tamen hoc senserit?" 有所改动，参见周译第 274 页。

2 *Conf.* 12.20.29: "ex his omnibus veris de quibus non dubitant, quorum interiori oculo talia videre donasti ..." 稍有修改，参见周译第 275 页。

3 *Conf.* 12.20.29-12.21.30. 周译将第 21 章编入了第 20 章，因此从此处开始直至卷末，周译的各章编号均差一章。

4 *Conf.* 12.23.32: "his ergo auditis atque perspectis pro captu infirmitatis meae, quam tibi confiteor scienti deo meo ..." 稍有改动，参见周译第 277 页。

5 *Conf.* 12.23.32. 参见周译第 278 页。

6 *Conf.* 12.15.22: "... ui tamen et Moysen pium famulum dei et libros eius oracula sancti spiritus creditis?" 稍有改动，参见周译第 271 页。

了。关于后者，他极力强调了三个观点。第一，尽管多种解释都有可能，"但哪一个是他[摩西]在写作时的本意，这很难断定"[1]。第二，"既然这些文字能有许多非常确切的解释，非要鲁莽地坚持只有其中的一种才是摩西的观点，进行有害的争辩，不惜损害爱本身"，这是舍本逐末的愚蠢。[2] 对于那些固执己见、喜欢争辩的人，他的评价是："他们的大言不惭，不是根据学识，而是由于师心自用，不是因为有先见之明，而是由于傲慢。"[3] 第三，就文学理论而言，最好的写作方式就应当允许理解能力不同的读者，各自领会到不同的意义。[4] 奥古斯丁以一个生动的比喻来概括他的看法：真理就像清泉，衍为许多支流，灌溉了大片土地，大家都可以加以利用、各自发挥。[5]

第六层次从第 28 章第 39 节至第 29 章。这一部分从"元始"这个词入手，分三个层次，分析了六种不同的观点。这是本卷第三次罗列不同的观点（亦见表 1）。[6]

值得注意的是，虽然卷 12 在前后 3 轮、4 组的讨论中细致地列出了关于《创世记》第 1 章前两节的 21 种不同观点，但每一组的讨论都是按当下的话题自顾自地进行的。可以说，既有同一组内部相当接近的情况，也有虽然跨组而其实相近的情况。这样的写作方式，就使各组之间、各种观点之间的关系更加错综复杂了。作者并没有做出任何努力，真正梳理清楚这 3 轮 4 组 21 种观点的相互关系。[7] 总体上，如此复杂的讨论也并未给人以一种层层递进、愈辩愈明的感觉。可以说，直到第 3 轮罗列的结束，烦琐的分析也没有取得任何实质性的进展。从神学探究的角度来看，卷 12 的讨论是效

---

1 *Conf.* 12.24.33: "video quippe vere potuisse dici quidquid horum diceretur, sed quid horum in his verbis ille cogitaverit, non ita video ..." 有所改动，参见周译第 279 页。

2 *Conf.* 12.25.35: "iam vide quam stultum sit, in tanta copia verissimarum sententiarum quae de illis verbis erui possunt, temere adfirmare quam earum Moyses potissimum senserit, et perniciosis contentionibus ipsam offendere caritatem propter quam dixit omnia, cuius dicta conamur exponere." 基本未从周译，参见周译第 281 页。

3 *Conf.* 12.25.34. 参见周译第 279—280 页。

4 *Conf.* 12.26.36. 类似的文学主张，参见：*Conf.* 6.5.8, 12.14.17, 12.31.42。

5 *Conf.* 12.27.37. 参见周译第 281—282 页。

6 *Conf.* 12.28.39-12.29.40.

7 在笔者看来，这 21 种观点实际上可以划分为五类：第一类认为"天地"均指物质世界（a2、b2、d122）；第二类认为"天地"分别指精神造物、物质造物（b1、d121）；第三类认为"天地"均指物质造物的未具形相的原质（a3、b4、b5、c1、c2、c5、d112）；第四类认为"天地"统称精神造物、物质造物的原质（a4、a5、b3、c3、c4、d111、d2）；第五类认为"天"是精神造物，而"地"是物质造物的原质（a1、d13）。参见表 1。

果不佳的；从文学呈现的角度来看，这种烦琐、反复、拖沓的"文字上的争辩"，只不过给人以一种错综复杂、不知所云的混乱感。

表 1 卷 12 歧异论点对照表

层　　次	观点	章节	"天地"
第 3 层次	a1	12.17.24	"天"是精神造物，"地"是未具形相的物质（奥古斯丁观点）
	a2	12.17.24	"天地"统称有形世界
	a3	12.17.25	"天地"指未具形相、混沌的原质，有形世界由此形成
	a4	12.17.25	"天地"统称未具形相的原质，"地"指物质原质，"黑暗"指精神原质
	a5	12.17.25	"天地"统称未具形相的原质，将分别被造成精神造物、物质造物
			"在元始天主创造天地"
第 4 层次 第 1 组	b1	12.20.29	天主与道创造精神造物、物质造物
	b2	12.20.29	天主与道创造物质世界
	b3	12.20.29	天主与道创造未具形相的原质，精神、物质造物都在内
	b4	12.20.29	天主与道创造物质造物的未具形相的原质
	b5	12.20.29	天主创造未具形相的原质，天地由此形成
			"地是混沌空虚"
第 4 层次 第 2 组	c1	12.21.30	指物质事物的未具形相的原质
	c2	12.21.30	指未具形相的原质，物质的天地及万物由此形成
	c3	12.21.30	指未具形相的原质，理智的天、物质的天及万物由此形成
	c4	12.21.30	"地是混沌空虚"指未具形相的原质，"天地"指精神、物质造物
	c5	12.21.30	"地是混沌空虚"指未具形相的原质，"天地"指物质世界
			"元始"
第 6 层次	d1	12.28.39	"元始"是指"智慧"
	d11		"天地"指造成天地的未具形相的原质
	d111		同时包括理性、物质的造物
	d112		仅指物质的造物

（续表）

层　　次	观点	章节	"元始"
第 6 层次	d12		"天地" 指已有形相的造物
	d121	12.28.39	同时包括无形的、有形的
	d122		仅指物质的造物，包括物质的天与地
	d13		"天" 指已有形相的精神体，"地" 指未具形相的物质原质
	d2	12.29.40	"元始" 意为 "最初"，"天地" 指理性、物质造物的原质

接下来的第七层次，也就是全卷的总结部分了。第 30 章重申，根本无法判断究竟哪一种观点才是摩西的本意。第 31 章认为，"更符合宗教精神"（religiosius）的态度是，不同的正确的观点都是摩西所兼有的："他［摩西］下笔时，定已想到我们在这些文字中所能发现的、所不能发现的以及尚未发现而可能发现的真理。"[1] 在根本上，奥古斯丁本人所秉持的写作理念就是意义多元化的："如果我享有最高威权而有所著述，我宁愿如此写，使每人能在我的文字中看到他们每人对事物所具有的正确见解，不愿仅仅表达出一种正确意义而排斥其他一切并不错误、并不和我抵触的见解。"[2]

全卷的最后一章回到了天主的绝对主动性，强调神既可以把摩西所想的意思指示给信徒，也可以把别的正确的解释指示给信徒。[3] 在本卷的最后，奥古斯丁如此向天主祈祷："请许我比较概括地向你做出关于这些经文的忏悔；请许我选择你所启发我的一种正确、可靠、良好的见解，虽则我能看到多种意义，多种解释都是可行的。"[4]

1　*Conf.* 12.31.42: "sensit ille omnino in his verbis atque cogitavit, cum ea scriberet, quidquid hic veri potuimus invenire et quidquid nos non potuimus aut nondum potuimus et tamen in eis inveniri potest." 略有改动，参见周译第 286 页。

2　*Conf.* 12.31.42: "... si ad culmen auctoritatis aliquid scriberem, sic mallem scribere ut quod veri quisque de his rebus capere posset mea verba resonarent, quam ut unam veram sententiam ad hoc apertius ponerem, ut excluderem ceteras quarum falsitas me non posset offendere." 参见周译第 286 页。

3　*Conf.* 12.32.43: "nobis autem, domine, aut ipsam demonstra aut quam placet alteram veram, ut sive nobis hoc quod etiam illi homini tuo sive aliud ex eorundem verborum occasione patefacias, tu tamen pascas, non error inludat." 参见周译第 287 页。

4　*Conf.* 12.32.43: "sine me itaque brevius in eis confiteri tibi et eligere unum aliquid quod tu inspiraveris verum, certum et bonum, etiamsi multa occurrerint, ubi multa occurrere poterunt ..." 有所修改，参见周译第 287 页。

归根结底，对于虔诚的基督徒而言，只有神的启示才是真理的终极源泉，只有"爱"的律法才是解释《圣经》的最终目标："只有真理本身能调和这些正确见解之间的出入。希望我们的天主怜悯我们，使我们能恰当地使用你的律法，能着眼于律法的目标：纯洁的爱。"[1]

可以说，卷12的中心任务就是围绕着《创世记》第1章的前两节，让"文字上的争辩"充分地展开。但耐人寻味的是，本卷虽然在"文字上的争辩"消耗了大量的工夫，但直到最终也没有取得什么实质性的成果。可以说，本卷最有建设性的结论就是，《圣经》解释本来就是意义多元化的，在学理上既不可能、也不需要强求唯一正确的解释。

从卷12的基本结构来看，对不同观点的讨论与对"文字上的争辩"的批判始终都是交错进行的。在第一次罗列各种不同观点之后，作者立即就对"文字上的争辩"做了第一轮的批判，将其后果定性为"一无好处，徒乱人意"；在第二次罗列不同观点之后，作者投入了整个第五层次的篇幅（长达7节），做了第二轮更深入的批判，在学理上和道德上都否定了"文字上的争辩"，甚至将这种行为定性为"进行有害的争辩，不惜损害爱本身"[2]；在第三次罗列不同观点之后，在全卷的结论部分中，作者上升到了天主的启示高于一切的高度，最终确定了对"文字上的争辩"的否定。总之，与卷12表面上的"初衷"恰恰相反，事实上作者是在坚定地、反复地批判"文字上的争辩"。

从文学呈现的角度观察，卷12关于经文的探讨刻意地采用了相当复杂的结构，经历了相当拖沓的过程，得到了徒劳无功的结果。采取这种匪夷所思的写法，与其说真的是为了理清思路、明辨是非，不如说就是为了加剧局面的错综复杂。同时值得注意的是，那些在本卷中充当"反对派"的人（contradictores）并没有具体的所指。由此看来，文中那一场场貌似激烈的争辩，很有可能都是纯属虚构的文学表演，并没有几分现实的意义。更合理的猜想是，卷12的文学策略本来就不是通过"文字上的争辩"这一进路而"修成正果"；与其相反，作者的真实用意乃是刻意地呈现出"众说纷纭"

1　*Conf.* 12.30.41: "in hac diversitate sententiarum verarum concordiam pariat ipsa veritas, et deus noster misereatur nostri, ut legitime lege utamur, praecepti fine, pura caritate." 稍有改动，参见周译第285页。

2　*Conf.* 12.25.35.

的文学效果，从而充分地体现"文字上的争辩""一无好处，徒乱人意"这个道理。

在本卷的最后一章中，奥古斯丁还感叹道："主、我的天主，对寥寥数语，我写了多少篇幅！依照这种方式，对于全部圣经，我能有足够的能力，足够的时间吗？"[1] "我相信你的圣经，可是圣经中的话太深奥了。"[2] 对于基督徒而言，《圣经》蕴含着无限的"深奇奥妙"，而人类的思想始终只是"不懂而似懂，似懂而又不懂"[3]。"我卑微的口舌"与"高深莫测的你"，"我病弱的能力"与"洞悉一切的天主"[4]，始终都形成了根本性的悖论。与卷11所曾经采取的哲学的进路相似，由于人的理性能力的局限性，"文字上的争辩"这条路同样效率低下，并不具有实践上的可行性。

对《忏悔录》前两卷的回顾，也能帮助我们更好地理解卷12。卷10的结论是，必须先请求耶稣基督"治疗我的一切疾病，否则我绝无希望"[5]；卷11的结论是，罪人们只能祈求天主，"请你治疗我的眼睛，使我能享受你的光明而喜悦"[6]；与前两卷旨趣相合，卷12同样强调必须依靠天主给予的启示，人们才有可能理解《圣经》。在本卷的第一层次中，作者依靠自我能力而展开的探索只能停留于"猜测"的程度；到了第二层次，他声称已经听到了天主的"有力的声音"，终于旗帜鲜明地确定了自己的解释；在论辩的各个层次中，支撑讨论进程的各项基本共识，几乎都立足于基督教的世界观与《圣经》的权威。

总之，"自下而上"的"文字上的争辩"这一进路被宣告为"此路不通"，而唯一的办法只剩下了依靠天主的启示："请许我比较概括地向你做出关于这些经文的忏悔；请许我选择你所启发我的一种正确、可靠、良好的见解。"[7] 在《忏悔录》的最后一卷中，这条唯一的进路，也是最后的可能，将会被奥古斯丁成功地展现出来。其实，正如卷

1　*Conf.* 12.32.43: "ecce, domine deus meus, quam multa de paucis verbis, quam multa, oro te, scripsimus! quae nostrae vires, quae tempora omnibus libris tuis ad istum modum sufficient?" 参见周译第 287 页。

2　*Conf.* 12.10.10.

3　*Conf.* 12.14.17, 12.5.5.

4　*Conf.* 12.2.2, 12.23.32.

5　*Conf.* 10.43.69.

6　*Conf.* 11.31.41.

7　*Conf.* 12.32.43. 着重号为笔者所加。

12 开篇所言："当你圣经的言语敲击我的心门时，便觉得意绪纷然"，因为"人类贫乏的理智总是多费唇舌"；而人们之所以仍然满怀希望，只不过是因为"我们已经把定了你的诺言"。[1]

五、卷 13：寓意解经的追寻：最终的成功

奥唐奈将卷 13 划分为五个部分：第 1 章为导言，是对天主的呼吁；第 2—11 章讨论天主为何创造这个问题；第 12—30 章为对《创世记》的寓意解经，分"六日"而展开；第 31—34 章总结以上的解经（先是字面上的解经，再是寓意解经）；第 35—38 章是结语（第七日）。[2] 这样的划分在形式上大体尚可，却没有充分地反映出卷 13 的文学设计。尤为不当的是，第 28—31 章都是围绕着《创世记》第 1 章第 31 节（天主看了所造的一切，认为"都很美好"[3]）而展开的，都是以摩尼教二元论为假想对手的解经，因此不宜从中断开。

在笔者看来，从文学的角度来看，卷 13 可以被划分为四个部分：第 1 章为全卷导言；第 2—11 章的中心是在《创世记》第 1 章的开头找到"三位一体"；寓意解经随之开始（从第 12 章起），构成了本卷的"重头戏"，实际上直到全书结尾为止都包括在内；但考虑到最后 4 章既是寓意解经，也是具有总结性质的祈祷，它们也可以说是构成了一个相对独立的部分。非常值得注意的是，卷 13 采取了寓意解经的策略，相当顺畅地完成了对于《创世记》开头的整个创世叙事（第 1 章至第 2 章第 3 节）的解经。正如上文所述，卷 11、卷 12 分别采取了哲学的进路与"文字上的争辩"的进路，但其解

---

1 *Conf.* 12.1.1: "multa satagit cor meum, domine, in hac inopia vitae meae, pulsatum verbis sanctae scripturae tuae, et ideo plerumque in sermone copiosa est egestas humanae intellegentiae ... tenemus promissum ..." 有所改动，参见周译第 259 页。

2 James J. O'Donnell, *Augustine: Confessions*, Vol. 3, p. 343.

3 *Conf.* 13.28.43: "et vidisti, deus, omnia quae fecisti, et ecce bona valde, quia et nos videmus ea, et ecce omnia bona valde." 参见周译第 319 页。

经进度都局限于《创世记》第 1 章的前两节。与其相比，在运用了全新的解经思路之后，卷 13 的进度就显著地加快了。下面就按这种解读分析文本。

第 1 章的中心也就是开篇的几句话："我的天主，我的慈爱，我向你呼吁；你创造了我，我淡忘了你，你却并不忘掉我。我向你呼吁，请你降至我心，准备我的心，使我的心用你所启发我的愿望来接待你。"[1] "请你降至我心，准备我的心"指的就是卷 13 的第二部分，也就是"你所赐给我们的圣神把你的爱灌注在我们心中"[2]；在"我的心"做好准备之后，就可以"用你所启发我的愿望来接待你"了，这也就是第三、第四部分的寓意解经了。

第 2 章主要靠反问句"有什么值得"[3]（连续 5 次重复）的引导而展开，中心在于强调："你的造物之所以存在是出于你的无限之善。"[4] "天地"、精神造物、物质造物，皆是如此。但天主之所以要创造万物，这些讨论只起了"承上"（卷 12）的作用，主要的用意只是为了"启下"，即引出下面以"三位一体"为中心的解经。

在《创世记》第 1 章的前两节中找到"三位一体"，这才是本卷第二部分的主旨。奥古斯丁高度概括地论述说："我从天主的名称找到创造天地的'圣父'；从'元始'一语找到'圣子'，你在他之中创造了天地；根据我们信仰所相信的天主三位，我便在圣经中探求，看到'你的神运行在大水之上'。圣父、圣子、圣神，那不是三位一体的天主，万有的创造者吗？"[5]

1　*Conf.* 13.1.1: "invoco te, deus meus, misericordia mea, qui fecisti me et oblitum tui non oblitus es. invoco te in animam meam, quam praeparas ad capiendum te ex desiderio quod inspirasti ei." 稍有改动，参见周译第 288 页。

2　*Conf.* 13.7.8: "iam hinc sequatur qui potest intellectu apostolum tuum dicentem quia caritas tua diffusa est in cordibus nostris per spiritum sanctum, qui datus est nobis ..." 参见周译第 292 页。

3　*Conf.* 13.2.2–13.2.3: "... quid enim te promeruit ... dicant quid te promeruerunt ... quid te promeruerant ... quid te promeruit ... aut quid te promeruit ..." 参见周译第 288—289 页。周士良根据上下文分别译为"有什么权利"或"有什么值得"。

4　*Conf.* 13.2.2: "ex plenitudine quippe bonitatis tuae creatura tua substitit ..." 稍有改动，参见周译第 288 页。

5　*Conf.* 13.5.6: "et tenebam iam patrem in dei nomine, qui fecit haec, et filium in principii nomine, in quo fecit haec, et trinitatem credens deum meum, sicut credebam, quaerebam in eloquiis sanctis eius, et ecce spiritus tuus superferebatur super aquas. ecce trinitas deus meus, pater et filius et spiritus sanctus, creator universae creaturae." 有所改动，参见周译第 291 页。

"你的神运行在大水之上"是《创世记》第 1 章第 2 节的最后半句，在前面整整两卷的解经中都尚未登场。那么，究竟应该如何理解这句经文呢？奥古斯丁指出，正确的方法论就是："从此起，谁能理解的，请他跟随着使徒保罗。"而保罗对此的指导可以概括为：圣神的工作就是"把你的爱灌注在我们心中"，让人们认识到"爱的道路超越一切""基督超越一切的爱"，因此"圣神自始即'超越一切'，'运行在大水之上'"。[1]直到这几章，"你的神运行在大水之上"这句经文才得到了解释，对于《创世记》第 1 章前两节的评注终于克竟全功。

卷 13 的第二部分，就目的而言是为了引出"三位一体"，但就内容而言亦可被理解为：接续前两卷的讨论，继续以论辩的方式解释创世的"第一日"。第 3—10 章以对"你的神运行在大水之上"这句经文的解释为主线，对于"有光""黑暗"与"光明""黑夜"与"白昼"等《圣经》说法的解释穿插其间，再加上第 2 章所讨论的"在元始""天地"，实质上就构成了解释"第一日"的一个短篇。对于创世"第一日"的叙述，相当于《创世记》第 1 章的前 5 节。与极为拖沓的前两卷相比，卷 13 的解经进度显著加快了。

解经的工作一旦明确地得到了保罗的指引，上升到了"三位一体"的高度，文章的气氛就变得更加积极乐观，欢欣鼓舞的情绪已经溢于言表："爱把我们送到这里，你的至善圣神顾念我们的卑贱，把我们从死亡的门户中挽救出来，我们在良好的意愿中享受和平"；"我的重量即是我的爱。爱带我到哪里，我便到哪里。你的恩宠燃烧我们，提掖我们上升，我们便发出热忱冉冉向上。我们的心灵拾级上升时，唱着'升阶之歌'。你的火，你的有益的火燃烧我们，我们在迈进，向着耶路撒冷的和平上升，'听到我们要到主的圣殿去，我是多么高兴！'"[2]

1　*Conf.* 13.7.8: "iam hinc sequatur qui potest intellectu apostolum tuum dicentem quia caritas tua diffusa est in cordibus nostris per spiritum sanctum, qui datus est nobis, et de spiritalibus docentem et demonstrantem supereminentem viam caritatis et flectentem genua pro nobis ad te, ut cognoscamus supereminentem scientiam caritatis Christi. ideoque ab initio supereminens superferebatur super aquas." 有所修改，参见周译第 292 页。

2　*Conf.* 13.9.10: "amor illuc attollit nos et spiritus tuus bonus exaltat humilitatem nostram de portis mortis. in bona voluntate pax nobis est ... pondus meum amor meus; eo feror, quocumque feror. dono tuo accendimur et sursum ferimur; inardescimus et imus. ascendimus ascensiones in corde et cantamus canticum graduum. igne tuo, igne tuo bono inardescimus et imus, quoniam sursum imus ad pacem Hierusalem, quoniam iucundatus sum in his qui dixerunt mihi, 'in domum domini ibimus.'" 稍有改动，参见周译第 294 页。

在第二部分的最后一章，奥古斯丁提出了一种理解"三位一体"的新方式，认为天主的三位可以被理解为人的三个方面："存在、认识和意志。"（esse, nosse, velle）[1] 虽然在这章的结尾，他承认这种解释只是一种不确定的假说[2]，但紧随而至的第 12 章就是一段对着"三位一体"的激情昂扬的祈祷，第三部分的寓意解经马上就开始了。

第 12 章以一段对"三位一体"的"忏悔"开始："我的信仰，你继续忏悔吧，向你的天主说：'圣、圣、圣、我的主、天主！'我们是因你父、子、圣神之名领受了洗礼，我们因你父、子、圣神之名给人行洗礼，因为天主通过他的基督，也在我们中间创造了一个天地，就是教会的精神部分和肉体部分，我们的'地'在领受你的圣道而成形之前，也是混沌空虚，被愚昧的黑暗所笼罩，因为你'因人的罪而惩罚他'，'你的审判犹如一个无底的深渊'。"[3] 这段祈祷犹如一道文学性的仪式：在"忏悔"之后，奉"三位一体"之名的洗礼立即驱除了"愚昧的黑暗"。

紧接着，"你的圣神运行在大水之上"，"我们"立即"悔改"了："但你的'圣神'运行于大水之上，你的慈爱并不漠视我的困苦，你说：'有光！''你们应该悔改，因为天国近了。'你们应该悔改；有光！我们内心惶惶不安之时，'从约旦地方'，'从那个和你并高、为我们而自卑的山上'，我们想起你，我们厌恶我们的黑暗而转向你，便有了光。为此我们'过去一度黑暗，而现在已是在主里面的光明'"。[4] "我们过去一度黑

---

1 *Conf.* 13.11.12. 参见周译第 295 页。

2 *Conf.* 13.11.12: "... quis facile cogitaverit? quis ullo modo dixerit? quis quolibet modo temere pronuntiaverit?" 参见周译第 296 页。

3 *Conf.* 13.12.13: "procede in confessione, fides mea; dic domino deo tuo, 'sancte, sancte, sancte, domine deus meus, in nomine tuo baptizati sumus, pater et fili et spiritus sancte, in nomine tuo baptizamus, pater et fili et spiritus sancte,' quia et apud nos in Christo suo fecit deus caelum et terram, spiritales et carnales ecclesiae suae. et terra nostra antequam acciperet formam doctrinae invisibilis erat et incomposita, et ignorantiae tenebris tegebamur, quoniam pro iniquitate erudisti hominem, et iudicia tua sicut multa abyssus." 稍有改动，参见周译第 296 页。

4 *Conf.* 13.12.13: "sed quia spiritus tuus superferebatur super aquam, non reliquit miseriam nostram misericordia tua, et dixisti, 'fiat lux'; 'paenitentiam agite, appropinquavit enim regnum caelorum.' 'paenitentiam agite'; 'fiat lux.' et quoniam conturbata erat ad nos ipsos anima nostra, commemorati sumus tui, domine, de terra Iordanis et de monte aequali tibi sed parvo propter nos, et displicuerunt nobis tenebrae nostrae, et conversi sumus ad te, et facta est lux. et ecce fuimus aliquando tenebrae, nunc autem lux in domino." 参见周译第 296—297 页。

暗,而现在已是在主里面的光明",这一章确实标志着由"暗"转"明"的转变,构成了全卷中最重要的转折点。从此以后,疑问与反复都退场了,困惑与犹豫都消除了,胸有成竹、大气恢宏的文章就开始倾泻而下了。[1]

卷 13 的第三部分依照"六日"的顺序,运用寓意解经的方法,依次解释了《创世记》第 1 章中的若干关键词,将创世的神话演绎成了一部以信仰与救赎为主题的史诗。这是因为,在奥古斯丁看来,创世"六日"的叙事不仅具有字面的、宇宙论的、历史性的一面,还具有象征性、精神性的一面。

借用奥古斯丁自己的总结,创世"六日"的主线可以被概括为:

> 精神与物质的造物,犹如天地;正义的与不义的灵魂,犹如光明与黑暗("第一日",第 12—14 章);传授律法的神圣作者,犹如在诸水之间展开的穹苍("第二日",第 15 章);痛苦的人类社会,犹如海洋;虔诚信徒的持身,犹如陆地;现世的慈善工作,犹如花草果树("第三日",第 16—17 章)[2];你又在穹苍中点燃各种"光体",即是拥有生命之"道"的,蒙被圣神恩宠的,用他们卓越的权威照耀四方的圣徒("第四日",第 18—19 章);为了使外教民族受信仰的灌溉,你用有形的物质造成了圣事和可以目睹的灵迹,还有来自你的穹苍之书的圣言之音,这一切也使信徒蒙受祝福("第五日",第 20 章);你又用合理的情感和坚强的节制培育信徒们"有生命的灵魂"[3];你依照你的肖像模样,刷新了仅仅听命于你而无

---

1 正如麦克马洪所观察到的,从 *Conf.* 13.12.13 开始出现了一个突然的变化,谨慎地探询真理的语调,突然变得自信、肯定、具有权威了;在神的默示下,讲述者突然掌握了真理,不再需要探询、祈祷和论辩了;接下来的"受默示"的寓意解经是作者奥古斯丁计划好的,使全书达到了高潮。参见: Robert McMahon, *Augustine's Prayerful Ascent: An Essay on the Literary Form of the Confessions*, pp. 22–37.

2 *Conf.* 13.24.37: "... invenimus quidem multitudines et in creaturis spiritalibus atque corporalibus tamquam in caelo et terra, et in animis iustis et iniquis tamquam in luce et tenebris, et in sanctis auctoribus per quos lex ministrata est tamquam in firmamento quod solidatum est inter aquam et aquam, et in societate amaricantium populorum tamquam in mari, et in studio piarum animarum tamquam in arida, et in operibus misericordiae secundum praesentem vitam tamquam in herbis seminalibus et lignis fructiferis ..." 有所修改,参见周译第 314 页。该节也总结了对于"第四日""第六日"的解释,但本文以 *Conf.* 13.34.49 的归纳取代了。

3 "anima viva",即思高本所谓的"生物"。

需取法人间任何权威的心灵[1]，最后你又教这些信徒们供应你的全体神职人员的生活需要，这是信徒在现世中的修行所必需的，将会在未来结出硕果（"第六日"，第 21—27 章 ）。[2]

接下来就是两个层次的总结了。第一层次的总结，围绕着《创世记》第 1 章最后一节所谓的 "天主，你看了你所造的一切，'都很美好' "[3]而展开，完成了关于 "六日"的解经。第 28—34 章上升到本体论的高度，讴歌了万有的美好，同时批判了摩尼教的二元论（ 第 30 章 ）。第 34 章在归纳了本卷对于 "六日" 的解释之后，以这样一段对天主与圣神的赞美结尾："这一切我们都见到了，都是很好的，因为你在我们身上也见到了，你把圣神赐与我们，使我们因圣神而见这一切，而且在这一切之中热爱你。"[4]这段话其实正是对于卷 13 的中心思想的精辟总结。

第二层次的总结，也可以被视为全卷的第四部分。全书最后的第 35—38 章，是围绕着 "第七日" 而展开的一组祈祷。"第七日" 也就是 "安息日的和平"（ pacem sabbati ），或者说 "永生的安息日"（ sabbato vitae aeternae ）。[5]一言以蔽之，作为虔诚的基督徒，最大的期盼就是 "本着你的恩赐，完成了我们 '很好' 的工作后，在永生的安息日，我们将安息在你怀中"[6]。

1　即 *Conf.* 13.23.33 所谓的 "属于精神的人"（ spiritales/spiritalis homo ）。

2　*Conf.* 13.34.49: "et inde accendisti quaedam luminaria in firmamento, verbum vitae habentes sanctos tuos et spiritalibus donis praelata sublimi auctoritate fulgentes; et inde ad imbuendas infideles gentes sacramenta et miracula visibilia vocesque verborum secundum firmamentum libri tui, quibus etiam fideles benedicerentur, ex materia corporali produxisti; et deinde fidelium animam vivam per affectus ordinatos continentiae vigore formasti, atque inde tibi soli mentem subditam et nullius auctoritatis humanae ad imitandum indigentem renovasti ad imaginem et similitudinem tuam ... omnibusque tuis ministeriis ad perficiendos fideles in hac vita necessariis ab eisdem fidelibus ad usus temporales fructuosa in futurum opera praeberi voluisti." 有所修改，参见周译第 323 页。该节也总结了对于创世前三日的解释，但本文以 *Conf.* 13.24.37 的归纳取代了。

3　*Conf.* 13.28.43.

4　*Conf.* 13.34.49: "haec omnia videmus et bona sunt valde, quoniam tu ea vides in nobis, qui spiritum quo ea videremus et in eis te amaremus dedisti nobis." 有所改动，参见周译第 324 页。

5　*Conf.* 13.35.50, 13.36.51. 参见周译第 324 页（ 后者被译为 "永生的第七天" ）。

6　*Conf.* 13.36.51: "... quod et nos post opera nostra ideo bona valde, quia tu nobis ea donasti, sabbato vitae aeternae requiescamus in te." 参见周译第 324 页。

与前两卷的解经相比，卷 13 的文学风格是相当不同的。第一个明显的特点是节奏明快、行文简练。卷 11 采取哲学的进路，以整卷的篇幅讨论《创世记》第 1 章第 1 节的一句经文，犹未"豁然开朗"；卷 12 尝试了"文字上的争辩"这一进路，所讨论的经文仍不过《创世记》第 1 章开头的一节半，而最终的教训只是"一无好处，徒乱人意"。与其相比，卷 13 的前三分之一上升到了"三位一体"的高度，在使徒保罗的指引下，将"圣神自始即'超越一切'，'运行在大水之上'"作为中心，仅以 10 章的篇幅就完成了对于《创世记》第 1 章前 5 节的评注，其效率已经十倍于前两卷了。在向"三位一体""忏悔"之后，卷 13 的后三分之二继续追随保罗的指引，同时改用寓意解经的新思路，以更高的效率完成了对于《创世记》第 1 章以及第 2 章前 3 节的评注。大体而言，寓意解经部分的效率是本卷前三分之一的近三倍，是卷 11、卷 12 的二三十倍。

如前文所述，从卷 10 到卷 12，无论是心理的进路、哲学的进路，还是"文字上的争辩"，追寻天主的这三次尝试都未能得出确定的、实质性的结论。与低效的前三卷相比，在卷 13 的总结部分中，奥古斯丁一一针对前三卷的拖沓讨论，以极为简练、精辟的语言做出了新的回答。

针对卷 10，卷 13 的第 38 章总结道：

> 我们看见你所造的一切，因为它们存在；由于你看见这一切，因此这一切存在。我们外在地看见它们的存在，内在地看见它们的美好；由于你看见它们应被创造，你就看见它们被创造。[1]

这就为如何"内在地"追寻天主提供了根本的指南。

针对卷 11，第 37 章如此回答：

---

1 *Conf.* 13.38.53: "nos itaque ista quae fecisti videmus, quia sunt, tu autem quia vides ea, sunt. et nos foris videmus quia sunt, et intus quia bona sunt; tu autem ibi vidisti facta, ubi vidisti facienda." 改动较大，参见周译第 325 页。

> 主，你是永久工作，永久休息；你不随时间而见，不随时间而动，不随时间而安息，但你使我们见于时间之中，你创造了时间，你也制定了时间后的安息。[1]

这就言简意赅地指明了基督教时间观的基本原则。

至于对卷 12 的回答，可以说就在第 33 章之中了：

> 万物是由你创造，不是从你身上分出，也不是你身外先期存在之物分化而出的；它们是来自同样受造的，也就是说来自同时受你创造的原质，你不分时间的先后，把无形的原质形成万有。天地的质和天地的形，二而非一，你从虚无中创造了原质，又从不具形相的原质创造世界的万物，但这两项工作是同时的，原质的受造和形相的显现并无时间的间隔。[2]

从神学的角度来看，这样的形而上学已经充分地保障了对独一真神的信仰。

对于卷 13 本身，第 34 章则给出了详略不同的两个版本的总结：该章的主体依次归纳了天主在"六日"中的工程（前文已部分引述），而其精练的结尾则是一种抽象的升华：

> 这一切我们都见到了，都是很好的，因为你在我们身上也见到了，你把圣神赐与我们，使我们因圣神而见这一切，而且在这一切之中热爱你。[3]

---

1 *Conf.* 13.37.52: "tu autem, domine, semper operaris et semper requiescis, nec vides ad tempus nec moveris ad tempus nec quiescis ad tempus, et tamen facis et visiones temporales et ipsa tempora et quietem ex tempore." 参见周译第 324 页。

2 *Conf.* 13.33.48: "de nihilo enim a te, non de te facta sunt, non de aliqua non tua vel quae antea fuerit, sed de concreata, id est simul a te creata materia, quia eius informitatem sine ulla temporis interpositione formasti. nam cum aliud sit caeli et terrae materies, aliud caeli et terrae species, materiem quidem de omnino nihilo, mundi autem speciem de informi materia, simul tamen utrumque fecisti, ut materiam forma nulla morae intercapedine sequeretur." 略有修改，参见周译第 32—323 页。

3 *Conf.* 13.34.49.

总之，卷 13 的文学成就足以证明，相对于前三卷的拖沓、冗长，作者完全有能力写出相当明快、精辟的文章；反复出现于前三卷之中的困惑、反复，更是与卷 13 所展现的胸有成竹的写作计划、言简意赅的神学语言形成了强烈的反差。极有可能，前三卷所尝试的那三次对于天主的失败的追寻，虽然进路各自不同，但都只是作者故意呈现的文学表演而已。

卷 13 的第二个文学特点，是作者所表现出来的坚定的自信心与强烈的权威感。在前三卷中，当前的探讨方式经常遭到怀疑甚至是批评，而最终的结果都是不顺利、不可行的。形成鲜明对比的是，卷 13 反复地提醒读者，一旦领悟了"三位一体"的真谛，尤其是在放弃了那些形式不同、但本质上都过于"理性主义"的方法论之后，寓意解经的方法立即可以获得最成功、最有效的《圣经》解释。

正如第 12 章所言，在向"三位一体""忏悔"之后，"我们过去一度黑暗，而现在已是在主里面的光明"[1]。在寓意解经的过程中，奥古斯丁所遇到的最大挑战在于，如何解释《创世记》第 1 章第 28 节所谓的"生育繁殖"（crescant et multiplicentur）[2]。但哪怕是在此时，他也充满信心地坚持了寓意解经的方法论：

> 主啊，请你至少接受我在你眼前的忏悔，我相信你如此说不是徒然的，我还要说出我读这段文字后所有的感想。此外，我也看不到有什么能阻止我领略圣经文字的象征意义。[3]

在谈完了对于"生育繁殖"的别出心裁的解释之后，作者又以更加自信的口吻，开始了关于《创世记》第 1 章第 29 节的讨论：

1　*Conf.* 13.12.13.

2　*Conf.* 13.24.35–13.24.37.

3　*Conf.* 13.24.36: "placeat autem et confessio mea coram oculis tuis, qua tibi confiteor credere me, domine, non incassum te ita locutum, neque silebo quod mihi lectionis huius occasio suggerit. verum est enim, nec video quid impediat ita me sentire dicta figurata librorum tuorum." 参见周译第 313 页。

　　主，我的天主，我还要谈谈你的圣经下一节给我的启发，我将毫无顾虑地谈出，因为我只谈真理，而且是你启发我，要我读了这些文字而加以宣说。除你外，我相信没有一人能启发我谈论真理，因为"你是真理"，而"所有人都是撒谎的"，"谁说谎，是出于自己"。为此，我要谈真理，只能依据你。[1]

　　从这里开始，这种"我只谈真理"的"理论自信"就越来越强烈了："主啊，我愿在你面前倾谈真理"[2]；"主、我的天主，我听见了，我舐到了你的真理的甘露"[3]。之所以奥古斯丁自信"我只谈真理"，是因为他相信"是你启发我"："你用强有力的声音，在我心灵的耳际，振发你的仆人的聋聩，对我呼喊说：'你这人！圣经上的话就是我的话'"，"你们通过我的圣神所看见的，我也看见；你们通过我的圣神所说的，我也说"。[4] "但我怎样知道天主开恩赐给我们的一切呢？"奥古斯丁极为自信地回答说，这是因为他获得了圣神的启示："对于那些因圣神而说话的人，圣经上曾明确地说：'不是你们自己说话'；同样，对于因圣神而认识的人，也能肯定说：'不是你们自己认识。'对于因圣神而看见的人，也同样能肯定说：'不是你们自己看见。'因此谁因圣神看出事物的美好，也不是他自己看见，而是天主看见其美好。"[5] 总之，自居为"真理"的话语在卷 13 中反复地出现，作者坚信其解经权威直接来自圣神的启示。

　　全书之终章也表现出了一种功德圆满的成就感。在《忏悔录》卷 1 的开篇章中，

1　*Conf.* 13.25.38: "volo etiam dicere, domine deus meus, quod me consequens tua scriptura commonet, et dicam nec verebor. vera enim dicam te mihi inspirante quod ex eis verbis voluisti ut dicerem. neque enim alio praeter te inspirante credo me verum dicere, cum tu sis veritas, omnis autem homo mendax, et ideo qui loquitur mendacium, de suo loquitur. ergo ut verum loquar, de tuo loquor." 稍有更改，参见周译第 315 页。

2　*Conf.* 13.27.42: "ideoque dicam quod verum est coram te, domine ..." 参见周译第 318 页。

3　*Conf.* 13.30.45: "et audivi, domine deus meus, et elinxi stillam dulcedinis ex tua veritate ..." 参见周译第 320 页。

4　*Conf.* 13.29.44: "... et dicis voce forti in aure interiore servo tuo, perrumpens meam surditatem et clamans: 'o homo, nempe quod scriptura mea dicit, ego dico ... sic ea quae vos per spiritum meum videtis ego video, sicut ea quae vos per spiritum meum dicitis ego dico ... '" 稍有改动，参见周译第 319—320 页。

5　*Conf.* 13.31.46: "quomodo ergo scimus et nos quae a deo donata sunt nobis? ... sicut enim recte dictum est, 'non enim vos estis, qui loquimini,' eis qui in dei spiritu loquerentur, sic recte dicitur, 'non vos estis, qui scitis,' eis qui in dei spiritu sciunt. nihilo minus igitur recte dicitur, 'non vos estis, qui videtis,' eis qui in spiritu dei vident. ita quidquid in spiritu dei vident quia bonum est, non ipsi sed deus videt, quia bonum est." 略有改动，参见周译第 321 页。

奥古斯丁早就为全书的结尾预留了伏笔："我们的心如不安息在你怀中，便不会安宁。"[1] 很明显，所谓的"安宁"(requiescat)，在卷 13 最后 4 章的"永生的安息日"中得到了最圆满的实现。[2] 在开篇章中，作者还将全书的主线概括为："'谁追寻主，就将赞颂主'，因为追寻主，就会获得主；获得主，也就会赞颂主。"[3] 很明显，所谓的"赞颂"，在最后三卷的《创世记》评注中得到了最好的体现；而"追寻"的直接结果"获得"，不仅在个人经历的层面上体现于卷 8、卷 9 所记录的"人生转变"，也在"思想转变"的层面上体现于卷 13 寓意解经的成果。全书结尾宣称："只能向你要求，向你追寻，向你叩门：惟有如此，才能获致，才能找到，才能为我洞开户牖。"[4] 这样的结尾，不仅清楚地肯定了这就是最终的"获得"，还为反复出现于最后三卷中的"叩门"[5] 之喻做了总结。这样的"大结局"，充分地表现出本卷对天主的追寻是完全成功的。

总之，与前三卷的文风迥然不同，卷 13 以充满权威的自信，以简练明快的文笔，成功地展现了寓意解经的功德圆满。卷 12 在终章中祈祷说："请许我比较概括地向你做出关于这些经文的忏悔；请许我选择你所启发我的一种正确、可靠、良好的见解。"[6] 卷 13 的寓意解经，不正是对于这个最终方案的完美实践吗？

其实，就在最后四卷各自的导言中，对于天主的这四次探寻的不同结果，也已经有所预示了。卷 10 的导言部分以这样的方式结尾："我要忏悔我对自身所知的一切，也要忏悔我对自身所不知的种种。因为对我自身而言，我所知的，是由于你的光照；所不知的，只要我的黑暗在你面前尚未转为中午，仍是无从明彻。"[7] 卷 11 的首章自称"我竭我的能力和意志，向你陈述许多事情"，然而从"时间"的角度来看，这番努力本

1　*Conf.* 1.1.1: "... et inquietum est cor nostrum donec requiescat in te." 参见周译第 3 页。

2　"requiescere/requies" 在最后 3 章中出现了 6 次，此外还在第 4 章中出现了 3 次，在第 7—9 章中出现了 5 次。

3　*Conf.* 1.1.1: "et laudabunt dominum qui requirunt eum: quaerentes enim inveniunt eum et invenientes laudabunt eum." 参见周译第 3 页。另外参见夏洞奇《奥古斯丁〈忏悔录〉1.1.1 释义》，第 18 页。

4　*Conf.* 13.38.53: "a te petatur, in te quaeratur, ad te pulsetur: sic, sic accipietur, sic invenietur, sic aperietur." 参见周译第 325 页。

5　参见：*Conf.* 11.2.3-11.2.4, 12.1.1, 12.12.15。

6　*Conf.* 12.32.43.

7　*Conf.* 10.5.7.

来就实属多余："主啊，永恒既属于你有，你岂有不预知我对你所说的话吗？你岂随时间而才看到时间中发生的事情？那末我何必向你诉说这么一大堆琐事？"[1] 卷12的导言更是一针见血地指出："通常人类贫乏的理智总是多费唇舌。"[2] 与前三卷的导言截然不同，卷 13 是以非常积极的预告开篇的："我向你呼吁，请你降至我心，准备我的心，使我的心用你所启发我的愿望来接待你。"由此可见，心理的进路注定只能"无从明彻"，哲学的进路受到了"何必诉说"的质疑，"文字上的争辩"只不过是"多费唇舌"，对于天主的这三次追寻都早已有了预定的结局，都只是对于卷 13 的寓意解经的铺垫与反衬。

六、余　论

对文本的细致考察表明，《忏悔录》全书在主题和结构上均具有相当充分的内在统一性；奥古斯丁在动笔之初早已胸有成竹，对整部作品的构思有了成熟的预案。不能忽视的是，从文学的角度来看，《忏悔录》实为作者精心设计的一系列文学表演。该书由六场写法迥异的文学表演组合而成，堪称一座展示多重文学可能性的"文学博物馆"。

从结构的角度分析，《忏悔录》一共包含了六次对天主的追寻：其中的四次追寻都企图将人类自身的理性能力作为出发点，结果都走向了失败（"认识"优先的追寻、心理的追寻、哲学的追寻、文字上的追寻）；仅有两次追寻，最终获得了圆满的成功（"奥古斯丁"个人的追寻、寓意解经的追寻）。二者之所以能够成功，都是因为克服了人的"骄傲"，抵制了唯理性主义的诱惑，全心全意地依靠天主的救恩。

1　*Conf.* 11.1.1: "numquid, domine, cum tua sit aeternitas, ignoras quae tibi dico, aut ad tempus vides quod fit in tempore? cur ergo tibi tot rerum narrationes digero? ... ecce narravi tibi multa, quae potui et quae volui ..." 参见周译第 231 页。

2　*Conf.* 12.1.1.

对《忏悔录》整体结构的把握，能够帮助我们更好地理解该书的主题与性质：这部"深奇奥妙"的著作不仅非常基督教、非常奥古斯丁主义，还含蓄地包藏着"反哲学"或者说是反对唯理性主义的立场——自始至终，作者一直都在极力强调，相对于人类的救赎这个超越自然的目标，"自下而上"的理性探索真的是无能为力的，唯有"自上而下"的天主救恩才是最终的指望。

上升到解读文本的方法论层面来看，《忏悔录》在字面上所记录的各种"事件"与"观念"，都有可能只是作者精心设计出来的文学呈现，都是服务于上述的宗教主题的。因此，只有自始至终地将文本嵌入整体性的文学结构之中，读者才有可能避免"断章取义"的危险，更加深切地领悟作者用心良苦的真意。

2017 年 8 月 16 日初稿

10 月 15 日修补

（本文作者为复旦大学历史学院副教授）

九年、星象学与宇宙论神话

论奥古斯丁的摩尼教迷途

花　威

　　在来到迦太基之后，青年学生奥古斯丁很快加入摩尼教，成为一名听教者。在学习修辞学、阅读哲学作品和钻研星象学的同时，他努力探索本教的各种教义，但逐渐开始怀疑摩尼教的宇宙论神话，并在见到期待已久的摩尼教主教福斯图斯（Faustus）之后大失所望，决定放弃这一思想事业，渡海前往罗马寻求新的职业发展。

　　对于自己沉迷摩尼教的起止时间，奥古斯丁多次明确说，仅仅是"九年之久"。但当代众多研究者却质疑说，这一起止时间短则至少有十年，长则应当有十一年。这些质疑使得我们不得不思考，奥古斯丁为何把自己沉迷摩尼教的时间限定为九年？他究竟如何看待自己脱离摩尼教的过程？而星象学在其中起到了怎样的作用？

　　有鉴于此，本文试图以《忏悔录》为主要文本，首先梳理奥古斯丁对"九年之久"的多次声明，以其行迹来确定九年的具体起止时间；其次，论证他决心脱离摩尼教的核心原因是该教的宇宙论神话无法契合基于数学推演的星象学，而这一点恰恰是他在九年之中就已然确证了的；最后，论证不认可星象学的星命占卜，但认可其星象预测，奥古斯丁将后者吸纳进自己对《创世记》前三章的解释，从而既驳斥了摩尼教的宇宙论神话，又把古代星象学改造成了基督教背景下的天文学雏形。

一、多次声明的"九年之久"

在早期著作和直到 397 年开始写作的《忏悔录》中，奥古斯丁至少八次明确说，自己沉迷摩尼教的时间是"九年之久"。

（1、2）在 387/388 年写成的《论两种生活》(*De moribus ecclesiae Catholicae et De moribus Manichaeonum*) 中，奥古斯丁两次提及九年的说法。其中，1.18.34 中说："那就将不需要九年 (novem annis)，就像你们曾经戏耍我的。"而 2.19.68 中说："我曾经以极大的细心和勤奋聆听你们整整九年 (novem annos totos)。"

（3）在稍后 391 年写成的《论信仰的益处》(*De utilitate credenti*) 1.2 中，奥古斯丁则说，自己在摩尼教中的时间是"近乎九年"(annos fere novem)。

在《忏悔录》中 [1]，奥古斯丁至少五次明确提及这一时间。

（4）《忏悔录》3.4.7 中说，他在 19 岁那年读到了西塞罗的《致赫尔顿西》："那时我已 19 岁 (annum aetatis undeuicensimum)，父亲已在两年前去世。"在这本哲学著作的激励下，他首次尝试阅读《圣经》，很快不堪卒读，但为了继续寻求"基督的名字"，旋即加入了大谈真理的摩尼教。

（5）《忏悔录》3.11.20："因为我在垢污的深坑中、在错误的黑暗中打滚儿，大约有九年之久 (novem ferme anni)！"

（6）《忏悔录》4.1.1："我从 19 岁到 28 岁 (ab undeuicensimo anno aetatis meae usque ad duodetricensimum)，九年之久 (tempus annorum novem)，陷溺于种种恶业之中……我供应那些所谓'优秀分子'和'圣人们'饮食，想从他们的肚子里炮制出天使和神道来解救我们。"

（7）《忏悔录》5.3.3："我将在我天主之前，谈谈我 29 岁 (undetricensimum) 那一年了。"随即，奥古斯丁开始记叙福斯图斯来到迦太基之后的情形。

（8）《忏悔录》5.6.10，"在近乎九年之中 (per annos ferme ipsos novem)，我的思

---

1 《忏悔录》的中译文选用周士良的译文，具体页码不再标出。参见奥古斯丁：《忏悔录》，周士良译，商务印书馆 2015 年。

想彷徨不定；我听信他们的话，怀着非常热烈的愿望等待那位福斯图斯的莅临。"

从上述多次明确声明来看，奥古斯丁认定，自己沉迷摩尼教的时间是 19—28 岁之间，截止于 29 岁见到福斯图斯之前。而他出生于 354 年 11 月 13 日，其 19 岁那年应当是 372 年 11 月到 373 年 11 月，其 28 岁那年应当是 381 年 11 月到 382 年 11 月，其 29 岁那年应当是 382 年 11 月到 383 年 11 月。由于奥古斯丁出生的 11 月接近于年末，我们大致可以把他的 19 岁确定为 373 年，28 岁确定为 382 年，而 29 岁确定为 383 年。

在词条"《驳摩尼教徒福斯图斯》"（*Contra Faustum Manicheum*）中，科勒（J. Kevin Coyle）认为，福斯图斯是大约 382 年末来到了迦太基。[1] 与此不同，奥唐奈（James O'Donnell）则认为，"与所有证据相契合的解释只能是，奥古斯丁沉迷摩尼教开始于 373 年在迦太基，而福斯图斯是在 383 年初的时候从罗马来到这里；在整整九年时间里，他都是全心全意的热衷者，直到他的诸多怀疑在福斯图斯到访时占据了主导"[2]。由于地中海冬季比较难以航海，福斯图斯在 383 年初从罗马渡海来到迦太基，是更为可信的时间点。

福斯图斯约 340 年出生于北非地区的米利维（Milevis），此地在塔各斯特以西约 100 英里。他舍弃妻儿皈依摩尼教，在 382 年之前就已经从选徒（the Elect）升任为摩尼教的主教。在来到迦太基之后，福斯图斯在 386 年被行省总督米西安（Messianus）依据反摩尼教法令逮捕和流放到地中海的海岛上，但因为 387 年 1 月狄奥多西皇帝的大赦而得以返回。在流放期间或晚至去世前，他撰写了一本书《信仰诸章》（*Capitula*），论证摩尼教是最为纯粹的基督教，而奥古斯丁后来撰写《驳摩尼教徒福斯图斯》予以详细驳斥。

依照奥古斯丁的说法，他认为自己沉迷摩尼教的时间是 373 年到 382 年 11 月，

---

[1] J. Kevin Coyle, "*Contra Faustum Manicheum*", in Allan D. Fitzgerald ed., *Augustine through the Ages: An Encyclopedia* (Grand Rapids: William B. Eerdmans Publishing Company, 1999), p. 355.

[2] James O'Donnell, *Augustine: Confessions*, Volume 2, Commentary Books 1—7 (Oxford: Oxford University Press, 2012), p. 297.

或最晚至383年初见到福斯图斯为止。依照后续行程，奥古斯丁与福斯图斯一起读书数月，在383年夏秋从迦太基去到罗马，在384年秋天从罗马去到米兰。在罗马期间，他居住在一名摩尼教徒家中，并设帐收徒，继续教授修辞学，仍然与其他摩尼教徒交往甚密，最后得到教友们的大力举荐和罗马城尹大臣辛马库斯（Symmachus, Prefect of Rome）的认可，得以去到米兰担任宫廷修辞学教授，并见到了米兰主教安布罗斯。

二、"九年之久"所引发的争议

虽然对"九年之久"的多次声明非常清楚，但从《忏悔录》第五卷的行文却很容易看出，奥古斯丁与摩尼教的纠葛并没有因为福斯图斯的到来而终结，反而一直延续到初到米兰之后。

夏洞奇梳理了半个多世纪以来西方学者对此的争议，大致可以分为三类看法。[1]

第一类是坚持传统看法。包括布朗（Peter Brown）的《希波的奥古斯丁》（1967、2000年）、邦纳（Gerald Bonner）的《希波的圣奥古斯丁：生平与论战》（1986、2002年）和霍林斯沃思（Miles Hollingworth）的《希波的圣奥古斯丁：思想传记》（2013年），都直接认可了"九年之久"的说法。

第二类是"十年"的看法。库塞尔（Pierre Courcelle）的《奥古斯丁〈忏悔录〉研究》（1968年）、费拉里（Leo Charles Ferrari）的《奥古斯丁做摩尼教徒的九年》（1975年）、奥马拉（John J. O'Meara）的《青年奥古斯丁：圣奥古斯丁的心灵成长与皈依》（2001年）和朗斯尔（Serge Lancel）的《圣奥古斯丁》（2002年）认为，这个时间应当有十年，直到384年与摩尼教彻底脱离为止。在2012年出版的《穿越针眼：财富、罗马陷落与基督教在西方的形成（350—550年）》中，布朗修正了早年的观点，认可了十年的看法。

1　夏洞奇：《"开始绝望"？——〈忏悔录〉卷五再分析》，《云南大学学报》2015年第2期，第36—39页。

第三类是"至少 11 年"的看法。奥唐奈的《奥古斯丁新传》(2005 年) 认为，从 19 岁到前往米兰的 30 岁，这个时间至少有 11 年，甚至接近 12 年，即直到莫妮卡在 385 年晚春[1]到达米兰时。贝东(Jason David BeDuhn)的《奥古斯丁的摩尼教困境(第一部：皈依与背教，373—388 年)》(2010 年) 更为激进，把福斯图斯解释为青年奥古斯丁的思想导师，对之的深刻影响延续到米兰之后。

除了贝东的解释明显有失偏颇[2]，从 9 年到 11 年的时间界定都不无道理，可以被看作短版解释和长版解释之分。然而，要做出合适回应，我们应当细致考察《忏悔录》第四、五卷的文本，特别是奥古斯丁关于自己钻研星象学的记叙。

三、相信摩尼教，却钻研星象学

在加入摩尼教之后不久，奥古斯丁就开始接触到星象学，认可星象学家能够通过数学推演预测星辰变化，只是不确定是否像其所说的，人出生时的星象能够决定其行为和命运。虽然朋友内布利提和时任总督文提齐亚努斯都劝诫他放弃，但是奥古斯丁仍然对之保持好奇。[3] "对于我影响最深的，是这些书的作者的权威，我还没有找到我所要求的一种可靠的证据，能确无可疑地证明这些星命家的话所以应验是出于偶然，而不是出于推演星辰。"[4]

在福斯图斯到来之前，奥古斯丁已经阅读了很多星象学著作，看到星象学家"能计算星辰与沙砾的数字，度量天体，窥测星辰运行的轨道"[5]；"能在好几年前预言某日

1　晚春的时间界定，参见 Peter Brown, *Augustine of Hippo: A Biography*, a new edition with and epilogue (Berkeley and Los Angeles: University of California Press, 2000), p. 3。

2　相关反驳，参见夏洞奇：《"开始绝望"？——〈忏悔录〉卷五再分析》，第 44—48 页；夏洞奇：《"危险的深渊"：〈忏悔录〉卷六考》，《古典与中世纪研究》(第一辑)，商务印书馆 2020 年，第 43—44 页。

3　《忏悔录》4.3.5、7.6.8。

4　《忏悔录》4.3.6。

5　《忏悔录》5.3.3。

某时某刻有日月蚀，他们所预测的数字丝毫不爽地应验了"[1]。

这些好奇和惊讶，使得奥古斯丁不可避免地将之与摩尼教的宇宙论神话相比较，并开始判断二者孰优孰劣，孰对孰错。"我还把有些论点和摩尼教的冗长神话作了比较，我认为那些'多才多艺，能探索宇宙秘奥，却不认识宇宙主宰'的人们所论列的比摩尼教可信。"[2] "我记取了他们观察受造物所得出的正确论点，我也领会他们推算时辰季节并用观测星辰相互印证的理论，拿来和摩尼教关于这一方面的大批痴人说梦般的论著比较后，看出教外哲学著作有关夏至冬至、春分秋分、日蚀月蚀以及类似现象所给我的知识，在摩尼教的著作中都无从找到。摩尼教只命令我们相信，可是这种信仰和有学术根据的推算，以及我所目睹的事实非但不符，而且截然相反。"[3]

于是，巨大的疑惑浮现出来了。如果基于数学推演的星象学能够预测星辰变化，而摩尼教的宇宙论神话却既不符合这种变化，又不能给出自己基于数学推演的解释，那么任何人都会追问，这一宇宙论神话是否可靠？如果认为星象学并不关乎宗教，而宇宙论神话却是摩尼教信仰的核心内容，那么这一信仰整体是否可靠？

由此可见，对于青年奥古斯丁来说，星象学对天体运行的解释已经威胁到摩尼教的信仰核心，成为自己摩尼教信仰的直接挑战，二者要么可以得到融贯解释，要么必须舍弃其一。[4] 对于这样的疑惑，迦太基的摩尼教徒没有能力回答，但许诺福斯图斯的到来将给出完美答案。[5] 但始料未及的是，这一许诺很快完全落空。

在得到问答机会时，奥古斯丁终于提出了自己的长久疑惑。"但摩尼教的书籍，满纸是有关天象日月星辰的冗长神话：我希望的是福斯图斯能参照其他书籍所载根据推算而做出的论证，为我作明确的解答，使我知道摩尼教书中的论点更可取，至少对事实能提出同样使人满意的解答；这时我已不相信他有此能耐。但我依旧把问题提出，请他研究和讨论。他很谦虚地推却了，他不管接受这个任务。他知道自己不懂这些问

---

1 《忏悔录》5.3.4。

2 《忏悔录》5.3.3。

3 《忏悔录》5.3.3。

4 《忏悔录》5.5.8。

5 《忏悔录》5.6.10。

题，而且能坦白承认。"[1]与其他教徒不同，福斯图斯不仅坦承，自己无法解释星象学与摩尼教宇宙论神话的差异，也没有许诺奥古斯丁，会有其他人来做出解答，使得疑惑被无限期地悬而不决了。

福斯图斯不是一般的摩尼教徒，而是摩尼教中的主教，是普通教徒所尊崇的教义权威，应当解决所有的教义疑难。奥古斯丁对他的盼望是热切的，对他的期待也是深切的。这就使得，奥古斯丁见到福斯图斯不是普通信徒之间的会面，其目的是信仰寻求理解，其途径是信仰寻求权威。然而，在漫长的期盼之后，却只迎来了"一只名贵的空杯"[2]，使得奥古斯丁"开始绝望"[3]，以至于"从此我研究摩尼教著作的兴趣被打碎了"[4]；"总之，我原本打算在该教中做进一步的研究，自从认识这人后，我的计划全部打消了"[5]。

在星象学之外，奥古斯丁在迦太基还接触到新约正典性和"内布利提难题"（Nebridian Conundrum）对摩尼教的挑战[6]，在罗马接触到学园派的怀疑论，"对于（摩尼教）这种错谬学说已不再希望深造"[7]。在思想层面上，他虽然批评其居停主人"过于相信"摩尼教的某些教义，也不再热心为该教辩护，但还没有认识清楚教义中的其他致命错误，反而仍然陷于其中，包括神与人同形，上帝是物质，善与恶是物质大块，基督并不生于童女马利亚等。[8]在组织层面上，他仍然与罗马的摩尼教徒交往密切，"和他们的交谊依旧超过其他不参加摩尼教的人"[9]，并借助教友的举荐而被辛马库斯看中，得以前往米兰出任宫廷修辞学教授[10]。

来到米兰之后，奥古斯丁很快去拜访了安布罗斯，并前去聆听他的布道。由于米

---

1 《忏悔录》5.7.12。

2 《忏悔录》5.6.10。

3 《忏悔录》5.7.12。

4 《忏悔录》5.7.13。

5 《忏悔录》5.7.13。

6 《忏悔录》5.11.21、7.2.3。

7 《忏悔录》5.10.18。

8 《忏悔录》5.10.19—20。

9 《忏悔录》5.10.20。

10 《忏悔录》5.10.20。

兰没有大批摩尼教徒，奥古斯丁首先在组织层面上摆脱了摩尼教。[1] 虽然怀着好奇其口才的初心，但奥古斯丁很快被安布罗斯布道中的教义讲解俘获了，解决了新约的正典性和新旧约合一的疑惑。[2] 不过，这一进展并不显著。由于尚未读到新柏拉图主义的著作并认识到精神实体学说，奥古斯丁此时仅仅认为，摩尼教虽然无法反驳星象学的数学推演，"对于官感所能接触的物质世界和自然界，通过观察、比较后，我看出许多哲学家的见解可靠得多了"[3]；但其在教义上仍然可以与大公教义"旗鼓相当"，"公教虽不是战败者，但还不是胜利者"[4]。

三方相比较，星象学没有"基督的名字"，摩尼教有这一名字但无法以数学推演来解释天体运行，大公教会有这一名字且并不以天体运行为核心教义。这就使得奥古斯丁在怀疑之余可以开始重新确定信仰的方向，回归到大公教会。"我认为在我犹豫不决之时，既然看出许多哲学家的见解优于摩尼教，便不应再流连于摩尼教中，因此我决定脱离摩尼教。至于那些不识基督名字的哲学家，我也并不信任他们，请他们治疗我灵魂的疾病。为此，我决定在父母所嘱咐的公教会中继续做一名'望教者'，等待可靠的光明照耀我，指示我前进的方向。"[5] 这种彷徨的状态持续到 385 年晚春莫妮卡来到米兰时。"我告诉她我已不是摩尼教徒，但也不是基督公教徒。"[6]

四、作为事后反思的"九年之久"

从上述记叙可以看出，奥古斯丁并没有故意隐瞒自己与摩尼教的整个交往历程。他清楚地说，自己是在 384 年秋到达米兰之后才在组织层面上完全脱离了摩尼教，但

---

1 James O'Donnell, *Augustine: A New Biography* (New York: HarperCollins Publishers, 2006), p. 45.

2 《忏悔录》5.14.24。

3 《忏悔录》5.14.25。

4 《忏悔录》5.14.24。

5 《忏悔录》5.14.25。

6 《忏悔录》6.1.1。

直到384年底或385年初还没有完全找到"足以证明摩尼教错误的可靠证据"[1]，只是在信仰上基本脱离了摩尼教，返回到早年的大公教会望教者的状态。

如果以找到可靠证据证明摩尼教的错误作为奥古斯丁真正脱离该教的时间截点，那么这至少要晚到386年初读到新柏拉图主义的著作时，甚或晚到386年8月的米兰花园皈依。显然，任何学者都没有如此界定。而排除了这一选项，他真正脱离摩尼教的时间，还至少存在三个可能选项：要么确定到重回大公教会望教者状态的时刻，即384年底或385年初；要么确定到在组织层面上彻底脱离的时刻，即384年秋到达米兰；要么确定到在心理层面上"开始绝望"放弃继续研究摩尼教的时刻，即见到福斯图斯的383年初。

对于前两个选项，奥古斯丁都基本上或早已经满了30岁。既然如此，那么他为何要把自己沉迷摩尼教的时间仅仅限定于从19岁到28岁的"九年之久"即从373年到383年初呢？他见到福斯图斯为何能够成为这一信仰的终结点？

有的学者认为，奥古斯丁故意将时间压缩到"九年之久"，是为了尽快撇清与摩尼教的关系，以回应《忏悔录》写作时仍然被怀疑为潜藏的摩尼教徒这一指控[2]；或者是为了把自己"开始绝望"之后的经历不算作信仰摩尼教的时间，且偏爱9这个数字的术数奥秘[3]；又或者是"在神学反观的浓郁气氛中被渲染成了主人公从此渐渐脱离摩尼教的开端。正是在有目的的回忆过程中，基督徒奥古斯丁的记忆逐渐模糊并最终掩盖了摩尼教徒奥古斯丁的记忆"[4]。

1　《忏悔录》5.14.25。

2　《驳克瑞斯科尼》（*Contra Cresconium*）3.78；《驳佩提里安书信》（*Contra litteras Petiliani*）3.24.28。这一指控几乎贯穿奥古斯丁的后半生，从391年被强举为希波大公教会的司铎而被努米迪亚宗主教（the Primate of Numidia）梅加利乌斯（Megalius）所质疑并由此引发一场教会调查，到中期被多纳图派的佩提里安和克瑞斯科尼所质疑，再到晚期被意大利大公教会主教朱利安（Julian of Eclanum）所质疑，参见《驳朱利安残篇》4.42："如果古实人改变了他的皮肤，豹改变了它的斑点，那你也将洗净脱离了摩尼教的神言妄语。"（At si mutabit Aethiops pellem suam aut pardum uarietatem, ita et tu a Manicheorum mysteriis elueris.）有学者甚至认为，整部《忏悔录》的写作都旨在回应上述质疑。参见 Jason David BeDuhn, "Augustine Accused: Megalius, Megalius, Manichaeism, and the Inception of the *Confessions*", in *Journal of Early Christian Studies* 17:1, 2009, pp. 85–124。

3　Leo C. Ferrari, "Augustine's 'Nine Years' as a Manichee," in *Augustiniana*, Vol. 25, No. 3/4, 1975, pp. 210–216.

4　参见夏洞奇：《"开始绝望"？——〈忏悔录〉卷五再分析》，第40、47页。

然而，这三类解释实际上直接或间接地怀疑了，奥古斯丁在写作《忏悔录》时的态度不够理智诚实，反而试图以文学性描写来遮掩曾经发生过的个人历史，故意使其成为重重迷宫，以至于严重损害了叙事的真实性。

对此，我们可以做出如下回应。其一，"九年之久"的限定并不仅仅出现在《忏悔录》中，而是最早出现在 387/388 年写成的《论两种生活》中，随后出现在 391 年写成的《论信仰的益处》中。这里的时间相隔并非久远，他对这一关键事件的记忆很难已经逐渐模糊。他既然已经明确记叙了自己直到 385 年春的信仰斗争，就完全没有必要故意压缩之前沉迷摩尼教的时间。其二，综合《忏悔录》写作的缘起、对象、目的和体裁，在众多曾经教友（包括福斯图斯本人，他死于大约 400 年；以及福图纳图斯）和朋友（阿利比）都尚还在世的情况下，奥古斯丁"绝不敢在历史事件上说谎、添加或虚构任何事件，反而还可以间接保证其思想的真实"[1]。正如奥马拉所评论的，"总之，《忏悔录》真实地记叙了奥古斯丁直到皈依时的生平事迹。然而，由于这一记叙呈现于某种理论模式之中，使用了不同的叙事技巧，就需要更加细致地加以阐释"[2]。

鉴于上述分析，我们以下试图论证，"九年之久"是奥古斯丁在 386 年皈依之后就做出的限定，是他对自己摩尼教迷途进行事后反思的结果。这个反思就是，在皈依大公信仰之后，奥古斯丁开始看出来，星象学对摩尼教的挑战不是皮毛之伤，而是致命打击。

这是因为，不同于基督教或大公信仰，摩尼教的堕落论和救赎论根本上就是一个宇宙论神话，必须有月亮、太阳和银河等星体的直接参与，以至于星体运行是其全部教义的核心。"但摩尼教的书籍，满纸是有关天象日月星辰的冗长神话。"[3] 然而，摩尼教著作和主教们却无法预测日月蚀和天体运行，更不足以解释与星象学数学推演的截然差异，最终无法为这一宇宙论神话提供证明。这就意味着，当在理智认识上承认星

1　参见花威：《荣神与益人：论奥古斯丁〈忏悔录〉的写作》，《基督宗教研究》2014 年第 16 期，第 152—189 页。

2　John O'Meara, *The Young Augustine: the Growth of St. Augustine's Mind Up to His Conversion* (New York: Alba House, 2001), p. xxxiv.

3　《忏悔录》5.7.12。

象学的数学推演时，奥古斯丁就已经在核心教义上脱离了摩尼教。由此，这一脱离的进程开始于383年初见到福斯图斯，其后在理论上的彷徨只不过是尚未有效驳倒摩尼教的其他教义。至于之后与其他摩尼教徒的交往，借由"无名朋友之死"事件可以看出，双方之间已经没有共同信仰作为友谊的唯一基础[1]，奥古斯丁在组织层面上脱离摩尼教仅仅还缺少一个契机而已。

五、星象学与摩尼教宇宙论神话的破产

摩尼教自称是纯全的启示，即成全了其他宗教的所有启示，但在总体特征上是灵知主义的，强调知识（*gnōsis*）对于人类自身救赎的重要性。作为一种"圣书宗教"（a religion of the Book），摩尼教宣称创教者摩尼亲笔著述流传，并将六部著作和若干书信归于其名下，在敬拜中不断诵读和研习。[2]

摩尼教宣扬物质主义和善恶二元论，认为宇宙中存在着两个彼此对立的物质大块：善与恶、光明与黑暗、上帝与物质，二者是同等的，具有同样永恒的力量。其中，光明王国由至大之父或上帝统治，是平静而安宁的；黑暗王国由黑暗之子（Hyle）或物质统治，内部充满着混乱和争斗。

对于宇宙的生成，摩尼教认为，两个王国起初彼此分离，互不干涉，但黑暗王国主动侵袭了光明王国，就造成了善、恶混杂的局面。为了抵抗黑暗之子，上帝才被动地创造出生命之母，生命之母创造出原人（Primal Man），使其以五种光明元素为灵魂而与黑暗之子征战。然而，原人最终被打败，光明元素被黑暗之子所吞食，就形成了当前善、恶混杂的宇宙。[3]《忏悔录》将这一征战过程描述为"五元素化身大战黑暗五

---

1 有关这一事件的具体分析，参见花威：《友谊亦或洗礼：试析奥古斯丁〈忏悔录〉中的"无名朋友之死"》，载曾庆豹主编：《重读奥古斯丁〈忏悔录〉》，台湾基督教文艺出版社2012年，第85—108页。

2 参见 John Kevin Coyle, *Augustine's "De Moribus Eccesiae Catholicae": A Study of the Work, Its Composition and Its Sources* (Fribourg: The University Press, 1978), pp. 20–22; 亦参见《忏悔录》5.3.6。

3 参见 Christopher Kirwan, *Augustine* (London and New York: Routledge, 1989), p. 60。

妖洞"，即五种元素分别居住在暗、水、风、火和烟五种洞穴中，对应着爬行动物、鱼类、鸟类、四足动物和两足动物。[1]

在宇宙的生成中，摩尼教认为，从太阳、月亮到众星，再从植物、动物到无生命物，其中所包含的光明元素依次减损，直到完全的黑暗物质；为了继续把光明元素囚禁在物质中，黑暗之子就创造了始祖亚当和夏娃，其灵魂包含着较多的光明元素，但其肉体完全由黑暗物质所构成，人类的繁衍不息就使得宇宙的整个救赎进程被无限期地拖延了。依照包含光明元素的多少，宇宙被严格划分为从善到恶的不同等级，最高的是太阳和月亮，人类的灵魂绝对高于其肉体，甚至基督的能力（virtus）居住在月亮上，而他的智慧（sapientia）居住在太阳上。[2]

在宇宙的救赎中，摩尼教构造了一整套天体运行理论，月亮的盈亏、太阳的升落和众星的旋转，都服务于光明元素的传输和拯救，光、火、水、风也参与到宇宙征战之中。[3] 具体来说，人类的灵魂是被上帝差派降世来执行救赎，不是自主堕落之后被救赎，但在执行过程中被恶的物质所囚禁，就是人类的肉体。在从善到恶的等级秩序中，要实现宇宙和灵魂的救赎，人类就必须更多地摄入光明元素，排出黑暗元素，借助消化系统而使光明元素得以脱离物质的束缚。被释放出来的光明元素首先被传输到月亮上，使得月亮逐渐丰盈，而每月从月亮再被传输到太阳上，这就是月亮的逐渐亏缺，最后从太阳被传输到银河中去。等到所有光明元素被释放出来之后，人类的灵魂就完成了救赎任务，而光明王国也就打败了黑暗王国，从此光明元素与黑暗元素再次分离，永不混杂。对于这一宇宙论神话，劳斯（Josef Lössl）批评说："摩尼教的基本错误是，忽视了创造的动态统一，而将之划分为两个静态的部分，一个被排除在救赎之外，而另一个已经得到了救赎。"[4]

为了执行上述任务，在生活起居上，摩尼教的圣徒们（electi）就尊奉太阳和月亮

1　《忏悔录》3.6.11；《论两种生活》2.9.14。

2　《忏悔录》5.3.6。

3　《忏悔录》3.6.11；《驳福斯图斯》2.3。

4　参见 Josef Lössl, *Intellectus gratiae: die erkenntnistheoretishe und hermeneutishce Dimension der Gnadenlehre Augustinus von Hippo* (Leiden: Brill, 1997), p. 420。

为神圣并屈膝敬拜，秉承素食主义和独身主义，不亲自采摘储藏食物，只接受听教者（auditores）的供养，吃蔬菜和除苹果以外的各种水果，如无花果，以食物的色香形味来判定其神圣等级[1]；不饮用酒类，认为自己对果蔬的消化可以释放其中被囚禁的大量光明元素[2]；同时避免生育而使自己身体中的黑暗元素不能得到继承，以加快宇宙的救赎进程[3]。与之相对，听教者可以结婚，但应该尽量避免生育，以使身体最终被彻底抛弃掉。[4]

至少在北非地区，摩尼教并不被视为来自波斯的异教，而是被看作基督信仰的异端之一。[5] 由于摩尼教徒大谈真理和"基督的名字"，自诩为真正的基督徒，热衷与普通大公教徒说理辩论，就吸引了很多不满于大公教会布道乏味的知识分子，出入二者之间也并不奇怪。这就使得奥古斯丁很自然地从童年时期的大公信仰，滑到了青年时期的摩尼教信仰。

成长于大公教会家庭，奥古斯丁从童年起就非常相信"基督的名字"[6]。在患热病将死中他要求母亲为自己安排洗礼，但因为突然痊愈而推迟受洗。[7] 在沉迷摩尼教期间，他在日常生活中履行听教者的义务，积极供养教中圣徒，还采取了避孕措施，只在此前与情人生育过一个孩子，为自己迷恋肉体的欢爱而深感罪责。[8] 此外，他服膺于摩尼教对恶的起源、上帝的自然、新旧约难题的解释[9]，就积极为摩尼教辩护，招揽多

1　《论两种生活》2.16.39。

2　《忏悔录》3.10.18。

3　对于这种"经由新陈代谢的救赎"（salvation via metabolism）和宇宙性的物质救世论（cosmic-physical soteriology）的吊诡，有关批评参见 Paul Rhodes Eddy, "Can a Leopard Change Its Spots? Augustine and the Crypto-Manichaeism Question", in *Scottish Journal of Theology*, 62: 3, 2009, p. 321.

4　参见 Jason David BeDuhn, *The Manichaean Body: In Discipline and Ritual* (Baltimore: Johns Hopkins University Press, 2002)。

5　《忏悔录》3.12.21。

6　奥古斯丁一直把自己的大公信仰追溯到童年时期，参见《驳学园派》2.2.5，《论两个灵魂》1，《论信仰的益处》1.2，《忏悔录》1.11.17、5.14.25。

7　有关这次洗礼的分析，参见花威：《洗礼与信仰：论奥古斯丁〈忏悔录〉中的洗礼试探》，《神学美学》2018年第 6 辑，第 218—230 页。

8　《忏悔录》6.15.25、7.17.23、9.6.14。

9　《忏悔录》3.7.12。

名朋友入教[1]，甚至不惜伤害自己与母亲的关系[2]。

然而，童年时大公信仰的印痕和青年时哲学阅读的熏陶，使得奥古斯丁和内布利提很快就开始质疑摩尼教的上帝论。[3] 其中，"内布利提难题"是指，如果上帝不愿意与黑暗王国争斗，这是否会给他的自然带来损害。如果认为上帝的自然是不可损害的，那么摩尼教的整个理论就失去了开端；而如果认为上帝的自然是可损害的，那么这根本就不符合上帝的定义。[4]

在 392 年与摩尼教徒福图纳图斯的辩论中，已经是希波大公教会司铎的奥古斯丁重点比较了双方在上帝论上的差异。如果上帝被动承受黑暗王国的主动侵袭，那么他就不是全知全能的；如果他之后被迫差派灵魂下降救世，那么他就受限于某种必然性；如果他允许善的灵魂被囚禁在肉体里，那么他就不是公义的。[5] 而上帝论上的绝然差异带来了双方在创造论、基督论、灵魂论、堕落论和救赎论上的全面差异，使得摩尼教几乎滑入到了异教的边缘，彼此的论战并不在同一信仰的基础之上。这就使得当摩尼教徒称大公教徒等是"半基督徒"(semichristianos)时，奥古斯丁反过来直接称他们是"伪基督徒"(pseudochristianos)。[6] 对此，科勒认为，摩尼教的确是异端，但并不是基督教的异端；魏斯（Jean-Pierre Weiss）也直接评论说："摩尼教中没有基督教信仰。"[7]

如果上帝论上的差异只是划分开了大公信仰与摩尼教，那么星象学对摩尼教核心

1　至少包括阿利比（Alypius）、内布利提（Nebridius）、霍诺拉图（Hornoratus）、罗曼尼安（Romanianus）和家乡塔格斯特的无名朋友等。参见《忏悔录》3.12.21、4.4.7、6.10.17、7.2.3，《论信仰的益处》1.2 和《论真宗教》7.12。

2　《忏悔录》3.11.19、3.12.21。

3　大部分研究者认为，从青年时代开始，奥古斯丁就已经掌握了完备的、精确的摩尼教知识，甚至可以作为后世独立的摩尼教研究的参照系。参见 Johannes van Oort, "The Young Augustine's Knowledge of Manichaeism: An Analysis of the *Confessiones* and Some Other Relevant Texts", in *Vigiliae Christianae* 62, 2008, pp. 441-466。

4　《忏悔录》7.2.3。

5　有关《与摩尼教徒福图纳图斯的辩论》的具体分析，参见花威：《奥古斯丁输了与福图纳图斯的辩论吗？》，《道风：基督教文化评论》2016 年第 45 期 A，第 341—360 页。

6　《驳福斯图斯》1.3。

7　参见 John Kevin Coyle, "Foreign and Insane: Labelling Manichaeism in the Roman Empire", in *Studies in Religion/ Sciences Religieuses* 33:2, 2004, pp. 223-226。

教义的打击就是致命的。这是因为，月亮盈缺、太阳升落和天体运行是摩尼教救赎论的直接实施者；既然星象学能够准确预测某时发生月蚀日蚀，而一旦摩尼教对天体传输光明元素的说法不符合将来发生的星象，那么任何人都很容易看出来，后者是错误的。也就是说，只要这一宇宙论神话无法经受星象学的数学推演，那么摩尼教本身就无法得到有效辩护。由此，天体运行问题成为摩尼教全部教义的阿喀琉斯之踵。

与摩尼教不同，天体运行在大公信仰中并不占据核心地位，也根本参与不进基督的救赎进程，甚至"这一切本与宗教无关"[1]。这就使得只要相信上帝、爱上帝和爱邻如己，普通基督徒就完全可以获得救赎，并不需要了解如何推演天体运行，其错误见解也无伤大雅。"我听到某一基督徒错误百出谈论他不懂的事情，我能耐心地听他的见解，我认为这种错误无害于他，因为即使他不懂物质世界中受造物的位置和性质，但对于你万有的创造者未尝抱有不正确的信仰。"[2] 这就使得星象学仅仅是异教科学，基督徒无须任何有关星体创造和运行的知识，都可以成为好的信徒，并获得灵魂的救赎。

正如在与奥古斯丁的辩论中，福图纳图斯不能回答上帝受侵袭是否会有损其全能的问题，就要求回去请教教中圣人[3]，既然摩尼教的宇宙论神话无法经受星象学的致命挑战，而连摩尼教主教福斯图斯也完全不能回应一二，那么奥古斯丁至此不再相信这一宗教并决定在思想层面上脱离，就是非常自然的，而他把自己的摩尼教迷途限定为从 19 岁到见到福斯图斯的 28 岁，也就是完全可信的。

组织层面上脱离摩尼教肯定晚于思想层面上脱离，毕竟九年之久的亲密交往不是可以随时一刀两断的，虽然现在已经发现，其间的深厚友谊并非建立在真信仰之上。这就使得奥古斯丁随后仍然生活于摩尼教团体中，从迦太基到罗马，甚至还可以得到关键举荐。不过，理智与诚实，使得到了 384 年秋前往米兰的契机，奥古斯丁就在组织层面上完成了脱离，并在自己的信仰皈依中开始把朋友们也拖出摩尼教信仰的泥潭。

---

1 《忏悔录》5.5.8。

2 《忏悔录》5.5.9。

3 《与摩尼教徒福图纳图斯的辩论》37。

六、星象学与注释《创世记》

在《忏悔录》中，星象学有着相反相成的双重面向，一个是星象观测和基于数学推演的星象预测，另一个则是在此基础上所进行的星命占卜。对于这种双重面向，星象预测是以数学推演来描述天体运行，而星命占卜是将天体运行与人世命运对等关联，形成"天人感应"。青年奥古斯丁对二者都很热衷，惊叹于前者的精准预测，好奇于后者的如此巧合。

对于前者，奥古斯丁无从怀疑，还借之反思摩尼教的宇宙论神话，并最终实现脱离。对于后者，虽然有朋友们多次提醒，这种占卜实现的巧合仅仅是出于偶然，"认为这是散布在自然界的偶然的力量"[1]，但奥古斯丁始终探求是否存在有效论证，一直到了米兰才有初步结果。米兰朋友斐尔米努斯（Firminus）出身富贵，其出生的时辰与其父亲朋友家女奴生产的时辰相同，但两个婴儿日后的命运却迥然不同，根本不符合星命占卜的通常结论。[2] 在皈依后阅读圣经中，奥古斯丁为之找到了神学证据，即雅各和以扫是孪生子，不仅从一个父亲那里同时受孕（《罗马书》9：10），也是在前后脚几乎同时出生（《创世记》25：26），但上帝却说"将来大的要服侍小的"（《创世记》25：23），"雅各是我所爱的，以扫是我所恶的"（《罗马书》9：13；《玛拉基书》1：2-3），以至于雅各成为以色列人的先祖，而以扫成为以东人的先祖。此后，奥古斯丁一直使用这个案例来反驳星命占卜，直到写作《上帝之城》。[3]

在不断反驳星命占卜的同时，奥古斯丁还必须把星象预测问题纳入到考虑之中。虽然相较于摩尼教的宇宙论神话，星象学的数学推演更为精准，但其中并没有"基督

1　《忏悔录》4.3.5。

2　《忏悔录》7.6.8-7.6.10。

3　至少包括《致辛普利西安》1.2.3；《基督教教导》2.22、2.33-34；《上帝之城》5.1-6。相关研究参见 Leo C. Ferrari, "Astronomy and Augustine's Break with the Manichees", in *Revue des etudes augustiniennes* 19, 1973, pp. 263-276; Leo C. Ferrari, "Augustine and Astrology", in *Laval théologique et philosophique*, Vol.33, No.3, 1977, pp. 241-251; Thomas O'Loughlin, "*The Libri Philosophorum* and Augustine's Conversions", in T. Finan and V. Twomey eds., *The Relationship between Neoplalonism and Christianity* (Dublin: Four Courts Press, 1992), pp. 101-125; Thomas O'Loughlin, "The Development of Augustine the Bishop's Critique of Astrology", in *Augustinian Studies* 30:1, 1999, pp. 83-103.

的名字"。如何在大公信仰中理解星象学所展示出的知识，如何构建基督教的宇宙论神学以反驳摩尼教的宇宙论神话，就成为奥古斯丁皈依后不得不面对的问题。[1] 而他的不懈努力表现为，从 388/389 年就开始注释《创世记》前三章，尤其是第 1 章的创造论。奥古斯丁一生至少五次注释《创世记》，力图吸纳和改造星象学的全部知识，使得天体运行既符合数学推演，又是上帝的创造，而《创世记字解》和《上帝之城》更充分地运用了同时代的星象学知识。

不同于摩尼教和星象学的星体神圣说，也不同于奥利金的星体堕落说，奥古斯丁及其所塑造的大公信仰认为，上帝是精神实体，与所有被造的物质实体有着绝然的差异；恶不是实体，只是善的缺乏，不存在善、恶物质大块，人类被造的灵魂和肉体都是善的；在创造的等级上，人类有着上帝的形象和样式，其灵魂与天使的灵魂同级，仅低于上帝，是受造物中最高的 [2]，高过日月星辰、植物或动物，根本不需要借助后者来实现自己的救赎；日月星辰没有灵魂，没有自由意志，其运转完全依循着外在的自然规律，根本不可能影响到人世的浮沉变迁。"我渴求着你，而拿来供我充饥的看馔，不是你，而是太阳、月亮；这些美丽的产品是你创造的，但不是你，也不是最好的工程，因为你所创造的精神体，胜过天空灿烂的星辰。" [3]

除了第一次尝试使用寓意释经法，奥古斯丁后四次解释《创世记》前三章都尽力使用字意释经法，即只要相信《创世记》是神圣文本，那么其在字意上就应当是可理解的和可解释的。将自然去神圣化，尤其是将星体去神圣化，并引入同时代的星象学知识来解释宇宙的生成、结构、星体的位置和地球的转动等问题，是他注释《创世记》第 1 章的基本策略。而祛除了自然和星体的神圣性之后，奥古斯丁就不仅反驳了摩尼教的宇宙论神话和星象学中的星命占卜，还为大公信仰和大公教徒建构了较为完整的、符合星象学知识的宇宙论图景。[4]

---

1 《论创世记：驳摩尼教徒》1.1。

2 《论灵魂的宏量》36.80、《论灵魂的不朽》13.21、《论自由决断》2.3.7—2.9.25。

3 《忏悔录》3.4.10。

4 《回顾篇》1.10；相关研究，参见 Thomas O'Loughlin, "'Aquae super caelos' (Gen I: 6–7): The First Faith-Science Debate", in *Milltown Studies* 29, 1992, pp. 92–114。

结 语

究竟是立场寻求方法，还是方法塑造立场？这一问题在《忏悔录》的解释史上时常沉浮不定。在内部证据缺失时引入外部证据，在《忏悔录》未言及的地方补充当时的历史处境，的确可以为解释者提供可以据而猜测的新路径。然而，一旦越过了原本模糊的边界，这种解释就可能使得思想史研究沦为一场惊险刺激的侦探游戏。与此不同，更为稳妥的方式可能是，作为经典文本的解释者，我们应当努力相信作者在叙事过程中的理智诚实，并尽力为其找出相对合理的解释，而只有在穷尽之后才能对更多可能解释保持开放。

在这种方法论之下，我们可以看到，奥古斯丁至少八次声明，自己沉迷摩尼教只有"九年之久"，而只要将之切分到383年初见到福斯图斯，这一说法就没有不妥之处，即星象学以数学推演所认识到的天体运行，是摩尼教所无法解释和反驳的，却暴露出其宇宙论神学的根本漏洞，摧毁了其全部教义的自然基础。

星象学的双重面向即星象预测和星命占卜，一直影响着奥古斯丁的哲学建构和圣经注释。对于后者，在注释《罗马书》第9章时，他借助雅各、以扫的案例予以驳斥，进而论证了上帝的恩典论和预定论。对于前者，在注释《创世记》第1章时，他将之纳入对宇宙生成的解释，并最终将古代星象学改造成了基督教背景下的雏形天文学，使科学成为神学的有力助手。对于奥古斯丁来说，信仰寻求理解，科学在神学之中，在科学的穷尽之处，是神学正在展开的地方。

（本文作者为湖南大学岳麓书院副教授）

抽象还是流溢

伊本·西那理智理论的当代论争

戚强飞

亚里士多德在《论灵魂》第三卷中讨论了人的灵魂中理智的部分，而在理智的部分中有一个潜能的部分（potential intellect），它能"成为所有事物"，亦即它能够思考所有想法、思想，就好像可以接受任何形式的质料。有一个主动的部分（agent intellect），把那些思想带到现实中，即能给予潜能理智任何形式。[1] 伊斯兰哲学家在吸收希腊评注的基础上，充分讨论了不同理智层级的可能。但不论他们如何断言理智的层级性，至少伊斯兰哲学家们共同接受的一点是：亚里士多德语焉不详的主动理智是一个独立的非物质实体——推动最为临近月下世界天体的智能，而不是作为个体的人的灵魂能力的一部分。主动理智在人的理智认识活动中承担着动力因的作用，要么提供可理解对象（objects intelligible），要么使潜能理智现实化，或者同时进行。[2]

当在人的理智认识活动中承担重要功能的主动理智不是人的一部分的时候，那么，说一个认知者 S 认识 P，S 对 P 的认知具有何种意义上的贡献就会是一个迫切需要回答的问题。在介绍人的理智活动时，伊本·西那既强调了外在于人的那个一直处于现实状态中的主动理智的重要作用，但也明确提及了整个理智活动中"抽象"活动的存在。并且，在《治疗书》（以下引用时简写为 DA）和《拯救书》中似乎有着不同倾

---

[1] Shields, Christopher, *Aristotle's De Anima*, translated with commentary (Oxford: Clarendon Press, 2016), bk. 3-4.

[2] Black, Deborah L., "Psychology: Soul and Intellect", in *The Cambridge Companion to Arabic Philosophy*, ed. Peter Adamson and Richard C. Taylor (Cambridge: Cambridge University Press, 2005), pp. 308-326.

向的暗示。这在当代的解释者中引发了较大的争议，围绕理智活动的本质是一种"抽象"活动，还是一种"流溢"活动，伊本·西那的当代研究者们展开了激烈的争论。

（1）强调伊本·西那哲学新柏拉图主义倾向的会持一种"流溢论"的解读，认为所有的理智认识都最终源自主动理智的流溢，人的思想在理智认识中的作用仅限于使得灵魂做好接受流溢的准备。据此，伊本·西那对人的抽象能力的谈论不过都是指向流溢的隐喻而已。[1]（2）强调伊本·西那哲学亚里士多德特征的会倾向于一种"抽象论"的解读，即认为理智认识依赖于人抽象的能力，及人的思想和直观。有解释者认为，尽管伊本·西那在其中后期的写作中逐渐增大了理智认识活动中人的理智的被动地位，以及主动理智的主动作用，但他仍然继续强调了人的理智从质料中抽象出形式的能力。[2] 调和二者的工作正在探索之中：或者从伊本·西那"抽象"概念吸收自伪亚里士多德的《亚里士多德的神学》出发，或者从伊本·西那对本质的本体论地位的思考和理智活动与视觉的类比着手，或者力图发现调和工作本身的范畴错误。[3]

尽管这些调和工作都是尝试性的探索，并没有坚实的论证进行支撑，但也推进了我们对伊本·西那有关灵魂理智能力的探讨，也指出了今后这一话题的讨论方向。我希望在论文中延续后两种讨论的可能，在澄清伊本·西那共相理论中绝对考虑下的本质，及其与外在世界和心灵中本质的关系的基础上，区分理智认识活动中的本体论和认识论层次，继而尝试给出一个融贯的解释。

按照哈瑟的评价，我们关于伊本·西那理智理论的知识特别要归功于以下三位学者的研究：伊本·西那《拯救书：论灵魂》的英译和评注者法祖勒·拉赫曼，第一次把哲学解读建立在语文学的辨析基础上[4]；古塔斯细致地分析了直觉（hads）概念[5]；戴

---

1 "流溢论"的解读以法祖勒·拉赫曼（Fazlur Rahman）、赫伯特·戴维森（Herbert A. Davidson）、黛博拉·布莱克（Deborah L. Black）为代表。

2 "抽象论"的解读以古塔斯（Dimitri Gutas）、哈瑟（Dag Nikolaus Hasse）为代表。

3 三种努力方向分别来自德安科纳（C. D'Ancona）、麦金尼斯（Jon McGinnis）和哈瑟。

4 Rahman, Fazlur, *Prophecy in Islam* (London: Allen & Unwin, 1958), pp.14–20, 30–36; Rahman, Fazlur, "Ibn Sina", in *A History of Muslim Philosophy: With Short Accounts of Other Disciplines and the Modern Renaissance in Muslim Lands*, 2 vols, ed. M. M. Sharif. (Wiesbaden: Harrassowitz, 1963), No.6, Vol. 1, pp. 480–506.

5 Gutas, Dimitris, *Avicenna and the Aristotelian Tradition. Introduction to Reading Avicenna's Philosophical Works*, Second, Revised and Enlarged Edition (Leiden: E.J. Brill, 2014), pp. 159–176.

维森则处理阿拉伯哲学家的诸多著作，描绘了他们关于理智的共同理论特征，以及伊本·西那在相关问题上的思想发展变化。[1]

流溢论

最早探究的法祖勒·拉赫曼在《伊斯兰中的启示》(*Prophecy in Islam*)中以"流溢论"的视角进行了解读。拉赫曼在介绍伊本·西那"四理智学说"后断言，人类理性官能接收的可理解形式不是产生自从质料中的抽象，而是从主动智能的直接流溢，人仅有的前提活动只是考虑想象官能中的形式。[2] 拉赫曼认为，伊本·西那把考虑心灵图像和三段论中的前提，比作形式的流溢和结论的出现。因此，伊本·西那所说的形式的"抽象"只是一种隐喻(*façon de parler*)。拉赫曼这个解读奠定了对伊本·西那理智活动"流溢论"解释的基本框架，即人理解活动发生的实质，便是灵魂对心灵图像的注意和接收主动理智流溢的可理解形式。所以，伊本·西那文本中出现的类似"抽象"这样的概念不能按照字面表义来理解，而应该将其理解为一种修辞意义上的"隐喻"。

戴维森继续展开了这个解读更细致的论证工作，他的论点非常鲜明：人发生的思想活动直接来自主动理智的流溢。戴维森指出，伊本·西那的主张明显来自普罗提诺[3]、铿迪和归在波菲力名下著作的阿拉伯语版本。[4] 戴维森展示的一些论证，主要出

1　Hasse, Dag Nikolaus, *Avicenna's De Anima in the Latin West* (London: The Warburg Institute and Nino Aragno Editore, 2000), p. 177.

2　拉赫曼说这一点伊本·西那不同于法拉比持有的亚历山大的立场。

3　阿卡尔(Acar)质疑了戴维森这一观点，在阿卡尔看来，尽管伊本·西那知道亚历山大和忒密斯提乌斯对亚里士多德《论灵魂》的评注，以及相比普罗提诺，伊本·西那的立场更接近他们，但是，戴维森在这里讨论的普罗提诺的文本只能说明，伊本·西那使用了他的流溢模式。Acar, Rahim, "Intellect versus Active Intellect: Plotinus and Avicenna", in *Before and after Avicenna: Proceedings of the first conference of the Avicenna study group*, ed. D.C. Reisman with the assistance of A.H. Al-Rahim, *Islamic philosophy, theology and science*, 52 (Leiden, New York, Köln, Brill, 2003), pp. 69-87.

4　Davidson, Herbert A., *Alfarabi, Avicenna & Averroes, on Intellect* (New York: Oxford University Press, 1992), p.88.

自《治疗书》和《拯救书》的"论灵魂"部分。戴维森似乎认为，"流溢论"读法如此明显，无须更多《治疗书》等主要文本中的证据。于是他考察了其他归在伊本·西那名下的著作，援引其中的论述，来充分地展示"流溢论"的文本证据，这样似乎就可以表明，伊本·西那从始至终都持有一致而没有改变的立场：主动理智是人思想的直接来源。[1]

其中一个论证出自伊本·西那的第一部哲学著作《论灵魂纲要》。[2]首先，伊本·西那设置前提：经验不能作为思想的基本原则和逻辑证明的结论。由此认为，如果经验观察、总结不能作为普遍判断的确定性根基的话，那么，只能从物理境域以外的地方来"获得"根基。进而，伊本·西那断言，那里便是理智灵魂可以与之相联结的产生神圣流溢的地方，亦即一个拥有普遍理性形式的作为流溢源泉的实体，它可以把理性形式刻印在理性灵魂中。[3]

第二个有力的论证则反复出现在伊本·西那的多种著作中，也就是上文处理过的有关"理智记忆"的论证。关于记忆，伊本·西那的理论也表明了主动理智作为人思想的直接源泉的观点。根据伊本·西那的内感知理论，想象官能（retentive imagination, khayal; musawwira）和记忆官能（memory, hafiza; dhakira）两项官能都有"记忆"的功能，前者负责保存共同感知官能（common sense, hiss mushtarak）处理后的感知材料，后者旨在存储判断官能（estimative faculty, wahm）把握到的意向（intention, ma'na）。在伊本·西那看来，遗忘某个感知材料，只是灵魂暂时没有通达感知材料，感知材料依然被存储在大脑的某个部分。等到灵魂再一次通达感知材料时，也就想起来了。但是，由于伊本·西那坚持思想、概念，亦即那些可理解形式是不可分的，所以不能被存储在可分的基底，即大脑或人体器官中。在伊本·西那看来，灵魂也是不可分的，似乎我们可以把可理解形式存储在灵魂之中。但是，伊

1　Davidson, Herbert A., *Alfarabi, Avicenna & Averroes, on Intellect* (New York: Oxford University Press, 1992), p.88, "avtive intellect is the direct source of human thought."

2　Gutas, 2014, pp. 82–84; Marmura, Michael E., "Plotting the Course of Avicenna's Thought", *Journal of the American Oriental Society* 111, No. 2, 1991, p. 341.

3　Davidson, p. 88.

本·西那说，那样的话灵魂就将无时无刻不在思考这些思想，这不符合我们的日常直觉。所以，当我们没有现实地在思考某个概念时，那个概念不可能存储于灵魂之中。进而，伊本·西那由此推论，当我们没有现实地在思考某个概念时，那个概念一定存在于灵魂之外，物理境域之外。在排除其他备选方案后，伊本·西那把可理解形式安放在了主动理智之中。戴维森认为，据此，伊本·西那便主张，再次获得一个概念就是再一次与主动理智建立联结，然后主动理智把概念流给人的灵魂。再结合伊本·西那的四理智学说，戴维森进一步得出，习得理智和现实理智阶段中人所具有的一阶可理解事物，或更多的可理解形式，严格来说，并不存在于人体组织或灵魂之中，而是存在于主动理智之中。那么，对一个思想的所谓记忆，也就是具有思考该思想的一个完满倾向。戴维森认为，其实也就是关于这个思想与主动理智重建联结的能力。[1]

　　另一个不常讨论的论证则围绕理智灵魂获得可理解形式的两个阶段。伊本·西那拒绝接受主动理智和人的灵魂合而为一的观点，他认为，二者联结的意思指的是，主动理智施加影响在灵魂之上。具体而言，在《治疗书：论灵魂》5.6 节[2]，伊本·西那区分了理智灵魂与主动理智联结时，人的灵魂获得可理解形式的两个阶段。这个区分似乎是为了回答这样一个问题，即为什么有时候人会确信自己可以回答一个之前没有回答过的问题？按照已有的解释，没有回答过意味着没有从主动理智获得相应的思想，"确信"能够回答暗示着已经处于某种程度的现实性当中，亦即从主动理智获得了某些思想。如果这些思想不是用来回答问题的思想，那它们是什么呢？伊本·西那区分了主动理智与灵魂联结后思想在灵魂中出现的两个阶段。首先，当主动理智与灵魂建立联结时，主动理智流给灵魂"抽象理智能力"，或者称为"灵魂的绝对理性官能"，戴维森认为，这应该就是伊本·西那在其他地方提到的"主动理智之光"。这种"抽象理智能力"中包含有没有区分的知识，是"统一的"，"形式之间没有次序的"。这样的

1　Davidson, p. 90.

2　Rahman, Fazlur. ed., *Avicenna's De Anima (Arabic Text): Being the Psychological Part of Kitab al-shifa*（London: Oxford University Press, 1959）, pp. 242–247.

知识类似"主动智能"拥有的知识。[1]然后,在灵魂获得"抽象理智能力"之后,从"抽象理智能力"中流出区分的、有次序安排的形式到灵魂中。以上即是伊本·西那完整的人"获得"思想的图景。在这个基础上,先前的问题就能得到回答了。当人确信自己可以回答一个之前没有回答过的问题时,他并非处在完全的潜能,没有获得任何知识,而是处在与主动理智建立联结的第一个阶段,获得了"抽象理智能力",具有没有区分的知识。所以,他确信,他"能够"使用这个能力来进一步获取回答问题的知识。当他有答案时,他已处在第二个阶段了。

正如戴维森提出的批评,引入两个阶段流溢的说法,容易与其他概念产生冲突。[2]比如,按照四理智阶段区分的定义,现实理智阶段,理智中已有了比一阶可理解事物更多的思想,只不过没有处在现实的思考之中而已。[3]戴维森根据伊本·西那的其他文本(主要是《商榷》),认为伊本·西那在内感知官能中设置了一个"思考"(cogitation, fikra)官能[4],在理智活动中扮演着重要角色。在这个文本中,伊本·西那再次触及了两个阶段流溢的说法,但是,也表明了使灵魂做好接收主动理智流溢的关键因素正是在于"思考"官能。这项能力也承担着在三段论中推论出结论的作用,所以是可错的。这也是为了回应这样的质疑,即如果所有思想都来自主动理智的流溢,而又不能想象主动理智是可错的,所以,必须让人自己来承担错误。为此,"思考"官能显得尤为重要。[5]

戴维森的问题意识源自伊本·西那使用术语上的不一致,有时候说灵魂被组合想象官能(compositive imaginative faculty, ashya mutakhayyala)准备好,然后开始接收主动理智流溢的可理解形式。有时候也说,当灵魂考虑储存想象(retentive

---

1 Rahman, 1959, p. 243. 这里之所以用引号强调主动智能,是因为戴维森批评了拉赫曼根据这一块内容的讨论而把主动理智放置在灵魂中的观点。Cf. Davidson, p.91; Rahman, *Prophecy in Islam*, pp. 32–33.

2 Davidson, p. 92.

3 再看伊本·西那的原文(*DA*, p. 243),似乎伊本·西那也发现了区分两个阶段流溢后产生的困难。

4 这个内感知官能,"指称动物灵魂时叫作组合想象官能(mutakhyyila),指称人的灵魂时叫作思考官能(fikra)"。Rahman, 1959, p. 45; Isharat, p. 125. Cf. Davidson, p. 96.

5 哈瑟批评戴维森"过分强调"了这项官能,但是,哈瑟简单地诉诸某个概念的误解显得有些简化了。详见下文。

imagination, khayal）官能中的个别形式时，开始接收可理解形式。[1]戴维森认为，伊本·西那应该是没有严格使用术语，后者似乎也指的是组合想象官能。并且，在戴维森看来，根据伊本·西那讨论内感知理论处的说明，严格来说，在人的灵魂中，组合想象这项能力应该叫作"思考"官能。同一个内感知官能，在人之外的动物身上叫组合想象官能，在人身上叫思考官能。这个能力主要是处理储存在储存想象中的心灵图像，分解、组合而成新的内容。[2]在强调"思考"官能的重要作用之后，戴维森回到之前提及的两个阶段流溢的区分，认为伊本·西那明确表达，第二阶段的发生，是"通过思考的中介"。然后，"思考"官能把第二阶段流出的可区分的形式再"放入"词项（alfaz）之中。[3]

以上便是捍卫"流溢论"解读的主要论证。其他持有"流溢论"观点的学者大致坚持了类似的思路，比如布莱克[4]、泰勒（Taylor）[5]，以及最近李兹利（Lizzini）[6]的文章。

抽象论

从 1988 年的专著，到最近 2012 年发表的文章，古塔斯都坚持用"抽象论"立场来解读伊本·西那的理智活动理论。"抽象论"立场认为，伊本·西那在描述理智活动发生过程时提到的所谓"流溢"，或"与主动理智的联结"这样的说法才是某种隐喻，

1　Davidson, p. 95.

2　戴维森找了 Isharat（p. 127）和 Mubahathat（p. 232, 239）中的段落，说明其通过大脑而活动，会产生运动，是个物理官能，因而不是理性官能。Davidson, p. 96.

3　这一部分，伊本·西那有较为详细的讨论，见 Rahman, 1959, p. 241, 243, 247。

4　Black, Deborah L., "Psychology: Soul and Intellect", in Peter Adamson and Richard C. Taylor ed., *The Cambridge Companion to Arabic Philosophy* (Cambridge: Cambridge University Press, 1959), pp. 308–326.

5　Taylor, Richard, "Themistius and the development of Averroes' noetics", in R. L. Friedman and J. M. Counet eds., *Medieval Perspectives on Aristotle's De Anima* (Louvain la Neuve/ Louvain Paris Walpole: Editions de l'Institut Superieur de Philosophie/Peeters, 2013), pp. 1–38.

6　Lizzini, O. L., "Human Knowledge and Separate Intellect", in R. Taylor and L. X. Lopez Farjeat eds., *The Routledge Companion to Islamic Philosophy*, 2015, pp. 285–300.

其真正意指的是导向认识的推论、认知过程。人内在的理智能力从质料中抽象出形式才是真正的产生认识的理智活动。换言之，人在理智认知活动中承担完全的责任，没有外部的原因参与其中。在古塔斯看来，虽然主动理智在人认识可理解形式的过程中没有作为某个原因参与进来，但是，它承担着承载那些可理解形式的功能。下文的推进会进一步展示出，伊本·西那不接受一种理智性记忆能力的存在，由是，古塔斯强调了主动理智存储可理解形式的任务。"必须留意的是，对阿维森纳来说，可理解事物从主动理智流溢这样的概念，在他的宇宙论中有它的位置，并且致力于本质上解决一个本体论问题，而不是认识论问题，即可理解事物的位置。"[1]古塔斯把主动理智视为存储可理解形式的地方，为理智活动提供本体论上的支持，有伊本·西那的文本证据，同时也是很合理的解释，令人信服。但是，和阿尔宾纳（Tommaso Alpina）一样[2]，我也质疑，主动理智只承担存储可理解形式的功能。下文对涉及文本的分析将展示出主动理智在理智活动中超出"存储"功能的更多作用。

伊本·西那关于可理解形式从主动理智流溢到人的理智之上[3]，有时候也会说，主动理智把可理解形式给予人的灵魂[4]。或者也说，形式被印刻上去。[5]"流溢论"的坚持者往往认为伊本·西那使用的"抽象"之类的话语只不过是可理解形式流溢的某种修辞性隐喻，而不能从字面含义进行解读。[6]以至于一些解释者认为伊本·西那"不能解释理性在知识上的抽象"，人理智的活动"只能让心灵倾向于接收新的概念"。[7]但是，对于坚持"抽象论"的人来说，这些表述展示的就是字面的真实含义。

"抽象论"代表性的展示出自哈瑟的文章《阿维森纳论抽象》（"Avicenna on

---

1 Gutas, Dimitris, "The Empiricism of Avicenna", in Gutas 2014, article VII., p. 411.

2 Alpina, Tommaso, "Intellectual Knowledge, Active Intellect and Intellectual Memory in Avicenna's Kitab al-Nafs and Its Aristotelian Background", in *Documenti e studi sulla tradizione filosofica medievale*, XXV. 2014. p. 140.

3 参见文本 *DA* 5.6, 247.4–5; 248.1。

4 参见文本 *DA* 5.5, 234.17。

5 参见 *DA* 1.5, 50.8; Najat, pp. 192.22; Rahman, 1952, p. 68。

6 Rahman, 1958, p.15; Black 在 Avicenna on .... Fictional Beings, p. 445, "he denies the reality of abstraction as a cognitive process"; Davidson, pp. 93–94, "可理解思想直接从主动理智中流溢，根本不是被抽象"。

7 Hasse, 2000, p. 184.

Abstraction"）[1]。在这篇文章中，哈瑟认为用发展的眼光来看待伊本·西那的抽象理论是可能的，因为在伊本·西那哲学著作的时间顺序上，学界有着一定的共识。在梳理伊本·西那抽象理论的发展之前，哈瑟考察了法拉比的抽象理论，主要就《美德城邦》和《论理智》两书涉及的内容而言。《美德城邦》中只有很简短的论述："然后，当在视觉例子中符合光的那个东西从主动理智出现在理性官能中的时候，与此同时，可理解物从保存在表象官能（al-quwwa al-mutakhayyila）中的可感物［出现］在理性官能中。"[2]哈瑟认为，从这段话的描述来看，法拉比没有把人的理性官能视为理智活动过程中的某种主动者。可感形式到可理解形式之间的转化（hasala, sara）没有暗示动作的发出者。相比之下，伊本·西那使用的词项，发现（istanbata）、抽象（jarrada）、剥夺（afraza）、提取（intaza'a）则显著地暗示着动作的主动发出者。[3]

尽管《论理智》对理智的抽象活动有更详细的说明，正如哈瑟提醒读者注意的，法拉比旨在澄清理智的不同用法，而不必然展示法拉比自己的哲学观点。[4]法拉比把潜能理智称为能够"从质料中，提取（intaza'a）所有对象的本质和形式"[5]。在提及不同类型的形式时，法拉比谈到，"在质料中的形式从它们的质料中被提取出来，然后它们接收了一种不同于它们先前的存在的存在。如果有形式不属于任何质料，那么，这个本质［即理智］根本不需要从质料中提取它们，而是发现它们作为某种被提取物（muntaza'）"[6]。哈瑟认为，法拉比这段话的背景出自亚里士多德《论灵魂》3.4, 430a2-6。尽管法拉比谈论的是两种形式，但也涉及了抽象，似乎暗示了人的理智在抽象活动中的主动性。哈瑟认为，纵观《论理智》全书，法拉比对于主动理智在人理智活动中的作用，仅止于使潜在可理解物变为现实的可理解物，而很难得出主动理智"使得人的

1　Hasse, "Avicenna on Abstraction", in *Aspects of Avicenna*, ed. R. Wisnovsky (Princeton: Markus Wiener Publishers, 2001).

2　Walzer, 1985, pp. 202-203.

3　Hasse, 2001, p. 42.

4　*Ibid.*

5　*Risala Fi al-aq*l, ed. M. Bouyges, p. 12.

6　*Ibid.*, p. 20.

理智进行抽象"这样的结论。[1] 所以，对法拉比而言，感知材料如何转变为可理解形式是模糊不清的。[2]

基于一种"发展论"的视角，哈瑟认为，尽管《论灵魂纲要》不是伊本·西那成熟的著作，但是在抽象问题上已经具备了理论的雏形。[3] 哈瑟认为，从这段文本涉及抽象的术语使用来看，就不能把抽象视为流溢的一个隐喻。因为伊本·西那描述理性能力和可理解形式之间的关系时使用的是及物动词，如获得（istafada）、发现（wajada）、提取（istanbata）和抽象（jarada）。相比法拉比使用的不及物动词，可理解形式"出现"（hasala）在理性官能中，伊本·西那似乎在明显暗示人理性能力的主动性。哈瑟认为，甚至伊本·西那本人也强调了"主动"这一点。[4] 至于主动理智在人的理智活动中承担何种角色，伊本·西那也分别暗示或触及过，并承诺会在"下文"进行处理。[5] 在"太阳喻"的背景下，伊本·西那谈到，"这个实体，反过来，得到其本质力量提供感知能力给理性灵魂，并使得被感知的形式也出现在它之中，正如我们上边所说的"[6]。在哈瑟看来，这些文本把主动理智在人理智活动中的作用视为和感知对于理智活动的作用一样，仅只是其中的一个条件，而不是主动性力量。[7]

所谓伊本·西那中期的成熟著作，如《治疗书：论灵魂》《拯救书》《东方哲学》，在抽象问题上，基于《论灵魂纲要》中的谈论，这些著作几乎有着一致的表述，区分了四个层次的抽象：感知、想象、判断和理智。根据哈瑟的考察，在主动理智及其在理智活动中的作用话题上，进一步突出：主动理智使得想象形式变为可理解形式。在

---

1 这个结论出自 Davidson, p. 93。

2 关于法拉比和伊本·西那抽象问题上的比较，见 Hasse, "Avicenna on Abstraction", in *Aspects of Avicenna*, ed. R. Wisnovsky (Princeton: Markus Wiener Publishers), p. 65, 注释 10。

3 哈瑟引述了长长的一段文本来佐证，见 *Ahwal al-nafs* (Cairo: el-Halaby and Co., 1952), p. 169.10。

4 "one says that the faculty of sense-perception has a somehow passive role in conceiving [forms], whereas the intellectual faculty is active." (Hasse, 2001, p. 45)

5 "all this [the rational soul is able to do] with the service of the animal faculties and the assistance of the universal intellect, as we will explain below, and with the meditation of necessary, intellectual axioms that naturally exist in it." (Hasse, 2001, p. 44)

6 Hasse, 2001, p. 45.

7 *Ibid.*, p. 46.

《治疗书：论灵魂》中才比较细致地说明了主动理智在人理智活动中的"中介"作用。相比《论灵魂纲要》中的"帮助"作用，在中期著作中，伊本·西那用"中介"进行了替换。[1] 在哈瑟看来，这些变化更加明确地展示了抽象过程的存在。伊本·西那第三个阶段的著作是《献给阿拉的哲学》《指示与诠明》《商榷》，尽管这些著作没有相比之前更系统的谈论，但是也没有改变之前的立场。在这个意义上，哈瑟认为，"抽象论"的解读是可以捍卫的。

在辩护"抽象论"的解读之后，哈瑟认为"流溢论"的解读将不得不面对 *DA* 2.2 详细讨论抽象的冲击。[2] 面对伊本·西那严肃地讨论"抽象"的种类，很难让人相信这些话语应该在隐喻的意义上去理解。两种解读争议的焦点更是围绕 *DA* 5.5 节开头的一段文本：

（1）当理智能力思考在想象官能中的个别物，上面提到的主动理智之光把它们投射在我们上，此时，[个别物]转变为从质料与[质料性]关系中抽象出来的某物，并刻印在理性灵魂中，（2）但并不是在这个意义上，即个别物本身从想象官能转移到我们的理智中，也不是在这个意义上，即埋在[质料性]关系中的意向[3]——其自身及其本质是抽象的，产生了自身的一个复制本，而是在这个意义上，看向那些个别物使得灵魂倾向于，来自主动理智的抽象物流到它之上。（3）因为思想和想法是使灵魂倾向于接收流溢的运动，正如中项在更确定的意义上使[它]倾向于接收结论，尽管二者以不同的方式发生，正如之后你将理解那样。（4）当某种关系通过主动理智光照的中介，使这个形式朝向理性灵魂发生，那么，从[这个形式]中，某物出现在灵魂中，在某种意义上，[这个形式的]种类的[某物]，在其他意义上，不是它的种类。正如当光落在有颜色的事物上，在

1　Hasse, 2001, p. 52.《论灵魂纲要》中单一的段落在这个阶段的著作中得到更加细致的处理，抽象层次、感知的帮助、主动理智的功能在 *Hal al-nafs* 中分别在三、六、十二章得到讨论，*DA* 中则是 2.2, 5.3, 5.5。

2　相应的文本段落可见下文。

3　哈瑟译为概念。

视觉中它产生了一个结果，在所有方面都没有它的本性。[1] 想象的事物——潜在地是可理解的，变为现实地可理解，尽管不是它们自身，而是从它们中收集的（iltaqata）。或者正如结果，通过光的媒介从可感形式转移过来，并不等同于这些形式，而是不同的事物，相关于它们而已，其实是通过光的中介，按符合接收者的方式产生的某物。同样，当理性灵魂看向这些想象的形式，主动理智之光以某种方式与它们联结起来，此时，［理性灵魂中］就倾向于出现——由于主动理智之光，从这些形式中未被沾染的抽象物。[2]

以上文本展示了伊本·西那所谓抽象的过程，以及主动理智在人理智活动中所介入的时机和担当的作用。我们可以把以上讨论的理智活动过程重构如下：

当人的理智能力注意到储存在想象官能中的个别形式，在主动理智的"作用"下，这些个别形式会转变为抽象事物，即共相，并刻印在人的灵魂上。首先，所谓个别形式"转变"为抽象事物，这里的转变并不是指的事物 X 从位置 A 转移到位置 B，即同一个个别形式从想象官能转移到理智能力之中。尽管伊本·西那没有解释其中的原因，但一个明显的原因便是，根据定义，感知能力和理智能力分别处理的是个别形式和普遍形式，或说共相形式，所以不可能出现某个个别形式，或某个共相形式先后出现在两种能力中。这里的转变也不是包含有抽象事物 Y 的个别形式对 Y 的一次复制。而是从主动理智流到做好准备的灵魂中的抽象事物，即可理解形式。可理解形式与想象官能中的个别形式的关系是，前者收集自后者，二者是"相似"的关系。就好像我眼中的电脑图像只是相似于眼前的电脑，而非等同。

1　哈瑟把 gumla 读作本性，而不是全部、所有。Hasse, p. 185.

2　参考 Hasse, p. 185; DA 5.5, 235.2–236.2（可参考 Najat, pp. 192.19–193; Rahman's translation, pp. 68–69; Isharat[leiden, 1892], p. 129; Mubahathat, p. 239）。

哈瑟根据这段文本反驳了可理解形式直接来自主动理智，或直接流溢自主动理智，完全没有人理智能力的抽象之类的说法。[1] 并主张，"可理解形式最终来自想象官能中的个别物，并相似于它们"[2]。哈瑟还认为，传统"流溢论"解读把人的理智注意个别物只是让灵魂倾向于接收主动理智的流溢，其中较强意义的"只是"并没有伊本·西那的文本证据。[3] 进而，哈瑟认为，伊本·西那把主动理智的"作用"视为介质、中介般的作用。就好像光线把视觉对象照亮才能看见视觉对象一样，主动理智也是照亮抽象对象，让抽象形式出现在灵魂中。相比之下，人的理智在理智活动中有着更为积极的作用，注意想象形式，产生思想，推动灵魂接收可理解形式的倾向。然后在这最后一步，主动理智才介入进来。[4]

有趣的是，戴维森同样依据这段文本中的类比做出了"流溢论"的断言。戴维森大概认为类比中出现的"抽象"字眼带有类比的局限性，并不严格符合伊本·西那的理论框架。"他（伊本·西那）的立场事实上不是主动理智的流溢使得人的理智从想象官能呈现的图像中抽象概念，就像眼睛看见被太阳光照亮的颜色。他主张，可理解思想直接从主动理智流出，根本不是被抽象的。"[5] 在最后的总结中，戴维森再次断言，"有这种影响的语言，即人抽象出思想，或主动理智之光使得潜在的思想转变为现实思想，不能作字面理解，因为现实的思想实际上来自主动理智的流溢"[6]。在戴维森看来，文本中伊本·西那小心地反复澄清，想象官能中的个别图像转变为被"抽象"的普遍概念可能会在多种意义上被理解，伊本·西那想表达的是，灵魂对心灵图像的关注使得灵魂做好准备，来接受主动理智的流溢。戴维森似乎认为这是如此明显，以至于不需要更多分析，并且认为，伊本·西那另外两个类比更加契合"流溢论"的模型。

1　Davidson, pp. 93, 102.

2　Hasse, 2000, p. 185.

3　Rahman's translation, "but only in the sense that its consideration prepares the soul so that the abstract form should emanate upon it from the Active Intelligence", 1958, p. 15. Hasse, 2000, p. 186.

4　Hasse, 2000, p. 186. 有评论说，伊本·西那的理论跟法拉比在主动理智的作用上不同，见 Davidson, p. 93; Hasse, p. 186。

5　Davidson, p. 93.

6　*Ibid.*, p. 94.

戴维森认为伊本·西那"把人接收理性思想的理智的准备比作眼睛的治疗，一旦治疗使得眼睛健康，眼睛当然不会总是在看，但它已经有了随意看的能力。类似地，训练理智就是将其带到高阶潜能阶段，然后理智可以与主动理智随意地重建联结"[1]。第二个例子则是"镜喻"，即把人的理智比作镜子，理智相对主动理智，就像镜子在主动理智面前，反映出主动理智中的知识。当镜子转向其他事物，之前的反映内容也随即消失。[2] 下文有关于第一个例子的引文，哈瑟对这段引文的内涵和伊本·西那的意图有不同的理解。我倾向于认为戴维森误解了引文的内容，以及这个例子意图表达的目的。[3] 上文也提到了，伊本·西那给出这个例子的语境是围绕"理智记忆"的讨论，试图说明对于同一个可理解形式而言，理智灵魂第一次获得和再次获得并不完全相同。如果说，第二次获得是直接来自主动理智的流溢的话，那么，第一次获得则并不必然完全来自主动理智的流溢。下文会有进一步的讨论。

辩护"抽象论"的另一位作者麦金尼斯[4]，他同意哈瑟的结论，即伊本·西那所谓的抽象是人灵魂内在的认知活动。但是，他不接受哈瑟达到这个结论的方式，即所谓的伊本·西那抽象理论的"发展路径"（developmental approach），他把伊本·西那哲学视为一个逐渐演变的学说，而非一个哲学体系。[5] 麦金尼斯认为，这首先会受到伊本·西那自己的否认，因为伊本·西那认为自己有一套哲学体系。并且，哈瑟的结论在哲学上的麻烦在于，他重构的伊本·西那抽象理论如何可以兼容于主动理智学说。如果没有一个外在事物提供普遍性基础，一个更为明显的哲学后果便是，如果认为抽象活动是人内在的认知行为，那么，如何保证杂而多的个别认知可以得出普遍的知识呢？[6]

1　Davidson, p. 94. 例子出自 *DA*, p. 247。

2　*Ibid.*, p. 94. 例子出自 Isharat, p. 129。

3　哈瑟的批评见下文。

4　McGinnis, Jon, *Making Abstraction Less Abstract: The Logical, Psychological, and Metaphysical Dimensions of Avicenna's Theory of Abstraction*, American Catholic Philosophical Association, Proceedings of the ACPA, Vol. 80, 2007.

5　McGinnis, 2007, p. 169.

6　*Ibid.*, p. 170.

新的解决方案

"流溢论"和"抽象论"的鲜明对立促使当代伊本·西那解释者们一次次回到他原初的概念、段落和哲学史上与之密切相关的文本,对问题的反思揭示了困境的原因,以及可能的解决方案。哈瑟开始也倾向于强调人理智能力的"抽象"作用在理智活动中更为关键,之后再试图跳出两种解读方式的对立[1],重新审视伊本·西那的理智理论。他提醒我们,德安科纳和麦金尼斯的尝试展示了对问题更加深入的理解,以及可能解决的方向。

德安科纳展示了柏拉图主义的心理学对伊本·西那灵魂学说的潜在影响[2],这一点似乎并没有被充分注意到。德安科纳从伊斯兰世界广泛流传的所谓《亚里士多德的神学》的一些段落及伊本·西那的评注出发,试图重新解释伊本·西那的"抽象"概念。在德安科纳看来,《亚里士多德的神学》的这一段落,"经常,我与我的灵魂相独处,脱去我的身体,将其放置一边,就好像我是一个没有身体的抽象实体"[3],伊本·西那对这里的"抽象"概念持普罗提诺式的理解,即灵魂因其本身而可以达到可思的境域,并与主动理智相联结。在这个意义上,"抽象"并不是源自可感形式的结果,而是灵魂所变的类似形式。德安科纳认为,伊本·西那尽管对《亚里士多德的神学》是否属于亚里士多德的著作有所怀疑,但还是在他的评注中追溯了亚里士多德的《论灵魂》和《论感觉和可感对象》(*De sensu et sensato*),然后综合了两种似乎并不兼容的认知模式,即亚里士多德传统的抽象论和新柏拉图传统的直接把握可理解形式。[4]

但是,哈瑟对德安科纳试图展示的伊本·西那的抽象学说不是源自亚里士多

1　Hasse, "Avicenna's epistemological optimism", in Adamson, Peter ed., *Interpreting Avicenna: Critical Essays* (Cambridge: Cambridge University Press, 2013).

2　D'Ancona, Cristina, Degrees of Abstraction in Avicenna, "How to Combine Aristotle's De Anima and the Enneads", in Kärkkäinen Knuuttila ed., *Theories of Perception in Medieval and Early Modern Philosophy*, 2008, pp. 47–71.

3　D'Ancona, 2008, p. 61.

4　*Ibid.*, pp. 58–67.

德的《论灵魂》，而是所谓的《亚里士多德的神学》并不信服。原因在于，哈瑟认为伊本·西那在对《亚里士多德的神学》的评注中已经明显提及，"抽象的程序已在《论灵魂》和《论感觉和可感对象》得到解释"[1]。另外，哈瑟认为，伊本·西那对"抽象"概念的理解最重要的资源并不是那些希腊文本，更多需要归功于法拉比，他频繁地使用"抽象"这样的词项来表达主动的理智活动使形式脱离于附属物，比如他的著作《字母书》。[2]虽然伊本·西那经常提及理智朝向更高层次的境域，以及从中接收可理解形式，甚至于直接用新柏拉图式的话语，声称存在着在主动理智中的分离的形式，但是，哈瑟说："这只是故事的一半。"[3]伊本·西那和新柏拉图传统关于形式的学说一个重要的差异是，虽然形式从主动理智流溢到月下世界，但事物的本质既以共相形式的方式存在于主动理智之中，也以个别形式的方式存在于月下世界的实体当中。由此，对伊本·西那而言，接受分离形式的存在，与坚持亚里士多德传统的内在形式的实在论观点，二者也就可以同时成立了。就认知过程而言，也就意味着把握共相形式有了两种方式，即源自个别形式的抽象，以及直接接收自主动理智。

麦金尼斯尝试的方案则从对"太阳喻"的内在考察开始。他非常强调伊本·西那把理智活动和视觉活动进行的类比，如上文所引，伊本·西那把主动理智比作太阳，人的灵魂比作眼睛，想象官能中的个别形式比作潜在的视觉对象。那么，灵魂对想象官能中形式的认知性注意就像是感知者朝向潜在的视觉对象，抽象可理解形式刻印在灵魂中就好像感知者现实地看见视觉对象。主动理智对想象官能中形式的影响作用就好像太阳把光线投射在潜在的视觉对象，即可见的对象上。

事实上，不论是把理智活动与感知活动相类比，还是把主动理智比作太阳，都可以在伊本·西那之前的著作中找到示例。[4]如果严格按照以上类比进行对应的话，似

1 Avicenna, p. 40; D'Ancona, p. 64.

2 Hasse, 2013, p. 111.

3 *Ibid.*, p. 111.

4 McGinnis, 2007, p. 131.

乎与从太阳中流出的光线相对应的应该就是从主动理智中流溢出的可理解形式。麦金尼斯断言，这个对应不正确。准确对应光线的应该是使抽象对于灵魂可理解的事物，可以称为"可理解偶性"或"理智化形式"。这个事物决定了被概念化的抽象本质，比如，作为基体、作为谓述、作为谓述中的多、作为谓述中的个别。麦金尼斯认为伊本·西那共相理论区分出的就自身而言的本质、在现实个别物中的本质，以及在理智中的本质可以帮助解释这一点。即在理智中本质便是被"可理解偶性"这样的事物决定的，"可理解偶性"一旦从主动理智中流溢出来，就会与在想象官能中的抽象形式相"混合"，之后在人的灵魂中形成可理解形式。

之后，麦金尼斯回顾了伊本·西那的本质学说及不同层次的抽象理论。麦金尼斯认为，更好地理解伊本·西那的抽象理论需要特别留意在本质学说中，就自身而言的本质，作为一个共同的元素，既在外在的个别存在者中，也在内在的概念对象之中。[1] 伊本·西那在描述抽象概念时[2]，列举了不同种类的抽象，如上文所示。就目前我们关心的问题——理智活动而言，一个自然的提问便是，剥离最后那些质料性偶性的工作由谁来承担呢？

尽管伊本·西那自己认为在《治疗书：后分析篇》3.5 中对理智抽象的刻画不够详细[3]，需要在《论灵魂》部分进一步澄清，但麦金尼斯认为《治疗书：后分析篇》中关于理智抽象理论的关键元素可以帮助更好地理解《论灵魂》中的抽象理论。在《治疗书：后分析篇》中，伊本·西那已提到，人自身的理论理智（'aql nazari）完成了抽象的最后一步，把"就自身而言的本质从所有物质性偶性或伴随物中提取出来"[4]。在麦金尼斯看来，伊本·西那理解的抽象并不神秘。在《治疗书：后分析篇》中，抽象被描述为把偶性"放在一边"（yatrahuha min janib），"孤立"（yufridu）属于本质自身的东西。在 DA 3.5，抽象过程被刻画为"聚焦"（yata'ammalu）或"回顾"，"为了让自身与某物熟

1　McGinnis, 2007, p. 171.

2　Rahman, 1959; *DA* 2.2, p. 58.

3　A.Badawi ed., *Avicennae De Demonstratione ex libro 'Alchifa* (Cairo: Association of Authorship, Translation and Publication Press, 1954), p. 160.

4　McGinnis, 2007, p. 172.

悉"。[1] 麦金尼斯的解读是，对于伊本·西那而言，抽象即是一个挑选过程，以便把握可感对象的本质性特征。[2]

正如麦金尼斯注意到的，在《治疗书：后分析篇》中讨论抽象时，伊本·西那没有提及主动理智。麦金尼斯认为不是因为逻辑学部分出现的抽象理论不同于心理学部分的理论，而是因为"主动理智在抽象过程本身中完全没有角色"，主动理智的关键作用是"照亮人的理智已经抽象的东西"。所以，抽象和主动理智的照亮是"不同的活动"。[3] 麦金尼斯认为，结合伊本·西那的本质学说，理智的抽象活动便是剥离外在个别可感对象的质料和质料性偶性，使得本质以概念化的方式存在于理智中。相比使本质以个体化的方式存在于外在世界的质料性偶性，麦金尼斯把使本质以概念化的方式存在于理智中的事物称为"理智化形式"（suwar 'aqliya）。[4] 而"理智化形式"正是主动理智照亮人理智中的抽象结果时流出的事物。[5]

麦金尼斯用来辩护这个主张的理由是著名的主动理智的"太阳喻"，以及伊本·西那的视觉模型。有关类比上文已有介绍，这里需要强调的是，在麦金尼斯看来，如果严格把视觉模型对应在理智活动上，那么，就像可见形式不在可见对象和视觉能力之外，可理解形式也应该不在可感对象和理智能力之外，即可理解形式不能来自主动理智的流溢。[6] 麦金尼斯的文章最后通过主动理智作为"形式赋予者"（giver of form）而保证了杂多的个别认知依然不会威胁到普遍知识的可能。总体而言，麦金尼斯坚持了"抽象论"的主张。

哈瑟认为，麦金尼斯的解释并没有明显的文本证据，不论是抽象形式与"理智化

1　Rahman, 1959, p. 235. 麦金尼斯提醒，*DA*, p. 235 讨论了抽象和主动理智，伊本·西那说，"聚焦"是作为主动理智照亮的准备。McGinnis, p. 182.

2　McGinnis, p. 173.

3　*Ibid.*

4　麦金尼斯似乎认为，尽管伊本·西那没有明确说出这样的想法，但是，伊本·西那有所区别地使用 suwar 'aqliya 和 suwar maqulat 这样的概念暗示了这一点。他认为，在 *DA*, pp. 234, 243, 245, 250 中使用 suwar 'aqliya 的时候指的都是从主动理智流溢出来的东西，或者只存在于理智中的事物。McGinnis, p. 182.

5　McGinnis, 2007, p. 173.

6　那么，又该如何理解伊本·西那文本中主动理智流溢出可理解形式这样的话呢？麦金尼斯的解读似乎直接违背了伊本·西那的文本。

形式"之间的区分，还是流溢出的"理智化形式"与抽象形式相"混合"这样的观点，都不能从伊本·西那的相关著作中找到文本基础。哈瑟认为，伊本·西那交互使用的阿语词汇如 al-ma'qulat（可理解物）、al-suwar al-maqulat（可理解形式）、al-suwar al-'aqliyya（理智形式），指的都是在主动理智中的形式流溢到人的灵魂中。并且，像普遍性、个别性这样的偶性特征都是当本质存在于理智或外在世界中时才附着其上。[1]

不过，正如哈瑟也同意的，麦金尼斯也指出了伊本·西那关于本质的形而上学，以及视觉理论，都与理智理论密切相关。如上文已有提及，在伊本·西那对存在与本质进行区分之下，对人的理智活动所认识的本质而言，要么存在于外在世界的个别物中，要么内在于人的理智中。外在世界个别物中的既是个别形式，也是抽象活动的对象，在人理智中的则是共相形式，是已被抽象且接收于主动理智中的。[2] 因为，就其自身而言的本质是不可把握的。

外在世界个别物中的个别形式显然不能分离于存在物的，那么，人的灵魂所接收的形式又如何存在主动理智中呢？哈瑟认为伊本·西那显然会主张，主动理智也是理智，那些形式便会以概念化，即共相的方式，存在于主动理智中。如此，主动理智中的形式便是本质与概念化存在的模式的复合体，在流溢过程中，主动理智不但把作为本质的共相形式"流"给灵魂，也把那种概念化存在模式"流"给了灵魂。

关于伊本·西那把视觉活动与理智活动类比，哈瑟认为不必严格对应类比中的各个部分，因为在理智活动这边没有光的对应物。伊本·西那在两个类比项中都使用了光或者照射这样的部分，比如，"通过主动理智照射的中介""由于主动理智之光"等说法都表明了这一点。另外，在视觉活动这边，也不能发现像从主动理智流溢出的可理解形式那样，从太阳中流出的"可见形式"。哈瑟认为伊本·西那也意识到了以上比喻的麻烦所在，所以在文本中有进一步的澄清，除了形式从主动理智中流溢出

1　Hasse, 2013, p. 113.

2　Marmura, M.E. ed., *Avicenna, The Metaphysics of The Healing, Al-Shifa: al-Ilahiyat, A Parallel English-Arabic Text* (Provo: Brigham Young University Press, 2005), 5.1.

来，"理智抽象的能力"也"从中流出"。[1]哈瑟认为这也是伊本·西那把处于现实理智活动中的理智称为"获得理智"的原因，即从主动理智中获得。哈瑟建议可以把类比调整为流溢与光线之比，即因为光线，人有了视觉能力；因为流溢，人有了抽象思考的能力。

那么，新的解决方案又如何可能呢？用哈瑟的话来说，便是如何理解这个难题中不相兼容的两个概念，"可理解物是被灵魂抽象的，还是从主动理智流出的？"他的回答是，这个问题的提问方式可能不正确，因为在伊本·西那这里，抽象和流溢并不是彼此互斥的概念，把二者在同一个问题中谈论会出现范畴错误。哈瑟认为，伊本·西那引入抽象概念是用来解决认识论问题，引入流溢则是用来处理本体论问题。为此，我们需要又一次回到那些关键的文本。伊本·西那在《论灵魂》中首次介绍抽象如下：

> *DA* 1.5, 48.1–5
> 理论能力即是印刻从质料中抽象的共相形式（universal form）。并且，如果共相形式因其自身而是抽象的，那么理智能力将会容易地获得其形式。如果共相形式不是因其自身而是抽象的，那么理智能力将会使它成为抽象的，直至它从与质料的关系中不留下任何事物。之后我们将解释如何（发生）。

伊本·西那在 *DA* 2.2 节进行了解释。首先，他区分了非物质对象形式和物质对象形式，前者通过把握它们作为抽象对象来进行感知，后者则通过灵魂的抽象活动来进行：

> *DA* 2.2, 61.10–14
> 就存在于质料中的事物而言，要么因为它的存在是物质性的，要么因为它偶

1　Hasse, 2013, p. 114.

然是物质性的，[这个能力]既从质料，也从质料关系中抽象它，然后以抽象的方式把握它，以至于它会像谓述多的"人"那样，到这样一种结果，[这个能力]把多把握作一个本性，脱去它所有物质性的数量、性质、空间和位置。如果它不能从这些中抽象出来，就不能真正地谓述多。[1]

哈瑟认为，这两段文本表明，在伊本·西那的理智活动图景中，人面临两种认识对象，即月上世界的分离于质料的存在者，比如神（God）、智能（intelligences）[2]，以及月下世界以偶然的方式而与质料相关联的存在者，比如个别的人、作为种（species）的"人"。在伊本·西那看来，对前一类存在者的认识比较容易，可以直接把握它们的非物质形式；后一类则困难一些，需要通过灵魂抽象出它们与质料相关联的形式才能把握。至于具体的抽象过程，伊本·西那则留到了5.5节开篇那段充满解释争议的文本：

DA 5.5, 234–5

我们说，人的灵魂有时是潜在的理解者，之后，转变为现实的理解者。任何从潜能进入到现实中的事物，都只通过使其进入现实的原因（sabab）而进入。那么，这里有一个原因，正是它使得我们在可理解物中的灵魂从潜能进入到现实之中，因为它是给予（i'atai）可理解形式（suwar al-'aqliyya）的原因。它只能是处在现实中的理智，在它那有抽象的可理解形式的本原（mabaadi al-suwar al-'aqliyya mujarada）。[3] 它与我们灵魂的关系就是太阳与我们视觉的关系。就像太阳以其自身而现实可见，然后以其光芒而使现实不可见之物现实可见，对我们

1　可参考 Najat, pp. 170. 20–171.6; Rahman, 1952, p. 40.

2　伊本·西那没有在《论灵魂》中提及这两个例子，按哈瑟的考证，在《治疗书》的导论部分，伊本·西那用神和智能进行了示例。参见《治疗书：导论》12.13 和 13.5。《治疗书》的形而上学部分也有，DA 1.2, pp. 15, 18–16, 1. Cf. McGinnis 2010, pp. 36–37. Cf. Hasse, 2013, p. 115。

3　阿尔宾纳认为这段文本表明主动理智中存在的就是就自身而言的本质，可以反驳麦金尼斯的解读，即认为主动理智流溢给人的是可理解偶性，或说理智化形式，下文也有哈瑟的反驳。Alpina, p. 160.

的灵魂而言,这个理智的情况即是如此。[1]

如前文所引,关于抽象的过程,伊本·西那使用了视觉活动的例子,即理智能力思考存储在想象官能中的个别存在者,然后个别存在者转变成为可理解形式。哈瑟认为,就以上文本而言,伊本·西那在理智认识活动中列举的只是通过抽象的认知,以及直接把握(akhadha akhdhan mujarradan, 2.2, 61.8)两种,完全没有以流溢的方式进行理智活动的位置。[2] 进而哈瑟直接断言,流溢概念在伊本·西那这里需要在本体论的语境下来谈论。尽管伊本·西那明确说明,分离形式和需要被抽象的形式都以刻印的方式接收自主动理智。但是,哈瑟认为这都是基于认知方式的视角说明人的灵魂如何展开理智活动,以致最后达到认知对象——可理解形式。至于可理解形式的本体论地位,即可理解形式的存在样态,伊本·西那则是从本体论的视角做出解释,即它们存在于主动理智中。而之所以引入流溢概念,主要是为了解释理智记忆问题。

DA 5.6, 245.5-9

那么,我们现在说的关于人的灵魂和它们先获得,然后忽视而转向其他事物的可理解物是什么,是否它们以完全的现实性存在,以便[灵魂]必然地可以以完全的现实性思考它们,或者,是否它们有某个贮藏所来储存它们,对这个贮藏所来说,要么贮藏所本身,要么其身体,或身体性事物,相关于它们。

伊本·西那很快否决了身体性贮藏所的可能,因为如果贮藏所是身体性的,那么,可理解事物将不再可理解。上文已有详细澄清,故此处不再赘述。按哈瑟的说法,伊本·西那也否决了一种柏拉图式的形式理论,即分离形式以其本身而存在,灵魂如同镜子一般或转向它们,或不转向它们,然后分离形式或显现出来,或不显现出来。我也比较同意哈瑟的看法,流溢概念可以更好地解释这里的问题。

1　Rahman, 1959, p. 234.
2　Hasse, 2013, p. 115.

DA 5.6, 245.18–247.5

或者［是否我们可以说］那个主动本原按灵魂的需求让形式接连流向灵魂，当它转离那个［本原］时，影响停止？……我们说后一种选项是真的。原因是，说形式以完满的现实性存在于灵魂中，而灵魂并不知道它处在完满的现实性中是荒谬的。因为，［短语］"［灵魂］知道它"的意思就是形式存在它之中……剩下的便是，正确的选项是最后一个，［据此，］学习便是寻求完满的倾向来建立［与主动本原的］联系，以便从中造成简单的理智活动，形式以不同的方式从中流出，通过思考的中介进入灵魂中。

DA 5.6, 247.11–13

第一次认识就像治愈眼睛。当眼睛被治愈，它看到物体，从中它把握了一幅图像，只要它意愿。如果它从这个物体上转开，［这个物体］变为潜在的，即非常接近现实的。

哈瑟批评戴维森[1]，误读了这里的"第一次认识"，认为人的理智到达"高阶潜能的阶段之一"，因而可以随意与主动理智相联结，即现实理智阶段。哈瑟认为，这里的文本指的是第一次认识某个特定的形式。[2] 在他看来，伊本·西那在这里对第一次认识的形式和之后的随意思考进行的区分非常关键。可以用来解释不同文本之间的张力，比如 *DA* 5.5 关于主动理智既谈论抽象，也提及流溢，而 *DA* 5.6 则只谈论流溢——就算是 *DA* 5.6, pp. 247.8–9 谈到抽象理智的流溢，哈瑟认为涉及的话题也是对可理解形式的第一次认识。[3] 主要关于第一次认识形式之后的再次认识，所以不用抽象，而只需要接收流溢。进而，哈瑟甚至认为，伊本·西那使用"流溢"概念的地方，谈论的似乎都是经过第一次认识而认识过的形式。[4]

1　Hasse, 2013, p. 94.

2　可参考 Rahman, 1959, pp. 247.7–10。

3　Hasse, 2013, p.187; Rahman, 1959; *DA* 5.6.

4　比如 *DA* 1.5, p.50.8; *DA* 5.5, p.234.17; *DA* 5.6, 247.4–5, 248.1; Hasse, 2013, p. 187。

哈瑟认为这两段文本展示了伊本·西那坚持可理解形式存在于主动理智，而不是月下世界的原因。对伊本·西那而言，如果认为可理解形式源自月下世界，那么如果人不能现实地思考它们，让它们存在于理智灵魂之中的话，似乎月下世界便没有可理解形式存在的位置。更进一步，可理解形式也不能持存在理智灵魂当中，因为如果持存在灵魂当中，那就意味着人持续地在思考它们。这并不符合人的直觉。就伊本·西那的感知学说而言，可理解形式也不能存在于记忆官能之中，因为记忆官能是一种身体性官能，记忆活动需要大脑的参与。[1] 由此，哈瑟认为，伊本·西那便选择，当灵魂意愿时，形式从主动理智中流溢出来，然后，人处于现实地理解活动之中。当人没有现实地在思考时，可理解形式也就从理智灵魂中消失。只是，思考可理解形式的倾向不再消失，而留存于灵魂中，亦即所谓理智记忆。[2] 这一点也可以用来解释，在学习活动中，我们对于学习过的内容，再次想起时可以不必从头开始学习。在伊本·西那的语境下，可以说，对于思考过的可理解形式，再一次想起时，可以不必再次重演抽象过程，而直接与主动理智联结，从中获得可理解形式。

换言之，在哈瑟看来，伊本·西那的理智活动图景应该是这样一幅画面：对于非物质存在者，即持存的分离形式而言，理智灵魂无须抽象过程而直接把握它们；对于月下世界物质性存在者而言，理智灵魂需要以抽象的方式来把握其物质形式。但是，不论分离形式，还是物质性形式，都来自主动理智。当抽象过程结束，接收形式的完满倾向也就达到，继而形式从主动理智流溢出来。当再一次思考曾经抽象过的可理解形式时，不再需要抽象过程，而直接达到接收形式的完满倾向，然后接收形式。"因此，不需要称任何一边，抽象或流溢，为隐喻。"[3]伊本·西那没有在隐喻的意义上谈论抽象或流溢，而是抽象和流溢的本身含义。二者也没有矛盾，因为前者是从认知方式的视角谈论达到共相形式的过程，后者是从本体论的角度谈论共相形式的存在样态。[4]

1　见 Rahman, 1959; *DA*, 1.5; *DA* 4.1。

2　哈瑟说伊本·西那拒绝接受理智记忆的存在（*DA* 5.6），这遭到了阿奎那的激烈批评，见 Hasse, 2013, p. 190。

3　Hasse, 2013, p. 117.

4　*Ibid.*, p. 117.

哈瑟认为抽象和流溢不是在一个语境下谈论的证据是，在哲学史上，替代认知的"抽象"模型的往往是"光照"，而不是流溢。从奥古斯丁到苏赫拉瓦迪，以及哥特的亨利（Henry of Ghent），都能发现这一点。[1]

哈瑟的调和方案乍看起来似乎为两种对立立场各自找到了适合的问题域，从而避免了互斥的对立。但是，正如阿尔宾纳批评的，这样的调和却生硬地建立了抽象与流溢之间的鸿沟，把二者视为没有关联的不同过程，针对不同的问题。可是，伊本·西那的文本却明确地展示了就算在对质料形式的第一次认识过程中，依然有着抽象和主动理智流溢这两个阶段。也就是说，伊本·西那这些文本表明，抽象和流溢可以分别针对认识论和本体论问题，同时，也可以共同解释认识论问题。阿尔宾纳认为，主动理智涉及哈瑟希望区分开的两个问题，即就认识论视角而言，主动理智是月下领域任何理智形式可理解性的源泉，提供了人的理智认识中可理解形式的可能性条件。同时，就本体论视角而言，主动理智作为一个分离自立的实体，存储着所有可理解形式的本原、原则，同时，也存储着所有人认识过的可理解形式，亦即充当人理智记忆的功能。[2] 因此，问题的答案并不在于在人的认识活动中，是"抽象"居于本质性地位，还是"流溢"更为重要，也不在于是否"抽象"和"流溢"回答的是不同的问题。我想更重要的是，对于伊本·西那理智活动机制的充分揭示，有助于我们反思诉诸"抽象"或"流溢"的解读对问题本身的掩盖，从而更好地理解其理智理论。

（本文作者为中国社会科学院西亚非洲研究所助理研究员）

1　Hasse, 2013, pp. 117–118.

2　Alpina, 2014, p. 142.

论阿维森纳的流溢论

以概念获得为语境

蔡震宇

导论：阿维森纳的流溢论

从拉丁中世纪对阿维森纳的解释开始，阿维森纳在概念获得问题上的立场常常被刻画为一种流溢论(faiḍ)。阿维森纳的流溢论描述了这样一种模型(见图 1)：我们的认知过程始于感觉官能对可感形式的接收，这些形式(ṣuwar)进一步传递到通感(al-ḥiss al-mushtarak)中由后者组合成复合的可感形式(阶段 A)，再传递到想象官能(khayāl)中存储起来(阶段 B)。[1] 阶段 B 之后，内感官系统中存在着两个彼此独立的加工序列：一方面，判断力(Wahm)可以基于存储在想象官能中的可感形式把握一种独特的认知内容——意向(ma'nā)[2]，并将它存储在记忆官能(al-quwwa al-ḥāfiẓa al-dhākira)中(阶段 C、D)；另一方面，存储在想象官能中的形式还可以被主动想象官能

---

1 对于阿维森纳而言，一个认知官能把握的形式最基本的含义是"发生的认知内容"。它可以从两个角度被考察，就其存在而言，它是发生在灵魂之中的心灵活动，就其内容而言，它则是认知活动的意向性结构所指向的对象。至于这双重的方面是何种关联，以及各方面更准确的理论含义，暂不在本文的论题之内。

2 ma'nā 在阿维森纳的哲学中至少存在三种不同的理论含义：①作为判断力通达的对象；②意义；③概念内容，乃至 thought。中世纪拉丁传统以 intentio 翻译 ma'nā，当代英美学界则以 intention 译之。本文暂且从众，以"意向"译 ma'nā。至于 ma'nā 诸义背后是否有一个一般或核心含义，是否有一个统一的理论，乃至在何种意义上阿维森纳可以被视作一个意向性理论的先驱，都不是本文关心的话题。对这一话题的初步介绍，可参见 Deborah Black, "Intentionality in Medieval Arabic Philosophy", in *Later Medieval Perspectives on Intentionality, Quaestio* 10 (2010), pp. 65–81。

（*al-quwwa al-mutakhayyila*）任意地加工（阶段 E）[1]；更重要的是：人类的理智能力（*al-quwwa al-'aqliyya*）本身也可以介入对这些形式的加工活动（阶段 F）。在不同的语境中，阿维森纳对介入的性质给出了不同的刻画：在对想象活动的专题探讨中，理性灵魂的介入被刻画为对主动想象能力的使用[2]；而在讨论概念流溢的语境中，这种介入只被简单地刻画为理智对想象中形式的考察（*ittala'at*）[3]。在阿维森纳看来，当想象官能中的形式被人类理智以恰当的方式考察并被一个外在于人类心灵的主动理智"照明"（阶段 G）后，主动理智将把相应的概念流溢（*yufīdu*）到人类的理智之中（阶段 H）。

举例而言，当我看到一匹马时，我的视觉系统首先获得了关于这匹马的可感形式，这个形式进一步传递到我的通感中加工并存储在想象官能中，当它进一步被人类理智以恰当的方式考察并经由一个外在于我的心灵的主动理智的光亮"照明"后，马的概念将由主动理智流溢到我的理智之中。

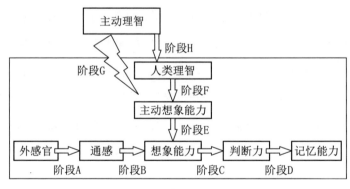

图 1

我们或许可以通过服务器—客户机类比更好地理解流溢论思路的独特之处。当

---

1 想象官能和主动想象官能的区别是：前者只有存储而没有主动加工功能，后者则不具有存储但具有主动加工功能。

2 Avicenna, *Avicenna's De Anima (Arabic Text) Being the Psychological Part of Kitāb Al-Shifā'*, ed. Fazlur Rahman (London: Oxford University Press, 1959), p. 172, lines 3–7.

3 Avicenna, *Avicenna's De Anima (Arabic Text): Being the Psychological Part of Kitāb al-Shifā'*, p.235, line 2–3.

思考概念从何而来时，流溢论的基本精神可以被理解为：每一个人类的心灵就像一个信息网络中的客户机一样与一个中央服务器（即主动理智）相连。主动理智，作为中央服务器，负责为客户网络中的客户机提供一种独特的信息——概念。但服务器并非随意地为客户机提供信息，只有客户机通过特定的操作满足一定权限时，服务器才会为其提供相应的信息。这一过程就像是，人类的内感官—理性能力系统要配合在一起以特定的方式处理输入人类心灵的可感形式，以获得从主动理智处得到概念信息的权限。

阿维森纳的流溢论模型植根于古代晚期以降的亚里士多德评注传统。从亚里士多德在《论灵魂》第三卷第五章提出潜能理智和主动理智的区分以来，评注者们对于主动理智是否内在于人心就莫衷一是。阿维森纳追随了亚历山大，坚持主动理智必外在于人类灵魂，其给出的理由是：潜能理智的实现本身要求一个外在于这一实现活动的现实的效力因（doer），并且一个效力因要和其结果具有类的相似性（如人生人，树生树）。由此，这外在于潜能理智实现活动的效力因同样是一个理智，并且是一个现实的理智。尽管外在于潜能理智的实现活动并不等价于、外在于灵魂本身，但如果这一效力因没有外在于灵魂本身，那就意味着在灵魂的理智活动还没有实现之前它就已经实现了。而这与设定潜能理智相矛盾，故作为效力因的现实的理智活动不仅要外在于潜能理智的实现过程，还要外在于灵魂本身。[1]

流溢模型在理论上有两个显著的理论优势：首先，流溢模型的提出的一个可能背景是为了克服柏拉图回忆论的困难。[2]回忆论在本体论上设定了可以独立存在的理念。而在流溢论者看来，分离于人类心灵存在的可理解者并非独立存在的东西，而是存在于一个分离存在的理智之中，这就回避了设定柏拉图理念带来的形而上学疑难。其次，流溢论为理性认知的客观性提供了一个简洁的形而上学解释。在阿维森纳的流溢

---

1 对于这一论证的思想史语境，可参见 H. A. Davidson, "Alfarabi and Avicenna on the Active Intellect", in *Viator 3*, 1972, pp. 109‑178。

2 阿奎那正是沿着这一方向重构了流溢论提出的哲学史语境，参见 Thomas Aquinas, *The Treatise on Human Nature: Summa Theologiae 1a 75‑89*, trans. Robert Pasnau (Indianapolis: Hackett, 2002), pp. 143‑146。

论中，分离于人类心灵存在的主动理智中的概念又进一步流溢自存在者秩序中的上位理智，这一流溢链条层层递进，最终追溯至神圣理智。神圣理智本身既是一个理解一切心灵的概念结构，又是一个按照这一概念结构创造整个世界的行动者。这就保证了所有理智的概念结构都来自神圣理智的概念结构，同时，这一概念结构又通过神圣理智的创造者面向构成了世界本身的实在结构。

但显然，流溢论在理论上也有一系列的困难：

首先，主动理智的两种作用方式：流溢（阶段 H）和光照（阶段 G）似乎都是神秘的概念，二者的理论含义是什么呢？如果无法被澄清，这将是一个令人神秘难解的理论。其次，流溢论似乎无法解释我的思想何以归属给我。如果我把握的概念都是来自一个在我之外的理智，在什么意义上它们不是主动理智的"思想"而是"我"的思想呢？最后，流溢论或许在本体论上承诺过多。它在我们个体的理性能力之外设定了独立存在的理智。如果我们能够通过更少的本体论预设来解释概念获得，就没有必要再设定独立自存的理智，流溢论也就失去了基础。

晚近以来，阿维森纳学界开始进一步注意到流溢论甚至存在严重的解释困难：它或许并不是一个关于阿维森纳立场的最佳解释。学者们注意到，在多处文本中，阿维森纳断定了人类理智是通过抽象把握了概念，并未提及主动理智以流溢的方式参与。[1] 到底阿维森纳是流溢论者还是抽象论者，成为近二十年以来阿维森纳学界最重要的一场争论，至今未休。

本文将首先着眼于阿维森纳流溢论的解释问题，简扼回顾晚近学界的流溢—抽象之争，并提出一种相容论解决方案。紧接着，我将回到流溢论的理论困难，通过对这些理论困难的初步回应，来展示流溢论的理论建构所希望捍卫的理性形象。这一努力的总体目标是阐释性的，它并不是为了替阿维森纳的流溢论进行彻底的理论辩护，而首先致力于初步展示出另一种思考理性形象的可能性。

1　如 Avicenna, *Al-Shifā': Al-Burhān*, ed. Abū Ela 'Affīfī (Cairo: L'Organisation Egyptienne Générale du Livre, 1956), p. 221, line 20—p. 222, line 13; Avicenna, *Avicenna's De Anima (Arabic Text) Being the Psychological Part of Kitāb Al-Shifā'*, p. 48, lines 1–5。

一、抽象还是流溢？

哲学史家通常认为，抽象指个体心灵通过运用理智能力对可感者进行主动加工以获得可理解者的过程。[1] 它承诺：概念的来源是可感者，并且人类理智在抽象活动中是一个主动者。而谈论一个概念流溢到人类心灵中，意味着承诺概念是从本体论秩序上高于人类理智的上位存在者中产生，人类理智只是作为一个被作用者接受了这种形式。显然，典型抽象论和流溢论无法相容，因为它们在概念的来源上承诺了不相容的论点。当哲学史研究者在阿维森纳的著作中发掘出"抽象"和"流溢"两种不同的解释概念获得的理论话语时，一个自然的困惑产生了：阿维森纳为什么会同时断言我们既通过抽象又通过流溢获得了概念呢？

在战后西方世界重启阿拉伯哲学研究的进程中，对这一问题的标准回答首先由法祖勒·拉赫曼（Fazlur Rahman）做出，其要旨是：抽象话语只是阿维森纳从亚里士多德评注传统中沿袭的一种表面说法（façon de parler），阿维森纳在理论上真正持有的学说是流溢论。[2] 拉赫曼的解读继承了中世纪哲学家对阿维森纳立场的一般看法，故在后文中，我将称这一解释倾向为"传统解释"。在拉赫曼之后，赫伯特·戴维森（Herbert Davidson）、黛博拉·布莱克（Deborah Black）、理查·泰勒（Richard Taylor）和奥尔加·李兹利（Olga Lizzini）都拥护拉赫曼解决这一问题的策略。[3]

然而传统解释晚近以来受到了严峻挑战。哈瑟（Dag Nikolaus Hasse）在他 2001 年的文章《阿维森纳论抽象》（"Avicenna on Abstraction"）中提供了一个新的解释

1　可感者或指可感事物，或指通过内、外感官，如感觉和想象，通达的可感形式。

2　Fazlur Rahman, *Prophecy in Islam: Philosophy and Orthodoxy* (London: George Allen and Unwin, 1958), p. 15.

3　Herbert Davidson, *Alfarabi, Avicenna, and Averroes on Intellect: Their Cosmologies, Theories of the Active Intellect, and Theories of Human Intellect* (New York: Oxford University Press, 1992), pp. 92–94. Deborah Black, "Psychology: Soul and Intellect", in *The Cambridge Companion to Arabic Philosophy*, ed. Peter Adamson and Richard C. Taylor (New York: Cambridge University Press, 2005), pp. 308–326; Richard Taylor, "Review Essays—Al-Farabi and Avicenna: Two Recent Contributions", in *Middle East Studies Association Bulletin*, 39, No. 2 (2005), p. 180; Olga Lizzini, "L'âme Chez Avicenne: Quelques Remarques Autour de Son Statut Épistémologique et de Son Fondament Métaphysique", in *Documenti e Studi Sulla Tradizione Flosofca Medievale* 21 (2010), pp. 223–242.

图景支持抽象而拒斥流溢。[1] 在他看来，阿维森纳在机制解释中引入主动理智的"光照""流溢"之说，只是用来强调人类心灵的抽象活动要依赖一个主动理智提供的恰当环境，这正如视觉活动要依赖外部恰当的光照条件才能得以发生。换言之，所谓"流溢"只是强调可理解者的产生在外部条件上依赖主动理智，而不是指在来源上追溯至主动理智。

在哈瑟之后，尽管其说不乏支持者，但随着晚近古代—中世纪哲学研究的进展，学者们已经逐渐发现：对于抽象的典型理解本身也有其历史。在经典的哲学史叙事中，抽象理论在洛克的哲学中获得了最经典的表达，这一理论本身可以一直上溯至亚里士多德，但晚近以来，这一哲学史的刻板印象备受动摇，新的研究表明：亚里士多德的 Aphairesis 概念主要指心灵在考察一个对象时可以忽略掉它的一些特征而聚焦于另一些特征这种考察方式[2]，而通常归属给亚里士多德的那种认知抽象学说的发展，要推迟到古代晚期，由亚里士多德著作重要的评注家阿弗罗狄西亚的亚历山大建构。[3] 事实上，在古代晚期，对于 Aphairesis 的解释已经是一个公开的争论，有别于亚历山大，来自新柏拉图传统的评注者更倾向于发展这一概念的形而上学含义，用以刻画灵魂本身的非质料性。[4]

这些丰富的意涵及彼此间的张力通过翻译运动得以保留在阿拉伯哲学形成时期的理论视野中。上述哲学史勾勒提示出：在阿维森纳建构自身抽象学说时可能面对着许多理论意义不同的"抽象"概念，身处当代的解释者并不能天然地认为抽象之于阿维森纳一定意味着一种典型抽象理论。未加检讨就将二者等同，或许会导致年代错乱谬误。在这一意义上，无论是哈瑟的新解释还是以拉赫曼为代表的旧解释，就像是一

1　Dag N. Hasse, "Avicenna on Abstraction", in *Aspects of Avicenna*, ed. Robert Wisnovsky (Princeton: Markus Wiener Pub., 2001), pp. 39–72.

2　参见 John J. Cleary, "On the Terminology of 'Abstraction' in Aristotle", in *Phronesis* 30 (1985), p. 14。

3　参见 Christoph Helmig, *Forms and Concepts: Concept Formation in the Platonic Tradition* (De Gruyter, 2012), pp. 155–156。

4　参见 Cristina D'Ancona, "Degrees of Abstraction in Avicenna", in *Theories of Perception in Medieval and Early Modern Philosophy*, ed. Simo Knuuttila and Pekka Kärkkäinen (Springer Science and Business Media, 2008), pp. 61–62。

个硬币的正反两面，都有坠入年代错乱问题的风险。二者实际上都通过典型的抽象模型来理解抽象。两者的分歧只是在于到底是把抽象还是流溢视作一种"表面说法"。近年来，学者们开始深入阿维森纳构建抽象/流溢学说的理论与历史语境，尝试通过重新澄清抽象以及流溢在阿维森纳哲学中实际的含义来化解不相容问题。

在这一潮流中，一个渐趋主流的策略是仅仅以主动加工论点来理解抽象。其核心的图景是：抽象指涉理性在第一次获得概念前对想象形式的主动加工活动，并且把这一加工活动识别为触发流溢的因果机制中的理智的考察活动，它构成流溢的条件，而流溢负责解释概念的来源。换言之，这一解释的主旨可以被刻画为两个核心论点：第一，抽象发生在阶段 F，是人类理性对想象中形式的介入。第二，抽象指涉的介入当是人类理性对想象形式的"考察"，因为这正是阿维森纳在考察流溢的因果机制时，对理性能力介入想象官能的刻画方式。新解释的代表者哈瑟以及传统解释当代最重要的代表者布莱克都回归到了这一框架中。[1] 这一策略的另一个发展者是托马索·阿尔宾纳（Tommaso Alpina），他同时放弃了典型抽象模型和典型的流溢模型。在接受主动加工论点来理解抽象的同时，他注意到应该从因果作用的角度来理解阿维森纳的流溢概念，但提倡流溢并非主动理智直接施加在人类理智上的因果作用，而是主动理智施加在想象形式上的因果作用。[2]

---

1 参见 Dag Nikolaus Hasse, "Avicenna's Epistemological Optimism", in *Interpreting Avicenna: Critical Essays* (Cambridge: Cambridge University Press, 2013), pp. 109–119; Black, "How Do We Acquire Concepts? Avicenna on Abstraction and Emanation", in *Debates in Medieval Philosophy: Essential Readings and Contemporary Responses*, ed. Jeffrey Hause (New York and London: Routledge, 2014), pp. 126–144。

2 Tommaso Alpina, "Intellectual Knowledge, Active Intellect, and Intellectual Memory in Avicenna's Kitāb Al-Nafs and Its Aristotelian Background", in *Documenti e Studi Sulla Tradizione Filosofica Medievale* 25 (2014), pp. 160–171. 除了发展主动加工论点的解释策略外，还有两个独特的解释策略值得注意：麦金尼斯（Jon McGinnis）认为流溢指涉的并不是产生可理解形式的过程，而是产生可理解偶性的过程，尝试通过重新理解流溢来化解不相容问题。德安科纳（Cristina D'Ancona）认为阿维森纳对抽象的理解承自新柏拉图传统的抽象概念，指涉人类灵魂把自己从质料性的条件中解脱出来并意识到自身本性和可理解形式同一的状态。两种策略详见 Jon McGinnis, "Making Abstraction Less Abstract: The Logical, Psychological, and Metaphysical Dimensions of Avicenna's Theory of Abstraction", in *Proceedings of the American Catholic Philosophical Association*, Vol. 80 (2006), pp. 174–177; D'Ancona, "Degrees of Abstraction in Avicenna", pp. 47–71. 然而麦金尼斯和德安科纳的解释都存在重要的不足，对其决定性的批评参见 Hasse, "Avicenna's Epistemological Optimism", pp. 109–119。

　　然而，布莱克、哈瑟和阿尔宾纳都忽视了"理性的考察"是否需要继续被分析这一问题。特别是，考虑到阿维森纳在不同的语境中对理性介入想象活动的方式给出过不同的刻画，我们更应该追问："理性的考察"是否需要被还原为另一种理性对想象的介入，即"理性对主动想象能力的使用"这一问题。对这一问题的忽略，同样导致当代的解释者无一幸免地忽视了：保留"主动加工论点"本身就足以在阿维森纳的概念获得学说中造成理论紧张。"主动加工论点"强调理智首先是以一个行动者（doer）的形象介入到概念获得的过程之中，这将沿着两个方向和阿维森纳明确持有的学说相冲突。一方面，在阿维森纳看来，抽象并不是人类理性认知独有的特征，事实上，由其他内感官实现的认知同样也是抽象认知，特别值得注意的是，如感觉（sense-perception）这样纯然被动的官能也可以进行抽象。[1] 如果抽象活动总是一种主动的认知官能施展的加工活动，它如何可以适用于被动的认知官能呢？

　　另一方面，阿维森纳认为人类理智在初次获得概念之前仅仅是处于一个像是"原初质料"一样的纯粹潜能状态，而主动理智本身又外在于人类心灵，那么在概念获得之前，一个纯然潜在的人类理智何以具有主动加工的能力呢？[2] 令人遗憾的是，所有持有主动加工论点的解释者都忽略了上述两个问题。既有的解释未能深入处理这两个问题，无疑将使阿维森纳的概念获得理论，乃至一般的认知形式获得理论，陷入更深层次的不一致中。

二、抽象作为功能概念

　　理解抽象的钥匙在于理解阿维森纳在"抽象"（*jarrada/tajrīd*）与"抽象的"（*mujarrad*）存在之间做出的区分。在阿维森纳探讨认识的语境中，"抽象的"指每一

1　Avicenna, *Kitāb Al-Najāt*, ed. M. Fakhry (Beirut: Dār al-Āfāq al-Jadīda, 1985), p. 207, line 18–p. 210, line 4.

2　*Ibid.*, p. 203, line 18–p. 205, line 13.

种认知形式、人类的理性能力乃至分离理智都具有"与质料和基于质料的偶性相分离"这一存在特征。与"抽象的"不同,"抽象"这一术语的引入不是为了回答认知形式和理智的存在的特征是什么,而是为了回答另一个与之紧密相关的问题,即:生物(有灵魂的自然物)的认知能力究竟如何把握了"抽象的"形式?在阿维森纳看来,尽管任何一种认知都是领会"抽象的"形式,但月下世界的生物和月上世界的主动理智实现各自认知的方式截然不同。主动理智直接领会抽象的形式,但生物必以"抽象"的方式把握"抽象的"形式。晚近以来主导的解释策略是把"抽象"理解为一种主动活动,但在笔者看来,一种更可能的解释是把"抽象"理解为一个功能概念,"抽象"只是用来刻画动物的认知能力系统的一般的功能特征。

什么是认知能力系统呢?不妨以一个我们主动发起的想象活动为例来理解这一想法,在阿维森纳对想象的讨论中,一个有主动想象能力实现的想象过程不仅要依赖主动想象能力,它还要依赖其他许多能力的参与。比如,它需要被动想象能力提供被加工的材料,需要理智对主动想象能力的加工方向进行引导。因此,在阿维森纳对官能心理学的建构中,一个显著的特征是:一个官能的实现总是要通过诸多官能共同参与的一个因果机制来实现。在这一意义上,它们共同构成了该官能得以实现的系统。当我指出,抽象是这一系统的一个功能概念时,我是指抽象实际上刻画的只是这一系统的一个一般的功能特征,即:通过相关的可感形式输入,F 官能系统的目标总是要输出一种在 F 官能中实现的"抽象的"形式。作为功能概念的"抽象"的显著特征是:它不是一个刻画实现这一个功能的因果机制具体是什么的概念。换言之,抽象作为一个功能概念,在不同的官能系统中,实际上可以通过非常不同的因果机制得以实现。

反驳者或许立刻会指出:阿拉伯词"抽象",即那些常常与它换用的术语,都是及物动词,显然指涉的是一个具体的活动,何以只是一个功能概念呢?但需要注意的是:一个理论术语的字面意义并不能直接等价于它的理论含义。这一点首先在"抽象的"这一术语上体现得尤为明显。尽管在阿拉伯语的词形上,"抽象的"(*mujarrad*)的字面意为"被剥离的",是由动词"抽象"的字面意"剥离"(*jarrada*)派生而出的被动名词,但当阿维森纳说认知形式乃至理智的存在本身是"被剥离的"之时,他不是指所有这些存在的东西都要从某物中被剥出。比如说：对阿维森纳而言，在月上世界中存在的主动理智同样把握"抽象的"概念，并且它们的存在本身就是"抽象的"；但这并不意味着主动理智所把握的内容乃至它自身的存在都是以某种神秘的方式被"剥出来的"。同理，"剥离"一词字面上的主动含义并不必然意味着解释者要通过主动活动来理解其理论含义。

事实上，阿维森纳自己也强调过：在认知抽象的语境中，要把"抽出"这样的字面意义视作一个"类比说明"。阿维森纳在 *Al-Burhān* 中曾明确指出：理性抽出可理解者的过程仅仅"好像"是一个抽出普遍的、可理解意向并剥离掉偶性的过程。他甚至进一步强调，在谈论抽象过程时，有哪些官能参与其中，官能的主动、被动角色都没有得到处理。[1]

这指示出：首先，阿维森纳希望强调的并不是我们的每一种认知能力获得认知形式的方式就是一个按照字面意思理解的剥取某物的活动，而是认知过程"就像是"剥取过程。在此类比中，通过关注一种我们通常非常熟悉的经验（剥取某物），来提示出生物获取认知形式的方式的某种一般结构。阿维森纳自身没有明确澄清他到底希望我们抓住一个剥离过程中怎样的特征来理解生物认知的一般结构。但鉴于阿维森纳认为感觉、想象、理智这些官能都可以"剥离"认知形式，又认为谈论"剥离"并不深入涉及认识方式的机制解释，一个最佳的理解类比的策略或许是正是关注"剥离活动"的功能：对于一个剥离活动而言，它具体的实现过程既可能是主动的，如一个石匠可在石料中提取宝石；也可能是被动的，如一个漏斗可从粗土中筛选出细沙。尽管在第一个例子中，石匠在主动地加工，在第二个例子中，漏斗什么也没做，但两个过程都实现了相同的功能，即：就着相应的材料完成了对材料选择性的提取。一个剥离的过程正是在功能性质上和人的认知过程相似，因为它们都是一个去粗取精的过程。综上，把阿维森纳的抽象概念理解成一个功能概念有明显的解释优势：主动加工模型的一个核心困难是既不能解释阿维森纳对抽象相对于认知机制的中立性的强调，又不

---

1 Avicenna, *Al-Shifā': Al-Burhān*, p. 222, line 8-13.

能解释抽象为何可以应用于被动的官能，但功能概念则同时解决了这两个问题，因为抽象刻画的只是人类认知的一般功能，它可以通过不同官能系统的具体因果机制以不同的方式实现出来。

三、因果机制中的光照与流溢

让我们再次回到流溢论本身的理论困难上。首先，到底何谓"流溢"和"光照"的理论含义？与抽象不同，流溢和光照并不是一个功能概念，而是刻画了主动理智参与到概念获得的因果机制语境中时所起到的不同作用。光照和流溢的理论意涵不同：所谓流溢，并不是指一些已经先行在主动理智中存在着的可理解形式从主动理智中溢出来流进人类心灵之中。阿维森纳只是借助了这一术语在新柏拉图传统中对上位因果性的强调，以指明在人类心灵中产生的可理解形式要在因果上追溯至主动理智，而光照类比的引入则旨在阐明主动理智和可理解形式之间的因果性之含义。

在阿维森纳的光学理论中：当一种恰当的中介连通了正常的视觉官能和被照亮的有色物时，视觉官能这一被动的原则得以暴露在阳光这一主动的原则的作用范围之内，从而通过光的作用（'amila）实现为现实的视觉。在这一模型中，光被视作视觉实现依赖的真正原因，而可见物通过中介与视觉能力的恰当连通则是原因能够发挥作用的条件。此模型背后预设了阿维森纳独特的效力因学说。在阿维森纳看来，严格意义上的效力因是一个主动者（fāʿil, agent or doer），它所涉及的因果性刻画的是一个实体具有的独特因果力量（causal power），这种因果力量可以使另一个可能存在的实体、性质、运动或活动现实地存在。但因果力量要发挥作用则要依赖一组相关条件的满足，正是这些条件划定了因果力量发挥作用的范围。

正是在这一框架下，我们才能理解主动理智和太阳的相似之处。当阿维森纳指出主动理智像太阳一样照耀人类心灵时，这并不是说主动理智真的在散发某种神秘的光线，而是强调主动理智的因果力量正如阳光一样有其因果作用得以生效的条件。在太阳的例子中，光对视觉官能的作用要依赖物体—媒介—器官，以恰当的方式关联在一起。与此相似的是，只有当人类的心灵以特定方式处理过想象形式后，心灵才暴露在主动理智的作用范围之中，使理性的视野得以实现。在这一意义上，F、G、H 阶段指涉的是如下的因果图景：真正使得概念在人类心灵中产生的原因是主动理智的因果力量，人类理性自身对于想象中形式的考察活动则构成了这一因果性本身成立的条件。光照只是一个隐喻：它既指示出了主动理智因果性本身有其适用范围，也指示出只有人类理智对想象形式加工后，它才有"资格"被主动理智带入现实。

至此，我们才能更加清楚地把握为什么对于阿维森纳而言并不存在抽象和流溢的不相容问题。尽管由这两个术语标识出的理论视野面对着相同的问题，但却是在不同理论层次上对同一个问题的回答。抽象只是刻画了我们认知的一般结构，而流溢则是对可理解形式因果来源的澄清，从而也是对人类理智以抽象的方式进行认识这一结构的深入澄清。

四、思（*fikr*）的概念

然而，对因果机制的考察也进一步暴露出：在"抽象"和"流溢"之争背后，流溢论有着更加深层的不一致问题。在 F 阶段中，人类理智的考察活动也被阿维森纳识别为"思想"活动。换言之，人类理智要通过某种思想来获得概念。然而，我们可以不借助概念进行思想么？如果不能，那么阿维森纳的因果解释如果不是一个循环解释，也是一个不完备的解释。如果可以，在什么意义上，在人类理智尚未获得概念之前，人类理智就已经在思并且通过它使自己去思？另一方面，我们已经一再提及，阿维森纳认为人类理智在获得概念前只是一种完全处于潜在状态的潜能理智。但思想或考察看上去难道不是主动的活动么？一个纯然潜在的理智如何进行主动的活动呢？

我们今天通常会把思理解为一个理性能力凭借自身制造概念的过程，理性能力不仅能够凭借自身处理已经获得的概念，它首先是自身概念的作者。但对阿维森纳而言，尽管一个成熟的理性有可能仅仅凭借自身通达概念，但理性的"思"通常且首要是一种"思—想"活动。它不是出自单一能力的活动，而是由理性、被动想象能力（khayāl）以及主动想象能力（al-quwwa al-mutakhayyilat）共同参与的进程，指：理性能力可以"牵引"（injirāran）主动想象能力，使后者能够为了特性的目的（gharaḍ）去加工存储在被动想象能力中的想象形式，为可理解者的通达做好准备。[1]

正是基于这一从目的论着眼的概念，我们在阿维森纳的哲学中找到了一种理解前概念思想活动的空间。问题的症结在于：或许是由于我们最为熟悉概念诱发想象的经验，我们总是认为理性牵引想象的方式只能是一个基于内省的概念通达活动唤醒想象活动的过程，即由一个活动"推动"另一个活动的过程。但当阿维森纳认为在前概念阶段，理性仍旧可以思想时，一个可能的解释是：在这一语境下，理性牵引着想象仅仅意味着，质料理智内在的目的（特定可理解形式的实现）通过构成主动想象能力凭自身推动的加工过程的最终目的，指引了这一加工过程。

在这一解释中，质料理智并不是作为一个行动者介入到了对想象形式的加工进程中，它更像是为整个活动设定了一组目的指令，约束着整个进程。由此，我们才能理解为什么对于阿维森纳而言，前概念的思想可以构成质料理智实现的条件。一般而言，阿维森纳仅仅从目的论的角度界定思想：一个由理性引导的想象过程。但理性把目的给予想象过程的方式可以不同。在质料理性实现之前，其内蕴的目的可以被自然地配置给想象过程，作为理解这一过程"为了什么"的最终根据。在理性成长之后，它可以通过现成的概念思考引导想象过程。故而，前概念思想是一种"为"现实之思而发的想，概念思考则是"由"现实之思而发的想。在前一种思—想活动中，理性能力既没有通过内省，也没有通过神秘的力量去主动地做些什么。正因此，这种思想才能和质料理智相容。

让我们再对另外两个理论困难稍作考察。首先，流溢论是否相较于典型抽象论而言，在本体论上承诺更多呢？在笔者看来，仅就理论简洁性而言，典型抽象论并不比

1　Avicenna, *Avicenna's De Anima (Arabic Text) Being the Psychological Part of Kitāb Al-Shifā'*, p. 172, line 3–9.

流溢论更加简洁。让我们不妨来考察两种典型的抽象理论。第一种抽象理论我称之为朴素的抽象理论，它基本上来自一种关于抽象理论的刻板印象：抽象就是通过我们某种独特的认知能力，从个别事物中抽出某种在个别事物中存在的、为一类个别事物分享的共同本性。这种立场尽管不用承诺一个个别心灵之外的理智，但却承诺了无数个在个别事物中存在的共相，此种共相是流溢论者不必给出的承诺。在这一意义上，朴素的抽象论在本体论承诺上并不比流溢论简洁。

近年来，特蕾泽·科莉（Therese Cory）通过对阿伟罗伊和阿奎那的研究，提出了一种新颖的抽象理论。[1] 在这种模型下抽象被理解为一种独特的因果机制：主动理智通过授予想象它自身的能力，使得想象获得了能够作用于潜能理智的能力，而后者再通过这种被授予的能力使得潜能理智实现出来。在这一模型中的主动理智既可能存在于个体心灵之外（阿伟罗伊持有的观点），也可能存在于人类心灵之内（阿奎那持有的观点）。显然，前者并不比流溢论更简洁。但就后者而言，尽管主动理智被等同于人类理性自身的主动面向，但比之流溢论而言，它包含了一个对主动理智因果性更加复杂的刻画，即能力授予过程。在流溢论中，并不需要承诺一种可以进行能力授予的主动理智。在这一意义上，能力授予的抽象模型同样并不比流溢论更加简洁。综上，尽管典型的抽象论就其不承诺心灵之外的理智而言，要比阿维森纳的流溢论更加简洁，但为了解释何为"抽象"，其不同的理论建构策略可能在其他的面向上反而比流溢论承诺了更多的本体论范畴，或者是在事物中的共相，或者是某种更加复杂的理性能力，在此意义上，抽象论并不一定意味着比流溢论更加简洁。

让我们再回到另一个困难上：流溢论是否会破坏概念的个体化（individualisation）呢？这里首先值得注意的是：在关注概念的个体化问题时，我们关心的不是一个在心灵中的概念何以是一个个别的（particular）概念这一问题，而是一个个别的概念何以

1　参见 Therese Cory, "Rethinking Abstractionism: Aquinas's Intellectual Light and Some Arabic Sources", in *Journal of the History of Philosophy* 53, No. 4 (2015), pp. 607–646; 以及 "Averroes and Aquinas on the Agent Intellect's Causation of the Intelligibles", in *Recherches de théologie et philosophie médiévales* 85, No. 1 (2015), pp. 1–60。

是属于一个单一的思考者，而不是属于另一个思考者这一问题。[1] 对于阿维森纳而言，一个概念可以从两个面向进行考察：一方面，我们可以考察一个概念的内容；在另一方面，我们可以考察一个概念在心灵中的现实存在。在这一图景中，一个思考者经由概念化（conceptualisation）的心灵活动而指向的内容就是概念内容，而这一活动本身作为一种心灵发生就是概念的存在。这意味着，当谈论概念的个别化时，要明确到底处理的是哪一面向的概念。对于阿维森纳而言，作为心灵内容的概念不存在个别化的问题，因为这一内容相对于所有理智存在者而言都是公共可通达的，它并不独属于某一个理智。我和他人可以思考到相同的概念内容，这一内容既不是"我的"，也不是"他的"。但就概念的存在面向而言，会不会因为我的理智活动的现实发生在因果上要追溯到一个心外的"大心"，就使这一活动不属于我呢？

答案是否定的。我们不妨思考一个反例：一个歹徒用刀划伤了我的手臂，在上面留下了无法消失的伤疤，在这一情景中，伤痕在因果性上的来源是歹徒，但它并不是歹徒的伤痕，而是"我的"，且不可能是别人的伤痕。在这一案例中，结果的现实性尽管在拥有它的实体之外有其原因，但结果未构成原因独有的现实性。由此观之，因果性本身和个体化无关。特别是，人类对认知内容的通达活动的个体化并不取决于这一活动在因果上的根据。一个感觉活动的原因在个体灵魂之外，它被动地发生；一个想象活动则可以由该个体的灵魂主动地引发。但对于该个体而言，无论是感觉活动还是想象活动，都是这个个体所独有的。回到概念的存在上，尽管概念内容之通达在我心中的发生的原因在我的心灵之外，但这并不会妨碍它仍可被视作"我的"概念。至于对阿维森纳而言，一个认知通达活动个体化真正的根据为何，这已经超出了本文的范围，宜再专门撰文讨论。

至此，我们才初步展示出了阿维森纳概念获得学说的全貌：他在处理概念如何获得这一问题时包含着两个紧密相关的理论视角。一方面，他关注人类心灵的概念领会和其他诸种领会共同具有的一般功能特征，即"通过抽象来领会"；但另一方面，他又

1　对这一问题域的澄清，参见 Tianyue Wu, "Aquinas on the Individuality of Thinking", in *The Review of Metaphysics* 71, No. 1 (2017), p. 90。

关心具有此种功能的概念领会要通过何种特殊的因果机制实现自身。在因果机制中，人类心灵一侧的思—想活动构成了概念获得的条件，而外在于人类心灵的主动理智作为效力因构成了概念最终出现在人类心灵中的原因。在整个进程中，人类理智，作为质料理智而言，不是一个行动者。作为贯穿于整个概念领会进程的稳固潜能，它一方面是"躺在"实现出的概念领会下的基底；另一方面，它内在的目的倾向构成整个领会进程的最终目标，从而约束着这一进程。这一独特理论要旨可以被概括为如下两个命题：人类理智并非概念的制作者，它只为概念在心灵中的发生提供了准备；在概念的初次获得中，人类理智也不是主动者，它只是作为基底—目的参与到概念获得的进程中。在这一图景中，人类的任何理智思考都不仅仅被视作一种自心的活动，而是一个自心与心外大心不断交互信息的过程。

综上，本文尝试从解释和理论困难上初步回应了阿维森纳流溢论面对的诸多挑战。但这一回应并非为了对阿维森纳的流溢论进行彻底辩护，其目的有二：第一，这是为了澄清流溢论希望捍卫的理性形象；第二，这些回应可以进一步被视作一种指示。首先，它指向流溢论在理论上可能更加难以被克服的困难：一方面，阿维森纳捍卫主动理智外在论的理由依赖于亚里士多德主义的一个重要因果原则——效力因及其结果要在形式上同一。在今天，这一因果原则似乎已经完全过时了。但即便在中世纪，哲学家们也会质疑这一原则的适用范围：是否所有效力因都要满足这一原则？特别是，在解释概念生成的效力因关系中，是否要运用这一原则呢？另一方面，如果把概念存在的来源追溯至人心之外的大心，这是否会破坏了人的身体与其概念化活动的亲密关系呢？一个天生的盲人是否也可以理解何为颜色，只要一个外在于他的心灵的理智给予了他颜色的概念？以上两个问题，都在阿奎那对流溢论传统（特别是对阿维森纳）的批评检讨中，得到了充分的讨论。[1]

其次，它指示出阿维森纳对于理智认知的讨论从未独立地构成一个可以被视作

1　阿奎那对辩护流溢论的因果原则的检讨，参见 Thomas Aquinas, *St. Thomas Aquinas on Spiritual Creatures*, trans. Mary C. FitzPatrick and John J. Wellmuth (Milwaukee, Wisconsin: Marquette University Press, 1949), pp. 111–124；"盲人论证"则参见 Aquinas, *The Treatise on Human Nature: Summa Theologiae 1a 75–89*, pp. 145–146。

"知识论""认识论"抑或是"心理学"的论域，它紧密地和他的形而上学概念纠缠在一起，其底色是对理性认知这一题材的形而上学反思。要想更加深入地理解这一理论的得失，就必须把它放回到阿维森纳形而上学所构成的视域中进行检讨。这就意味着，需要对上文已经触及但并未展开的一系列形而上学概念，如因果性、个体性、潜能、现实等进行细致讨论，并在这一基础上对现已完成的努力再诠释。如何更充分地把这一任务放置在一个哲学史的语境中，由此去把握流溢论的开端、发展、变形和终结，以及更充分地把握这一学说在当代的思想遗产与启发，将是另一个更加深入的研究主题。

（本文作者为剑桥大学博士研究生）

政治争论的另一面

数字人文研究方法下的《教宗与皇帝之争文献集》

李振宇

  研究关键概念，是研究中世纪欧洲历史的重要方法之一。用一个或几个关键概念统摄全文，是许多经典的中世纪历史研究著作通用的写作方法。对某些关键概念的内涵的争论，也往往是学术史的重要组成部分。在政治史和思想史领域，这种状况尤甚。在研究重大的历史转变时，学者们往往从相关史料中选取一些关键概念，并通过辨析这些关键概念，来构建历史转变的面貌。对某些关键概念的讨论，甚至被等同于或大致等同于对相关历史转变的讨论。11 世纪教会改革，就是中世纪欧洲经历的重大转变之一。自 19 世纪末开始，历史学者对 11 世纪教会改革历史的研究，几乎都是以其中的一些关键概念为核心展开的。甚至这一事件的名称本身也变成了一个关键概念。学者对这一事件名称的选取，无论是"格里高利改革"，还是"叙任权之争"，抑或是"教会改革"，甚至"教会革命"，既能够反映出学者对这一事件的基本认识，也能够预示学者会用哪些关键概念支撑自己对这一事件的论述。

  对关键概念的选择，既依赖于对相关史料的阅读、理解与总结，也依靠学者自己对史料所提供的概念的主观筛选。研读史料，是依靠关键概念研究历史的前提。即便在今日，想要更加深入地理解历史文献的内容，以及同一时期多篇不同文献之间内容的关联和区别，学者依然需要对文献本身进行仔细阅读。在西方中世纪史研究方面，研读史料需要学者拥有较为熟练的拉丁语阅读理解能力。不仅如此，在研究篇幅较长，且出自多位作者的拉丁语文献集时，学者更需要投入大量的时间精力对文献进行精读和分析，对不同文献中出现的某一个或某几个关键概念或关键词进行标记和含义对比，从而得出这些关键概念或关键词在这些历史文献中的具体含义，以及它们与现代一些类似概念之间的区别。不过，在数字科技发达的今日，一些利用数字化手段的研究方法，同样能够用于对史料进行文本分析，使学者在短时间内对拉丁语文献产生更加深入的认识。其中最有代表性的，就是"主题模型"的研究方法。

一、20 世纪教会改革研究中的关键概念与关键词

用一个或数个关键概念，以及指代这些关键概念的关键词统摄其研究，是 20 世纪早期历史学者研究 11 世纪教会改革的主要方法，也是其研究成果的魅力所在。虽然这些历史学者们没有如今日这般方便的信息技术手段支持，或仍然沿用传统的研究方法，但凭借精湛的拉丁语阅读能力，他们仍然能够在庞杂的文献中归纳总结出一些十分重要的关键词，并形成一个或几个概念集合。同时，这些学者往往以政治史为主要研究方向。重构其所研究的时代的政治理论体系，往往是这些学者的主要研究目标之一。

例如，特伦巴赫（Gerd Tellenbach）的《叙任权之争时期的教会、国家与基督教社会》一书，便以"自由"（libertas）这一关键词为核心展开其论述。同时，他将"libertas"一词与"dignitas""privilegium""honor""status"，甚至"ius""potestas"等词联系起来，形成一个概念集合。他认为，在中世纪，这些词语的含义常常存在重叠甚至完全相同的现象。[1] 他在结论中认为，中世纪的"自由"多指积极权利，与更加强调"自由"代表消极权利的现代思想不同。而在"叙任权之争"中，教会改革派希望为教会争取的正是这样的"自由"，其最终导致的是教会与皇帝的世俗政府对"世界秩序"

---

1 Gerd Tellenbach, *Church, State and Christian Society at the time of the Investiture Contest,* trans. R. F. Bennett (Oxford: Basil Blackwell, 1940), p. 17.

定义权与领导权的争夺。另一位著名的历史学者沃尔特·厄尔曼（Walter Ullmann）在其《中世纪教宗政府的兴起》一书中，尤其是在分析格里高利七世的政治思想时，同样也以一个关键词，即"iustitia"为核心，并形成了两个相对的概念集合，一个是"iustitia""obedientia""humilitas"和"concordia"，另一个则是"iniustitia""disobedientia"和"superbia"。在他看来，在中世纪，"iustitia"一词的核心内涵是"正确的生活规范"，其指代的是一套每个人在自己的位置上"各安其位"的社会体系。所有人服从这种规范，即是满足了"obedientia"与"humilitas"两种品质，最终就能够使整个基督教世界达到"concordia"；如果不按照"iustitia"生活和行事，就是"disobedientia"和"superbia"的体现，将导致基督教世界的混乱。而在教会改革派的理论中，站在"iustitia"顶端且有权力对"iustitia"进行定义和管理的人，就是教宗。只有他才是将理论上的"iustitia"转化为实际操作层面的"ius"的最高权力者。[1]

不言自明的是，比起依靠琐碎的史实梳理来行文的历史著作，依靠简明的理论连贯全文的历史著作能够得到更多读者的青睐。现代历史学界对 11 世纪教会改革的研究历程已逾百年，但依然不能彻底脱离对上述 20 世纪早期研究成果的讨论，这可以表明这些依靠简明的理论支撑起来的研究成果的影响力有多么深远。正如桑迪·希克斯（Sandy Hicks）在他的学术史梳理中所揭示的那样，特伦巴赫的著作之所以得到了"广泛的认可"，正是因为他将 11 世纪教会改革中的教会改革派和反对教会改革派的思想冲突，理解为两种体系完整的政治理论的冲突。[2] 这不仅良好地影射了特伦巴赫自己所处的时代的政治理论冲突，也为学界提供了一种理解 11 世纪教会改革的强而有力的理论体系。而沃尔特·厄尔曼在其著作中对特伦巴赫的反驳和修正，同样是建立在其自己建构的理论体系之上的。

对关键词的考察和使用不仅存在于理论性较强的政治史著作中。学者们对文献

1　Walter Ullmann, *The Growth of Papal Government in the Middle Ages* (Bristol: Western Printing Services Ltd., 1955), pp. 273–275.

2　Sandy B. Hicks, "The Investiture Controversy of the Middle Ages, 1075–1122: Agreement and Disagreement Among Historians", in *Journal of Church and State*, Vol. 15, No. 1 (1973), p. 13.

本身的分析，也往往从关键词入手。例如，罗宾森（I. S. Robinson）在其著作《权力与反抗：11 世纪晚期的论辩文学》中，便从 "pax" 和 "concordia" 两个词入手，分析了教宗派和皇帝派在舆论对抗中，对自身和敌对一方的建构。在他看来，亨利四世的宫廷顾问以及他的其他支持者，在德国内战爆发后，一直致力于将亨利四世建构为一个"和平的君主"。在他们的论述中，只有亨利四世才有权力和能力为基督教世界带来 "pax" 和 "concordia"。皇帝派甚至强调，缔造"和平"是亨利四世对世俗世界的权力合法性，甚至是对教会的权力合法性的基础。相应地，格里高利七世则是一个"占据着和平的圣座，却一心破坏和平"的"伪僧侣"。在另一边，格里高利七世的支持者们也从 "pax" 着手，为格里高利七世和自身的行为合法性辩护。[1]

　　这些学者选取关键词的眼光是十分敏锐的。不过，受限于他们各自的写作内容，他们选取的关键词相对单一；同时，他们选取的关键词主要是为自己的写作服务的，不免主观，无法体现出文献用词的客观状况。尤其是在 20 世纪上半叶，在政治史学者的论述下，11 世纪教会改革仿佛从一开始就是一场围绕政治权力分配产生的运动。正如凯瑟琳·库欣（Kathleen G. Cushing）所言，早期历史学者将 11 世纪教会改革理解为一场围绕叙任权爆发的政治斗争，他们不仅将这次事件涉及的人物简单地分为支持与反对教会改革的两派，还在支持教会改革的人中同样分出"温和"和"激进"两派。11 世纪教会改革也几乎与"叙任权之争"以及与之相关的政治论争画上了等号，而格里高利七世与亨利四世充满戏剧性的冲突，又成为这场政治冲突的高潮与核心。[2]特伦巴赫等早期学者所呈现的，是国家，甚至是德意志民族国家，在与教会的抗争中获得或失去权力的政治斗争史。这也许的确反映了一定的事实，但是，在此之外，"教会对抗国家"是否就是 11 世纪教会改革最终的历史解释？11 世纪的教会改革者们，是否也希望在当时社会的基础行为规范层面，做出一些有益的、至少是有益于西方教

1　I. S. Robinson, *Authority and Resistance: The Polemical literature in the late Eleventh Century* (Manchester: Manchester University Press, 1978), pp. 89–103.

2　Kathleen G. Cushing, *Reform and Papacy in the Eleventh Century* (Manchester: Manchester University Press, 2005), p. 33.

会发展的改变？如果我们能够说明，11 世纪教会改革者的着眼点并不只是那些有关政治的概念，而是还关心其他的概念，也许就能够至少从间接层面修正和补充前一个问题，并且证明后一个问题。

20 世纪晚期的历史研究在这方面已经做出了很大的努力，并在很大程度上修正了早期政治史学者的观点。[1] 为了说明 11 世纪教会改革对前代宗教与社会思想的继承，以及对后代相应思想的启迪，学者们不惜将这次改革置于一个非常长的时段内，即 9—13 世纪，来说明其在政治面向之外有着更加重要的历史作用。例如，舍尼（ M. -D. Chenu ）明确将 11 世纪教会改革视为 12 世纪欧洲"文艺复兴"历史背景的一部分，认为 12 世纪欧洲"文艺复兴"在很大程度上继承和发展了 11 世纪教会改革者们的思想。[2] 库欣则表明，1049 年利奥九世主持召开的兰斯宗教会议并不是 11 世纪教会改革的开端，而是此前一个世纪的"上帝的和平"运动为建构更高标准的社会道德生活所做的努力的顶点。[3]

不过，晚期的学者们往往不再关注，甚至有意避开早期政治史学者讨论的那些关键概念，也往往不再致力于探究那些被高度政治化的核心历史人物，如格里高利七世和亨利四世，在政治层面之外还有哪些值得关注的思想。这实际上不能强有力地应对早期政治史学者所提出的问题。2009 年，莫琳·米勒（Maureen C. Miller）在一篇文章中慨叹当代的 11 世纪教会改革研究已经脱离了核心历史事件和人物，变得边缘化、琐碎化，使得相关研究陷入一场"叙事危机"。[4] 米勒的观点不乏道理，不过，笔者认为，相比于脱离核心历史事件和人物，脱离"核心方法"同样是导致当代历史研究的影响力无法匹敌早期历史研究的重要原因。对前代理论体系进行有效反驳和修正，

1　例如考德利对特伦巴赫的修正。参见 H. E. J. Cowdrey, *The Cluniacs and the Gregorian Reform* (Oxford: The Clarendon Press, 1970), pp. xiii–xxvii.

2　参见 M. -D. Chenu, *Nature, Man and Society in the Twelfth Century* (Toronto: Toronto University Press, 1997), pp. 206–207。值得注意的是，舍尼在这里将彼得·达米安尼和希尔德布兰德相提并论。

3　Cushing, *Reform and Papacy in the Eleventh Century*, pp. 39–54.

4　Maureen C. Miller, "The Crisis in the Investiture Crisis Narrative", in *History Compass*, Vol. 7, No. 6 (2009), pp. 1570–1580.

在某种程度上同样需要依靠新理论体系的建立和新概念的发掘。因此，如果能够在政治史研究所关注的那些概念之外，发现新的概念，或至少丰富对已有的其他概念的研究，便可以在一定程度上改变 11 世纪教会改革研究的侧重点，丰富对 11 世纪教会改革的认识。

幸运的是，当代学人已经可以借助电子信息科技的力量，用一种更加客观且便捷，却同样立足关键概念的研究方式，寻找那些潜在的或尚未得到足够重视的概念了。这种研究方式便是"主题模型"的研究方法。正如下文所要阐释的那样，"主题模型"的研究方法，相比个人阅读更具有客观性。但是，需要指出的是，笔者绝不是在贬低传统的研究方式、抬高数字化的研究方式。要想准确理解文献的内容，厘清文献的真实脉络，除传统仔细阅读外别无他法。只不过，数字化的手段能够帮助学者更加便捷、更加全面地掌握文献的用词状况，也能够为学者从不同方面理解文献提供思路。计算机算法虽不能把握文献的每个细节，但其优势在于对文献整体面貌的刻画。

二、"数字人文"研究方法下的《教宗与皇帝之争文献集》

将数字化手段纳入历史研究中来，是今日历史学界的潮流之一。这种研究方法一般被称作"数字人文"的研究方法。在国外，这种方法早在 20 世纪 40 年代计算机诞生之初便已经出现，并在随后几十年间发展为一个新的研究领域。近几年，"数字人文"研究方法中的一种，即"主题模型"的研究方法，得到了长足的发展。"主题模型"的研究方法，简而言之，就是用计算机语言编写一种进行文本分析的算法，然后用这种算法处理电子化的历史文献。这种算法的逻辑基础是人的写作习惯，它能够统计文本中高频次出现的词汇，并按照其逻辑将这些词汇分组，形成多个"词群"，即"主题"。每一个"主题"之中的词汇并不是随机聚合在一起的，而是在意义上有较强的关联性。研究者通过解读这些"主题"，就可以明晰历史文献的关键概念、主要内容和线索。在国内，具有代表性的当属南京大学历史学院教授王涛对这种研究方法的介绍和应用。他在 2017 年的一篇文章中，用一种"LDA 主题模型"研究方法，对 18 世纪的德语历史文献进行了分析。[1] 在 2020 年的一篇文章中，他再次使用这种方法，对奥古斯丁的书信集进行了解读。[2]

"主题模型"的研究方法有两个比较明显的优点。首先，它能够在较短的时间内分析处理海量的文献。例如，王涛在其论文中，用"主题模型"分析了近 1800 件、时间跨度达 500 年的文献。[3] 这种体量的文献可能是一个研究者穷尽一生都无法读完的。其次，"主题模型"的研究方法，其客观性要优于传统的、以阅读为主的研究方法。这是因为，"主题模型"中的"主题"完全是由电脑自动生成的，在"主题"生成的过程中不掺杂人为因素。因此，这种研究方法具有"刚性的客观性"。[4] 但同时，这种方法也存在一些局限与不足。作为一种基于算法的研究方法，"主题模型"首先显然需要以文献的电子化为前提。面对尚未实现电子化的文献，学者们通常的做法是，将需要研究的纸质文献通过扫描转化为电子文档，然后使用"光学符号识别"（Optical Character Recognition，即 OCR）软件，将扫描出的图像转化为可识读的文字。因此，OCR 的精确度将直接影响"主题模型"研究方法的准确度。这一点在王涛的论文中有更加详细的论述。[5] 需要补充的是，对拉丁文文献而言，这种影响显得更加明显。这不仅是因为通过扫描得到的电子文档不可避免地存在文字模糊的问题，导致 OCR 软件无法识读一些特定的字母或字母组合；更是因为，现在市面上可见的 OCR 软件均以较为通用的语种，如英语、法语、德语等作为其识读的基准语言，在识读拉丁语时，往往会因词汇在基准语言词库中不存在而导致识读错误。笔者在将《教宗与皇帝之争文献集》电子化的过程中，即受到上述两方面困难的阻碍。所幸，通过人工纠正电子文档中常见的识读错误，笔者能够较为有效地排除 OCR 识读错误对"主题模型"算法的准确度造

1　"LDA 主题模型"，即"潜在狄利克雷分配"（Latent Dirichlet Allocation）主题模型。参见王涛：《18 世纪德语历史文献的数据挖掘：以主题模型为例》，《学海》2017 年第 1 期，第 206—216 页。

2　参见王涛：《遥读奥古斯丁的书信集》，《古典与中世纪研究》（第二辑），商务印书馆 2020 年，第 24—33 页。

3　参见王涛：《18 世纪德语历史文献的数据挖掘：以主题模型为例》，第 208 页。

4　同上，第 207 页。

5　同上。

成的影响, 使之得出的结果在大体上不会出现严重的问题。

还有一点需要指出的是, "主题模型" 的研究方法虽然能够帮助研究者解读文献, 但是它仍然需要研究者对所分析文献的内容和文本所处时代等有一个基本的了解。这是因为, 在 "主题模型" 的算法所总结出的高频词汇中, 有相当一部分是文本所处的时代中极为常用的词语, 辨识这些词语与文本的关系, 以及这些词语在文本中所处的地位, 就需要研究者对文献本身具有一定的知识。否则, 对 "主题模型" 算法呈现出的结果的解读, 就只能借助于没有根据的想象。在这一点上, 可以说, "主题模型" 研究方法所能做到的, 是帮助研究者拓展自己对文本的理解。它不能够直接让对文献一无所知者迅速厘清文献的内核。

从上述 "主题模型" 研究方法的运行方式可以推论, 一份文献的文本量越大、关键词的使用频率越高, 该研究方法产生的结果就应该越能清晰地表达出文本的脉络。而研究 11 世纪教会改革的主要拉丁语文献, 即《德意志文献集成》中的《教宗与皇帝之争文献集》这部文献集, 基本符合这两个特点。[1] 该文献集共三卷、两千余页, 收录了 1031 年至 12 世纪中期成文的 66 篇文献。尽管每篇文献几乎都出自不同作者之手, 但它们讨论的问题却十分集中, 使用的词语也十分相近。因此, 使用 "主题模型" 研究方法研究这部文献集, 是可行的。

在使用数字化手段分析这部文献集时, 我们需要明确这部文献集的大致特点。正如上文所述, 20 世纪早期的教会改革研究有着鲜明的政治史属性。《教宗与皇帝之争文献集》就是在这样的学术背景下产生的。不难想象, 作为研究 11 世纪教会改革时要使用的、唯一一部以事件为核心的文献集,《教宗与皇帝之争文献集》自带的观点倾向将为相关研究带来多么重大的影响。仅从其标题, 我们就可以看出编纂这部文献集的学者们在看待 11 世纪教会改革时持怎样的观点。因此, 无论《教宗与皇帝之争文献集》能够为我们的研究带来怎样的便利, 在使用这份文献集之前, 我们都需要明确意识到这份文献集的性质: 它是由几位以政治史为主要研究方向的德国历史学家, 在

1　*Monumenta Germaniae Historica, Libelli de Lite Imperatorum et Pontificum Saeculis XI . et XII . Conscripti*, tomus I–III (Hannoverae: Impensis Bibliopolii Hahniani, 1891–1897). 以下简写为 *MGH. LdL.*。

19 世纪末编纂的一份文献集，其收录的文献为 11 世纪中期至 12 世纪初期出现的、在总体上以呈现这一时期政治争论为主要内容的 60 多篇文献。而该文献集的上述性质，又能引申出两点需要注意的事项。首先，该文献集收录的文献，只是同一时期数量庞大的拉丁语文献中的很小一部分，而且这些文献讨论的问题十分集中，甚至这些文献的作者所在区域、所处地位也十分相近。然而，正如晚近的历史学家所阐释的那样，11 世纪的教会改革，是由发生在不同地域、不同领域的多个社会变化进程组成的。因此，我们显然不能期望《教宗与皇帝之争文献集》能够为我们呈现出这次改革的全貌。其次，该文献集的整理者们本身就有着十分相近的研究方向，而且他们处在一个以政治史研究为主要潮流、以政治思想对撞为主要语境的时代。因此，并不能令人感到意外的是，无论这些学者是否在该文献集的编纂过程中注入了过多的主观意愿，该文献集所呈现的内容都将有一个特定的方向。

数字化的研究方法能够进一步证明该文献集的上述特点。需要指出的是，今日可供历史研究者用来分析文本的数字化手段多种多样，它们难易度各不相同，所呈现的分析结果也互有差别。例如，"主题词文字云"就是一种十分常见的、最为简单

图 1 《教宗与皇帝之争文献集》主题词文字云

的数字化分析工具。图 1 便是一张基于《教宗与皇帝之争文献集》生成的主题词文字云。[1]

在文字云中，一个词语的出现频率越高，它的字号就越大。由上图可见，"叙任权之争"之所以在 20 世纪成为一个重要的政治史议题，有其必然性。一些政治史学家经常提到的经典概念，如 "rex""imperator""princeps""papa""ecclesia""episcopus""senatus""populus""potestas" 等，在《教宗与皇帝之争文献集》中有着极高的出现频率。但除此之外，这种统计结果能够为研究者提供的信息极为有限。这是因为，它以词频作为唯一统计依据，且不考虑词语之间的相关性。因此，研究者无法推论这些词语的具体意义。同时，中世纪的文献本就以基督教话语为基础，以关键的政治人物为主要关注对象，因此，上述政治史经常涉及的词语，以及一些反映基督教语境的词语，如 "deus""dominus""christus""apostolus" 等，本就是在当时被频繁使用的词语。只有将词语之间的相关性纳入考量，才能更进一步地揭示文献的内核。"主题模型"分析工具便可以做到这一点。

本文用两种不同的"主题模型"分析工具对《教宗与皇帝之争文献集》进行了分析。它们能够从不同的层面为我们提供有关这部文献集的信息。首先，我们尝试以 "PyLDAvis" 分析工具对《教宗与皇帝之争文献集》进行分析。"PyLDAvis" 是一种基于计算机编程语言 "python" 的可视化文本分析工具。这种分析工具同样会从文本中遴选出一些关键词，它们被称作"最重要的词语"（most salient words）。与简单的词频统计工具所呈现的结果不同的是，在 "PyLDAvis" 分析工具呈现的结果中，词语的重要程度不仅取决于其在整个文本中出现的总词频（frequency），也取决于其与 "PyLDAvis" 所归纳的主题的相关性。这可以有效排除一些在单一文献中出现频率过高，但与文献集中的其他文献相关性较低的词语。经过分析，"PyLDAvis" 统计出了《教宗与皇帝之争文献集》中的 30 个"最重要的词语"，并总结出了这部文献集中的 15 个"主题"。具体如表 1。

---

[1] 此处使用的文字云生成工具为 "Voyant Tools"，是一个在线电子文档分析工具，网址 https://voyant-tools.org/。

表 1 "PyLDAvis" 得出的《教宗与皇帝之争文献集》30 个 "最重要的词语"

damno	vendo	gratus	praecipio	hereticis
praedico	impositio	pretium	saecularis	praesumo
ecclesiasticus	sacrificium	excommunicatis	latro	exhibeo
congrego	iuro	Gelasius	furo	caesar
cardinal	perfidia	poena	perditio	investitura
nequaquam	nimirum	supra	hec	inquiens

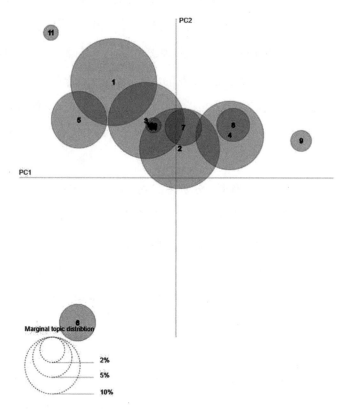

图 2 "PyLDAvis" 得出的《教宗与皇帝之争文献集》15 个主题分布图

需要指出的是，由于笔者在整理电子文档后，没有进行仔细文本清洗，因此，这 30 个词语中不可避免地存在一些拉丁语常用虚词，即表格末尾的 "nequaquam" "nimirum" "supra" "hec" "inquiens" 5 个词。去除这些虚词后，我们可以得到 25 个常见实词。仅从这些实词便可以看出,《教宗与皇帝之争文献集》的讨论主题是高度集中的。根据这 25 个实词的含义,我们大致可以将它们分为两组。第一组包含 "vendo" "pretium" "latro" "hereticis" "excommunicatis" "furo" "perfidia" "perditio" "damno" "praecipio" "poena" "impositio" "sacrificium" 这 13 个词语。这些词语实际上都和这个历史时期人们讨论得最为激烈的一个概念,即 "圣职买卖异端"(Simoniac Heresy)相关。首先,"vendo" 一词的重要程度,在这 30 个词语中是最高的,而它的含义也十分简单,即 "出卖"。同时,在当时的教会改革者看来,"圣职买卖异端" 的主要特征,就是用世俗意义的 "报酬"——金钱、权力、对世俗统治者的依附关系等——换取圣职。这可以说明 "pretium" 成为关键词的原因。而在封建割据加深的历史背景下,地方教会的财产常常会被其附近有实力的世俗领主强行占为己有。这可以解释 "latro" 一词成为关键词的原因。其次,对于这些 "异端"("hereticis"),无论是在讨论他们对教会造成的伤害时,还是在讨论应该对他们采取的惩罚手段时,教会改革者的用词往往十分激烈("furo" "perditio" "damno" "praecipio" "impositio")。既然被判为 "异端",圣职买卖者无疑背弃了自己的信仰("perfidia"),他们也往往会遭到 "绝罚"("excommunicatis")。

上述一系列关键词语与 "圣职买卖异端" 的相关性非常强。但是,"圣职买卖" 这个词本身,即拉丁语词汇 "simonia" 及其派生词,却未见于 "最重要的词语" 列表中。笔者认为,可能有两个原因会造成这种现象。其一,不同的中世纪作者对 "simonia" 一词的拼写并不相同。在一些文献中,该词被拼写为 "symonia",而两种拼写的统计结果无法被算法叠加为一个数据;同时,以该词为词根的词语较多,词尾变化复杂。这些都会在一定程度上减少这个词的词频,进而削弱其统计意义上的重要程度。其二,中世纪的作者并不会完全用名词 "simoniacus" 指代 "圣职买卖者",而是常常使用 "赎买或出卖圣职 / 教会者" 这种更加笼统的说法。例如,《修士圭多书信》中写到,上帝会驱逐那些 "出卖和赎买圣殿" 的人 [1];彼得·达米安尼认为 "基哈西是卖者的老师,而西蒙是

---

[1] "Dominus vendentes et ementes de templo eiecit." *MGH. LdL.*, I, p. 5.

买者的始祖"[1]；他在批判对立教宗卡达卢斯时，称其为"出卖自己主教区的人"[2]。

第二组词语，包含"ecclesiasticus""caesar""cardinal""saecularis""praedico""praesumo""exhibeo""Gelasius""gratus""congrego""iuro""investitura"这 12 个词语。显而易见的是，这些词语更加贴近上文所说的传统政治史的研究范畴。无论是对全体"教士"（"ecclesiasticus"）或对特定的教士群体，如"枢机"（"cardinal"）在教会中的权力和地位的重新确立，还是对"世俗统治者"（"caesar"）乃至整个"俗人群体"（"saecularis"）在教会之中权力和地位的重新确定，都是这一时期十分重要的议题。"praedico""praesumo""exhibeo"等动词，则是这一时期的作者们在言及某种身份的人"拥有"何种权力，或"占据"某种地位时，经常使用到的词语。"congrego"一词以及其派生词，常常用来指代某个对教会有重要影响的群体。例如，"congregatio fidelium"在中世纪的文本中，常常用来指代全体基督徒组成的集体，而这个词正是在这一时期发展起来的。最后，"iuro"与"investitura"两个词语，恰好可以代表"叙任权之争"后期，教宗的支持者与皇帝的支持者之间争吵最为激烈的一个问题，那便是世俗统治者为主教、修道院长等教会人士授职，并在同时接受他们的"宣誓效忠"是否合法的问题。而本组词语中唯一一个人名词语，即"Gelasius"一词，显然指的是教宗格拉修一世（492—496 年在位）。他之所以如此受到重视，是因为他在 494 年写给罗马帝国皇帝阿纳斯塔修斯的书信中，明确地谈论到了教权与俗权之间的关系："……这个世界受两种权力统治，即圣职者的神圣权力（auctoritas）和王权（potestas）。二者之中，教士的职责更加重大，这是因为他们将在最后的审判中，为人的王作担保。"[3]这封书信在"叙任权之争"中被冲突双方反复用作论据。他对两种权力不乏明确却又富含解释空间的论述，注定使他成为"叙任权之争"文笔交锋中的常客。

上述对文献集关键词语的分类并非笔者完全主观为之。在"PyLDAvis"得出的

---

1 "Giezi nimirum, qui magister esse vendentium, Symon quoque, qui auctor videtur esse eruptorum." *MGH. LdL.*, I, p. 26.

2 "Illene erit tuo iudicio pontifex, qui suam vendidit ..." *MGH. LdL.*, I, p. 92.

3 Brian Tierney, *The Crisis of Church and State, 1050–1300* (Englewood Cliff: Prentice Hall, 1980), pp. 13–14.

15 个主题中，"主题 1"包含了上述第一组词语中的大部分词语；而"主题 2 至 4"包含了上述第二组词语中的绝大部分词语。这表明，《教宗与皇帝之争文献集》确实有着上述两个鲜明的主题。更能够说明这一点的是，"主题 1"的关键词语中，恰恰有"simonia"一词。同时，在利用"主题模型"研究方法所得出的结果时，不仅可以利用其对词语相关性的分析结果，也可以知道哪些词语之间并没有很强的相关性，从而在解读文献时，能够避免将这些不相关的词语想当然地联系在一起。这能够在一定程度上刷新历史学者对史料中关键概念逻辑关系的认识。而从图 2 可见，"主题 1"与强烈指向政治冲突的"主题 2"并无交集，这表明"主题 1"所呈现的对圣职买卖的讨论，在这部文献集中是一个相对独立的问题，且并不一定总与政治冲突相关。

总而言之，"PyLDAvis"向我们表明，《教宗与皇帝之争文献集》有着十分集中的内容和明确的方向，即其具有鲜明的政治论争特性。这不仅反映了 20 世纪初相关历史学者的主要研究视野，也能够解释以这份文献集为主要史料的历史研究主要为政治史或政治冲突史的结果。不过，即便如此，我们也可以通过"主题模型"的分析看出，该文献集能够向我们呈现其内容的另一个面向，即这一时期对"圣职买卖"的讨论并不完全与政治冲突相关，而是可能有着其他的思考。

"PyLDAvis"向我们呈现的是《教宗与皇帝之争文献集》的总体面貌，但这部文献集的另一个特征是，其收录的文献无论在篇幅上还是在对后世的影响上，都是不均匀的。其中一些文献不仅体量较大，在后世也引起了较多的讨论，例如，这部文献集的第一卷收录 17 篇文献，共计 626 页，其中，达米安尼和亨伯特二人的三篇作品就占据了 238 页篇幅；但另一些文献想要解决的却是一些十分细小的问题，相对教会改革整体而言太过狭隘，例如，其中收录的三篇 1080 年左右的文献，讨论的相当一部分内容是绝罚亨利四世的合法性，以及教宗和皇帝之间的斡旋者应由谁担任等问题。[1]

---

1 "Gebehardi Salisburgensis archiepiscopi epistola ad Herimannum Mettensem episcopum", "Wenrici scholastici Trevirensis epistola sub Theoderici episcopi Virdunensis nomine composita", *MGH. LdL.*, I, pp. 261-430. 对这几篇文献的讨论，参见 Leudulf Melve, *Inventing the Public Sphere: The Public Debate During the Investiture Contest (c. 1030-1122)*, Vol. 1 (Leiden: Brill, 2007), pp. 281-344。

因此，我们实际上不仅需要对文献集整体的关键词状况有所把握，也最好能够了解单个文献，尤其是那些在后世讨论较多的文献包含了哪些关键概念。这就需要用到能够分别反映每篇文献关键词状况的"主题模型"分析工具。

三、教会改革者笔下的"道德"：关键概念研究一例

在上文所述方面，斯坦福大学编写的"Stanford TMT"分析工具能够满足我们的需求。这种分析工具所呈现的，是"人类可以读懂的主题模型结果"，有15个主题（从0开始计数），以及每个主题20个重点词群。有关对这种分析工具呈现结果的解读方法，国内已有译著详细介绍，本文不再赘述。[1]本文也无意对该分析工具得出的结果做完整而详细的分析，仅举一例论述其能够为研究《教宗与皇帝之争文献集》所提供的便利。

"Stanford TMT"同样表明，《教宗与皇帝之争文献集》有着鲜明的政治特征。不过，从其所得结果的细枝末节中，我们仍可以挖掘出一些前人重视程度不够的内容。在15个主题词群中，第13个主题词群引起了笔者的特别关注。这个主题词群在文献集中一些偏重理论阐述的文献，如达米安尼和亨伯特的作品，以及一些重要的教会改革者在1084—1085年撰写的一些长篇文献，如劳滕巴赫的马内戈德的《致格布哈特书》、苏特里的伯尼佐的《致友人书》等文献中有着相当高的出现频率。这个主题词群的关键词有"lex""vita""regnum""pax""ratio""fides""monachus"等，这表明这些词在这个主题中有着较强的关联性。不过，工具再精妙，也无法具备人的逻辑思考能力。同样地，"主题模型"研究方法能够向我们表明哪些词语之间存在较强的相关性，但不能说明文献作者对这些词语所表达概念的态度。在这里，笔者试对这一

---

[1] 肖恩·格雷厄姆、伊恩·米利根、斯科特·魏因加特：《探索历史大数据：历史学家的宏观视角》，梁君英、刘益光、黄星源译，浙江大学出版社2019年，第130—136页。

主题所含的关键词做一个解读。在这些词中，"vita"一词最为值得关注。它既与"修士"（"monachus"）相关，又与"世俗统治者"（"regnum"）相关，也与"所有的信徒"（"fides"）相关；不仅关系到"法律"（"lex"），也关系到各种"规则"（"ratio"），甚至关系到"和平"（"pax"）。笔者设想，这里的"vita"所指代的，不是"生命"而是"生活方式"，换言之，是人们赖以规范生活的方式方法，即道德准则。

自20世纪晚期开始，历史学者们打破传统政治史叙事的一个重要的方向，就是关注11世纪教会改革对中世纪社会生活的影响，并且重点关注其对圣职者和俗人道德观念的改造。无论持有何种观点，现代历史学者似乎都或强或弱地认为，改变当时的道德状况，是11世纪教会改革的直接目标之一。库欣便认为，"提高圣职者的道德水平"是11世纪教会改革向现代研究者呈现出的主要特征之一。她甚至认为，在11世纪教会改革之前，在"上帝的和平"运动的掩护下，教会已经开始其重构圣职者和俗人道德面貌的进程了。[1] 不过，"道德"本身并不能直接成为这一方面研究的一个关键概念。"道德"一词，指的是人们共同生活及其行为的准则和规范。但是，在中世纪，对相同的内容，教会改革者并不用"道德"这个词概括之。实际上，现代英语词语"morality"是一个出现得比较晚的词语，其词源为拉丁语词语"moralis"，而这个拉丁语词语同样出现得很晚，大约在13—14世纪，其进一步的词源为拉丁语词语"mors"，意为"行为举止、生活习惯"。在教会改革中，教会改革者常常论及圣职者与俗人的"mors"，可以认为就是在讨论二者的道德状况。"道德"形成和决定了一个人的"生活方式"。而在中世纪，表达"生命、生活"的词语"vita"同样也有"生活方式"的含义。从文献中我们可以看到，教会改革者们经常用"vita"直接指代所论述者的生活方式，也就可以理解为其道德水平的具体表现。此外，教会改革者，尤其是格里高利七世，经常使用"conversatio"一词，这个词语本身的含义更加明确，即"生活方式""习惯举止"，而且，这个词语有时还专门指代圣职者的生活方式。另外，拉丁语词语"forma"拥有"模式""方式"的含义，与其他一些拉丁语词语组合后，同样可以表达"生活方

1　Cushing, *Reform and Papacy in the Eleventh Century*, pp. 34, 49.

式""生活习惯"的含义。我们可以认为，上述几种表达方式都是教会改革者在讨论当时的道德问题时所用的表达方式。

通过简单的词语搜索可以得知，这些与"vita"含义相近的词语在文献中的出现频率都不低。它们之所以未能出现在"主题模型"研究方法所得出的关键词词群中，正是因为"主题模型"研究方法尚不能进一步对这些近义词进行归纳，并得出相应的统计结果。但是，"主题模型"研究方法至少能为我们将道德作为关键概念的假设做出一定的保障。我们所需要做的，只是通过对文献进行阅读，进一步论证这一假设。

在这里，我们集中讨论时常为传统政治史学者津津乐道的，达米安尼和亨伯特的两篇作品，即达米安尼的《最无偿之书》和亨伯特的《反圣职买卖三篇》。达米安尼的《最无偿之书》写作于 1052 年。这篇作品是为回应 1049 年教宗利奥九世主持的宗教会议上出现的争议而写作的。在这次会议之前，教会改革者之间存在一个较大的分歧。他们中的一些人认为，圣职买卖者不能有效地将上帝的恩典传递给他人，因此，接受他们任命的圣职者，也就实际上没有获得上帝的恩典，从而不能有效地施行圣事、履行圣职。这些圣职者需要接受教会的"再次任命"方能有效力地施行圣事。另一些人则反对这种观点。受这种观点影响，在这次会议召开初期，利奥九世曾宣布，所有犯圣职买卖罪者进行的授职和祝圣都是无效的。这将直接导致接受他们授职和祝圣的圣职者，其圣职同样无效。这一提案遭到了一些与会者的反对。最终，利奥九世虽然没有坚持免去所有与圣职买卖罪有关者的圣职，却还是通过了一项惩罚性的法令，规定所有接受圣职买卖者授职或祝圣的圣职者需要进行为期 40 天的补赎。[1]

达米安尼之所以给这部作品起名为"最无偿之书"，是因为这部作品的主要写作目的，正是为那些"由犯圣职买卖罪者无偿任命的圣职者"进行辩护，并批判认为上述圣职者应该被重新授职的观点。在这部作品中，达米安尼主张认可圣职买卖者所主持的圣事的有效性。他认为，圣职者在施行圣事时，只是上帝意志的代理者，真正施

1　Uta-Renate Blumenthal, *The Investiture Controversy: Church and Monarchy from the Ninth to the Twelfth Century* (Philadelphia: University of Pennsylvania Press, 1988), pp. 74–75.

行圣事的是上帝。[1] 圣事的有效性只取决于圣职者所处的位置，不取决于其本身的品行。而对从圣职买卖者那里领受了圣职的圣职者来说，他们能否配得上自己的职责，同样不取决于授予他们圣职的人的品行，而取决于他们自己的品行。[2]

这部作品在政治层面显然有着重要的意义。一方面，如果达米安尼的观点能够得到良好的实践，教会改革者与他们的"敌人"，即那些被斥责为圣职买卖者和与圣职买卖者有联系的人之间的关系就可以得到很大程度的缓和。另一方面，教会改革者们大多认为，圣职买卖行为在当时已经成了一件"极为普遍"的事情，因此，一些教会改革者担心，如果片面地否定圣职买卖者所行圣事的有效性，将由他们任命的圣职者不由分说地赶出其职位，那么整个基督教社会将"没法留下什么圣职者可以为教会服务"。达米安尼的这部作品，则为教会对圣职买卖罪的惩罚设置了一个边界，从而能够避免上述担忧变为现实。

不过，在政治层面之外，还有一些更为基础的问题值得关注。正如上文所示，尽管达米安尼认为圣事的有效性源自上帝而非圣职者，但他显然还是认为，圣职者有好坏之分。那么，达米安尼区分好的圣职者与坏的圣职者的标准是什么？达米安尼并未在这部作品中具体地说明这个问题。毋庸置疑的是，他认为圣职买卖者一定是坏的圣职者。在这部作品中，达米安尼情绪激愤地批判了圣职买卖者，其言辞的激烈程度不亚于任何一位"激进"的教会改革者。但在另一方面，达米安尼并未明确地提供一个"好圣职者"的标准。不过，从他的只言片语中，我们依然能看出，他对"好圣职者"的要求，是其应有一种"好的生活方式"。而这正是我们依据"主题模型"的研究方法为我们带来的启示所做出的推断。

达米安尼认为，如果一个圣职者拥有"好的生活方式"，那么即便他是由圣职买卖者授职的，他仍然能够良好地履行圣职，甚至同样能够成圣。他在《最无偿之书》中写道："那些起步糟糕的人，常常表现得出色，并能够用完美的生活作为补救，使他们

1　"Quod sacerdos exterius ministrat, sed Deus invisibiliter consecrat." *MGH. LdL.*, I, p. 20.

2　"... qui post scelerata primordia bene conversi dignos se suis ordinibus ostenderunt." *MGH. LdL.*, I, p. 40.

不合人意的开始有一个圆满的结局。"[1] 正因如此，那些受圣职买卖者任命的圣职者，如果不仅能够坚持正统的信仰，而且"过着圣洁的生活，正确地实践着所有美德"，就应该被认为依然忠于天主教信仰，并且必须保留他们的职位。[2] 相反，即便一个坏圣职者依然能够有效地施行圣事，甚至上帝依然能够通过他降下奇迹，这也并不表明他不会因为自己恶劣的生活方式受到惩罚。例如，菲耶索莱主教兰博不仅通过赎买获得了自己的主教职位，还长期与一位妇人生活在一起，他恶劣的生活方式甚至使得"他的兄弟，一位行为正直的俗人，都与他不相往来"。换言之，他的生活方式甚至不能使其成为一位好的俗人，更不用说好的圣职者了。尽管如此，上帝仍然借兰博之手降下奇迹，在一座教堂的落成典礼上，当着众人的面治愈了五位"被恶魔占据"的人。但是，这位主教最终死于发于脚部、渐及全身的感染。达米安尼认为，这是上帝对他恶劣的生活方式的惩罚。他染上的感染如火一般在他的体内燃烧，而这把"火"正是上帝在他身上点燃的。[3]

那么，怎样的生活方式是好的生活方式？尽管达米安尼没有给出一个明确的答案，我们依然可以从这部作品中找出一些蛛丝马迹。在文中，他举了耶路撒冷大主教波利赫罗尼乌斯的例子。波利赫罗尼乌斯在成为耶路撒冷大主教之后，曾一度"陷入圣职买卖罪的泥沼"，因为他只晋升那些向他支付钱财的教士，甚至在为一座大教堂举行落成典礼时收受了大约十磅黄金。于是，时任教宗西克斯图斯召集 76 名主教召

1　"... qui male ceperunt, bene consumment, et sinistra principia ad bonos exitus emendatioris vitae satisfactione proveniant." *MGH. LdL.*, I, p. 40.

2　"Verum quis nesciat eos non solum in orthodoxae fidei soliditate persistere, sed plerosque eorum insuper ut revera catholicos per omnia viros sanctae conversationis studio cunctarumque virtutum honestate florere?" *MGH. LdL.*, I, p. 65.

3　"Nam et is, cuius paulo ante meminimus, Fesulanus episcopus, cum tantae pravitatis esset, ut et laicus eius frater honestae modestiae cum eo familiaritatem habere minime dignaretur, signorum tamen adeo virtutibus coruscabat, ut in dedicatione unius dumtaxat aecclesiae quinque coram omni populo curasse demoniacos constanter a perhibentibus asseratur. Sed quia non suis, sed alien is miraculis claruit, ad obitum veniens, ultrici ante ignem igniti corporis animadversione signavit. Papula siquidem perniciosae uredinis in pede eius pestilenter exorta, sic totam plantam, tibiam coxamque cum inguine simul ac genitalibus comprehendit, ut usque ad vitalia serpendo procederet et ut, velut aridi materiam stipitis viscera eius interna depascens, occultis eum vaporibus conflagraret, quatinus hic iam primitivus ignis accenderet, quem flamma postmodum numquam deficiens absorberet." *MGH. LdL.*, I, p. 44.

开宗教会议,将波利赫罗尼乌斯停职,规定他只对教会的三宗财产有使用权,并由另一位主教特奥多鲁斯代理大主教职务。九个月之后,耶路撒冷陷入饥荒,此时,波利赫罗尼乌斯变卖了上述教会授予其使用权的财产,并合法地将所得钱财分发给了穷人。教宗西克斯图斯闻知此事十分高兴,在接下来的一场会议中,他不仅没有因为波利赫罗尼乌斯私自变卖教会土地而惩罚他,反而认为,波利赫罗尼乌斯是为了他人的福祉才变卖一切、归于贫穷,因此,他的行为效仿了福音书中得到救世主赞扬的那位寡妇。[1] 随后,达米安尼如此讲述了这个故事的结局:

> 会议得出了一个合理的决定,即效仿(福音书中的)寡妇、弃绝所有生活所需的人,不应该被剥夺圣职。于是,波利赫罗尼乌斯,这位之前因为骄傲和贪婪而失去自己职位的人,又因为自己的慷慨和谦卑重新得到了自己的职位。[2]

换言之,圣职买卖行为显然不是"好的生活方式"。而为他人慷慨解囊、恪守清贫的生活,显然是"好的生活方式"。这与达米安尼乃至大部分教会改革者的主张其实是一脉相承的,即圣职者,无论是修士还是在俗教士,都应该积极倡导并投入一种以清贫为主要特征的生活方式,弃绝一切私有财产,并将之投入教会的公共事业。

我们还可以从另一个方向找到支持这一点的证据。达米安尼论及生活方式时,往往会同时批判清贫的对立面,即贪婪这种恶行。他认为,贪婪是导致圣职买卖罪行出现的根本原因。这是因为"对金钱的喜爱……在有贪婪之心的人的胸膛中燃烧,令他缺少慷慨之情,不能表达怜悯和同情"[3]。因此,如果一个人能够战胜教会中的贪婪,就

1　见马可福音 12:42-44;路加福音 21:2-4。

2　"Deinde congregata synodo, Romanus pontifex, Valentiniano pariter consedente, tractare ceperunt, quid digne de Polichronio fieret, qui in ipsa deiectionis suae pauperie cuncta distribuens euangelicam viduam Redemptoris ore laudatam laudabiliter imitatus esset. Competenti itaque censura decretum est, ut is non viduaretur, qui viduam victum suum pie largiendo secutus est. Sic igitur Polichronius, qui digne gradum suum prius superbus et avarus amisit, postmodum largus factus et humilis pristinae sibi dignitatis infulas reparavit." *MGH. LdL.*, I, pp. 40-41.

3　"Per Picem namque, quae ardet et stringit, non inmerito potest amor pecuniae designari. Qui videlicet sic in camino avari pectoris aestuat, ut ab impendendae imsericordiae piaeque compassionis largitate constringat." *MGH. LdL.*, I, p. 71.

一定对教会有益，哪怕这个人不是一位圣职者。在达米安尼看来，亨利三世解决 1046 年教会分裂事件，标志着他战胜了圣职买卖罪；而亨利三世之所以能够"消灭圣职买卖异端这场瘟疫"，也是因为他"将贪婪踩在了脚下"。[1] 不论达米安尼对亨利三世的推崇在教会改革阵营内部激起了怎样的反对，他将贪婪视作圣职买卖罪之根本的观点是不变的。这一观点在达米安尼的另一封书信中表达得更加直接。在 1043 年写给拉文纳大主教格布哈特的书信中，达米安尼称赞了这位大主教对圣职买卖罪的打击，并写道："当圣职买卖的巨龙把那些做不正当交易的恶棍的手臂捆绑在其由贪婪构成的缠绕的躯体上，并四下喷出他的毒液时，你几乎是唯一一个例外，能够保护你的教会免受肮脏的传染。"[2]

在教会改革者阵营中，达米安尼不是唯一持此观点的人。被现代学者视为达米安尼的辩论对手的亨伯特，在这个问题上的观点与达米安尼几乎一致。他同样认为贪婪是圣职买卖者的本质之一。在批判圣职买卖者时，他写道："在那些人（圣职买卖者）中，找不到任何秩序，一切事物都是混乱的。他们中的任何人都没有体面可言，只有从荨麻和荆棘丛中生发的淫欲和贪婪的污秽，和蛇穴一般恐怖。"[3] 圣职买卖罪行本身也处处体现着贪婪。亨伯特认为，圣职买卖者"任命（圣职）时不考虑是否出于教会需要或者对教会有益，领受（圣职）也不是因为资格允许，二者只是体现了他们各自的贪婪。（圣职买卖）没有参照任何天主教信仰依据或者使徒定下的教义，只仗着异端的背叛和西蒙那样的野心；其中参与的没有任何无辜的生命，只有金钱"[4]。

达米安尼批判贪婪的生活方式，并不仅仅是为了反对圣职买卖行为。圣职买卖只

1　"... iste symoniacae hereseos pestes avariciam calcando delevit." *MGH. LdL.*, I, p. 72.

2　*Peter Damian Letters 1–30*, trans. Owen J. Blum O. F. M. (Washington D.C.: The Catholic University of America Press, 1989), p. 88.

3　"In quibus, ceu in parietinis solet, nil iam repperietur ordinatum, nil non confusum. Quibus iam nullus inest decor, nisi urticarum et veprium, libidinis videlicet atque avaritiae squalor et serpentini latibuli horror." *MGH. LdL.*, I, p. 180.

4　"Quos cum multa sint quae accusent, nulla sunt quae excusent. Neque enim in eorum, ut putatur, ordinatione necessitati aut utilitati ecclesiae consulitur nec aut petitioni acquiescitur, sed soli avaritiae utrimque providetur. Nec attenditur fides catholica aut doctrina apostolica, sed perfidia heretica et ambitio symoniana, nec aliqua vitae innocentia, sed sola pecunia." *MGH. LdL.*, I, pp. 240–241.

是贪婪结出的众多恶果中的一个。达米安尼在其他书信中提到："几乎没有其他什么溃烂的伤口，能够比贪婪这种排泄物造成的伤口，更能发出令上帝的鼻子难以忍受的臭气了"，"贪婪之人对所有邪恶的事物都负有责任，贪婪深深扎根在他的心中，他无法阻止这些根须恶毒地生长"。[1] 同时，反对贪婪，也是达米安尼在当时想要建立的一整套道德观念、或者说圣职者生活方式的一部分。帕特里夏·兰夫特认为，达米安尼对贪婪的批判，与他对清贫生活的倡导，以及对建立在清贫基础上的、圣职者理想的"共同的生活方式"的倡导，是一脉相承的。只有弃绝贪婪的生活方式、恪守清贫，基督徒才能在生活在此世的同时坚守对福音的信仰。[2]

总而言之，《最无偿之书》应该被置于达米安尼本人的总体思想，乃至教会改革者的总体思想中加以解读，不应简单地摘取出来作为一份分析达米安尼政治态度的文本。亨伯特与达米安尼固然存在分歧，但是，如果我们考察他们对当时社会道德问题的认识，就能够看出，二者的观点和努力的方向在总体上是相近的。二者对一个神学问题的争论和分歧，不能成为将二者完全分离为两个派别的依据。另外，彼得·达米安尼与亨伯特的论著，其实不能清晰地体现二者激进与否。首先，二者想要解决的问题实际上并不完全重合，换言之，二者的可比性是有限的；其次，二者产生冲突的观点，实际上集中在一个十分专业的神学问题之上，仅从文本来看，不能得出二者整体的改革思想是完全相悖的；最后，《教宗与皇帝之争文献集》收录的，实际上是二者很小的一部分论著，从整体上来看，二者既有各自温和的一面，又有各自激进的一面。20 世纪早期的政治史学者们之所以认为达米安尼是"温和"的改革者，很大程度上是因为他对亨利三世以及日耳曼王权的看法更加积极。换言之，达米安尼的"温和"，实际上是政治史学家所理解的、对世俗权力的温和，而非其整体改革意向的温和。

不过，亨伯特与达米安尼对待俗人的态度的确有较为明显的差别。这与二者所接

1　*Peter Damian Letters 91–120*, trans. Owen J. Blum O. F. M. (Washington D.C.: The Catholic University of America Press, 1998), pp. 71, 74.

2　Patricia Ranft, *The Theology of Work: Peter Damian and the Medieval Religious Renewal Movement* (New York: Palgrave Macmillan, 2006), p. 89.

受的知识训练和自身经历有分不开的关系。这种态度差别也是 20 世纪初政治史学者将二者划分为两个阵营的主要依据。相比而言，达米安尼的《最无偿之书》更加倾向于以理想化的神学观念作为判断圣职者和俗人道德水平的依据。他对亨利三世的好感，又与这种判断依据互相强化。但并不是所有人都认为亨利三世是一代明君。在另一篇闻名于现代学者的文章，即由高卢无名氏撰写的《论教宗之选任》中，作者便尖锐地批评了亨利三世干预教会事务的行为。而这位作者反对亨利三世的重要原因，便是这位皇帝个人的道德品质存在重大的问题——他与近亲结婚，因而违背了教会的基本道德规范之一。诚然，我们可以认为这是一种并不高明的人身攻击行为。但这同样可以说明，教会改革者对世俗统治者的道德品质，尤其是作为最高世俗统治者的皇帝的道德品质，有着非同一般的要求。而在亨伯特那里，世俗权力干预教会事务和世俗道德观念影响圣职者造成的负面结果是普遍性的，世俗权力对教会的介入，必然会导致圣职买卖罪的盛行。[1]

四、格里高利七世对"道德"问题的认识

世俗统治者与圣职者的"生活方式"，同样是格里高利七世十分关注的问题之一。他对这一问题的看法，既在一定程度上与身边其他教会改革者的观点，如达米安尼和亨伯特的观点相同，却也有自己独特的思考。对他在这一问题上的看法的解读，有助于我们理解他与世俗权力之间，尤其是亨利四世之间冲突激化的结果。

20 世纪早期的政治史学者往往将罗马教廷与日耳曼王廷之间的冲突归咎于格里高利七世。对格里高利七世言行的解读，也主要从政治史视角出发。但政治并不是格里高利七世唯一关注的问题。解决圣职者存在的道德问题，依然是格里高利七世主要的改革方向。在这方面，格里高利七世基本继承和发展了此前教会改革者们的思

1　Blumenthal, *The Investiture Controversy*, pp. 89–91.

想和观点。在写给克吕尼修道院院长休的书信中，格里高利七世讲到，他自己来到罗马，是为了"获得更好的生活，增长神圣教会的利益"。"维护圣职者的生活方式"是他的责任，因为"没有任何世俗君主关心这类事情"。[1] 在这里，我们显然不能将"更好的生活"理解为更丰富的物质条件，而应当理解为更良善的宗教生活方式。在罗马之外，格里高利七世仍然致力于在各地的教会和修道院推广"好的生活方式"。[2] 对圣职者"生活方式"的监察，甚至成为他推行改革的一个标准政策。在写给各地教会和修道院领导人的书信中，格里高利七世的首要要求之一，便是令各地圣职者向他或者他的使节证明自己"获得圣职的方式和生活方式"是清白的。[3]

格里高利七世并没有完全否定一切世俗统治者的道德水平。但是他对这一问题的看法有两个较为明显的特点。首先，他延续了一些教会改革者对世俗生活方式的不信任感。在上文提到的、写给克吕尼修道院院长休的书信中，格里高利七世在"不好的生活方式"和"世俗的行为"之间画上了等号[4]；而在另一封书信中，格里高利七世也告诫都灵主教库尼贝特，不要让"喧闹的大众和俗世的生活方式打扰到修道院的宁静"[5]。

其次，格里高利七世显然认为，自己有权利和责任指导和规范世俗君主的道德生活，为之制定标准。世俗君主则有义务达到这些标准。在上任伊始，格里高利七世便表明了这一点。在他的第一封有关亨利四世的书信中，他便写道：

> 至于国王……我们的目的是向他派遣一些虔诚的人，这样，在他们的劝谏下，按着上帝的指引，我们就能成功地唤回他对神圣的罗马教会，也就是他的母亲的爱，并且教导和指点他，使他具备一种恰当的生活方式来承担皇帝的职责。[6]

---

1 Book 2 Register 49（简写为 Reg. 2.49，下同），in H. E. J. Cowdrey, *The Register of Pope Gregory VII: An English Translation* (Oxford: Oxford University Press, 2002), pp. 139–140。

2 Reg. 2.59, 2.64. Cowdrey, *The Register of Pope Gregory VII*, pp. 153–154, 157–158.

3 例如 Reg. 2.10, 2.29, 2.30, 2.49. *Ibid.*, pp. 104–106, 119–121, 139–140。

4 Reg. 2.49. *Ibid.*, pp. 139–140.

5 Reg. 2.69. *Ibid.*, pp. 163–165.

6 Reg. 1.11. *Ibid.*, p. 12.

与达米安尼等教会改革者理解的"好的生活方式"不同的是，格里高利七世口中的"恰当的生活方式"，具有比较明显的政治意味。遵循这种"生活方式"，不仅意味着皇帝应该保卫罗马教会的利益，还意味着皇帝应该按照教宗的旨意选择辅佐他治理王国的大臣。这在格里高利七世的另一封书信中有着清楚地体现：

> ……如果任何个人，或者其他君主的好的习惯、生活和信仰都能够有益于教会的荣誉、有助于教会的壮大，那么他作为俗人的首脑、国王和未来在上帝的允许下在罗马成为皇帝的人，又当如何呢？因此……我希望并且全心全意地祈祷，他能够热爱信仰，出于真正的仰慕在他身边集结良善的人，并且保护和增益教会的产业。[1]

更有甚者，格里高利七世认为，世俗统治者不应将自己的领土视作封君授予自己的，而应当将之视作罗马教廷所赐予的。这同样是一位世俗统治者所应遵守的、正确的"生活方式"。在一封书信中，格里高利七世便劝诫匈牙利国王，将自己的国土看作圣彼得赠予他的礼物，而非亨利四世赠予他的礼物，这样他才能"正确地对待这件事，并且树立作为一个国王的、恰当的生活方式"，并且获得"罗马教会的爱，就像成为一个母亲喜爱的孩子"。[2]

这种观点必然会导致世俗统治者的反感。诚然，格里高利七世是著名的"卡诺莎之行"事件的主角之一，也是他两次绝罚亨利四世，将二者之间的冲突置于无法挽回的境地。不过，他并不是罗马教廷与日耳曼王廷之间冲突的发起者。在格里高利七世成为教宗之前，二者的冲突就已经开始了。至少从1059年教宗尼古拉斯二世当选之后，罗马教廷对世俗权力的政策就开始变得越来越激进；1073年2月至3月，格里高利七世的前任、教宗亚历山大二世在一次宗教会议上，以犯圣职买卖罪为由绝罚了亨利四世的一众廷臣，亨利四世本人也受到牵连。[3] 格里高利七世直接继承了这些政治

1　Reg. 1.20. Cowdrey, *The Register of Pope Gregory VII*, p. 23.

2　Reg. 2.13. *Ibid.*, p. 108.

3　Blumenthal, *The Investiture Controversy*, pp. 86-87, 103.

遗产。在自己的任上，格里高利七世也为修补二者之间的关系做出了自己的努力。因此，单纯的政治原因似乎不足以解释格里高利七世复杂的行为。而正如上文所述，他在干预世俗统治者道德生活时所带有的明显政治意味，以及他对亨利四世"生活方式"的指责和干涉，可能是导致二人矛盾加深的另一个重要原因。

结　语

由上文可见，对圣职者和世俗统治者道德规范的思考，即对"好的生活方式"的思考，同样可以作为 11 世纪教会改革的重点问题之一加以研究。而数字人文的研究方法，是我们得出这个结论所依靠的主要方法。用这种研究方法研究《教宗与皇帝之争文献集》，是一次有益的尝试，得到十分丰富的结果。它能够向我们展现这份文献集总体上关心的问题，能够佐证一些已有研究的结论，也能够发掘一些新的研究方向。但在同时，我们也不应忽略这种研究方法在技术层面存在的难题，以及无法替代学者主观解读的问题。

总而言之，在科技发达的今日，数字人文的研究方法确实能够对历史学者，乃至其他在传统上主要依靠主观判断进行研究的学者有所帮助，代替这些学者完成一些需要消耗大量时间的机械性工作，使这些学者的研究视野更加客观，研究过程更加简便。但在可见的将来，这种研究方法显然无法替代传统的历史研究方式。对语言的掌握和仔细阅读文献的能力，仍然是历史研究者赖以为生的"硬本领"。不过，这些新的研究方法仍然可以为历史研究提供一些有益的帮助与促进。历史研究的数字化和历史文献的电子化，在今日已经成为一种潮流。而随着这种潮流的进一步发展，"数字人文"的研究方法想必将会为历史研究打开新的大门。

（本文作者为北京大学历史学系博士研究生）

迈蒙尼德是一个柏拉图主义者吗？

以宇宙生成论为中心[*]

董修元

迈蒙尼德（Moses Maimonides，1135—1206 年）在宇宙生成论问题上的立场，从中世纪后期开始一直是学界争论的主题。争议的焦点通常在于，迈蒙尼德究竟是如其自称的相信从无创世说，还是暗中主张一种宇宙永恒论，再或者对宇宙生成论问题的解答持悬搁判断的怀疑论态度——这三种立场都能得到一定的文本支持，同时在反对者眼中又各有其盲点或疑难。自 20 世纪 70 年代末以来，一些中世纪哲学研究者提出另一种隐微解读思路，认为迈蒙尼德的"最终"立场其实是柏拉图主义创世论。[1] 本文将审视这一思路，通过分析相关文本考察其得失。

一、柏拉图的创世论及迈蒙尼德对柏拉图主义观点的了解

柏拉图的宇宙生成论学说主要见于《蒂迈欧》：

---

[*] 本文是国家社会科学基金冷门"绝学"和国别史等研究专项项目"希伯来—阿拉伯语哲学文献的整理、翻译和研究"（编号：2018VJX001）的阶段性成果。

[1] 见 Alfred Ivry, "Maimonides on Creation", in *Creation and the End of Days* (Lanham: University Press of America, 1986), pp. 189–209; "Maimonides on Possibility", in *Mystics, Philosophers and Politicians* (Durham: Duke University Press, 1982), pp. 74–84; Herbert Davidson, "Maimonides' Secret Position on Creation", in *Studies in Medieval Jewish History and Literature* (Cambridge, MA: Harvard University Press, 1979), pp. 21–27, 35–36。国内持此立（转下页）

我们首先作此划分：什么是永恒真实没有变化的存在？什么是永恒变化没有真实的存在？由思想通过推理来认识的东西是永恒真实不变的；而通过非推理的感觉来把握的意见对象则是常变不真的。任何变化的东西都一定有原因使然。没有原因就没有生成。当造物主以永恒不变的存在作为模式创造万物时，所造物就必定完善。如果他按着被造物或变化的模式，则所造之物就不会是完善的。因此，谈到整个天体或宇宙（这两字词哪个合适则使用哪个），开始时的问题是：它是永恒存在没有原因的呢，还是被造的有开端的？我认为，它是被造的，因为它是有形物体，可见可摸。可感知的物体总是在被创造的过程中。被造者必有原因。然而，要找到宇宙之父和造物者是极艰难的。即使找到了他，把他说出来让其余的人明白也是不可能的。还有的问题就是：这造物者选择哪一种模式作为不变的世界模式，并据此创造世界？……每个人都会看到，他所使用的是那永恒的，因为这个世界是最完美的，而他则是最好的原因。[1]

柏拉图认为，造物者（*Demiurge*）按照完美模式（理型）从永恒载体中创造出可见世界。这似乎意味着神话式人格神的回归，但值得注意的是，世界秩序并不是出于神的自由选择，造物者在宇宙生成过程中所起的作用只是将永恒的完美范型压印在自身无定型的载体之上[2]，如果使用后来亚里士多德的术语，他就是形式与质料结合的动力因。柏拉图的创世论被中期柏拉图主义归结为三本原（神、理型、质料）论。[3] 本文所说的柏拉图主义宇宙生成论，仅指这种从原初质料创世说，不包括部分学园派成员对

（接上页）场的学者是高山奎，他从施特劳斯的隐微解读视角出发，通过分析迈蒙尼德的宇宙生成论和先知论，得出迈蒙尼德实质上是一个柏拉图主义者的结论，其思路接近于赫伯特·戴维森（Herbert Davidson），见高山奎：《迈蒙尼德是一个亚里士多德主义者吗？——一种施特劳斯主义的视角》，《哲学动态》2017 年第 11期，第 72—73 页。

1 柏拉图：《蒂迈欧》，谢文郁译，上海人民出版社 2003 年，第 19—20 页。

2 同上，第 45—48 页。

3 阿尔吉努斯：《柏拉图学说指南》，狄龙英译注疏，何祥迪译，华东师范大学出版社 2016 年，第 58—59 页；梁中和：《古典柏拉图主义哲学导论》，华东师范大学出版社 2019 年，第 168、191 页；策勒尔：《古希腊哲学史纲》，翁绍军译，山东人民出版社 1996 年，第 308 页。

蒂迈欧叙述所做的去神话化寓意解释和新柏拉图主义在亚里士多德影响下所发展的世界永恒论。

迈蒙尼德对柏拉图主义创世论的了解，一部分来自亚里士多德著作中的转述，另一部分则来自柏拉图《蒂迈欧》的阿拉伯文概要——翻译到中世纪阿拉伯世界的柏拉图著作都是概要性的意译，并无全译本——他很有可能在研习医学时读过盖伦的《蒂迈欧概要》阿拉伯文译本。[1]

此外，迈蒙尼德在回复其弟子及希伯来文译者提本（Samuel b. Tibbon，约 1165—1232 年）关于哲学参考书目的询问时，对柏拉图的著作有如下总体评价："亚里士多德的老师柏拉图的言论是隐喻性的，难以理解。不需要读它们，因为亚里士多德的著作已足够，不需要致力于较早[哲学家]的著作。如果不考虑那些承受神圣启示的[先知]，亚里士多德代表了人类理智的极限。"[2] 这里所谓柏拉图是一个隐喻作家的判断，是阿拉伯亚里士多德主义学派的共识，如迈蒙尼德一贯尊崇的阿尔法拉比（Al farabi，872—950 年）就曾指出柏拉图"用象征、谜语、模糊和晦涩的方式避免知识落入不具备资质者的手中"[3]。

二、迈蒙尼德对柏拉图主义创世论的评述

迈蒙尼德在《迷途指津》第二部第 13 章中描述了宇宙生成论问题上的三种立场：启示律法信徒所坚持的从无创世说，柏拉图学派的从原初质料创世说，与亚里士多德

1　Herbert Davidson, *Maimonides the Rationalist* (Oxford: The Littman Library of Jewish Civilization, 2011), pp. 159-161.

2　Alexander Marx, "Texts by and about Maimonides", *The Jewish Quarterly Review*, 25.4 (1935): 380; 英译见 Shlomo Pines, "Translator's Introduction", in Maimonides, *The Guide of the Perplexed* (Chicago: The University of Chicago Press, 1963), p. lix。

3　Al farabi, *Summary of Plato's Laws*, trans. Charles E. Butterworth，收录于 *Al farabi, The Political Writings*, Ithaca (New York: Cornell University Press, 2015), p. 130; 阿尔法拉比：《柏拉图的哲学》，程志敏译，华东师范大学出版社 2006 年，第 56 页。

学派的世界永恒论。第二种立场是神从永恒质料创世说：

> 他们[1]承认有**某种质料**（*mādda mā*）是与上帝一样**无始**（*qadīm*）存在的东西，上帝不会脱离质料而存在，质料也不会脱离上帝而存在。他们不主张质料在存在等级上与上帝一样高，因为上帝是它存在的原因，上帝之于质料的关系就像陶工之于泥土、铁匠之于铁；上帝在质料中创造他所意欲的东西。所以上帝一时从它之中创造天体，一时又从它之中造出别的东西。持这一观点的人也承认天是可生可灭的，但不承认天是**从无物中**（*min lā shai'*）生成，又消灭**归于无物**（*ilā lā shai'*）的。在他们看来，天的生灭就像动物个体从存在的质料中生成、又消灭归于存在的质料。……柏拉图主张此论。亚里士多德在《物理学》中也提到过柏拉图认为天是可生可灭的。柏拉图在其《蒂迈欧》中明确阐述过这种学说。[2]

迈蒙尼德声称这种宇宙生成论立场是柏拉图主义的，但是他所叙述的版本却与柏拉图本人的思想存在着明显的差异。首先，柏拉图及其门徒虽然主张造物者与质料永恒共在，但并不认为神是质料的原因；其次，柏拉图在《蒂迈欧》中所表述的宇宙生成论观点实际上是世界有始而无终，迈蒙尼德却把它表述为世界（天体）有始有终；最后，柏拉图所描述的造物者是按照完美范型创造世界，但迈蒙尼德却表述为神按其自由意志创世。[3]这些出入令人费解，论者或许会将迈蒙尼德的"失实"叙述归因于他所获得的《蒂迈欧》阿拉伯文概述和亚里士多德物理学著作阿拉伯文译本。然而，迈蒙

1　指柏拉图主义者。

2　迈蒙尼德：《迷途指津》，傅有德、郭鹏、张志平译，山东大学出版社 1998 年，第 262—263 页；*Dalālat al-Ḥā'irīn*（希伯来—阿拉伯文版，以下简称 *MJ*），ed. S. Munk and I. Joel (Jerusalem: Junovitch, 1929), pp. 197–198; *Dalālat al-Ḥā'irīn*（阿拉伯文版，以下简称 *HA*），ed. Husein Atāy (Cairo: Maktabat al-Thaqāfat al-Dīniyat, 1972), p. 307。

3　迈蒙尼德关于柏拉图主义者认为神是质料存在之原因的陈述，或许源于菲罗伯努斯对普罗克洛斯世界永恒论证（第十四）的复述，见 Philoponus, *Against Proclus: On the Eternity of the World 12–18*, trans. James Wilberding, London: Bloombury, 2006, p. 54。关于按照理型世界创世，迈蒙尼德在《迷途指津》II 6（第 245 页）中也曾提到柏拉图主张神"注视着理智世界，结果，众存在从他流出"。

尼德最有可能接触到的《蒂迈欧》版本是盖伦《蒂迈欧概述》的阿拉伯文译本，这个概述虽然比原文简略，但关于宇宙生成论的基本信息仍是准确的，而亚里士多德著作阿拉伯文译本（包括《物理学》和迈蒙尼德在《迷途指津》其他章节曾引用的《论天》）的柏拉图学说评述部分与现在通行的希腊文本也并无出入。[1] 笔者倾向于接受的解释是，如上一节所述，迈蒙尼德将柏拉图在《蒂迈欧》中的创世叙述理解为一个寓言，所以他在重述柏拉图学说时并不遵循字面意义，而是根据自己所理解的哲学家们公认的前提（如生成者必消灭）对其进行了"解释—还原"。[2]

迈蒙尼德在陈述各种宇宙生成论意见之后指出：

> 我们也用不着去证明第二种意见——即认为天体亦可生可灭的意见——是真的；因为他们相信[世界的]永恒性，在我们看来，这些人认为天体必然生于有、又归于有，亚里士多德则认为天体不生不灭；两者之差别是无关紧要的。这是因为，摩西《律法书》和亚伯拉罕的追随者和主张类似学说的人都旨在表明，不存在像上帝一样永恒的东西；都认为上帝使物从非存在产生不是不可能的，反之，如有的学者所言，它是一条确立了的真理。[3]

在后文辩证探讨的部分，迈蒙尼德批评的主要对象是亚里士多德主义（事实上其中包含新柏拉图主义的形而上学）的各种世界永恒论证，指出这些论证都不是真正意义上的证明，然后提出不能按世界永恒论来寓意解释《圣经》，因为第一，这种观点没有被证明，只有在《圣经》字面意思与被证明为真的科学观点相冲突时才应诉诸寓意解释；第二，世界永恒论危及《律法书》的根基，因为世界永恒意味着世界必然、自然本性与规律不可改变，由此，验证先知预言的奇迹事件是不可能的。随后，迈蒙尼德

---

1 Davidson, *Maimonides the Rationalist* (Oxford: The Littman Library of Jewish Civilization, 2011), pp. 159-160.

2 值得一提的是，迈蒙尼德本人主张世界是有始无终的（《迷途指津》，II 27—28）。但他所说的"有始"也包括质料有始，所提供的"无终"的理由是世界不是按自然进程产生的、因此不遵循生成者必消灭的物理规律（第306页），其存续依赖于神的意志，由于世界作为神的作品是完满的，神圣智慧决定它将永存（第308—309页）。

3 《迷途指津》，II 13，第264页。

又提到了柏拉图主义创世论立场：

> 我们前面提到的第二种意见（第二篇，第13章），即柏拉图所谓天体亦可生灭的观点。如果有人以此为根据相信世界的永恒性，那么这就不与《律法书》的基础对立，没有否定奇迹，而是认为它们是可以接受的。此外，也可以从这一观点出发对经文做比喻性解释。……但是，除非这一意见得到了证明，我们没有必要非这样做不可。鉴于这一意见尚未得到证明，我们既不倾向于接受它，也不考虑接受别的意见，而只是从字面意义来理解经文。[1]

按迈蒙尼德对柏拉图创世论的理解，柏拉图主张世界（天体及其所围绕的一切）是有始的，就意味着世界是可能的，神的创造是在各种可能方案中做出自由选择，因此，这个世界中完全可以有违犯常规的奇迹。但是，在这种观点同样没有得到证明的条件下，迈蒙尼德声称还是应当接受《圣经》的字面陈述，即从无创世。

三、对柏拉图主义解读的辨析

接下来，我们将审视对迈蒙尼德宇宙生成论立场的各种柏拉图主义解读的论据。

1. 隐微解释的柏拉图主义版本

赫伯特·戴维森提出，如果接受《迷途指津》的隐微解释方法论提示（《导语》，"第七种矛盾—分歧的原因"，第19、20页），认为迈蒙尼德故意用自相矛盾的方法来掩护自己暗中持有的某种观点，那么，迈蒙尼德对柏拉图主义创世论的处理就会是一个典型的隐微写作案例。因为迈蒙尼德在第二篇第13章中说柏拉图主义观点与亚里士多德的宇宙永恒论间的差别无关紧要，且二者都与《律法书》观点相左，而在同篇

---

1 《迷途指津》，II 25，第302—303页。

第 25 章又说柏拉图主义创世论不像亚里士多德观点那样危及《律法书》的根基。这种自相矛盾的陈述是为了掩饰他自己在创世论问题上的真实立场，他在具体批评哲学家的观点时只攻击了亚里士多德的世界永恒论，并未指摘柏拉图的观点，而且又专门指出柏拉图的立场与启示律法的兼容性，所以，按照隐微解读逻辑，他的"隐秘立场"应当是倾向于柏拉图主义的。[1]

本文不准备介入《迷途指津》隐微解释合法性的争论，只想指出一点，那就是即使接受迈蒙尼德以自相矛盾的方式掩饰真实立场的预设，也无法推出他持柏拉图主义创世观点的结论，因为这里事实上并不存在矛盾。迈蒙尼德关于柏拉图主义的前后两段论述出自不同的语境，针对的问题侧面完全不同。

当迈蒙尼德指出柏拉图主义创世论与亚里士多德世界永恒论的差别并不重要时，是在对各种宇宙生成论意见做辩证探讨：柏拉图和亚里士多德都主张质料永恒，在这一点上恰恰与一神论者所主张的质料有始受造的观点相矛盾。而且，亚里士多德主义的世界永恒论中包含质料永恒的主张，迈蒙尼德在评述亚里士多德主义立场时也提及两种支持质料永恒的论证（《迷途指津》，II 14，第二、四种方法），质言之，他在处理亚里士多德世界永恒论的同时也就处理了柏拉图的质料永恒论，确实没有必要对后者单独提出讨论。

而当迈蒙尼德强调柏拉图与亚里士多德宇宙生成论差别时，是在探讨启示—奇迹可能性的语境中，柏拉图主张世界是有始的、可能的，在逻辑上可以兼容奇迹信念，尽管如此，迈蒙尼德还是明确指出，排除亚里士多德立场的寓意释经标准（证明性标准）同样可以排除柏拉图主义。在迈蒙尼德所呈现的理论光谱中，柏拉图主义创世论是一种中间立场，处于亚里士多德所代表的彻底的宇宙永恒论与一神教的从无创世论两端之间，它与一端相近的方面自然就会与另一端相左，反之亦然。迈蒙尼德相关陈述所指向的是同一理论的不同侧面，并不是自相矛盾，不需要引入隐微解释。

即使暂且撇开修辞和神学考虑，对迈蒙尼德而言，柏拉图的质料永恒论在思辨上

1　Davidson, "Maimonides' Secret Position on Creation", pp. 21-22.

也并不具有相对于其他理论的优越性。迈蒙尼德针对亚里士多德基于世界本性的宇宙永恒论证的总体认识论质疑（《迷途指津》，Ⅱ 17），同样适用于上面提到的两种质料永恒论证（即生成基质无限逆推论证和可能性寄寓于质料论证）。迈蒙尼德认为，所有这些论证都基于对世界现存本性的观察和归纳，但是一个事物在达到完成状态之前和之后可能适用不同的规律，从逻辑上讲世界完全可能有一个完成之前的阶段，现有的自然本性与规律不一定适用于那个宇宙史前阶段，因此我们无法根据对现存世界本性的认识排除世界有始的可能性。

在这里，我们需要考虑阿尔弗雷德·伊夫里（Alfred Ivry）对迈蒙尼德认识论质疑的"质疑"。在宇宙成型之前自然（或物理）规律可能不适用，逻辑或形而上学法则却仍适用。[1] 生成基质无限逆推论证纯粹是基于物理学考虑，但质料作为可能性载体永恒存在似乎可以被理解为一种形而上学法则。迈蒙尼德在《迷途指津》第二篇第 18 章中提到一个可能的反例，即能动理智有时活动、有时不活动，而能动理智是分离于质料的、不包含依赖于质料的潜能。伊夫里指出，迈蒙尼德本人意识到这个例子有问题（《迷途指津》，Ⅱ 18，第 277 页），因为能动理智的活动在于指导人类理智达到正确认识，能动理智实际上始终处于现实状态、恒定的发出流溢，但这种流溢是否能够起到作用（表现为活动或不活动）则取决于其对象即人类质料理智（在身体中的理智）的准备状况。[2] 这意味着与形而上实体相关的可能性最终还是需要某种质料载体，质料作为可能性载体的法则是一种具有普适于所有存在者的形而上学规律，这也构成伊夫里判断迈蒙尼德持从原初质料创世说立场的依据之一。

然而，伊夫里注意到迈蒙尼德指出能动理智案例的局限并将其视为一个隐微立场的暗示，却没有注意到迈蒙尼德针对这种局限做出的"修正"：

> 做这种解释的人应该明白，我们的目的并不是去说明何以上帝一时活动、另一时不活动的原因，我们也没有从这个例证中得出结论，即我们没有说，由于能

1　Ivry, "Maimonides on Creation", pp. 193-195.

2　Ivry, "Maimonides on Possibility", pp. 74-75, 80.

动理智此时活动、彼时不活动，所以上帝也是如此。如果我们真的这样说过，那就确实错了。然而，我们的结论，而且是正确的结论是，能动理智既不是物体，也不是物体中的力，它一时活动、另一时不从事**这一活动**（*zalik al-fi'l*）。[1]

迈蒙尼德在"正确的结论"中将"不活动"替换为"不从事这一活动"，一方面是指能动理智无时不在活动—现实中，另一方面暗示能动理智可以在同等条件下从事不同的活动，笔者认为这指向后文先知论探讨中的先知资格否决规定。在《迷途指津》第二篇第 32 章中，迈蒙尼德提到"我们"（摩西律法追随者）的观点与哲学家在先知论上的分歧就在于后者认为先知预言是人类认识官能（包括理智和想象）与德性达到完善的自然产物，而后者认为具备先知资格者可能由于神圣意志的决定而无法成为先知。按阿拉伯亚里士多德主义理解，先知预言代表着与能动理智对接的获得理智状态，是人所能达到的最高境界。迈蒙尼德所说的摩西律法观点就意味着，在满足同样质料条件的人们中，有的获得能动理智的超常流溢、全面掌握世界的因果联系从而具备预言能力，有的则仅承受常规的流溢、囿于理智自然完善的限度，在这里，能动理智执行不同活动的可能性与活动对象的质料状况无关，仅取决于支配能动理智的神圣意志的选择。因此，对迈蒙尼德来说，至少在形而上学领域，可能性不一定依赖于质料。

在迈蒙尼德看来，可能性的逻辑伴随物并不是质料，而是现实性。他接受亚里士多德的可能性观念[2]，坚持真实的、非想象的可能一定会成为现实[3]。迈蒙尼德对这条形而上学原则的坚持，恰恰使他无法接受质料永恒论，因为可能性必会实现就意味着永

---

1 《迷途指津》，Ⅱ 18，*MJ*，p. 209；*HA*，p. 322；汉译，第 277 页，译文参照原文有改动。

2 《论天》，《亚里士多德全集》第二卷，第 303—311 页；《论生成和消灭》，《亚里士多德全集》第二卷，第 466 页；《形而上学》，《亚里士多德全集》第七卷，第 148—149、215—216 页。

3 《迷途指津》，Ⅱ 绪论，"第二十三个前提"，第 224 页；Ⅱ 1，*MJ*，p. 172；*HA*，p. 273；汉译，第 231 页。迈蒙尼德据此有意识地与伊斯兰经院哲学家基于想象的可能性观念划清界限（《迷途指津》，Ⅰ 73，第 193—199 页）。同时，迈蒙尼德在探讨可能性与现实性关系的语境中从未提到亚里士多德设定的无限时间条件，由此，一种真实的可能必会成为现实，但并不一定要在无尽时间中重复成为现实（如生成者存不存在的可能在未来一定会再实现）。对亚里士多德可能性观念的这种调整，与迈蒙尼德的宇宙有始无终信念（见本书第 220 页注释 1）相一致。

恒者是必然的，由此，如果质料是永恒的，它就是必然存在者。必然存在者分为依自身必然者与依他物必然者，如果质料是依自身必然者，那将出现两个绝对意义上的必然存在者（神与质料），这是不可能的（《迷途指津》，Ⅱ 1，第231—232页）；如果质料是依他物必然者，其原因是神[1]，那将面对质料如何以一种必然性的方式从无形体的神圣理智产生的难题（Ⅱ 22，第293页）。

2. 宇宙生成论与先知论诸种意见的对应

戴维森支持其柏拉图主义解读的第二个论据在于《迷途指津》中宇宙生成论与先知论意见间的对应关系。迈蒙尼德在第二篇第32章中陈述关于先知论的三种意见之前做过一个类比性的暗示：

> 我们已表明，依据其对宇宙是否是永恒的这一问题所采取的主张，可以将那些认为上帝的存在是无可置疑的人划分为三类。同样，关于预言也有三种不同的说法。[2]

迈蒙尼德在下文（第332—333页）列举了三种先知论意见，即：（1）庸众的意见，神可以任意选择一个德行良好的人给他预言的能力，无论其老少智愚；（2）哲学家的意见，预言是人处于完善状态下的一种能力，只要一个人通过学习和训练达到理智、德行和想象力三方面的完善，他就自然具有了预言的能力；（3）《律法书》的意见，一个人达到哲学家所说的完善境界是成为先知的必要条件（或者说达到此种完善就有了成为先知的自然趋向），但不是充分条件，神的意愿可以阻止具备资格的人成为先知。迈蒙尼德明确表示他支持第三种也就是他借《律法书》之名陈述的意见。

尽管大部分研究者都认为迈蒙尼德所陈述的宇宙生成论和先知论观点具有内在

---

1 迈蒙尼德在《迷途指津》第二篇第13章陈述柏拉图主义创世论时声称持此意见者认为神是质料的原因（见本文第二节），这或许是由于他从阿维森纳形而上学立场出发预设一个合格的哲学家不会主张质料依自身而必然存在。

2 《迷途指津》，第332页。

逻辑关联，但学界至今对三种宇宙论和三种先知论如何具体对应的问题仍莫衷一是。[1] 戴维森主张 C1（宇宙生成论第一个意见，摩西律法意见即从无创世）对应 P1（先知论第一个意见）、C3（宇宙生成论第三个意见，亚里士多德主义世界永恒论）对应 P2（先知论第二个意见）、C2（宇宙生成论第二个意见，柏拉图主义从永恒质料创世）对应 P3（先知论第三个意见）。理由是 C1 与 P1 都强调神的绝对自由意志，C3 与 P2 都属于逍遥派哲学家的自然主义观点，余下只能将 C2 与 P3 对应，而且二者都同时承认一种有限的自然秩序和神圣意志干预的可能性。P3 是迈蒙尼德明确认同的先知论观点，由此暗示 C2 也是他在宇宙生成论问题上的真实立场。

然而，迈蒙尼德曾同样明确地指出 C1 是所有信奉摩西律法的人的意见，P3 是"我们的律法"的意见，二者之间的对应性十分明显。从义理上讲，迈蒙尼德所理解的摩西律法的宇宙生成论观点（即目的—设计论）在保存事物自然本性的同时承认神奇迹性干预中断自然进程的可能性，这与先知论第三种意见基本接受哲学家对先知预言的自然主义解释但加以否定性限制（神可以阻止具备资格者成为先知）的思路完全一致。C3 与 P2 观点的亲缘关系是显而易见的，从自然主义宇宙论出发，一切存在者皆有其恒定的本性，神作为宇宙的最高形式源源不断且无偏私地发出流溢，人只要充分发挥其理智与想象力的本性潜能就可以接受和读解普遍常在的神性流溢而成为先知。

剩下第二种柏拉图主义宇宙生成论与第一种"庸众的先知论"，二者之间的对应

---

[1] 相关探讨见 Lawrence Kaplan, "Maimonides on the Miraculous Element in Prophesy", *HTR* 70 (1977), pp. 233–256; Warren Zev Harvey, "A Third Approach to Maimonides' Cosmogony-Prophetology Puzzle", *The Harvard Theological Review*, Vol. 74, No. 3 (Jul., 1981), pp. 287–301; Davidson, "Maimonides' Secret Position on Creation", pp. 22–27。较晚近探讨见 Nobert Samuelson, "Maimonides' Doctrine of Creation", *The Harvard Theological Review*, Vol. 84, No. 3 (Jul., 1991), pp. 249–271; Kenneth Seeskin, *Maimonides on the Origin of the World* (Cambridge: Cambridge University Press, 2005), pp. 173–178; Roslyn Weiss, "Natural Order or Divine Will: Maimonides on Cosmogony and Prophecy", *JJTP*, 15.1 (2007), pp. 1–26; Thierry J. Alcoloumbre, "Prophecy Revisited: A New Approach to Maimonides' Cosmogony-Prophetology Puzzle", *Review of Rabbinic Judaism*, 11.2, 2008, pp. 243–276。萨缪尔森（Samuelson）基本上持柏拉图主义解读立场，但未能意识到迈蒙尼德所理解的柏拉图观点与柏拉图本人实际观点间的差别；阿尔科伦伯利（Alcoloumbre）的所谓新解决思路在观点对应上与戴维森立场一致，却完全割裂了观点序列与其倡导者序列之间的关联，而魏斯（Weiss）将三种宇宙生成论—先知论立场缩约为两种的做法则完全架空了迈蒙尼德明确宣示的对应关系；鉴于迄今未能发现令人满意的对应，希斯金（Seeskin）认为迈蒙尼德或许并未设想一种观点——对应的宇宙生成论—先知论结构。

看似勉强。但如果我们对关于 P1 的具体表述细加分析，还是能够发现一些关键线索：

> 这个人是智是愚、是长是幼都没关系，但他们还是规定他要有**某种德性**（khairiyya mā）及良好的品德。这些人还没愚顽到相信上帝能使恶人成为先知的程度，按他们的见解，除非上帝首先使这人变好［否则他不能成为先知］。[1]

据此，迈蒙尼德所提及的第一种先知论并非对先知资格毫无限制，一个人要成为先知必须具备起码的德性，神不能让恶人成为先知。而这与迈蒙尼德所描述的柏拉图所主张的神从先在质料中按意志创造世界的意见具有某种平行性：在此语境中，可以把先知候选人所具备的起码德性资质理解为质料，自由赐予预言能力的过程则可被看作是将某种完善形式赋予质料的创造行为。而且，我们注意到，此处所说的"某种德性"和第二部第 13 章（《迷途指津》，Ⅱ 13，见本文第二节引文）中陈述柏拉图主义见解所说的"某种质料"（mādda mā）也有一种构词上的对应性。此外，Ⅱ 13 所陈述的柏拉图创世观点是神从同一种质料中任意创造有生灭的天地万物，而迈蒙尼德所认同的亚里士多德主义宇宙论则坚持天体与月下事物是由两种截然不同的质料构成[2]，前者的观点中神的创造具有更大的自由度或随意性，这也符合迈蒙尼德所描述的第一种先知论的基本意向。

因此，戴维森的解释偏离了迈蒙尼德的明文提示，《迷途指津》中宇宙生成论与先知论意见的对应并不支持柏拉图主义解读。

3. "从无创世"表述的意义

伊夫里对迈蒙尼德宇宙生成论做柏拉图式解读的主要文本依据是其所使用的"从无创世"这一表述的歧义性，即它可以被解释为从原初质料创世。[3]在这方面，他受到

---

1 《迷途指津》，Ⅱ 32，*MJ*, p. 253；*HA*, p. 389；汉译，第 332 页。

2 迈蒙尼德在《迷途指津》Ⅱ 26（第 304—305 页）在批评拉比以利泽介于柏拉图主义质料永恒论和萨比教式（*Sabian*）流溢论（有形事物从神之属性流溢而出）之间的暧昧观点时，特别强调天地质料的差别。

3 Ivry, "Maimonides on Creation", pp. 189, 198-200.

莎拉·布莱恩-布拉斯拉维（Sara Klein-Braslavy）的启发，后者指出，迈蒙尼德在《迷途指津》Ⅱ 30 中解释《圣经·创世记》中的"创造"（*bara'*）一词的意义时，给出的解释是"从无中（*min 'adam*）创造某物"。在阿拉伯—犹太哲学语境中，"从无中"是一个有歧义的表述，因为"无"可以被理解为空无一物，也可以被解释为无定性的质料。迈蒙尼德在上文陈述三种宇宙生成论立场时使用的是两种更精确的表达，即"在纯粹、绝对的非存在之后"（*ba'ad al-'adam al-muḥaḍ al-muṭlaq*）和"不是从任何事物中"（*lā min shi'*）。布拉斯拉维提出质疑，如果迈蒙尼德真的相信神在绝对的非存在之后创世，他为何会在对"无/非存在"（*'adam*）一词的歧义性有明确意识的情况下仍使用"从无中创世"这种含糊的表达？她进而推论，"从无创世"实际上既可以指从除神自身之外别无一物的状态创造，也可以指从原初质料创造。[1]

诚然，在中世纪神学—哲学史上"从无创世"这一表述具有歧义性，但这并不意味着当迈蒙尼德使用这一术语时有意识地模糊其意义。正相反，在原文的语境中，迈蒙尼德对这个术语的意义做出了限定：

> 但是在特指整个世界即天地的存在时，《圣经》中用动词 *bara'*，我们把它解释为从无中创造某物。……由于无所拥有就无所谓主人而这会导致相信某种质料（*mādda mā*）是无始的（*qidam*），所以《圣经》在指天地时使用"他创造"（*bara'*）与"他制作"（*'asah*）这两个动词。[2]

迈蒙尼德指出，《圣经》为了避免主人与所有物（二者相互伴随）的表达所带来的误解而使用"创造"（*bara'*）这个动词来描述神与天地的关系，这意味着，这里的创造概念排除质料永恒的可能，同时也就排除了对"神创造天地"做柏拉图式和亚里士多

1　Klein-Braslavy, *Maimonides as Biblical Interpreter* (Brighton MA: Academic Studies Press, 2011), pp. 73-74. 该书希伯拉文版出版于 1978 年。值得一提的是，布拉斯拉维本人并不认为迈蒙尼德持柏拉图式创世论，而是判断他倾向于怀疑论立场。

2　《迷途指津》Ⅱ 30, *MJ*, p. 252；*HA*, p. 387；汉译，第 330 页。

德式解释的选择，因为后二者所理解的创造都是以质料永恒为前提的。而在《迷途指津》Ⅲ 10（*MJ*；p. 316；*HA*，p. 493；汉译，第 400 页）中，迈蒙尼德再次提到"从无中（*min 'adam*）创造天地"时没有加以限定，是因为在上文（即Ⅱ 30）中已对此术语的意义做了澄清。

而且，迈蒙尼德是否接受前辈萨阿迪高恩（Saadia Gaon，882—942 年）对"不是从任何事物中"和"从无物中"两种用词的区分[1]，还是一个值得商榷的问题。因为，在《迷途指津》Ⅱ 13 中当迈蒙尼德叙述柏拉图主义者的立场时，指出他们不承认天是从"从无物中"（*min lā shi'*）生成，又消灭"归于无物"（*ilā lā shi'*）的（见本文第二节引文），很显然，这里的"无物"并未被理解为原初质料，而是指向绝对虚无。一个更合理的解释是：迈蒙尼德并没有把"从无创造"当成一个有歧义的表述，Ⅱ 13 与Ⅱ 30、Ⅲ 10 中"从无创造"的意义其实是一致的，都是指从绝对虚无状态开始创造。所以，布拉斯拉维和伊夫里基于"从无创造"这一表述的歧义对迈蒙尼德世界有始立场真诚性的质疑，从根本上就是不能成立的。

四、结 论

基于以上分析，我们可以得出结论，对迈蒙尼德宇宙生成论的柏拉图主义解读不具备坚实的文本基础，同时，根据迈蒙尼德接受的神学与哲学标准，从原初质料创世说也并不比其他备选理论更为可取。因此，就创世论而言，我们没有可靠的理由判断他是一个柏拉图主义者。

（本文作者为山东大学人文社会科学青岛研究院副教授）

---

1 H. A. Wolfson, "The Meaning of Ex Nihilo in the Church Fathers, Arabic and Hebrew Philosophy and St. Thomas", in *Studies in the History of Philosophy and Religion*, Vol. 1 (Cambridge, MA: Harvard University Press, 1973), pp. 213–214.

圣蒂埃里的威廉论理性灵魂与理想婚姻

周程祎

在中世纪盛期的修道生活中，以"爱上帝"为代表的沉思之爱和以"爱邻人"为代表的行动之爱，经过各个修道团体的书写和实践，呈现出一种微妙的对抗意味。与西多会更加强调行动之爱的整体趋向不同，12世纪著名的本笃会修士、后来转变为西多会修士的圣蒂埃里的威廉（William of Saint Thierry）认为，沉思之爱高于行动之爱，由此他道出了"爱本身即是理解"（Amor ipse intellectus est）的名言。具体来说，威廉承认行动之爱有其存在必要，但是关注知识、审视自我的沉思生活，远比关注事工、照拂他人的行动生活重要。

作为明谷的圣贝尔纳（Saint Bernard of Clairvaux）的好友，威廉早在担任本笃会的圣蒂埃里修道院院长期间，就对西多会和贝尔纳的论说产生了巨大的兴趣。主流观点认为威廉是贝尔纳的忠实拥趸，比如勒高夫称威廉是贝尔纳的"得力助手"，"鼓动他声名显赫的朋友迫害阿贝拉尔"。[1] 然而，两人对于沉思之爱和行动之爱的侧重各异，对于肉体之爱和婚姻生活的看法不一，在威廉的《〈雅歌〉评注》一书中展现得淋漓尽致。本文试图以《〈雅歌〉评注》为主要材料，兼顾威廉其他神学作品，通过探讨他如何在释经传统中阐释沉思之爱，展现他在众声喧哗的12世纪修道运动中发出的独特声音。

1　Jacques Le Goff, *Intellectuals in the Middle Ages*, trans. Teresa Lavender Fagan (Cambridge, Massachusetts: Blackwell, 1993), p. 30.

一、《〈雅歌〉评注》的背景与主线

（一）写作背景

1128 年左右，仍在主持圣蒂埃里修道院的威廉突然身染重病。贝尔纳听说之后，立刻把威廉接来明谷修道院疗养。尽管这趟旅途对于病中的威廉来说十分劳累，他还是意识到"这仿佛是神赐的机会"[1]。因为他不仅对西多会憧憬已久，而且非常珍惜与贝尔纳共处的时光，用他的话来说，"我不知道自己更期待哪种情况，是在他身边终了，还是与他一起待段时间"[2]。当时贝尔纳的健康状况也不容乐观，于是两个病人一起住到了明谷的疗养室里。

在此期间，他们整日探讨神学问题，讨论最多的是《雅歌》。威廉回忆，贝尔纳"向我解释其中的道德含义，讲述更深层次的奥秘，因为这是我想要询问的问题"。他对雅歌主题抱有极大的兴趣，"每天无论我听到关于这个主题的什么内容，我都会记下来，这样它也许能够帮我记住上帝通过他给予我的东西"。贝尔纳的耐心讲解让威廉受益匪浅，"他总是温和地为我详细解释，毫不藏私，与我交流他对文本的理解和从实际经历中获得的启发。……当我无法理解他的意思的时候，他会帮助我理解那些掌握不了的含义"[3]。后来他逐渐痊愈，便同贝尔纳和明谷告别，回到了圣蒂埃里。

威廉用较长篇幅记叙了两人围绕《雅歌》的讨论过程。这段文字绝非闲笔，而是说明他与贝尔纳原本对经文有着不同的理解，耗时讨论正是为了寻求共识。因此，这次意外的明谷之旅通常被视为威廉写作一系列《雅歌》评注的起点，包括《〈雅歌〉短注》《圣安布罗斯的雅歌作品选集》《圣格列高利的雅歌作品选集》《〈雅歌〉评注》。由于我们不甚清楚这些作品的确切成书时间，很难判断在此之前威廉是否已经开始构思雅歌主题。但是不管他是早有想法，还是在贝尔纳的启发之下才决定写作选集和评注，无疑他在一定程度上受到了贝尔纳的影响。德沙内指出，通过这次交流，威廉意

1　William of Saint-Thierry, Arnold of Bonneval, and Geoffrey of Auxerre, *The First Life of Bernard of Clairvaux*, trans. and ed. Hilary Costello (Collegeville, Minnesota: Liturgical Press, 2015), p. 61.

2　*Ibid.* p. 61.

3　*Ibid.* p. 62.

识到自己过于学究气的一面，对于新郎和新娘之间对话的理解不够深入。这在他后来写作的安布罗斯和格列高利选集中得到了补充。[1]

关于《〈雅歌〉评注》的写作时间，韦尔德扬认为约在 1136—1139 年间。[2] 此时威廉已经来到了西多会的锡尼修道院（the Abbey of Signy）。在卸下院长重担、开启崭新生活后，他全身心地投入到沉思生活中，把《雅歌》作为重要的灵感来源，进一步思考以上帝为对象的爱的神学。如他所说，"愿我们能以智慧的方式阅读这部关于你的爱的颂歌，以至于照亮处于我们之中的爱。愿爱在它的歌中向我们显示其含义"[3]。对威廉而言，"智慧的方式"就是逐节逐句逐字阅读，并且记下阅读体会，组织成文。他以这种沉思方式对《雅歌》前三章进行了细致的评注。

然而，正当他沉浸在这段平和喜悦的日子里时，一场突如其来的争端中断了他的写作。1140 年，阿贝拉尔（Peter Abelard）关于三位一体的激进言论引起了威廉的注意，其中对于圣灵的柏拉图式理解和圣子救赎论的观点尤其令他不满。于是他给贝尔纳和教宗使节沙特尔的杰弗里（Geoffrey of Chartres）写了一封信，劝说他们谴责阿贝拉尔。就这样，他主动参与了反对阿贝拉尔的神学之争。为了加强谴责力度，他陆续写了《驳彼得·阿贝拉尔》《信仰之镜》和《信仰之谜》。[4] 而《〈雅歌〉评注》就此被搁置，成为一部未完成的作品。

即便如此，学者大多认同仅有前三章内容的《〈雅歌〉评注》是威廉最为重要的作品之一。德沙内称这部作品的表达方式"虔诚而有章法"，是他最出色的作品，"我们无惧于把它同任何一位圣人关于雅歌的作品相比较"。[5] 韦尔德扬和麦圭尔认为它是来

1　J. -M. Déchanet, "Introduction", in William of Saint Thierry, *Exposition on the Song of Songs*, trans. Mother Columba Hart (Spencer, Massachusetts: Cistercian Publications, 1968), p. x.

2　Paul Verdeyen, "La chronologie des oeuvres de Guillaume de Saint-Thierry", in *Ons geestelijk erf* (2011), p. 196. 转引自 Brian Patrick McGuire, "A Chronology and Biography of William of Saint-Thierry", in *A Companion to William of Saint-Thierry,* ed. F. Tyler Sergent (Leiden: Brill, 2019), p. 26。

3　*Expositio Domni Willelmi Super Cantica Canticorum* 4, "Canticum amoris tui sic a nobis legatur, ut amorem ipsum in nobis accendat; ipse vero amor canticum suum per se nobis aperiat." 参见 William of Saint Thierry, *Exposition on the Song of Songs*, p. 7.

4　McGuire, "A Chronology and Biography of William of Saint-Thierry", pp. 27–28.

5　Déchanet, "Introduction", in *Exposition on the Song of Songs*, pp. xi–xii.

自一位对教父传统的熟练阐释者的成熟成果。[1]《金色书信》以及威廉的传记都提到了这部著作。在后世传抄过程中，它没有和《〈雅歌〉短注》等书一样被错误地归为贝尔纳所写，保留了威廉的作者身份。因此我们得以读到"爱本身即是理解"，走近威廉借助《雅歌》框架阐述的沉思之爱的观念。

（二）《雅歌》传统

在《圣经》话语体系中，《雅歌》占据着非常独特的位置。它的标题"歌中之歌"（Shir ha-Shirim）一词用了最高级形式，表明这是所有赞颂上帝的歌中的最佳典范。尽管它被称为"所罗门的歌"，一般认为这是后来添加的署名，而真正的作者生活在公元前3世纪左右。[2]通过八章内容，作者谱写了一曲王与书拉密女的爱情颂歌：王娶书拉密女，起初给予她很多恩赐，但是后来离开了她。书拉密女四处寻找她的良人，经过苦苦寻觅，最终找到他并且得到了他的情感回应。全诗语言优美典雅、真挚动人，洋溢着对男女之情的热烈赞颂。这在《圣经》中殊为难得。以其模糊难解的背景和神秘复杂的主题，《雅歌》为后世基督教神学家留下了无尽的阐释空间。

《雅歌》的传统解经方式主要包括字面解经（literal exegesis）和寓意解经（allegorical exegesis）两种。前者主张把《雅歌》视作一首基于史实的爱情诗，比如4世纪安提阿学派领袖狄奥多尔（Theodore of Mopsuestia）认为它的故事主体来源于《列王记上》中所罗门王与法老女儿成婚的典故，意在歌颂新郎与新娘的甜蜜爱情。在553年的第二次君士坦丁堡大公会议上，严格意义上的字面解经受到谴责，寓意解经成为接下来一千多年间的主流解经方式。奥利金是这一方法的主要贡献者，他指出雅歌的主题就是爱的本质，把基督或上帝比作新郎，教会或灵魂比作新娘，新郎与新娘之爱象征着基督与教会、上帝与灵魂的爱。[3]安布罗斯和奥古斯丁沿袭了奥利金的阐释路径。安布罗斯将婚礼意象和婚姻之爱拓展到灵魂与上帝的拥抱当中，把灵魂渴

1　McGuire, "A Chronology and Biography of William of Saint-Thierry", p. 26.

2　关于《雅歌》的成书时间问题，虽然公元前3世纪说受到了普遍认可，但是仍然存在一些争议。详见 Edmée Kingsmill, *The Song of Songs and the Eros of God: A Study in Biblical Intextuality* (Oxford, New York: Oxford University Press, 2009), pp. 6-8。

3　Kingsmill, *The Song of Songs and the Eros of God*, pp. 14-15.

望上帝、拥抱上帝的不同阶段解释为"登高阶梯"。奥古斯丁受到奥利金、安布罗斯和新柏拉图主义的多重影响，但是他认为用婚姻或爱的意象来描述上帝之爱不太恰当，更倾向于讨论一种带有分享性质的爱。[1]

奥利金由寓意解经引申出的神秘主义讨论，到贝尔纳的时代得到了最大程度的发展。在著名的《雅歌布道词》中，贝尔纳将男女爱情对应灵魂对上帝的爱，阐述了基督与教会、上帝与灵魂的神秘结合。[2] 他以布道词而不是评注的形式诠释《雅歌》，消弭了神学和灵修之间的传统差距。[3] 作为基督教灵修文学的集大成者，贝尔纳在布道词中尤其强调新郎与新娘的神圣结合，据吉尔松概括，这是一种"人类意志和神圣意志之间的完美协约"[4]。

这种神秘主义解释影响了修道作家群体的写作，威廉就是其中一员。在明谷疗养期间，威廉向贝尔纳请教了许多关于《雅歌》奥秘的问题。经过贝尔纳的启发，威廉重新审视文本，把《雅歌》视为一首戏剧形式、对话体裁的婚礼颂歌，对新娘与新郎（灵魂与基督）在爱中的结合做了详细阐释。比起传统的评注，威廉的《〈雅歌〉评注》在形式上更接近贝尔纳的布道词，融合了多段以第一人称呼唤上帝的祷文，反映出部分贝尔纳的行文特征。

然而，正如德沙内所说，虽然贝尔纳在某种意义上是"《〈雅歌〉评注》之父"，但是威廉在整合《圣经》片段与精神生活时，没有加入任何典型贝尔纳风格的论述。[5] 他

1　F. B. A. Asiedu, "The Song of Songs and the Ascent of the Soul: Ambrose, Augustine, and the Language of Mysticism", in *Vigiliae Christianae* 55 (2001), pp. 299–317.

2　Brian Patrick McGuire, "Bernard's Life and Works: A Review", in *A Companion to Bernard of Clairvaux*, ed. Brian Patrick McGuire (Leiden: Brill, 2011), p. 45. 神秘主义是指在基督教传统中，人类通过圣灵与三位一体的上帝无中介的、经验式的接触，因道成肉身而得以成立。这不是经由圣事或者其他中介形成的与上帝的经历，而是对于上帝本身的直接体验。参见 David N. Bell, "The Mystical Theology and Theological Mysticism of William of Saint-Thierry", in *A Companion to William of Saint-Thierry*, p. 67。

3　Paul Verdeyen, "Introduction", in Bernard de Clairvaux, *Sermons sur le Cantique, Tome I (Sermons 1–15)*, trans. Paul Verdeyen and Raffaele Fassetta, Sources chrétiennes 414 (Paris: Les Éditions du Cerf, 1996), p. 53.

4　Etienne Gilson, *The Mystical Theology of Saint Bernard*, trans. A. H. C. Downes (New York: Sheed & Ward, 1940), p. 125.

5　Déchanet, "Introduction", *Exposition on the Song of Songs*, p. xxviii.

称"我们不想处理《雅歌》蕴含的关于基督和教会的更深层的奥秘,只是把自己限制在自身之中,用自身来衡量自己。由于我们思想的贫乏,我们应该小心地选取一种特定的适用于新郎新娘、基督和基督教灵魂的道德意识"[1]。威廉熟读奥利金、安布罗斯等作家阐述《雅歌》的作品,却没有像他们一样进行寓意解经的探索,而是采用了道德阐释方式。在他看来,《雅歌》蕴含着上帝之爱的宏大主旨,只有将它置于个人宗教体验之中,才能真正走近上帝、理解上帝、甚至与上帝合一。

二、何以理解上帝

吉尔松在论及西多会神秘主义时指出,"爱的教育"或者说"爱的再教育"是神秘主义的核心诉求。因为人类由上帝的爱所造,这种爱早已留在人类之内,所以"问题不在于如何获得天主的爱,而是如何完满地知觉到这个爱,认识自己爱的对象以及自己应该如何对待爱的对象"[2]。在《〈雅歌〉评注》中,威廉不断强调认识爱的对象的必要性。他评论道,埃及公主走向所罗门,正如有罪的灵魂在皈依之后走向基督。接着她被王带入存放王室珍宝的内室。[3]这里的内室(cellaria)一词为复数形式,说明知识之丰赡,正如先知所说的"丰盛的救恩并智慧和知识"(以赛亚书 33:6)。[4]在内室里,新娘得知了许多新郎的事情。但是随着他的离开,这些知识反而增加了她的忧伤。根据威廉的解释,这是一种关于上帝的"准知识",虽然以嫁妆(恩典)的形式为新娘(灵魂)获得,被肉体中的人掌握,但是"把灵魂从较低一等提升到更高一等的,不是自命不凡的知识,而是虔诚的爱"[5]。因此,灵魂需要怀抱虔诚的爱,真正地认识上帝、

1　*Expositio Domni Willelmi Super Cantica Canticorum* 5. 参见 *Exposition on the Song of Songs*, p. 7。

2　吉尔松:《中世纪哲学精神》,沈清松译,上海人民出版社 2008 年,第 227 页。

3　*Expositio Domni Willelmi Super Cantica Canticorum* 26. 参见 *Exposition on the Song of Songs*, p. 21。

4　*Expositio Domni Willelmi Super Cantica Canticorum* 27. 参见 *Exposition on the Song of Songs*, p. 22。

5　*Expositio Domni Willelmi Super Cantica Canticorum* 20, 28, 29. 参见 *Exposition on the Song of Songs*, p.15, pp. 22–24。

获取有关他的知识。威廉指出，新郎的离去一方面令新娘伤心焦虑，另一方面也激起了她更加狂热的爱："我心所爱的啊，求你告诉我，你在何处牧羊？晌午在何处使羊歇卧？我何必在你同伴的羊群旁边，好像蒙着脸的人呢？"借助被启发的爱的意识，新娘开始更全面、更深入地体验新郎之爱的魅力，灵魂也投入到认识上帝之爱的上下求索过程中。[1] 可见人类第一次获得的"准知识"是来自恩典的礼物，第二次寻求"知识"才是因爱而生的自发行为。新娘与新郎、灵魂与上帝只有真正彼此认识，才有可能实现进一步的彼此理解。

那么怎样才能真正认识爱的对象呢？威廉首先引入了他最重要的概念之一，理性灵魂。在他看来，人类完全有可能拥有理性（ratio）。原因在于人类是以上帝的形象受造的，"这种相似性无疑就是理性，借此人类有别于野兽"[2]。进一步而言，他所指的理性就是怀想上帝、试图理解上帝这一人类本性，根植于他对肖似上帝的认同，是他关于人的观念（anthropology）中的关键词。在《论身体和灵魂的本质》中，威廉引用6世纪修道作家卡西奥多鲁斯（Cassiodorus）的观点："灵魂是一种灵性的、独特的存在，由上帝创造并给予肉体生命。它是理性且不朽的，但是可以在善与恶之间转化。"[3] 一方面，他高度肯定灵魂的理性特征："理性的灵魂在本质上是一些伟大的事物。"[4] 另一方面，他认为灵魂是不稳定的，当理性屈从于自然欲望时，灵魂便走向恶；当理性受到上帝之爱吸引时，灵魂便趋近善。人类与上帝的肖似赋予理性灵魂存在的正当性以及潜在的伟大可能，但是由于自然欲望的诱惑，这种伟大的潜能未必能够被激发出来。

威廉对于理性灵魂的阐述，在很大程度上可被视为12世纪特殊知识氛围的产物。

---

1 *Expositio Domni Willelmi Super Cantica Canticorum* 44, 57. 参见 *Exposition on the Song of Songs*, pp. 35, 46。

2 *Expositio Domni Willelmi Super Cantica Canticorum* 89, "Similitudo quippe ista ratio est, qua distat homo a pecore." 参见 *Exposition on the Song of Songs*, p. 73。

3 *Guillelmi a Sancto Theodorico Opera Omnia, III : De Natura Corporis et Animae* 4, 1–7, ed. Paul Verdeyen, CCCM 88: 121 (Turnhout: Brepols, 2003). 转引自 Aage Rydstrøm-Poulsen, "William of Saint-Thierry on the Soul", in *A Companion to William of Saint-Thierry*, p. 94。

4 转引自 Rydstrøm-Poulsen, "William of Saint-Thierry on the Soul", p. 96。

随着勒高夫所说的"知识分子"的诞生，经院哲学作为神学研究的新潮流，与传统修道主义形成了对立。具体到《雅歌》阐释方面，经院学者的视角是整体性的，偏好讨论上帝与整个教会的关系；而修道作家更加关注上帝与每个灵魂的关系，以及基督在个体中的存在。后者倾向于把深入人心的情感表达作为评注重点，贝尔纳的作品就是一大范例。[1] 与贝尔纳探讨情感不同，威廉更侧重于论述理智。但是，尽管他和阿贝拉尔都谈到了理性灵魂，两人的观念是截然不同的，显示出修道主义和经院哲学的根本分歧。在阿贝拉尔看来，灵魂是一种简单的物质，是自然的一部分；不同于肉体等其他事物，灵魂有着生命的力量。对此威廉提出了强烈的反对，他称阿贝拉尔为"尘世里的哲学家"，认为他的学说脱离了古代教父的正统解释路径。[2] 另外，阿贝拉尔认为人类的智力水平限制了对于上帝的认识，因而无法完全理解上帝，威廉在后来写作的《信仰之镜》和《信仰之谜》中驳斥了这一观点。[3] "我的良人在男子中，如同苹果树在树林中。我欢欢喜喜坐在他的荫下，尝他果子的滋味，觉得甘甜。"威廉指出，上帝（新郎）是深密高岸、无可比拟的，但是灵魂（新娘）仍然具有通过理性理解他的可能性，从而感受到知识（果实）的甘甜。

接着，威廉开始讨论如何使可能性转化为确定性。对他来说，真正认识上帝需要借助爱与理性的相互作用。当新娘回想起新郎时，她意识到只要没有把自己的理解转化为爱，那么新郎在她心中总是缺席的：

> 恋人所爱与他的理解同在。因为对上帝的爱本身就是关于他的认识；除非他被爱，否则他不会被认识；除非他被认识，否则他不会被爱。只有在被爱的情况

---

1 此外，经院学者的评注是完整的、对于《雅歌》全部字句的阐释，而修道作家的评注往往是不完整的，比如贝尔纳的 86 篇布道词只覆盖了《雅歌》前三章内容，威廉也是如此。参见 Jean Leclercq, *The Love of Learning and the Desire for God: A Study of Monastic Culture*, trans. Catharine Misrahi (New York: Fordham University Press, 1996), pp. 84–85。

2 Rydstrøm-Poulsen, "William of Saint-Thierry on the Soul", p. 94.

3 Elder, "Introduction", in William of Saint Thierry, *The Mirror of Faith*, trans. Thomas X. Davis (Kalamazoo, Michigan: Cistercian Publications, 1979), pp. xiii–xv.

下他才被认识，只有在被认识的情况下他才被爱。[1]

倘若没有爱的引导，那么理性就会偏向骄傲或邪欲的旁道，就像阿贝拉尔等巴黎教师"不爱上帝却思考他"[2]。而如果没有理性，爱就失去了理解能力，无法永恒地保留关于上帝的记忆，自然也不能找到上帝、面见上帝。理性既来自爱，又需要爱的指引，方能正确认识上帝之爱的存在，接受爱的再教育。这种爱与理性的互动关系，正如新郎赞美新娘"你的眼好像鸽子眼"，被威廉形象地概括为"沉思的两只眼睛"：

> 沉思有两只眼睛，分别是理性和爱。正如先知所说："丰盛的救恩并智慧和知识。"其中一只眼睛根据知识寻觅人事，另一只根据智慧寻觅圣事。当它们被恩典照亮时，就可以相互帮助。由于爱赋予理性生命，理性赋予爱光明，因此它们的凝视如同鸽子凝视一般，在沉思时变得纯洁，在预警时变得谨慎。[3]

理性的依据是知识(scientia)，爱的依据是智慧(sapientia)。如他所说，知识和智慧分别指向人事和圣事，就像新娘必须在了解自己的基础上认识新郎，人也需要先由知识理解人事，而后通过智慧理解圣事。他指出，智慧比知识更为重要，它是上帝的

---

1 *Expositio Domni Willelmi Super Cantica Canticorum* 76, "cum amanti id quod amat in intellectu praesto est. Amor quippe Dei, ipse intellectus eius est; qui non nisi amatus intelligitur, nec nisi intellectus amatur, et utique tantum intelligitur quantum amatur, tantumque amatur quantum intelligitur." 参见 *Exposition on the Song of Songs*, p. 64。

2 E. Rozanne Elder, "William of Saint-Thierry and the Renewal of the Whole 'Man'", in *A Companion to William of Saint-Thierry*, p. 127.

3 *Expositio Domni Willelmi Super Cantica Canticorum* 92, "Duo sunt oculi contemplationis, ratio et amor. Et secundum quod dicit Propheta: «Divitiae salutis sapientia et scientia», alter secundum scientiam, quae sunt humana; alter vero divina scrutatur secundum sapientiam. Cum vero illustrantur a gratia, multum se adiuvant ad invicem, quia et amor vivificat rationem, et ratio clarificat amorem, fitque columbinus intuitus, simplex ad contemplandum, prudens ad cavendum." 英译本将 "cavendum" 译为 "慎重" (circumspection)，丢失了其行动含义。本文认为法译本的翻译 "prudent pour se garder" 更为恰当。参见 *Exposition on the Song of Songs*, p.74; Guillaume de Saint-Thierry, *Exposé sur le Cantique des Cantiques*, p. 213。

四大属性之一，更是基督本身。[1] 从知识到智慧意味着理解能力的进步。由此，威廉拓展了大格里高利"爱本身即是知识"的观念，把爱和理性作为一对相互作用因素，用以理解上帝之爱。在爱与理性的作用下，新郎向新娘展示的不再是先知、天使或者使徒的形象，而是"超越了表面和谜语，在他自己之中展示自己"[2]。新娘从中真正认识了新郎，她不仅进入王的内室，还被他带入筵宴所。相应地，灵魂也得以认清上帝的面容，从知识之室到了智慧之所。因此，在某种程度上，我们可以认为威廉同意阿贝拉尔"理性无法完全认识上帝"的看法。但是他为了解决这一困境，把爱加入了理性的作用范畴，从而帮助理性真正理解上帝。爱既是理解的手段，也是理解的目的。

威廉相信人类可能拥有理性，并且能够运用爱与理性的力量来理解上帝，这表明他对人类之爱的观念建立在尊重和肯定人性的基础上。当然，正如波尔森所说，威廉生活在一个由奥古斯丁对保罗原罪论的阐释主导的世界里，他和贝尔纳等西多会作家一样，认为脱离了造物主的人类本性一无是处。[3] 不过与贝尔纳更加悲观的人性观不同，威廉虽然反对阿贝拉尔的"世俗人文主义"，但是他认为以沉思上帝为主的生活方式能够帮助人类恢复本性的崇高，进而人类可以无限接近完美的目标。可见，威廉关于爱与理性的论述闪烁着人性之光。这种光辉来自人类群体而非个体，首先显现在作为宗教精英的修士中间。

三、理想婚姻：从肉体之爱到精神结合

如上所述，《雅歌》之于威廉等作家的第一层意义是婚礼颂歌。在威廉的阐释中，新娘怀着由爱启导的理性和由理性照亮的爱，逐步认识新郎，找到新郎，与之相爱。

1　William of St Thierry, *The Nature and Dignity of Love*, trans. Thomas X. Davis (Kalamazoo, Michigan: Cistercian Publications, 1980), pp. 93–95.

2　*Expositio Domni Willelmi Super Cantica Canticorum* 154. 参见 *Exposition on the Song of Songs*, p. 126。

3　Aage Rydstrøm-Poulsen, "The Humanism of William of Saint-Thierry", in *A Companion to Medieval Christian Humanism: Essays on Principal Thinkers*, ed. John P. Bequette (Leiden; Boston: Brill, 2016), pp. 91, 99.

他借用《雅歌》叙事，划分了层层递进的四种行为：爱的吸引（irritamen amoris）、为了净化的考验（actus purgatorius）、回应（accubitus）和在婚礼颂歌引领下新郎与新娘的结合（unitas）。[1] 威廉把两者的结合作为爱的终极目的，与之对应的是灵魂与上帝的合一。围绕婚恋意象，他展开了阐释沉思之爱的后期工作。

"你的膏油馨香，你的名如同倒出来的香膏，所以众童女都爱你。"一方面，《雅歌》中的人间之爱往往被视为上帝之爱的基础。和贝尔纳等人一样，威廉注意到了这种流动的情愫。他并不避讳讨论男女爱情，而是使用大量笔墨来描述恋人之间自然流露的爱意。比如，论及新郎和新娘的语言交流，威廉认为"我所心爱的"和"你这女子中极美丽的"这类称谓都是恋人关于爱与赞美的对话，是出自本心的、真诚的。他赞美这种真挚动人的对话，"无论发生了什么，总是以相同的虔诚说'我所心爱的'的心灵是有福的。无论真相是什么，对其坚信不疑，不失公平和赞美的心灵是有福的"[2]。他明了新娘被爱人抛弃后的悲伤情绪，称许新娘虽然肤色黝黑、失去光彩，但是她的信仰不变、精神如故，在黯淡心境下仍保持着谦卑的美德。[3] 这种理解与共情是 12 世纪西多会修士作品中常见的表达。在威廉等修道作家看来，修士不仅需要关注外在行为和美德，也要用心体察内在的个人情感，而人间之爱正为扩展个人情感提供了重要机会。作为人间之爱的一部分，两情相悦、忠贞不渝的世俗爱情体现出"爱人如己"的诫命，自然也受到了肯定。

另一方面，当修道作家谈论世俗爱情时，肉体之爱是他们无法回避的一个主题。长期以来，人们把修道主义等同于否定肉体价值、断绝一切情欲的禁欲主义，但是真实的情形要复杂得多。彭小瑜教授指出，不同于奥古斯丁等古代教父贬斥肉身之爱的倾向，贝尔纳不仅热烈赞美人间婚姻和男女情爱，而且主张"肉身之爱是善的"，肯定了肉体之爱的正当性。[4] 然而，威廉对此表现出了一种更为谨慎的态

1　Déchanet, "Introduction", in *Exposition on the Song of Songs*, p. xiv.

2　*Expositio Domni Willelmi Super Cantica Canticorum* 63. 参见 *Exposition on the Song of Songs*, p. 50。

3　*Expositio Domni Willelmi Super Cantica Canticorum* 47–48. 参见 *Exposition on the Song of Songs*, pp. 38–39。

4　彭小瑜：《"你的名如同倒出来的香膏"——圣贝尔纳的爱情观与世界观》，《华中师范大学学报（人文社会科学版）》2013 年第 2 期。

度。他并不贬斥新郎和新娘的肉体结合,承认他们因爱为媒,以青草为床榻,"在这床上发生了伟大的结合,产生了相互的喜悦。这是甜蜜的,甚至对于当事人来说也是不可思议、不可想象的快乐"。但是接下来,他很快就把这种肉欲的欢愉引申到"人和上帝之间,受造的灵和非受造的之间",并且消解了"新郎"和"新娘"的生理人格,认为这两个词在人类语言中被用来比喻甜蜜的结合,而非实实在在的世间男女。[1]

在讨论肢体接触的语境中,恋人之间的亲吻(osculum)和拥抱(amplexus)是威廉经常使用的两个意象。"愿他用口与我亲嘴,因你的爱情比酒更美。"贝尔纳提醒读者注意新娘亲昵的语气,以及她如何大声向自己心爱的人喊出这句爱的呼唤。[2] 威廉的阐释则含蓄得多。他没有具体描述亲吻行为本身,而是把吻视为"一种特定的、外在的、对于肉体之爱的联结,是内在联结的标志和动机"[3]。身体层面的吻连接外在躯体,最终指向精神层面的吻,即灵魂与上帝的内在联结,而拥抱则被赋予更加亲密的与上帝相会的含义。"他的左手在我头下;他的右手将我抱住。"威廉指出,新郎和新娘的拥抱来自恩典的影响,"这一拥抱是圣灵,是圣餐,是爱德,是友谊,是圣父和圣子的拥抱。而他自身是在新郎与新娘之爱中的一切"[4]。他认为在头下的左手代表俯就,在上方的右手代表崇高,把它们分别比作沉思生活和行动生活:

> 有序的爱包括一只左手和一只右手。因为这一拥抱实际上是爱的拥抱。爱的右手指向劳动,左手指向休憩。换种说法,(右手)即行动生活的练习,忙于众

1　*Expositio Domni Willelmi Super Cantica Canticorum* 95. 参见 *Exposition on the Song of Songs*, pp. 77–78。

2　*Sermones super Cantica Canticorum*, Sermo 7.8. 参见 Bernard de Clairvaux, *Sermons sur le Cantique, Tome I (Sermons 1–15)*, trans. Paul Verdeyen and Raffaele Fassetta, Sources chrétiennes 414 (Paris: Les Éditions du Cerf, 1996), pp. 170–173。

3　*Expositio Domni Willelmi Super Cantica Canticorum* 30, "Osculum amica quaedam, et exterior conjunctio corporum est, interioris conjunctionis signum et incentivum." 参见 *Exposition on the Song of Songs*, p. 25。

4　*Expositio Domni Willelmi Super Cantica Canticorum* 132, "Amplexus etenim hic Spiritus sanctus est. Qui enim Patris et Filii Dei Communio, qui Caritas, qui Amicitia, qui Amplexus est, ipse in amore Sponsi ac Sponsae ipsa omnia est." 参见 *Exposition on the Song of Songs*, p. 106。

多服务；（左手）是对沉思生活的热情，为新娘的头脑提供简单的支撑。[1]

通过拥抱这一意象，威廉巧妙地整合了行动之爱和沉思之爱的概念。在他看来，两者是构成爱之拥抱的不可或缺的手段：劳作和善工将新娘（灵魂）引向新郎（上帝），对爱与理性的默想则加深了新娘（灵魂）对新郎（上帝）的认识。不过，从拥抱的过程可见，沉思之爱始终更为重要：

> 但是新娘的头脑，也就是心灵的主要位置，是通过对爱的理解而被左手支撑的。心灵被妥善安置，得以享受它的所爱。因此两种手段相互作用，爱强化了理性的吸引力，理性强化了爱的拥抱；爱被理性巩固，理性被爱照亮。[2]

在这里，威廉重申了沉思之爱高于行动之爱、爱与理性互为支撑的观点。进一步而言，尽管他赞美热烈真挚的男女爱情，但是面对新郎与新娘的肉体接触，不论亲吻、拥抱还是性行为，他都没有明确表露好恶，而是直接将这些行为归为灵魂与上帝的精神接触。那么，他究竟如何看待肉体之爱？作为一名早早遁入修院的虔诚修士，他又如何理解世俗爱情和理想婚姻？在这方面，他的《论爱的本质与崇高》和《圣贝尔纳传》或许可以提供一些线索。

在《论爱的本质与崇高》中，威廉开宗明义地指出：“爱的艺术是艺术中的艺术。”[3] 他试图说明，因为爱是由造物主亲自植入人心的，所以它天然地带有崇高的本

1　值得注意的是，威廉提到“爱”时用的词是caritas。*Expositio Domni Willelmi Super Cantica Canticorum* 136, "Aliter etiam caritas ordinata, laevam habet ac sinistram. Amplexus siquidem hic, caritatis est. Habet dexteram laboriosam, laevam vero amicam quietis; hoc est activae exercitium vitae satagens circa frequens ministerium, studiumque contemplationis, capiti Sponsae lene praebens fulcimentum." 参见 *Exposition on the Song of Songs*, p. 109。

2　*Expositio Domni Willelmi Super Cantica Canticorum* 136, "Caput vero Sponsae, hoc est principale cordis, in laeva fovetur, cum mens bene affecta, eo quod amat, per intellectum amoris ipsius fruitur, Sicque alterum alteri cooperatur in bonum, dum amor rationem confortat ad attrahendum, ratio amorem ad amplectandum, amor ratione munitur, ratio vero ab amore illuminatur." 参见 *Exposition on the Song of Songs*, p. 109。

3　William of St Thierry, *The Nature and Dignity of Love*, p. 47.

质。在这里，"爱的艺术"这一表达显得不那么基督教化，反而让人联想起奥维德著名的求爱指南。威廉在写作时预先想到了可能导致的误解，甚至也许是故意为之。他随后提到了一种"肉体之爱"，这种爱是邪恶的、无节制的，而"那个热情洋溢地描绘肉体之爱的火花的人，最后还是不得不再写一本爱的疗法"[1]。可见他说的这位作者无疑就是奥维德。

威廉之所以在开头刻意提到奥维德，可能是因为受到了哈斯金斯概括的"12世纪文艺复兴"的影响。当时希腊拉丁古典文化再次进入知识生活，人们模仿古代题材创造诗歌等文学作品，世俗主义逐渐抬头。威廉注意到了这种危险趋向，因此在讨论真正的爱之前，他先猛烈抨击了奥维德笔下的爱，认为它将导致自然秩序的败坏，是一种肆虐的罪。这一写作策略是有效的，他的传记作者，也是他的目标读者在提到《论爱的本质与崇高》时，将其总结为"反纳索"的一部作品。[2] 在写作之初，威廉就把真正的爱与罪恶的爱对立起来，从而凸显出基督教之爱的崇高和纯粹。直到后期为贝尔纳作传时，他也不忘批评这种世俗情爱，将之视为魔鬼的诱惑。

《圣贝尔纳传》是威廉的最后一部作品。根据他的记载，贝尔纳在青年时期曾经遭遇"魔鬼的戏弄"。有一次，一位全身赤裸的女子偷偷来到他的床上，对他进行百般诱惑。贝尔纳始终不为所动，最后女子羞愧而逃。后来他又受到了一位年长女性的青睐。当这位女性试图趁着夜色进入他的房间时，贝尔纳有所察觉，连声高呼"小偷，小偷！"于是她只能黯然离去。第二天，他告诉自己的同伴："说实话，当时确实有一个小偷。那位女性想要从我这儿偷走一件无价的珍宝，就是我的贞洁。无人可以拥有它。"[3] 在威廉看来，婚姻以外的肉体之爱是非正当的，属于魔鬼的引诱，坚持守贞的贝尔纳早早体现出修士应有的美德。

至于婚姻生活，贝尔纳的长兄居伊（Guy）和他妻子的故事提供了一个案例。威

1　*The Nature and Dignity of Love*, p. 49. 此处间接提到了奥维德的两部作品《爱的艺术》和《爱的疗方》。

2　David N. Bell, "The Vita Antiqua of William of St. Thierry", in *Cistercian Studies Quarterly* 11 (1976), p. 252. 奥维德的全名为普布利乌斯·奥维德·纳索（Publius Ovidius Naso），所以"反纳索"即指"反奥维德"。

3　William of Saint-Thierry, *The First Life of Bernard of Clairvaux*, pp. 9–10.

廉告诉读者，最早追随贝尔纳加入西多会的一批修士基本都是他的亲朋好友，他们大多还没成家立业或者获得骑士身份，而他的长兄居伊已经娶妻生子。犹豫很久之后，居伊答应在妻子同意的前提下进入修院——威廉指出，这对一位需要抚养孩子的贵族妇女来说几乎是不可能的。这时，贝尔纳向居伊保证他的妻子不会成为修道的阻碍，因为她"要么尊重他的感受，要么很快就会去世"。后来居伊的妻子果然患上重病，在弥留之际，她祈求贝尔纳原谅自己，并且表示理解丈夫的选择。最终两人双双皈依，各自过上了修道生活。[1]

这则故事典型地反映了中世纪人在出世与入世之间所面临的道德压力。对于居伊等中小领主来说，投身修道生活不仅意味着放弃世俗财富和荣耀，而且需要卸下长子、丈夫、父亲等一系列家庭角色的责任。不过，"任何真正爱上帝的人，会爱并拥抱神圣的爱，无论他在哪里找到了它"[2]。透过居伊一例，威廉暗示尽管婚姻本身是圣事，男女相爱更为家庭幸福添上一重保障，但是夫妻之爱仍然需要让位于神圣之爱，后者才是值得奉献一生的终极目标。

因此，虽然威廉没有贬低《雅歌》中的肉体之爱，但是他的沉默、在《圣贝尔纳传》中对肉体欲望的直接否定，甚至包括前期他对于奥维德这个"假导师"的批判，都表明了他的真实态度。比起肉体结合，他认为精神结合才是一段婚恋关系的最佳归宿。贝尔指出，威廉偏爱"喜悦"（fruitio）一词，在《〈雅歌〉评注》中就使用了 25 次。[3]他把该词的含义拓展为永恒的喜悦，是新郎和新娘在"在相互结合的快乐和喜悦中，不断地与对方交流，回应对方"的表现。[4]新郎与新娘在床榻上感受到"相互的喜悦"，这种喜悦超越了肉体之爱，指向灵魂与上帝的永恒结合。从中可以看出，威廉理想的婚恋状态应该由彼此吸引开始，经过相互认识和相互理解，最终走向精神结合。如他

1　*The First Life of Bernard of Clairvaux*, pp. 13-14.

2　*Expositio Domni Willelmi Super Cantica Canticorum* 123. 参见 *Exposition on the Song of Songs*, p. 100。

3　《圣经》文本中的"喜悦"特指仅仅来自上帝的快乐。据统计，4—12 世纪，在威廉的作品出现之前，fruitio 一共被使用过 26 次。参见 F. Tyler Sergent, "William of Saint-Thierry's Sources and Influences: Ratio Fidei and Fruitio", in *A Companion to William of Saint-Thierry*, pp. 54-65。

4　*Expositio Domni Willelmi Super Cantica Canticorum* 142. 参见 *Exposition on the Song of Songs*, pp. 113-114。

所说，"至于新娘，当她以纯粹心灵寻找新郎时，她记住了他；当她用善念想象新郎时，她理解了他；当她获得了新郎的爱，从他之中感到快乐，把自己变得如他一般时，她爱上了他"[1]。他在这里使用的"感到快乐"（frui）一词即为喜悦（fruitio）的动词形式，表示到达爱的最后阶段——与上帝合一，变成上帝的样子。从肉体之爱到精神结合，这是《雅歌》中的婚恋隐喻带给信徒的真正启示。

四、结　论

在 12 世纪修道运动的光谱中，威廉是一个独特的存在。彼时，西多会观念中蕴含着一股倡导行动生活的潜流，这股潜流通常被视为 13 世纪托钵修会拥抱世俗世界的预流。威廉虽从本笃会转投西多会，却在沉思生活和行动生活之间选择了前者，可谓"逆流"而行。在他看来，"爱邻人"的行动生活固然有其不可忽视的价值，但是"爱上帝"的沉思生活才是通往终点的唯一途径。本文聚焦威廉最重要的作品《〈雅歌〉评注》，指出他的核心观点在于，人类需要借助爱与理性的相互作用来真正认识上帝，而世俗婚姻的肉体之爱应当转向人与上帝的精神结合，增进家庭与社会关系之和睦。由此，威廉告诉我们，人类对上帝的爱可以在人与人之间的爱中得到表达，但是这种人间之爱只有超越原始的吸引和肉体的欢愉，在恩典的引导下转化为更加高邈深刻的相知相爱，才能得到无限升华，直至接近上帝之爱。从这个意义上来说，爱上帝与爱邻人既是两种不同的关怀，也是相互照应的一组关系，它们最终汇成尊重人性、超越人性的基督教之爱，也成为中世纪西欧修道院能够在当时产生重大社会影响的宗教和精神基础。

（本文作者为上海《解放日报》编辑）

1　*Expositio Domni Willelmi Super Cantica Canticorum* 89, "Sponsae namque memoria de Sponso est, in simplicitate cordis Sponsum quaerere; intellectus sentire de eo in bonitate; amor ipsi affici, ipso frui, esse sicut ipse est." 参见 *Exposition on the Song of Songs*, p. 73。

阿奎那论理智的自我知识

朱子建

一、导　言

1. 阿奎那论自我知识

阿奎那关于自我知识的理论通常被视作对奥古斯丁自我知识理论的重要反驳。奥古斯丁在《忏悔录》和《论三位一体》等著作中花了大量篇幅讨论自我和自我知识的问题。与之相比，阿奎那关于这个问题的讨论在他的大部分哲学著作中似乎只占据了一个不显眼的位置。然而，由于"自我"（self）、"主体性"（subjectivity）、"自我性"（selfhood）等概念在近当代哲学讨论中的重要地位，学者们开始追溯这些问题在中世纪哲学中的发展。[1] 由于这种哲学与历史的兴趣，阿奎那的自我知识理论近年来也得到了较为广泛的研究，尤其是其中关于自我觉知（self-awareness）[2] 的理论。后者正是本文讨论的核心。

在进入正式的讨论之前，我们需要先对阿奎那自我知识理论的框架进行一个大致的论述。

在阿奎那的众多哲学著作中，有关自我知识理论的系统性核心文本是《论真

1　关于这些问题的研究的概况和进展的综述参见 Jari Kaukua and V. Lähteenmäki, "On the Historiography of Subjectivity", in *Vivarium*, 52（2014）, pp. 187–195。

2　不同学者对自我觉知有不同的理解。这里仅仅采取一种最宽泛的理解，即，在理解活动中对于自我的第一人称觉知（awareness）。至于这一觉知究竟是一切活动的构成性要素还是一个高阶认识活动的产物等，以及这里的自我是否在时间中是同一的，以及是否是作为施动者而呈现等具体问题，这里都暂不做断言。

理》(*Quaestiones disputatae de veritate*)的 10.8—10.9，以及《神学大全》(*Summa theologiae*)第一部分的 87.1—87.4。[1] 这是本文关注的两个主要文本。此外，在《反异教大全》(*Summa contra gentiles*)3.46、《〈论灵魂〉评注》(*Sentencia libri De anima*)3.3、《〈论原因〉评注》(*Super librum De causis expositio*)命题 15 等文本中也有较长段的论述，本文将会在必要时考察这些文本。[2] 值得一提的是，佩尔斯特(F. Pelster)在 1955 年出版了一份在牛津大学饱蠹楼找到的一份讨论"与身体结合的灵魂是否通过本质认识自身"(utrum anima coniuncta cognoscat seipsam per essentiam)问题的手稿。尽管相当多的证据表明这部著作应当被归给阿奎那，但并不排除其出自阿奎那学生之手的可能。[3] 此外，该手稿似乎是一部准备性的笔记，且部分文本未得到确切的辨识。基于以上原因，我不会讨论这部著作，但我将力图保证本文所有结论不会与该手稿中目前所知的论述相违背。

阿奎那自我知识理论的框架在《神学大全》第一部分的问题 87 的第一篇中得到了最简洁的描述。这一篇的题目是"理智灵魂是否凭借其本质认识自身"[4]。这表明，阿奎那的自我知识理论处理的主要是与灵魂的理智功能相关的自我知识，我们不妨称之为理智的自我知识(intellectual self-knowledge)。

在这一篇中，阿奎那所要论证的主要命题是：灵魂凭借其活动，而非其本质，来认识自身。在正文的开头，阿奎那首先提出了一条纲领性的原则，我称之为"认识原则"：

---

1 本文中涉及的阿奎那著作的缩写方式如下：*DV=Quaestiones disputatae de veritate*; *InDA=Sentencia libri De anima*; *InMeta=In duodecim libros Metaphysicorum Aristotelis expositio*; *QDDA=Quaestiones disputatae de anima*; *SCG=Summa contra gentiles*; *Sent=Scriptum super libros Sententiarum*; *ST=Summa theologiae*。在引用中我将指出文本所在的卷、部、问题、文章（或者章节）以及其在文章中的具体位置（例如在正文中抑或在驳论中）。例如，*ST* Ia 87.1 c，即指《神学大全》第一部分第 87 个问题的第 1 篇文章的正文。阿奎那著作的拉丁文本均引自 http://www.corpusthomisticum.org；翻译均出自笔者。

2 关于以上文本及其他相关本文具体内容的一个详细综述参见 Richard T. Lambert, *Self Knowledge in Thomas Aquinas: The Angelic Doctor on the Soul's Knowledge of Itself* (Bloomington, Indiana: AuthorHouse, 2007), pp. 31–65。一个以时间为轴线，同时更简明的综述参见 Therese S. Cory, *Aquinas on Human Self-Knowledge* (Cambridge: Cambridge University Press, 2014), pp. 40–65。

3 佩尔斯特给出的证据以及手稿文本参见 L. A. Kennedy, "The Soul's 'Knowledge of Itself': An unpublished Work attributed to St. Thomas Aquinas", in *Vivarium* 15.1 (1977), pp. 31–45。

4 *ST*. Ia 87.1: utrum［anima intellectiva］cognoscat seipsam per suam essentiam.

认识原则："一个事物之所以能够被认识，是就其处于现实状态而言，而非就其处于潜在状态而言。"[1]

根据这一"认识原则"，标题中"凭借其本质"（per suam essentiam）这一概念可以重新被表述为：如果一个事物"凭借其本质"就能够被认识，那么它仅仅凭借其本质就处于现实状态（与认识相关的现实状态）。在阿奎那看来，人类的理智灵魂不能仅凭其本质就处于现实状态。否则，只要人类的理智灵魂存在，那么它就能够始终现实地认识自身。为了说明这一点，他引入了另一条原则。我称之为"等级原则"：

等级原则：人类理智仅仅作为潜在的事物而存在于可理解事物之列。[2]

尽管这一原则相当难以理解，但是在这里我们只需要指出：阿奎那诉诸某种可理解事物的等级体系，处在顶端的是上帝，天使次之，人类理智最末。在这个等级体系中，人类理智的地位类似于原初质料在可感事物中的地位：两者都是纯粹的潜能。这种对人类理智作为纯粹潜能的理解，来源于亚里士多德灵魂论的传统：由于理智能够理解一切事物的本性，所以它不能够现实地具有任何本性，否则这种本性就会妨碍它理解其他本性。[3]

正如原初质料需要被某个实体性形式现实化，人类理智也需要在理解活动中被某个"可理解样式"（intelligible species）现实化。阿奎那认为人的认识活动是一个被赋形（being informed）的过程：认识一个事物在某种意义上就是接受了该事物的形式。以理解活动为例，当我们现实地理解了某个事物时，我们的理智接受了一个可理解样式作为其形式。该样式"相似于"外部事物的形式，故而与后者之间存在表征关系。

1　*ST*. Ia 87.1 c: cognoscibile est secundum quod est in actu, et non secundum quod est in potential.

2　*ST*. Ia 87.1 c: Intellectus［...］humanus se habet in genere rerum intelligibilium ut ens in potentia tantum.

3　参见 Aristotle, *De anima*, III 4, 429a18–24。

但是，阿奎那强调，在理解活动中我们并非先把握可理解样式，再通过相似关系（或因果关系）"间接"地把握到外部事物的普遍本性，而是通过可理解样式首先直接把握外部事物的普遍本性。[1]

同时，考虑到此时灵魂的存在方式，即灵魂始终作为实体性形式而和身体结合在一起，人类的认识的恰当对象只能是外部世界的可感的物质实体，因而可理解样式必须从可感事物中抽象而来。[2] 所以，只有当人类理智通过被抽象而来的可理解样式而得以现实化、处在现实的理解活动中时，人类理智才能够认识自身。在这个意义上，我们可以理解何以阿奎那在其他文本中会用"凭借样式"（per speciem）[3] 而非"凭借活动"来刻画自我知识的条件。

在论证了理智灵魂凭借活动而非凭借本质认识自身之后，阿奎那做出了其自我知识理论中最重要的一组区分：

> ［理智灵魂对自身的认识］以两种方式发生。按照第一种方式，理智灵魂以一种个别的方式（particulariter）认识自身，如，苏格拉底或柏拉图知觉（percipit）到他自己有理智灵魂，因为他知觉到他自己在进行理解活动。按照第二种方式，理智灵魂以一种普遍的方式认识（in universali）自身，如，我们从考察理智的活动出发去考察人类心灵的本性。[4]

1　关于可理解样式不是理智的直接对象，参见 *ST*. Ia 85。关于可理解样式在何种意义上"相似"于外部事物的形式，以及表征关系如何建立，学者向来争论不休。一个关于相关问题的综述和评价参见：Jeffrey E. Brower and S. Brower-Toland, "Aquinas on Mental Representation: Concepts and Intentionality", in *Philosophical Review*, 117.2（2008），pp. 193–243。在这里，我们只需要指出可理解样式首先不是人类理解的对象，而仅仅是人类凭之来把握对象的工具。

2　这个论证需要诉诸阿奎那一贯坚持的"活动方式与存在方式相一致"的原则。例如：*ST*. Ia 89.1 c: cum nihil operetur nisi inquantum est actu, modus operandi uniuscuiusque rei sequitur modum essendi ipsius。

3　例如 *DV*. 10.8。

4　*ST*. Ia 87.1 c: Et hoc dupliciter. Uno quidem modo, particulariter, secundum quod Socrates vel Plato percipit se habere animam intellectivam, ex hoc quod percipit se intelligere. Alio modo, in universali, secundum quod naturam humanae mentis ex actu intellectus consideramus.

根据阿奎那，我们可以区分两种自我认识，一是个别的自我认识，是一种对自身理智灵魂和理解活动的"知觉"，仅仅适用于个体灵魂；二是普遍的自我认识，是关于人类理智灵魂本质的知识，适用于一切人类的理智灵魂。（为了论述的方便，在下文我将把个别的自我知识称为"理智的自我知觉"或"自我知觉"。我会在后文中澄清"知觉"一词的理论意涵。）个别的自我知识仅仅凭借我们对自身理解活动的知觉就可以获得，而普遍的自我知识却需要"辛勤和仔细的探索"（diligens et subtilis inquisitio）[1]。这种"辛勤和仔细的探索"的过程在《〈论灵魂〉评注》II.6 中得到了详细的表述：

> 所以，对于灵魂的认识必须始于那些更为外在的事物，从这些事物中样式被抽象出来，凭借这些样式，理智理解自身；即，通过对象，我们能够认识（cognoscamus）[理智的]活动，通过这些活动，我们能够理解诸官能，通过这些官能，我们能够认识灵魂的本性。[2]

这种探究方法需要一长串的推论来从对象的本性推出灵魂的本性。这在亚里士多德的灵魂学说中得到了最好的体现：从理智的对象是物质事物的普遍本性出发，推论出可理解样式和理解活动的非物质性，从而推论出理智灵魂的非物质性，以及灵魂

1　*ST*. Ia 87.1 c: Et ideo dicitur se cognoscere per suam praesentiam. Sed ad secundam cognitionem de mente habendam, non sufficit eius praesentia, sed requiritur diligens et subtilis inquisitio. Unde et multi naturam animae ignorant, et multi etiam circa naturam animae erraverunt.

2　*InDA* II.6: Et ideo oportet, quod in cognitionem animae procedamus ab his quae sunt magis extrinseca, a quibus abstrahuntur species intelligibiles, per quas intellectus intelligit seipsum; ut scilicet per obiecta cognoscamus actus, et per actus potentias, et per potentias essentiam animae. 需要指出的是，当阿奎那说"理智理解某物"时，仅仅是一种不严格的用法。严格来说，进行理解活动的是个人（苏格拉底）而不是理智。理智只是灵魂的一种功能，而灵魂只是人的实体性形式。因而，是人"通过"理智进行理解。此外，在下文中我涉及的一些较早期的阿奎那著作中，阿奎那会使用"心灵"（mens）而非"理智"，其不同在于，心灵有时会泛指人类的理智功能的总和。但即便在那样的情况下，心灵也是能力，而非本质或实体。关于这类用词的区分和变化及其背后的理论诉求，参见 John O'Callaghan, "Imago Dei: A Test Case for St. Thomas's Augustinianism", in M. Dauphinais, B. David, and M. Levering eds., *Aquinas the Augustinian*(Washington, DC: Catholic University of America Press, 2007), pp. 100–144。

的其他官能和性质，等等。[1]

尽管在阿奎那关于自我知识的著作中，谈论普遍自我知识的篇幅要远多于谈论个别自我知识的篇幅，但是研究者们对后者的兴趣却远高于前者。[2] 一方面是因为个别自我知识在阿奎那的论述中并没有得到足够的澄清，另一方面是因为研究者们认为在阿奎那的个别自我知识中发现了对我们如今称之为"自我觉知"的现象的讨论。下面我们就回到个别的自我知识的讨论。[3]

2. 理智的自我知觉的基本困难

根据上文中《神学大全》87.1 的引文，苏格拉底对他自身的个别自我知识的方式可以划分为三个层次：

（ⅰ）苏格拉底理解 x。

（ⅱ）苏格拉底知觉他自己在理解 x。

（ⅲ）苏格拉底知觉到他拥有一个理智灵魂。

这里包含两个问题。

问题一：人类灵魂的理智能力的活动是以外部物质实体的普遍本性为对象的理解活动，但是阿奎那在这里却告诉我们，理智知觉（percipere）到它的活动和它自身。

1　*DV*. 10.8: Ex hoc enim quod anima humana universales rerum naturas cognoscit, percipit quod species qua intelligimus, est immaterialis; alias esset individuata, et sic non duceret in cognitionem universalis. Ex hoc autem quod species intelligibilis est immaterialis, perceperunt quod intellectus est res quaedam non dependens a materia; et ex hoc ad alias proprietates cognoscendas intellectivae animae processerunt.

2　例如，在科莉（Therese S.Cory）2014 年出版的关于阿奎那自我知识的专著中，220 页正文中只有 25 页是讨论普遍自我知识的，这 25 页中还有不少篇幅在讨论个别自我知识与普遍自我知识的关联。

3　Yrjönsuuri 认为，理智对理解活动的自我觉知被阿奎那归属给共通感或想象。在本文中我不会讨论这种可能性。Mikko Yrjönsuuri, "Types of Self-awareness in Medieval Thought", in V. Hirvonen, T. J. Holopainen and M. Tuominen eds., *Mind and Modality: Studies in the History of Philosophy in Honor of Simo Knuttila*(Leiden: Brill, 2006), pp. 153-169. 这一主张与理智的自我知觉相关的文本中找不到依据。尽管或许一些亚里士多德的注释者会认为共通感不仅能知觉感觉活动也能知觉理智活动（参考 Richard Sorabji, *Self: Ancient and Modern Insights about Individuality, Life and Death* [Oxford: Oxford University Press, 2006], pp. 245-261 ），但是阿奎那则明确指出这一自我知觉应当归属给理智，详见下文论述。

在《论真理》等其他相关文本中，当阿奎那提及理智灵魂的个别的自我知识时，同样频繁地使用知觉、经验（experiri）等词汇。尽管阿奎那在这些词汇的使用上并没有坚持一个一贯的严格区分，但是在个别自我知识这一问题上，阿奎那相当一致地使用"知觉""经验"等更具有感性色彩的词汇，而非"理解"、"知道"（scire）等理智色彩的词汇。[1] 这表明理智灵魂的这种自我知觉与一般的理解活动之间有相当大的不同。[2]

对这一问题的回答蕴含着两方面的困难：一方面，阿奎那在对这种理智的自我知觉的描述中大量的使用反身代词（se）："苏格拉底知觉到他自己在理解。"在某些情

1　除了"知觉""经验"之外，阿奎那也常用含义宽泛的"认识"（cognitio）来形容个别的自我知识。（理解）通常都被保留给第二类的普遍的自我知识。在那些凭借上下文语境能够确定所谈论的是个别的自我知识的语境中，只有在极少数情况下，阿奎那才会使用"理解"（intelligere）这个词去形容个别的自我知识。如：SCG. II 75: uno modo in particulari, intelligit enim se nunc intelligere; alio modo in universali, secundum quod ratiocinatur de ipsius actus natura. 在 ST. Ia 93.7 ad4 中，阿奎那引述了奥古斯丁的原话，其中使用了"理解"，但是在评述改引文时，阿奎那却故意将"理解"改作"知觉"：Ad quartum dicendum quod aliquis responderer posset per hoc quod Augustinus dicit XIV de Trin., quod mens semper sui meminit, semper se intelligit et amat. Quod quidam sic intelligunt, quasi animae adsit actualis *intelligentia* et amor sui ipsius. Sed hunc intellectum excludit per hoc quod subdit, quod non semper se cogitat discretam ab his quae non sunt quod ipsa. Et sic patet quod anima semper intelligit et amat se, non actualiter, sed habitualiter. Quamvis etiam dici possit quod, *percipiendo* actum suum, seipsam intelligit quandocumque aliquid intelligit. 此外，一些通常被视作讨论个别自我知识并使用了"理解"这个词汇的文本，事实上仅凭上下文我们并不能确定阿奎那讨论的是个别的自我知识而非普遍的自我知识，例如 ST. Ia 87.3 ad2。

2　关于这种用词究竟目的何在，学界并没有共识。我倾向于同意科莉的观点，即"知觉"和"经验"强调了这种个别的自我知识类似于当下（here and now）感觉经验的亲熟（intimate）性。参见 Cory, *Aquinas on Self-knowledge*, p. 73；另参见 Lambert, *Self Knowledge in Thomas Aquinas*, p. 90。乔丹（Mark D. Jordan）则认为"知觉"概念是一个更加"宽松"的感念，可以包括"理解"等概念。参见 Mark D. Jordan, *Ordering Wisdom: The Hierarchy of Philosophical Discourses in Aquinas* (Notre Dame, Indiana: University of Notre Dame Press, 1986), p. 129. 这种观点并非没有道理，例如在 DV. 10.8 中，阿奎那竟然使用了"知觉"去形容普遍的自我知识：Ex hoc enim quod anima humana universales rerum naturas cognoscit, *percipit* quod species qua intelligimus, est immaterialis. 而对于阿奎那其他著作的考察也表明，"知觉"这个词并不是只有在自我知识的语境中才和理智相关联，例如 Sent. I.19.5 a1 ad 6. 布莱克（Deborah L. Black）指出，这一用法可能来源于对亚里士多德《尼各马可伦理学》9.9.1 1170a29–b1 中 αἰσθάνεσθαι 一词的对译。参见 Deborah L. Black, "Consciousness and Self-Knowledge in Aquinas's Critique of Averroes's Psychology", in *Journal of the History of Philosophy*, 31.3(1993), p. 358, n. 17. 对于"知觉"和"经验"等词汇的使用有待更全面细致的考察，但本文的论述并不依赖于此。无论如何，既然在自我知识的语境中阿奎那在"知觉"和"理解"的使用上有明确的差别，这一差别就仍然有待解释。

况下，阿奎那还会直接使用第一人称（me）。[1] 这表明，理智的自我知觉有某种第一人称或主观性的特点，即我总是知觉到我自己在进行理解活动，而这是通常的理解活动的内容所不具有的。另一方面，阿奎那在《神学大全》86.1 中声称理智在此世的直接对象是普遍的，只有通过"转向想象"才能"间接"地认识个体事物（singulars）。虽然阿奎那明确表示真正阻碍个体事物被理解的是其物质性（materiality），而非其个别性（singulariy），因而理智可以无矛盾地直接认识自身的活动（因为理智活动尽管是个体事物，但本身是非物质性的）[2]，但我们仍然需要解释这种个别的理智认识如何可能。

问题二：上述（i）（ii）和（iii）三个层次之间是什么关系？按照阿奎那本人的表述：苏格拉底通过（per）理解活动（i）而拥有对理解活动的理智知觉（ii）；又因为（ex hoc quod...）他拥有对理解活动的知觉（ii）而拥有对理智灵魂的知觉（iii）。

在上述两层关系中，（ii）和（iii）的关系很容易理解：因为理智灵魂是理解活动的内在原因，所以拥有（ii）即拥有（iii）。在这一意义上，（ii）和（iii）是不可分割的一个活动，前者逻辑地蕴含后者。[3] 那么，关键在于（i）和（ii）之间是什么关系？

和问题一类似，问题二所面临的困难也有两方面。首先，阿奎那认为，理解活动（i）和理智自我知觉（ii）这两个认识活动共享同一个可理解样式。因为理智灵魂和理解活动都是非物质事物，因而我们无法通过抽象获得关于理智灵魂或理解活动的可理解样式。又如上文所言，人类灵魂在此世只能通过抽象来获得可理解样式，故而我

1　*Sent* I.1.2.1 ad2: Eadem operatione intelligo intelligibile, et intelligo **me** intelligere. 参见科莉对反身代词用法的论述：Cory, *Aquinas on Human Self-knowledge*, pp. 70–71。

2　*ST.* 86.1 ad3: singulare non repugnat intelligibilitati inquantum est singulare, sed inquantum est materiale, quia nihil intelligitur nisi immaterialiter. Et ideo si sit aliquod singulare immateriale, sicut est intellectus, hoc non repugnat intelligibilitati.

3　此外，其一，就日常经验来说，我们不能脱离作为行动主体的我而单独对一个无主的理解活动有意识，参见 Cory, *Aquinas on Self-knowledge*, p. 89；其二，就阿奎那自身的哲学理论来说，灵魂与其活动在某种意义上是实体与偶性的关系，而我们不能够完全脱离实体而只对偶性有所认识，参见 Lambert, *Self Knowledge in Thomas Aquinas*, p. 159。

们似乎无法获得灵魂自身的样式，只能凭借外物的样式来知觉自身。[1] 那么，我们如何能够通过一个样式，既理解外部事物的普遍本性，又知觉到这个理解活动自身呢？

其次，阿奎那在《神学大全》第一部分 93.7 中明确断言过："通过知觉自身的活动，每当心灵进行理解活动时，它就理解自身。"[2] 因而，（i）和（ii）是同时发生的，（ii）是一种伴随性的（concomitant）自我知觉。[3]

基于以上分析，我认为，任何对阿奎那个别的自我知识理论的解释都要回答两个问题：

问题一："自我知觉"和"理解活动"作为认识活动有何区别？

问题二：理解活动（i）和自我知觉（ii）之间是什么关系？（具体地说，即苏格拉底如何"通过（per）"[i]而拥有[ii]？）

同时，如上文所述，一个好的解释对这两个问题的回答需要能够解释如下四个命题：

"主观性"命题：理智的自我知觉对理解活动的把握是第一人称的：我总是知觉到是我在进行理解活动。

"个别性"命题：理智的自我知觉的对象是个别的理解活动。

1　*DV*. 10.8 ad s.c.5: anima non cognoscitur per aliam speciem abstractam a se, sed per speciem obiecti sui, quae etiam fit forma eius secundum quod est intelligens actu; unde ratio non sequitur. 另见 *Sent*. I.1.2 a1 ad2。

2　*ST*. Ia 93.7 ad4: percipiendo actum suum, seipsam intelligit quandocumque aliquid intelligit. 注意，尽管阿奎那在这里使用了"理解"来刻画个别的自我知识。但根据上下文语境，阿奎那在这里是在解释奥古斯丁在《论三位一体》14.6 中所说的"心灵始终理解自身"（mens semper sui meminit, semper se intelligit et amat）在何种意义上是正确的。因此，阿奎那的意思是：就心灵每当现实地进行理解活动时都能够知觉到自身的理解活动而言，心灵始终理解自身。此外，类似的表述参见 *ST*. Ia 111.1 ad3: ex parte rei intellectae, et sic quicumque intelligit vel illuminatur, cognoscit se intelligere vel illuminari; quia cognoscit rem sibi esse manifestam. 注意，这段文本也同样不能用来证明阿奎那认为我们在理解活动中能够"知觉到"主动理智的关照。根据上下文，阿奎那这里的意思只是说，就我们总是在理解活动中认识到对象被呈现给我们而言，我们可以说我们认识到了光照。

3　Bernard Lonergan, *Verbum: Word and Idea in Aquinas* (Toronto: University of Toronto Press, 1997), p. 198, n. 28.

"样式单一性"命题：理智通过一个可理解样式既理解外部事物也知觉了理解活动自身。

"伴随性"命题：理智在同一时刻认识了外部事物和理解活动自身。

在对这四个命题的解释中，对后两个命题的解释更为重要，因为它们似乎直接违背了阿奎那的认识理论。同时，解释者完全可以否定这些命题中的任何一个，但必须给出好的理由。

在下一部分中，我将分析目前学界较为著名的三种解释模型。这三种类型的不同之处在于它们对第二个问题的回答，可以如此划分：兰伯特（Richard T. Lambert）的模型认为活动（i）和活动（ii）间存在高阶关系，但两者是同时的；帕斯诺（Robert Pasnau）的模型也认为两者间存在高阶关系但是先后相继的；科莉的模型则认为活动（i）和活动（ii）是同阶且同时的。我将指出这三种模型对上述问题的回答都不令人满意。

这三种解释在我看来都在第一个问题上采取了某种"理解模型"的立场，即都认为理智对自身理解活动的"知觉"是一种理解活动。我将表明，由于他们在第一个问题上的立场，使得他们无法对四个命题给出令人满意的解释。最后我会尝试给出一种非理解模型：理智的自我知觉不是理解活动。

二、三种"理解模型"的解释方案

1. 兰伯特的双样式理论

兰伯特在对第二个问题的回答上采取某种"同时""高阶"的立场，即认为理解活动（i）和对该理解活动的知觉（ii）同时发生，但是后者是以前者为对象的高阶知觉。但正如兰伯特自己所承认的，他的同时高阶理论很难算得上是对阿奎那自我知觉理论的一种解释。它更多的是一种批评与修正。兰伯特直接否定了"样式单一性"命题：

我们并非仅通过一个样式来既理解外在对象也知觉到这个理解活动本身。但又由于他肯定"伴随性"命题，即理解活动和对该理解活动的知觉同时发生，因而他就不得不否认阿奎那认知理论中的一条关键性原则：理智在同一时间只能被一个可理解样式现实化。[1]

尽管兰伯特的模型很难算得上是一种解释，但是他的理论中对阿奎那自我知觉理论的批评值得我们首先进行考察。[2] 兰伯特的模型复杂且含混，由于点评兰伯特的理论本身并不是本文的重点，这里只根据论证的需要做简要的概述：

在兰伯特看来，所有的理解活动中都包含着两个样式，一个是从想象中抽象出来的样式，使得我们能够现实地理解外在事物的普遍本性；另一个是关于"主体"或"活动"的样式，这个样式伴随着所有的理解活动，使得我们在理解时总是伴随着对"自我"或"活动"的觉知（awareness）。这种对理解活动的自我觉知被兰伯特称之为"伴随性的反思"。[3]

兰伯特的模型仅仅能够解释上述四个命题中的"伴随性"命题：所有的理解活动中都包含了两个可理解样式，因而我们能够同时认识理解的对象和理解活动本身。但是，这一解释策略的代价是兰伯特的理论对于其他三个命题都几乎不能给出解释：

"主观性"命题：在兰伯特的模型下，理解活动和对理解活动的自我知觉，其运作机制完全相同：理智被某个可理解样式现实化，并且该样式"关于"或"表征"某个对象。因而兰伯特无法解释自我知觉中的第一人称或主观性的特征。[4]

"个别性"命题：兰伯特无法解释自我知觉如何认识个体事物。由于理解活动本身就存在于心灵之中，无须任何样式来表征它，兰伯特就必须解释这些关于理解活动

1　参见 *ST.* Ia 85.4 c: Impossibile est ergo quod idem intellectus simul perficiatur diversis speciebus intelligibilibus, ad intelligendum diversa in actu。其他表述见 *DV.* 8.14。

2　兰伯特的解释自从问世以来就被作为某种误解而没有受到足够的重视。

3　Lambert, *Self Knowledge in Thomas Aquinas*, pp. 133-152, especially pp. 147-150. 兰伯特认为，在此基础上，还可以刻画一种"直接的反思"，即我们可以将伴随性的自我觉知作为认识的对象。但即便在直接的反思中，高阶的反思活动和低阶的理解活动也仍然是同时的。

4　兰伯特承认自我知觉应当有这些特征。但是根据这里的分析，他无法解释这样的特征。Lambert, *Self Knowledge in Thomas Aquinas*, p. 148.

的样式是如何产生的。兰伯特诉诸主动理智的作用，即主动理智通过将理解活动"一般化"（generalize）来产生关于理解活动的样式。首先，我们不清楚这里所说的"一般化"和"普遍化"（universalize）有何区别。在阿奎那看来，后者是通过抽象才得以可能的，而主动理智无法对本来就非物质的理解活动进行抽象。此外，即便存在这种一般化的进程，我们也无法理解理智何以能够通过"一般化"了的样式来把握任何个别的理解活动。

　　"样式单一性"命题：根据上文，兰伯特认为理解活动和自我知觉并不共享一个样式，因而对第三个命题也给不出解释。

　　基于上述分析，我认为兰伯特的理论不仅没能成功解释阿奎那的理智的自我知觉理论，并且其自身也是不融贯的。尽管兰伯特对于阿奎那理论的"修正"并不成功，但他对阿奎那理论中"样式单一性"的质疑却颇值得考察。

　　兰伯特认为，要同时坚持"样式单一性"命题和"伴随性"命题，解释者需要坚持以下两步论证的思路：

　　　　（1）理智可以通过一个样式在同一时刻理解多个事物，只要这多个事物"作为一个整体被理解"。这个论证解释了：一般来说，理智通过一个样式同时把握多个事物首先是如何可能的。

兰伯特对这步论证的质疑是：所谓"作为一个整体被理解"是一个非常空洞而没有解释效力的概念，它不过意味着这多个事物"在同一时刻被理解"。[1] 这样一来，（1）这种论证就是一个恶性循环。因而这一主张就很容易使阿奎那的"样式单一性"命题沦为空话。鉴于阿奎那本人明确表述过（1）这一观点[2]，我们不必完全否定它。但兰伯特的质疑要求所有诉诸这一论证思路的人对"作为一个整体被理解"这一概

1　Lambert, *Self Knowledge in Thomas Aquinas*, p. 147.

2　*ST.* Ia 85.4 c: Quaecumque ergo intellectus potest intelligere sub una specie, simul intelligere potest, et inde est quod Deus omnia simul videt, quia omnia videt per unum, quod est essentia sua.

念给出独立于"在同一时刻被理解"的理论刻画。

（2）当理智在进行理解活动时，处于现实状态，因而就是现实地可理解的，因而也就同时被理解。这个论证解释了：如果理智通过一个样式同时把握多个事物是可能的，那么具体地以自我知觉为例，理智何以能够同时把握外在对象和理解活动自身。

兰伯特对这个论证思路的质疑是："现实地可理解"不等同于"现实地被理解"。"现实地被理解"一定要求对象被某个理智所理解，这就额外要求：可理解对象与该理智能力处在某种恰当的适配关系中。兰伯特认为，如果可理解对象要能够被人类理智所理解，按照通常理解活动的运作机制，就需要有一个可理解样式作为中介，从而在对象与理智之间建立起适配关系。[1] 我们在这里不必认同兰伯特的具体论述，但是这种对适配关系的额外要求是任何遵循论证思路（2）的解释者都需要考量的。按照阿奎那自己的说法，这种适配关系体现在"主动和被动""完善和被完善"的关系上。[2]

2. 帕斯诺的高阶理论

帕斯诺认为，所谓"通过［理解活动的］对象"而知觉到理解活动意味着："我们是通过（in virtue of）拥有关于世界的有意识的一阶思想（conscious first-order thoughts）而做出这样高阶的断言"（即，"我们在进行理解活动"这样的断言）。这种高阶断言通过某种"反思"（reflection）得以完成，这个过程被帕斯诺称之为"认知上升"（cognitive ascent）。这种认知上升是如何可能的呢？帕斯诺如此刻画：

（1）奶酪发霉了。（理解活动［i］）

（2）我在思想奶酪发霉了。（自我知觉［ii］）

1　Lambert, *Self Knowledge in Thomas Aquinas*, pp. 149, 106.

2　对对象和认知能力的适配关系的论述参见 *ST.* Ia 88.1 ad3: requiritur aliqua proportio obiecti ad potentiam cognoscitivam, ut activi ad passivum, et perfectionis ad perfectibile.

（3）我两星期前买了这块奶酪。

帕斯诺认为，从（1）到（2）的变化和从（1）到（3）的变化没有本质的不同。（1）和（2）的关系与（1）和（3）的关系类似，都是某种触发关系或因果关系（"give rise to""prompt"）[1]：（2）不是某种对（1）的内省式[2]的把握。但是，之所以这种由（1）到（2）的"反思"看起来比较神秘，原因只在于（1）不仅仅"触发"了（2），还在某种意义上为（2）提供了基础，这意味着：在（1）到（2）的变化中，我必须对（1）有可靠的通路（reliable access）。而我之所以能够对（1）有可靠的通路，仅仅是因为（1）是有意识的，即是说，当我在思想（1）中的内容时，我能有意识地觉知到我处在这个状态中。[3]

我们暂时先满足于这样一个较为模糊的刻画。下面我们来考察一下帕斯诺的高阶理论如何解释第一部分中提到的四个命题。

和兰伯特一样，帕斯诺并没有同时坚持"样式单一性"命题和"伴随性"命题。但与兰伯特相反，他否定了"伴随性"命题而坚持"样式单一性"命题。并且，帕斯诺主张阿奎那并不持有"伴随性"命题。通过对部分文本的考察，帕斯诺认为阿奎那所刻画的理智的自我知觉是一种时间上在后的高阶反思活动。我将在后文中指出，帕斯诺所列举的文本证据完全不足以支持对"伴随性"命题的否定。但是我们不妨暂时接受这一主张，以便进一步考察这种高阶理论是否能解释其他三个命题。

首先，**"样式单一性"命题**。首先需要澄清什么是帕斯诺所说的"反思"概念。帕斯诺认为，尽管自我知觉（ii）是通过反思的方式发生在理解活动（i）之后，但这并不是一种内省式的对自身心灵状态的直接把握：理智并非先理解外部事物，然后就将注意力转向内部对自身的理解活动进行把握。帕斯诺敏锐地指出，这种内省的主张与阿

1　Robert Pasnau, *Thomas Aquinas on Human Nature: A Philosophical Study of Summa Theologiae 1a, 75–89*(Cambridge: Cambridge University Press, 2003), p. 343.

2　当帕斯诺否认自我知觉是一种内省时，他否认的是：当我们获得自我知觉时，我们完全地将注意力从外在转向内在。

3　Pasnau, *Thomas Aquinas on Human Nature*, pp. 345–347.

奎那的样式理论相违背。[1] 在阿奎那看来，通过可理解样式，理智"首要地"理解外部事物。[2] 这里"首要地"不仅仅是一种时间上的在先关系，并非我们只需要"先"理解外部事物，就可以接着将注意力完全转向内部。由于理智灵魂在此世只是身体的实体性形式，理智的活动自然地就指向外部事物。另外，如果我们能够以内省的方式把握心灵状态，这意味着理智和心灵状态之间有某种认知关系[3]，即心灵状态直接可以作为理智的认知对象。但这样一来，心灵状态就成为理智和外部事物之间的"帷幕"。[4] 但在阿奎那看来，理智"直接"理解外部事物，因而在理智和外部事物之间不存在其他认知对象作为中介。[5] 此外，我们不能声称理智既可以直接把握外部事物的普遍本性，也可以直接把握内在心灵状态，因为对于阿奎那来说，理智这种官能由其对象所定义，一种官能不可能有两类直接对象。[6]

---

1 Pasnau, *Thomas Aquinas on Human Nature*, pp. 341-342. 帕斯诺给出的理由是："Aquinas denies that self-knowledge involves any further, special idea of ourselves or our own actions. Locke describes introspection as serving to 'furnish the Under- standing with another set of *Ideas*, which could not be had from things without.' (*Essay* II.1.4). For Aquinas, this is doubly wrong: there is no further set of ideas, derived directly from mind, and what ideas we have of mind, we have precisely from things without." 这个解释并不清晰，因为我们不清楚应当如何将洛克的"idea"概念与阿奎那的相关理论联系在一起。但帕斯诺的立场很明确，即我们无法彻底将注意力转向心灵内部。我在正文中尝试给出了两个解释，我认为亦符合帕斯诺自己的看法。此外，帕斯诺在这里只是将阿奎那和洛克进行类比，但洛克只是某种特殊版本的内省理论，即"内感官"理论，而实际上，阿奎那不接受任何版本的内省理论。

2 例如，*ST*. Ia 85.2。

3 *ST*. Ia 87.1 c: Sed quia connaturale est intellectui nostro, secundum statum praesentis vitae, quod ad materialia et sensibilia respiciat.

4 阿奎那既不接受观念论的表象主义，也不接受实在论的表象主义。这里表象主义不仅仅指样式是对外部事物的表征，同时还要求样式作为表象是灵魂的认识对象，灵魂通过该对象间接地认识外部事物。这种表象主义同时可以与观念论和间接实在论相容。关于这一点的详细论述，参见 Robert Pasnau, *Theories of Cognition in the Later Middle Ages*(Cambridge: Cambridge University Press, 1997), pp. 195-219。尽管在此书中，帕斯诺并没有完全拒绝对阿奎那的内省理论解读（p. 244），但是在 *Human Nature* 一书中他修正了这一观点，参见 Pasnau, *Thomas Aquinas on Human Nature*, pp. 454-455, n. 12。

5 这里的"直接"指的是在理智和外部事物之间不存在其他理智的认识对象作为中介。同时参见本文第一部分第一节对样式理论的简要介绍。

6 斯顿普（Eleonore Stump）指出，尽管阿奎那同意我们可以通过某种反思去认识可理解样式，但"那种认识并不是一种对样式自身的内在的有意识的觉知"(internal conscious awareness)。参见 Eleonore Stump, *Aquinas* (London: Routledge, 2003), p. 267。

那么，既然反思不能是某种将注意力转向内在的"内省"，又是什么呢？帕斯诺认为，反思也是一种指向外部事物的思维活动。在不同的地方帕斯诺对它有三个不同的表述：反思是：（1）"以一种特殊的方式注意那些原先的状态（笔者注：即在先的理解活动）的内容"；（2）"以一种特殊的反思的方式注意外在事物"；（3）"某种注视外部事物的方式：它是一种被反射到内部的向外的注视"。[1] 但是反思具体是何种指向外部事物的特殊方式，帕斯诺从未言明。他试图引用阿奎那关于镜像的类比来对此进行说明：

> 通过视觉中源自于镜子的像[2]，一个人的视觉直接地被引向镜子所反射的对象；但是通过同一个内在的样式，它以某种"返回"（"turning back""reversion"）的方式被引向镜子中的像。[3]

基于这样一个类比，帕斯诺认为高阶反思即是一种与上述过程相类似的"注意力的转移"。尽管这一解释仍然不够清晰，但已经可以展示出这种特殊的高阶反思概念的几个基本特点：（1）涉及注意的转向；（2）指向外在事物；（3）反思的内容与理解活动的内容相同。

根据这种反思概念，帕斯诺可以说明何以我们能够通过一个样式既理解外在对象又把握理解活动自身：因为对理解活动的自我知觉本身就是把握外在对象的一种特殊的方式。

其次，**"主观性"命题**。通过上文对反思概念的辨析，我们看到，帕斯诺认为理智的自我知觉与理解活动都是理智的活动，其区别仅仅在于前者与一般的理解活动

1　Pasnau, *Thomas Aquinas on Human Nature*, pp. 342-343.

2　这里指的即是"样式"，阿奎那将视觉中的样式与镜像相比。

3　Pasnau, *Thomas Aquinas on Human Nature*, p. 345. 括号中英文是帕斯诺的翻译。*DV*. 2.6 c: sicut per similitudinem quae est in visu a speculo acceptam, directe fertur visus in cognitionem rei speculatae; sed per quamdam reversionem fertur per eamdem in ipsam similitudinem quae est in speculo.

的注意力不同。但需要注意的是，这种反思活动的注意力仍然指向外在，而不指向内在，因而我们不清楚帕斯诺如何能够解释自我知觉中的主观性特征：我是如何知觉到"我在思想奶酪发霉了"？[1] 科莉认为，帕斯诺高阶反思所代表的这种非直接性（indirectness）是一种"表象的非直接性"（representative indirectness）。例如，当我们看一张登记员的照片的时候，我们就非直接地看到了登记员本人："思想的心外对象作为一个代表（proxy）反映出我自己，即思想者，正如一张登记员的照片作为一个代表反映出那个登记员一样。"科莉使用约翰·佩里（John Perry）所给出的一个例子表明这种"表象的非直接性"无法说明自我知觉的主观性特征：当一个人在监视器中看到他自己将要被另一个东西砸到时，除非他拥有一个在先的自我觉知并将监视器中的那个人认作是他自己，否则他只能认识到："那个人有危险了"，而不是"我有危险了"。[2]

最后，**"个别性"命题**。帕斯诺没有就这一命题进行讨论。但是根据上文对反思概念的分析，帕斯诺似乎不能解释这一命题：反思活动的内容和理解活动的内容是相同的，只是两种注意的方式不同。既然后者的内容是普遍的——关于心外事物的普遍本性，那么前者的内容就也是普遍的。

现在我们反过来考察，帕斯诺所列举的那些文本证据是否表明阿奎那的自我知觉理论是一种时间上在后的高阶反思理论。这里仅列举两个代表性文本：

> **文本一**：不过还有另外一种理智，即人类，它既不等同于它的理解活动，同时它自身的本质也不是它理解活动的首要对象。相反，外部事物，也即物质事物中的本性才是它的首要对象。所以，首先被认识的是这一类对象；其次，理解活动（对象在这个活动中被认识）被认识；通过这个活动，理智自身被认识（理解活

---

[1] 帕斯诺承认自己在这一问题上遇到了困难，但是他认为阿奎那也没有关注这个问题，故而一笔带过。见 Pasnau, *Thomas Aquinas on Human Nature*, p. 455, n. 13。

[2] John Perry, "The Problem of the Essential Indexical", in *Noûs*, Vol. 13, No. 1 (Mar., 1979), pp. 3–21; Cory, *Aquinas on Self-knowledge*, pp. 99–100.

动是它的完善）。因此哲学家说对象在活动之前被认识（praecognoscuntur），活动
在官能之前被认识。[1]

标有着重符号的部分是帕斯诺在其书中所引用的段落，用来证明理解活动和自我知
觉在时间上是先后关系。需要注意的是，尽管很多文本都提到外部事物才是理智的
首要对象，而理解活动只是次要对象。但是在那些文本中"首要"和"次要"并不
一定蕴含着时间上的先后关系。不同的是，这个文本使用了"praecognoscuntur"，因
而较为清晰地表明两者之间在时间上有先后关系。因而，如果这个文本成立，它就
可以否定"伴随性"命题。

　　但是我认为，这段文本谈论的不是理智灵魂的自我知觉，而是普遍的自我知识。
根据我这里所给出的语境来看，这里所谈到的自我知识的顺序是：对象→活动→能力，
与第一部分所分析的自我知觉的顺序（对象→活动→灵魂）有微妙的不同。或许这不
足以表明这里谈论的不是自我知觉，但是阿奎那在最后一句中所引的亚里士多德的命
题出自于《论灵魂》3.2 的 415a16-22，而在《论灵魂》的相关段落中，亚里士多德谈论
的是我们如何探究灵魂及其官能的本质，因而涉及的是普遍的自我知识而非自我知
觉。（同时，上述引文第一句话也表明这段话将要谈论的是普遍的自我知识，即对灵魂
本质的认识）

　　文本二：因而，要知道习性（habitus）存在，那么，我们就需要有两种认识：
对习性的把握（apprehensio）和判断。要获得这种把握，我们就必须从对象和活
动中获得对习性的认识。习性不能通过它们的本质而被把握，因为灵魂诸官能

1　*ST.* 87.3 c: Est autem alius intellectus, scilicet humanus, qui nec est suum intelligere, nec sui intelligere est obiectum
　　primum ipsa eius essentia, sed aliquid extrinsecum, scilicet natura materialis rei. Et ideo id quod primo cognoscitur
　　ab intellectu humano, est huiusmodi obiectum; et secundario cognoscitur ipse actus quo cognoscitur obiectum; et
　　per actum cognoscitur ipse intellectus, cuius est perfectio ipsum intelligere. ***Et ideo philosophus dicit quod obiecta***
　　praecognoscuntur actibus, et actus potentiis. 帕斯诺对此段的引用和讨论见 Pasnau, *Thomas Aquinas on Human*
　　Nature, p. 341。

的能力被限定在它的对象上；因此，它的活动首先且首要地指向对象。只有通过某种返回（per quamdam reditionem），它才指向那些它凭之以指向对象的事物，正如我们看到的那样，视觉首先指向颜色；只有通过某种返回，它才能指向视觉的活动，当我们看见颜色时，它看见它在看见。但是，这一返回在感觉中是不完全的，而在理智中是完全的：理智通过完全的返回（reditione completa）而知道（sciendum）它自身的本质。[1]

标有着重符号的文字被帕斯诺用来证明阿奎那所说的自我知觉是通过"返回"（reditio）进行的。帕斯诺进而将这种"返回"刻画成上面所分析的高阶反思概念。但是根据我在这里给出的上下文，很容易就会发现这里的"返回"谈论的并不是自我知觉，而是普遍的自我知识：首先，阿奎那在这一段开头明确指明他要讨论的是对灵魂中习性的"把握"（apprehensio），而对习性的"把握"被阿奎那归类为普遍的自我知识[2]；其次，这一段的末尾表明，通过这种"完全的返回"，理智并不是获得了对自身活动的知觉，而是对自身本质的科学知识（"sciendum"）。我将在后文中分析这种"返回"或"完全的返回"概念，它们是一种推论而非高阶反思。[3]

基于上文的分析，帕斯诺在文本上不能证明阿奎那所说的自我知觉是一种高阶反

---

1 *DV.* 10.9 c: Loquendo igitur de habitibus prout de eis scimus quid sunt, duo in eorum cognitione oportet attendere; scilicet apprehensionem et iudicium. Secundum apprehensionem quidem eorum notitia oportet quod obiectis et actibus capiatur; nec ipsi possunt per essentiam suam apprehendi. Cuius ratio est, quia cuiuslibet potentiae animae virtus est determinata ad obiectum suum; unde et eius actio primo et principaliter in obiectum tendit. In ea vero quibus in obiectum dirigitur, non potest nisi per quamdam reditionem, sicut videmus, quod visus primo dirigitur in colorem; sed in actum visionis suae non dirigitur nisi per quamdam reditionem, dum videndo colorem videt se videre. Sed ista reditio incomplete quidem est in sensu, complete autem in intellectu, qui reditione completa redit ad sciendum essentiam suam. 帕斯诺对此段的引用和讨论见 Pasnau, *Thomas Aquinas on Human Nature*, p. 342。

2 *DV.* 10.8 c: Sed si loquamur de cognitione animae, cum mens humana speciali aut generali cognitione definitur, sic iterum distinguendum videtur. Ad cognitionem enim duo concurrere oportet: scilicet apprehensionem, et iudicium de re apprehensa.

3 我在这里无法详细分析帕斯诺考察的所有文本。这两个文本是帕斯诺明确用来支持其主张的主要文本。其他间或提及的段落有：*ST.* 14.2 ad3; *QDSC* 2ad7; *DV.* 10.9 ad 10 等，根据这些段落的具体内容及其上下文语境，它们讨论的都是普遍的自我知识。

思，同时他的高阶反思模型对"主观性""个别性""伴随性"均不能给出解释，对于"样式单一性"也只能给出不清晰的解释。

3. 科莉的同阶理论

科莉在其2014年的专著中为阿奎那建立了一个相当系统的同阶自我觉知的理论。我将其中与本文相关的框架大致展示如下：

对外在对象的理解和对理解活动的觉知并非两个可以分开来的活动。我的所有理解活动中都隐含了对这个理解活动的理解，例如，当我理解三角形的本性时，三角形的本性总是"作为被我理解的三角形性"（triangularity as understood by me）向我呈现。这被称作"有意识的思想的两重性"（duality of conscious thought），即将思想者和心外对象以相互关联的方式同时呈现（"**伴随性**"）。而理智的活动之所以具有这种两重性，是因为样式既使得心外事物成为现实可理解的，也使得理智自身成为现实可理解的。所以，凭借一个样式，理智同时理解了心外事物，也理解了处在现实状态中的理智（即，进行理解活动的理智）（"**样式单一性**"）。而处在现实状态的理智是一个非物质的个别事物，这与可理解性没有任何矛盾之处，因而，理智也就在自我觉知中理解了自己的个别理智（"**个别性**"）。由于理智的这种自我理解不是"站到外面"来理解自身，而就是在现实的理解活动中同时理解自身，这种自反性（self-reflexivity）解释了何以对理解活动的知觉总是第一人称的（"**主观性**"）。[1]

---

[1] Cory, *Aquinas on Self-knowledge*, pp. 134−173. 科莉将我这里所描述的自我觉知称作"内隐的自我觉知"（implicit self-awareness）的理论。她认为在阿奎那的理论中还可以发展出"外显的自我觉知"（explicit self-awareness）理论。外显的自我觉知也是关于一个主体和对象互相联系所构成的整体，但是与内隐的自我意识不同的是，在外显的自我觉知中，我将注意力从外部转到了内部，在注意力转移的过程中，我的理解对象从"作为被我理解的三角形性"（triangularity as understood by me）变为了"作为正在理解三角形性的我自己"（myself as understanding triangularity）。科莉认为这种对注意力内转的刻画可以避免帕斯诺对内省理论的批评，因为即便在注意力转向了内部的"外显的自我觉知"中，"三角形性"这个心外的实在也仍然作为一部分被包含在"外显的自我觉知"的内容之中。然而，我认为这种注意力的内转对于阿奎那来说仍然是不可能的。因为对于阿奎那来说，只有理智的注意力唤起想象，理智才能现实地进行理解。因此，如果"三角形性"要能够保持其指向外在事物的特征，理智的注意力就必须转向想象。一旦如科莉所说，理智的注意力从对象侧转向主体侧，理智就不能现实地进行理解了，因而三角形性也就不能作为一个心外的实在存在于外显的自我觉知的内容之中。因此，帕斯诺对于内省理论的批评恰恰适用于科莉对外显的自我觉知的刻画。此外，我认为科莉用来证明阿奎那脑子里有"内隐与外显"的文本和帕斯诺一样混淆了自我知觉与普遍的自我知识。（转下页）

如上所述，科莉承认所有四个命题，并都给出了相应的解释。我将先考察她对"样式单一性"和"伴随性"命题的解释。科莉的论证思路分为两步：（1）论证理智如何能够在同一时间理解多个事物；（2）论证理智如何能够在同一时间既理解外在对象又理解理解活动自身。在这里我先对第二步论证进行考察。

科莉诉诸亚里士多德在《论灵魂》III.4 中提到的心灵与对象的同一性。阿奎那对这种同一性的理解是：处于现实状态的理智和处于现实状态的可理解对象在理解活动发生的那一刻是"一"。因而，科莉认为阿奎那会接受如下解释思路：

同一性解释：（1）"如果正在思考着的处于现实状态的理智就是处于现实状态的可理解对象，那么对任何处于现实状态的可理解对象的认识都一定在某种意义上是自我认识。"（2）"任何思想，事实上都包含着对于思想者自身思想活动的内隐把握。"[1]

科莉对于这一自我理解的机制的解释是：同一个可理解样式，既使得外部对象成为现实地可理解的，也使得理智自身成为现实地可理解的。接着，科莉认为，凡是现实地可理解的都是现实地被理解的。因而，同一个可理解样式，既使得外物的本性被理解，也同时使得处于现实状态中的理智（当我思考三角形性时，处于"现实状态中的理智"就是"思考三角形性"这个活动）被理解。

（接上页）其关键的文本证据来自 *ST.* Ia 93.7 ad4: aliquis respondere posset per hoc quod Augustinus dicit XIV de Trin., quod mens semper sui meminit, semper se intelligit et amat. Quod quidam sic intelligunt, quasi animae adsit actualis intelligentia et amor sui ipsius. Sed hunc intellectum excludit per hoc quod subdit, *quod non semper se cogitat discretam* ab his quae non sunt quod ipsa. Et sic patet quod *anima semper intelligit et amat se, non actualiter, sed habitualiter.* Quamvis etiam dici possit quod, *percipiendo actum suum, seipsam intelligit quandocumque aliquid intelligit.* 科莉认为这段引文中我加粗的三句分别指的是外显的自我觉知、习性的自我觉知和内隐的自我觉知。这表明，阿奎那自己对于外显的自我觉知和内隐的自我觉知是有区分的。但是，我认为阿奎那所引用的奥古斯丁关于"思考自己"的论述指的不是外显的自我觉知，而是普遍的自我知识。正如引文中所说，对自己的"思考"（cogitare）涉及的是将自己与其他事物区分开来，因而涉及关于自己是什么、不是什么的认识。根据阿奎那 *DV* 中的论述，涉及自己是什么的认识属于普遍的自我知识。

1 Cory, *Aquinas on Self-knowledge*, p. 153.

然而，正如我在前文中所指出的，兰伯特之所以放弃了这里的同一性解释正是因为他认为"现实地可理解"不能等同于"现实地被理解"。后者额外要求可理解对象与理智处在某种适配关系中。根据阿奎那，这样的适配关系是"主动与受动"或"完善与被完善"。[1] 但，一方面科莉没有给出任何对适配关系的说明；另一方面，似乎处在现实状态的理智与处在潜能状态的理智之间也没有任何"主动与受动"或"完善与被完善"的关系。

但科莉的"同一性解释"的失败并不意味着阿奎那无法说明自我知觉。事实上，阿奎那并不接受"同一性解释"的思路。科莉用来支持"同一性解释"的关键性文本是亚里士多德的《论灵魂》III.4 和阿奎那对相关段落的评注。但是无论是亚里士多德还是阿奎那，在那里谈论的都是如何认识灵魂的本质的问题，因而应当被归类为普遍的自我知识。考虑到阿奎那在对 III.4 的评注中只字未提理智对理解活动的自我知觉，将同一性理论挪用来解释自我知觉是不合法的。[2]

对于亚里士多德和阿奎那来说，尽管他们会接受"同一性解释"中的（1），但是他们不需要认为（1）可以推出（2）。我们完全可以只在以下两个意义上理解（1）：其一，因为处于现实状态的理智和处于现实状态的可理解对象是"一"，所以当理智理解可理解对象时，我们可以从中逻辑地推论出理智理解了自身，但这不意味着理智的思想中有任何的"两重性"；其二，理智理解了可理解对象的本性之后，可以通过推论来获得关于自身本性的知识，而这正是如何获得普遍的自我知识的过程，与内隐的自我觉知无关。这里面没有任何第一人称的色彩。[3]

---

1 *ST.* Ia 88.1 ad3: requiritur aliqua proportio obiecti ad potentiam cognoscitivam, ut activi ad passivum, et perfectionis ad perfectibile.

2 这里不排除这一可能性：尽管亚里士多德和阿奎那在相关文本中谈论的都是普遍的自我知识，但其中所包含的同一性解释既可以适用于普遍的自我知识，也可以适用于个别的自我认识，即自我知觉。但是，首先，这里的文本证据没有要求我们用同一性解释去说明自我知觉；其次，通过上文和下文的分析，我们看到科莉用同一性解释去说明自我知觉的尝试并不成功。

3 *InDA*, III.9: Species igitur rei intellectae in actu, est species ipsius intellectus; et sic per eam seipsum intelligere potest. Unde et supra philosophus per ipsum intelligere, et per illud quod intelligitur, scrutatus est naturam intellectus possibilis. 阿奎那通过引述亚里士多德明确表明，他在这里谈论的是普遍的自我知识而非自我知觉。

现在我们回过头来考察论证的第一步：理智如何能够在同一时间理解两个事物？正如兰伯特所指出的，我们对这个问题的回答不能含混地诉诸多个事物都能"作为一个整体被理解"，而是需要进一步给出对"作为一个整体被理解"的独立解释。科莉在这里给出了两种解释：

> **分有注意力（participated attention）理论**：当我们将理智注意力转向复合物整体并理解它时，我们必定同时现实地理解了这个复合物的各部分。和视觉类比，例如当我从一个好的视角看山时，我也就可以说现实地看见了瀑布、树木，等等。
>
> **现实性来源（principle）理论**：每当一个意向活动朝向某物时，它事实上就内隐地认识了在形式上给予该物现实性使之成为该活动之恰当对象的东西。以视觉为例，例如当我看一个色块时，我就内隐地看到了照亮它的光。[1]

第一种解释仍然无法回应兰伯特循环论证的反驳。我们看不出"复合物／部分"这组概念的引入在这里对何为"整体／部分"给出了任何多余的解释。科莉或许会诉诸她所说的"有意识的思想的两重性"，即经验中思想对象和思想主体确实是作为一个整体向我们呈现的。但这仍然是循环论证，因为这种"两重性"恰恰是待解释项。

第二种解释中提到了对现实性来源的内隐认识，看起来或许和内隐的自我觉知更加相关。但是科莉在说明我们对自身理智活动的内隐觉知时对这一解释只字未提。事实上，我们也看不出来处于现实状态的理智在什么意义上可以算作是可理解对象的现实性来源。[2]

1　Cory, *Aquinas on Self-knowledge*, pp. 137–142.

2　我们可以说可理解样式是可理解对象的 principle，因为它在形式上赋予后者以现实性。但是理智理解自身的理解活动和理智理解样式是两回事情。样式使得可能理智现实化，但样式并不就是现实化的可能理智。例如卡拉汉（O'Callaghan）似乎就混淆了这两者之间的区别：John P. O'Callaghan, *Thomist Realism and the Linguistic Turn: Toward a More Perfect Form of Existence* (Notre Dame, Indiana: University of Notre Dame Press, 2003), pp. 224–227。但是在阿奎那看来，主动理智是可理解对象的现实性来源。因而，根据"现实性来源理论"，我们可以在理解外在事物的同时，内隐地理解主动理智。科莉论述了这一点，参见 Cory, *Aquinas on Self-knowledge*, pp. 145–153。这里不排除这一可能性：我们或许可以通过这一思路辩护某种对自我的内隐认识。（转下页）

不难看出，科莉在这里所采取的两步论证刚好符合兰伯特所攻击的对象。但是对于兰伯特的两个质疑，科莉都没有给出一个有力的回应。

下面我们来考察科莉对第一个问题的回答：自我知觉与自我理解有何不同？根据上文的论述，可以看出，自我知觉在科莉看来就是一种理解活动：通过同一个样式，理智既理解了外物，也理解了自身。但是，这一将理智的自我知觉和理解活动等同起来的思路立刻就会遭到一个质疑：如果在自我知觉中，理智理解了自身，那么为什么我们没有通过自我知觉就获得对于灵魂本质的知识呢？自我知觉和普遍的自我知识通过什么得以区分？

科莉认为，自我知觉中所展现的对于理智的理解和普遍的自我知识中所展现的对理智的理解，其区别在于，前者是一种"不清晰"（indistinct）的理解，而后者是一种"清晰的"（distinct）的理解。"不清晰性"体现在：在这种不清晰的知觉中，我们把握一个理智经验对象的方式使得我们不能够将这个对象的本质与其他事物的本质区分开来。[1]换言之，同样作为理解活动，自我知觉和普遍的自我知识都拥有关于灵魂本质的内容，其不同之处只在于二者把握这种内容的方式不同。

然而，如果自我知觉与普遍的自我知识的区分被还原为把握方式上"不清晰"和"清晰"的区分，那么我们如何说明自我知觉和自我知识之间"第一人称"和"第三人称"、"个别"和"普遍"的不同？首先，个别和普遍的差异是内容上的区分，仅仅通过诉诸把握方式的不同不能够使得一个普遍的认识变为个别的认识。其次，"第一人称"和"第三人称"的区别似乎是一种把握方式的不同，但是我们不清楚为什么这种

（接上页）但是我不认为这一思路可以解释自我知觉，理由有三：其一，在专门讨论自我知识的文本中，阿奎那从未指出过（据我所知也没有暗示过）自我知觉是一种对主动理智的认识；其二，对理解活动的认识即是对处于现实状态的理智的认识。处于现实状态的理智指的是被可理解样式赋形了的可能理智，尽管这种赋形必然有可能理智的参与，但是赋形了的可能理智与主动理智是两回事情；其三，即便我们承认自我知觉就是对主动理智的知觉，根据下文的分析，它也不能解释"个别性"命题和"主观性"命题。

1　Cory, *Aquinas on Self-knowledge*, pp. 76-77, 185; Cory, "The Reflexivity of Incorporeal Acts as Source of Freedom and Subjectivity in Aquinas", in J. Kaukua, T. Ekenberg eds., *Subjectivity and Selfhood in Medieval and Early Modern Philosophy*(Springer, 2016), p. 132. 科莉对 indistinct cognition 的详细论述参见 Cory, *Aquinas on Self-knowledge*, pp. 77-89。

不同可以被还原为"不清晰"和"清晰"的不同。关于这两点，科莉都没有给出任何回应。

至此，我认为，科莉的同阶理论对于第一个问题和第二个问题的回答都不足以解释"主观性""个别性""样式单一性"和"伴随性"命题。同时，她用来支持其主张的文本依据也是不合法的。

4. 小结

在这一部分中，我分析了学界较为著名的三种解释。这三种解释的共同之处在于，他们都坚持某种我称之为"理解模型"的立场，即他们都试图将自我知觉还原为某种理解活动。其中兰伯特的解释毋宁说是一种站在"理解模型"立场上对阿奎那自我知觉理论的批评，这种批评清晰地彰显出了"理解模型"自身的困难；帕斯诺和科莉的解释分别采取了高阶和同阶的理论，但都无法给予四个命题以融贯的解释。

我认为，上述这一考察不仅仅是对于三种特殊解释的考察，同时是对于理解模型的一个一般性考察：一方面，同阶和高阶的区分是一种穷尽的区分；另一方面，高阶和同阶理论在帕斯诺和科莉那里遇到的困难具有很强的代表性。

首先，如兰伯特所指出的，理解模型无法同时坚持"样式单一性"和"伴随性"命题：对于高阶理论来说，理解活动与自我知觉的注意力是不同的，因而就是两个不同的活动，而对于阿奎那来说，理智不能同时进行两个不同的活动。注意力的不同蕴含了两个活动在时间上有先后，所以高阶理论无法辩护伴随性命题。对于同阶理论来说，则一来无法跨越"现实地可理解"与"现实地被理解"之间的空隙，二来无法对"作为一个整体被理解"这一概念给出足够清晰的独立解释。

其次，更为重要的是，由于高阶理论和同阶理论都坚持理解模型，所以他们都无法解释"主观性"命题和"个别性"命题：对于高阶理论来说，理智的自我知觉与理智的理解活动之间的区别被还原为注意力方向的不同；对于同阶理论来说，自我知觉和理解活动之间的区别则被还原为把握方式上"不清晰"与"清晰"的不同。但这两种还原都无法解释自我知觉和理解活动之间在第一人称／第三人称、个别／普遍上的不同。

但是，理解模型的失败并不证明阿奎那的自我知觉理论是不融贯的。正如上文所分析的，理解模型下的高阶理论和同阶理论都不具有文本上的支持。

据此，我认为，有足够的理由去尝试提出一种非理解模型的自我知觉理论。这一模型将在下一部分得到初步的考察。

三、"非理解模型"的解释方案

1. 自我知觉作为非理解的认识

在这里，我尝试提出一种"非理解模型"的自我知觉解释的大致框架：理智的自我知觉是理解活动的自我呈现。[1] 这种自我知觉不是任何形式的理解活动，它只是一种伴随着一切理解活动的自我把握，体现了灵魂的自反性（reflexivity）。

一旦我们采取了非理解模型，几乎可以毫无困难地解释第一部分中提到的四个命题：

主观性：由于自我知觉是灵魂对自身现实状态的非理解性把握，所以它与理解活动的第三人称特征不同，具有主观性。（关于这一点的进一步辩护依赖于下一节对"自反性"概念的刻画）

个别性命题：理解活动是非物质的个别事物，所以可以无困难地被自我知觉所把握。又由于自我知觉不是理解活动，所以与"理解活动的首要对象是外在事物的普遍本性"这一命题没有任何矛盾之处。

---

1 这里非常粗糙地澄清一下"自我呈现"（self-presence）的概念。"呈现"首先可以被区分为两类：一是"本体论上的呈现"（ontological presence）：当我们说某个事物"在场"时即是在这个意义上谈论"呈现"。例如，我可以说我面前的杯子是"呈现"的（"在场的"）。二是"认知上的呈现"（cognitive presence）：当我们认识到某物时即是在这个意义上谈论"呈现"，例如，我认识到我面前有一个杯子。此外，"呈现"与"自我呈现"又有很大的不同：当我看到了这个杯子时，我可以说这个杯子认知地呈现了，但是我不能说这个杯子自我呈现了，因为杯子自身没有认识能力。但是，如果我既看到了杯子，又"看到了"这个看到杯子的活动，那么我们就可以说这个视觉活动自我呈现了。按照下文的论述，对于阿奎那来说，视觉活动不具有自我呈现的能力，这一能力仅仅属于非物质的理解活动。

样式单一性：自我知觉和理解活动共享同一个样式，仅仅意味着两者都需要样式以赋予其现实性。但两者是不同的活动，样式在两者中起到不同的作用。对于理解活动来说，样式不仅仅起到现实化的作用，还起到表征外部事物的作用。而对于自我知觉来说，该样式仅仅起到现实化的作用。

伴随性：自我知觉不是理解活动，所以与理智同一时间内只能理解一个事物不矛盾。[1]

然而，灵魂何以具有这种伴随着一切理解活动的自反性特征？我将在下一节试图表明：阿奎那能够辩护，并且的确持有这样一种理智灵魂的自反性概念。

2. 理智灵魂的自反性

阿奎那如此描述这种理智灵魂对发生在其中的理解活动的自反把握：

> 任何在进行理解活动或者被照亮的人，都认识到他在理解或者被照亮了，因为他认识到事物被呈现给他自己。[2]

在这一段中，尽管阿奎那讨论的是人能不能"知觉"到天使的光照，但他认为人对光照的知觉和对理解活动的知觉是类似的，因为人在理解活动中总是能够认识到事物对他自己的呈现。

根据这种对自我知觉的描述，我在这里想刻画的一种灵魂的自反性是：理智灵魂在进行理解活动的同时都伴随着对这个理解活动自身的把握。这种刻画符合阿奎那对于"自反"（reflexio）概念的一般界定：起点和终点是一。[3]

阿奎那自己也曾讨论过这种自反性：

---

1 我们并不需要在这里将注意力转向自我知觉，后者可以被刻画为一种内隐的伴随性的知觉。

2 *ST.* Ia 111.1 ad3: quicumque intelligit vel illuminatur, cognoscit se intelligere vel illuminari; quia cognoscit rem sibi esse manifestam. 并见 *ST.* Ia 93.7 ad4: percipiendo actum suum, seipsam intelligit quandocumque aliquid intelligit.

3 *InMeta* 2.3 312: Ubicumque autem est reflexio, reditur ad primum, ita scilicet quod id quod fuit primo principium, postea sit terminus.

这一情况是不可理解的——某个官能中包含着对其活动的自反（reflexio）——除非这一自反就是通过它所要返回的那个活动进行的，这一活动在先地被其专属的对象所限定，而后者又区别于该能力的活动自身；否则必然就会造成无穷倒退。因为如果理智理解它在理解，它一定理解它在理解某物。[1]

对于理解活动来说，灵魂正是通过理解活动自身完成了自反，否则就会出现无穷倒退的问题。严格地来说，灵魂对理解活动自身的把握并不是另一个活动，只是这个活动的自我呈现。[2]

这种自反与帕斯诺所提到的"返回"（reditio）是截然不同的：

我们理智的活动首先指向那通过想象而被把握的事物，然后返回（reditio）去认识它自己的活动；然后进而返回样式和习性以及诸能力，最后返回至心灵自身的本质。这些事物并不作为首要的对象与理智相关，而是作为理智获得其对象的手段而与理智相关。[3]

这里的"返回"并不像帕斯诺所以为的那样是一种高阶反思，而是在对普遍的自我知识追寻的过程中，从对象的本性返回到活动的本性，返回到诸能力的本性，最终返回到理智的本质。根据阿奎那的描述和他本人（以及亚里士多德）探寻灵魂本质的理论实践，这种"返回"是一个推论的过程，例如，从理智的对象是外在事物的

1　*Sent.* IV. 49.1.1 qc.2 c: Non enim potest intelligi in aliqua potentia reflexio super actum suum, nisi actu suo, in quem fit reflexio, prius terminato per objectum proprium, quod sit aliud ab ipso actu potentiae illius; alias oporteret in infinitum procedere. Si enim intellectus intelligit se intelligere, oportet quod intelligat se intelligere aliquid.

2　尽管这里阿奎那使用了"理解"来描述自我知觉，但这并不意味着非理解模型是错误的。正如上文所述，使用"理解"来描述自我知觉只是特例。此外，我们可以认为此处的"理解"是一种不严格的使用：因为自我知觉总是伴随着理解活动，所以在宽泛的意义上，我们也可以将自我知觉归属给理解活动。

3　*DV.* 10.9 c: Unde actio intellectus nostri primo tendit in ea quae per phantasmata apprehenduntur, et deinde redit ad actum suum cognoscendum; et ulterius in species et habitus et potentias et essentiam ipsius mentis. Non enim comparantur ad intellectum ut obiecta prima, sed ut ea quibus in obiectum feratur.

普遍本性推论出可理解样式的非物质性，从而推论出理解活动的非物质性，从而推论出理智的非物质性。[1]

因此，我们或许可以说这里存在着两种"自反"概念：与自我知觉相关的 reflexio 是一种伴随性的自我呈现，而与普遍的自我知识相关的 reditio 是一种从对象（外在事物的普遍本性）到手段（样式、活动）到本原（理智、灵魂）的推论。[2]

阿奎那在早期文本中曾经同时论述过这两种自反的概念，这表明阿奎那认识到并且做出了同样的区分：

> 灵魂以两种方式在认识中返回（reflecti）它自身或属于它自身的事物。以第一种方式，认识能力认识它自身的本性，或者那些在它之中的事物的本性，这仅仅是因为理智的功能就是去认识事物的本质。然而，正如《论灵魂》第三卷中所说，理智认识它自身正如它认识其他事物一样，因为，它是通过样式来认识它自身，但不是它自己的样式，而是对象的样式，也即对象的形式；从这里出发它认识了它自身活动的本性，从它的活动的本性它认识了认识能力的本性，从认识能力的本性它又认识了本质的本性，并且最后认识了其他能力的本性：不是因为它

1　*DV*. 10.8 c; *ST*. Ia 77.3; Aristotle, *De Anima* 415a15–22, etc.

2　斯蒂尔（C.N. Still）认为在阿奎那那里，reflexio 和 reditio 在用词上有着较为严格的区分：reflexio 及其同根词都用来刻画个别的自我知识，而 reditio 及其同根词都用来刻画普遍的自我知识。参见 Carl Nelson Still, *Aquinas Theory of Human Self-knowledge* （[D] University of Toronto, 1999), pp. 115–137。我认为这种用词上的区分并不成立。尽管 reditio 有其新柏拉图主义的来源，且阿奎那使用这个词时总是和普罗克洛（Proclus）《论原因》中 completa reditio（完全返回自身的本质）的概念联系在一起，因而 reditio 总是与普遍的自我知识相关联。但是 reflexio 的使用则相对宽泛，既会被用来刻画个别的自我知识，也会被用来刻画普遍的自我知识。斯蒂尔在考察 reflexio 的用法时基本上忽略了其上下文的语境。例如 *DV* 10.9 ad 10: Intellectus cognoscit speciem intelligibilem non per essentiam suam, neque per aliquam speciem speciei, sed cognoscendo obiectum cuius est species, per quamdam reflexionem。这里讨论的只能是普遍的自我知识：一方面，在自我知觉中，只有对理解活动的知觉，阿奎那从未提到过对样式的知觉，两者是不同的；另一方面，我认为理智和样式之间并不存在认知关系，因而理智不可能通过任何反思的方式"意识"到样式，正如我虽然能对自身的心灵状态有所意识，但却不能意识到脑神经活动一样。帕斯诺虽然认为理智和样式之间存在某种"前认知"的关系，但是并不清楚这种前认知关系是什么。参见 Robert Pasnau, *Theories of Cognition in the Later Middle Ages*, pp. 195–219。并见卡拉汉对帕斯诺的批评：O'Callaghan, *Thomist Realism and the Linguistic Turn*, pp. 232–235。

拥有关于所有这些事物的不同相似物（similitudines），而是因为在它的对象中，它不仅认识真之理（ratio veri），因为后者是它的对象，还能认识所有包含在真之理之中的东西，因而它也就能认识善之理（ratio boni）；因此，最终通过同一个样式它认识到了意愿的活动和意愿的本性，以及类似地认识到了灵魂的其他能力和它们的活动。以另一种方式，灵魂通过认识到它的那些活动存在的方式返回它自身的活动。然而，那些使用了身体器官的能力就不能返回它们的专属活动，因为必然的，它凭之以认识到它在认识的工具会成为这个能力自身和它凭之以进行第一个认识活动的工具的中介。然而，一个使用身体器官的能力可以认识到另一个能力的活动，因为较低能力的印象（impressio）流入了较高的能力，正如我们通过共通感认识到了视觉在看。然而，因为理智是一种不适用身体器官的能力，当它以某种方式被对象所影响并接受了对象的样式时，它就能够认识它自身的活动。[1]

不难发现，这里所提及的两种自反方式分别对应着上面所说的涉及普遍的自我知识的 reditio 和涉及自我知觉的 reflexio。尽管这段文字并不容易理解，但这里

---

[1] *Sent.* III.23.1 a2 ad3: quod animam reflecti per cognitionem supra seipsam, vel supra ea quae ipsius sunt, contingit dupliciter. Uno modo secundum quod potentia cognoscitiva cognoscit naturam sui, vel eorum quae in ipsa sunt; et hoc est tantum intellectus cujus est quidditates rerum cognoscere. Intellectus autem, ut dicitur in 3 de anima, sicut alia, cognoscit seipsum, quia scilicet per speciem non quidem sui, sed objecti, quae est forma ejus; ex qua cognoscit actus sui naturam, et ex natura actus naturam potentiae cognoscentis, et ex natura potentiae naturam essentiae, et per consequens aliarum potentiarum: non quod habeat de omnibus his diversas similitudines, sed quia in objecto suo non solum cognoscit rationem veri, secundum quam est ejus objectum, sed omnem rationem quae est in eo, unde et rationem boni: et ideo consequenter per illam eamdem speciem cognoscit actum voluntatis et naturam voluntatis, et similiter etiam alias potentias animae et actus earum. Alio modo anima reflectitur super actus suos cognoscendo illos actus esse. Hoc autem non potest esse ita quod aliqua potentia utens organo corporali reflectatur super proprium actum, quia oportet quod instrumentum quo cognoscit se cognoscere, caderet medium inter ipsam potentiam et instrumentum quo primo cognoscebat. Sed una potentia utens organo corporali potest cognoscere actum alterius potentiae, inquantum impressio inferioris potentiae redundat in superiorem, sicut sensu communi cognoscimus visum videre. Intellectus autem cum sit potentia non utens organo corporali, potest cognoscere actum suum, secundum quod patitur quodammodo ab objecto, et informatur per speciem object.

我们只需要指出：阿奎那在这里分别为两种不同的自反能力给出了两种不同的论证。

对于第一种自反（reditio），阿奎那认为我们之所以能够通过外在对象推论出灵魂诸能力的本质，是因为理智的认识对象是真之理，而真之理当中又可以包含对善之理的认识，基于前者，理智能够理解自身的本质，基于后者理智能够理解意愿能力的本质。关于这一点，阿奎那在其他地方多有论述：

> 理智的对象是某种共通的东西，即存在和真，理解活动自身也属于这个范围之内。所以，理智可以理解它的活动，但不是首先地，因为在此世，理智首先的对象并不是任何存在的和真的东西，而是物质事物中的存在与真，通过它们理智能够通达对其他所有事物的认识。[1]

尽管理智首先的对象是物质事物中的存在与真，但是因为宽泛地来说，理智可以认识一切存在与真的东西，因而，通过推论，理智能够"返回"自身的活动和能力，从而认识到它们的本质。

而对于第二种自反（reflexio），阿奎那认为这种自反仅仅基于理智的非物质性：由于理智活动不借助任何身体器官，所以理智不需要经过任何中介即可把握自身。而需要使用身体器官的认识能力，由于身体器官的引入，在认识者和被认识者之间就会产生距离（既是因果上的距离，也是物理上的距离），从而使得认识者不能在同一个认识活动中把握自身。阿奎那在其他地方甚至认为，这种物质性是阻碍灵魂自反的唯一障碍：在《论真理》10.8 中，有一条反对意见提到，在理解能力和被理解之间存在着"距离"，因而理智不能理解自身，阿奎那的回应是：

1　*ST*. Ia 87.3 ad1: obiectum intellectus est commune quoddam, scilicet ens et verum, sub quo comprehenditur etiam ipse actus intelligendi. Unde intellectus potest suum actum intelligere. Sed non primo, quia nec primum obiectum intellectus nostri, secundum praesentem statum, est quodlibet ens et verum; sed ens et verum consideratum in rebus materialibus, ut dictum est; ex quibus in cognitionem omnium aliorum devenit.

感觉活动通过可感对象作用于感官而得以完成，这种感觉活动是一个占据位置的活动，因而就需要一个特定的距离；但是理智的活动并不被限定在任何的位置上。所以，在这方面两者并不相似。[1]

理解活动不占有位置，因而在认知和被认知者之间不存在距离。一旦排除了广延性或物质的障碍，就没有什么阻碍理解活动通过灵魂的自反而自我呈现。[2]

以上只是对"非理解模型"的相当粗略的考察，论证多有不备。但是我们可以看出，阿奎那明确区分了两种自反。一种是推论，与普遍的自我知识相关，基于理智对象的普遍性；另一种是自我呈现，与自我知觉相关，基于理智活动的非物质性。前者是一种理解活动，通过这种理解活动我们能够理解理智的本质，而后者不是一种理解活动，但总是伴随着理解活动而出现，通过它我们知觉到了理解活动自身。

四、结　论

在第一部分中，我初步分析了阿奎那自我知觉理论所要刻画的问题，并指出一个好的自我知觉理论的解释需要解释"主观性""个别性""样式单一性"和"伴随性"四个命题。在第二部分中，我考察了学界较为著名的三种解释模型，这三种模型都不能

1　*DV.* 10.8 ad8: operatio sensitiva perficitur per actionem sensibilis in sensum, quae est actio situalis, et ideo requirit determinatam distantiam; sed operatio intellectus non determinatur ad aliquem situm; et ideo non est simile. 亦见 *SCG* 2.49: Nullius corporis actio reflectitur super agentem: ostensum est enim in physicis quod nullum corpus a seipso movetur nisi secundum partem, ita scilicet quod una pars eius sit movens et alia mota. Intellectus autem supra seipsum agendo reflectitur: intelligit enim seipsum non solum secundum partem, sed secundum totum. Non est igitur corpus。

2　对于这两种区分的论述参见 Cory, "The Reflexivity of Incorporeal Acts as Source of Freedom and Subjectivity in Aquinas", pp. 126-131。但科莉认为，这两种不同的论证针对的是同一种自反性的概念，且她进一步认为前一种论证是后一种论证的不完整形式。但正如我在正文中展示的，这两种论证分别针对的是不同的自反性概念。

对这四个命题给出令人满意的解释。但是这并不意味着阿奎那的自我知觉理论是不融贯的：一方面，这三种解释均坚持了某种我称为"理解模型"的立场，即试图将自我知觉还原为理解活动；另一方面，这三种解释的文本证据并不充足。因而，在第三部分，我尝试给出了一种非理解模型的自我知觉理论，并对与之相反的灵魂的自反性给出了初步的刻画。

基于这种灵魂的自反性（reflexio），自我知觉是一种伴随着一切理解活动的非理解的自我呈现。这里似乎立即碰上了一个困难，即自我知觉一方面不是理解活动，另一方面又因为不依附于任何身体器官而不是感觉活动，那么自我知觉究竟是什么？如果自我知觉是一种相当特殊的活动，同时对于阿奎那来说，灵魂的功能由其专属的活动所定义，那么这里我们似乎不但引入了一个神秘的活动，还引入了一个神秘的功能。

针对这一问题，首先，基于上一节的论述，这里的自我知觉事实上并非任何神秘的活动，它基于理智灵魂的自反性，而后者的基础仅仅是理解活动的非物质性，所以这里也不需要引入任何新的功能。其次，我们无须将自我知觉刻画成一个独立于理解活动的另一个活动。在这里，自我知觉仅仅是理解活动的本质属性。[1] 由于理解活动的非物质性，理解活动在发生的时候必然自我呈现。而这正是自反性的要求。但需要注意的是：和科莉不同，我并不把对自我的知觉看作是理解活动的一个侧面或一个部分。自我知觉是理解活动的自我呈现，但不在任何意义上是理解活动的对象或者被包含在理解活动的对象之中（这里"理解活动的对象"仅仅就一个事物可以被理解活动所认识而言，并不意味着它一定是作为一个与主体或认知者相区分开来的、相对立的事物而被认识）。

这种非理解模型的自我知觉为阿奎那的自我知识理论提供了一种新的图景。根据上文的论述，我们可以将获得自我知觉和获得普遍的自我知识的机制表述如下[2]：

1　尤其是如果我们考虑到：自我知觉与理解活动都被同一个可理解样式所现实化，因而共享同一个现实性。

2　可比较帕斯诺的流程图。Pasnau, *Thomas Aquinas on Human Nature*, p. 340.

自我知觉：对象 ———————→ 活动
　　　　　　　　　Reflexio

普遍的自我知识：对象 ———→ 活动（样式）———→ 能力 ———→ 灵魂的本质
　　　　　　　　　　Reditio　　　　　　Reditio　　　Reditio

自我知觉基于伴随性的自我呈现，而普遍的自我知识基于有时间先后顺序的推论。因而两者不能相混，我们不能把两个过程合二为一并把自我知觉视作获得普遍的自我知识的早期阶段。自我知觉在认识论上并不是普遍的自我知识的基础：我们并不能仅仅通过澄清或反思自我知觉的内容就获得关于灵魂本质的知识。后者是通过对外部事物的考察进而通过推论获得的，而前者只是理解活动的伴随性呈现。[1]因而，阿奎那的灵魂科学并不像理解模型的支持者们所认为的那样依赖于第一人称的自我经验。[2]

自我知觉的性质还有待进一步细致的分析与刻画。我在这里提供一些初步的想法：结合阿奎那在《论真理》10.8—10.9 中的相关论述，这种自我知觉似乎更应该被仅仅视作一种内隐的、模糊的、非概念化的自我觉知（self-awareness），而不在任何严格的意义上可以被称作"自我知识"。在阿奎那看来，我们通过自我知觉仅仅能够知觉到理解活动和理智灵魂的"存在"，而关于理解活动和理智灵魂"是什么"的认识则被归属于普遍的自我知识，因而需要通过始于外部事物的推论才能获得。[3]任何对于自身心灵状态是什么的知识都包含了一定程度的普遍的自我知识，因而都是间接的（因为涉及推论）：一方面，我认识了外部事物，然后通过推论认识到认识该外部事物的活动是什么；另一方面，我通过自我知觉而对自身的理解活动有模糊的觉知。在这种自我知觉下，我得以将前者（关于一个活动是什么的知识）归属给我当下的理解活动，

1　阿奎那的灵魂科学不是一种基于内省的科学。理解灵魂的方法和理解其他事物的方法原则上并没有不同。*QDDA.* 16 ad8: sicut et quaelibet alia res intelligitur per formam suam. Et hoc est commune in omnibus potentiis animae, quod actus cognoscuntur per obiecta, et potentiae per actus, et anima per suas potentias. Sic igitur et anima intellectiva per suum intelligere cognoscitur. 斯蒂尔和乔丹均反对这种内省的方法论：Still, *Aquinas Theory of Human Self-knowledge*, pp. 151–152; Jordan, *Ordering Wisdom*, p. 133。

2　例如，Anthony Kenny, *Aquinas on Mind*(London: Routledge, 1994), p. 121; Lonergan, *Verbum*, p. 90; Lambert, *Self knowledge in Thomas Aquinas*, p. 225; Cory, *Aquinas on Human Self-knolwedge*, p. 176。

3　*DV.* 10.8 c: Unde per hanc cognitionem cognoscitur an est anima, sicut cum aliquis percipit se habere animam; per aliam vero cognitionem scitur quid est anima, et quae sunt per se accidentia eius.

从而获得对自身的心灵状态的知识。

因而，尽管在自我觉知上我们拥有某种第一人称的通路，但是在对自身心灵状态是什么的知识上，我们并没有特别的、可靠的认识方法。所以，我认为，阿奎那并不认为我们对于自身心灵状态的知识在认识论上具有特殊的确定性。这一点最明显地表现在，阿奎那和奥古斯丁关于自我知识的"确定性"（certainty）采取了完全不同的刻画方式：奥古斯丁在《论三位一体》等多部著作中再三将"我存在""我活着"等命题作为最为确定的知识，因为我在这些知识上不会犯错，因而可以抵挡住怀疑论的攻击。[1]而阿奎那也认为我们对于自身有某种最为确定的知识，但是他对确定性这一概念的使用却非常奇怪：

> 关于灵魂的知识在这个意义上是最确定的：每个人都在他自身之中经验到他的灵魂和他灵魂的活动。[2]

这里，"确定性"指的仅仅是每个人对自己的灵魂和灵魂之活动都有某种自我经验，而与不可怀疑性或不可错性无关。

此外，我们注意到在奥古斯丁的《论三位一体》中，奥古斯丁屡次通过心灵在心灵活动中对自身的觉知来论证心灵的非物质性。[3]相反，在阿奎那那里，从未出现过直接通过灵魂的自我知觉论证灵魂的非物质性的情况。如果我所刻画的非理解模型

---

1 例如 Augustine, *De Trinitate*, 15.12.21; *De Civitate Dei*, 11.26。

2 *DV*. 10.8 ad s. c. 8: quod secundum hoc scientia de anima est certissima, quod unusquisque in seipso experitur se animam habere, et actus animae sibi inesse.

3 Augustine, *De Trinitate*, 10.10.14, 10.10.15, etc. 对于这类论证的梳理参见 Ludger Hölscher, *The Reality of the Mind: St. Augustine's Philosophical Arguments for the Human Soul as a Spiritual Substance* (London: Routledge & Kegan Paul, 1986), pp. 126-182; Gareth B. Matthews, *Augustine* (Oxford: Blackwell Publishing, 2005), pp. 43-52. 奥古斯丁与阿奎那的这一区别或许也体现在奥利维与阿奎那关于自我知识的争论中，前者认为伴随性的自我觉知已经是概念化的知识，并且可以充当普遍的自我知识的基础。参见 Christopher Martin, "Self-Knowledge and Cognitive Ascent: Thomas Aquinas and Peter Olivi on the KK-Thesis", in H. Laugerland ed., *Forming the Mind: Essays on the Internal Senses and the Mind/Body Problem from Avicenna to the Medical Enlightenment* (Dordrecht: Springer, 2007) , pp. 93-108。

正确，那么阿奎那事实上反对这样一种从灵魂的自反性直接推出灵魂的非物质性的努力。在阿奎那看来，尽管这种自我呈现的自反性基于理智灵魂的非物质性，但是对后者本性的认识必须首先通过推理的论证，经过艰辛的研究才能获得。这一研究必须始于对外部事物本性的考察。对两种基本类型的自我知识的严格区分切断了从自我觉知直接通达灵魂本质的可能性。[1] 这或许解释了为什么在奥古斯丁那里如此重要的自我知识在阿奎那的著作中却显得无关紧要：对于阿奎那来说，自我知觉并不能提供关于灵魂是什么的知识，自我知识始于且依赖于对外部事物和存在秩序的考察与理解。

（本文作者为牛津大学哲学系博士研究生）

1　如上文所述，理解模型不能切断这种可能性。

从战士到僧侣

中世纪盛期圣徒传中的军事贵族形象

王　珞

　　中世纪历史研究最基本的问题之一是所谓"教俗"关系问题。这对概念有如经纬，贯穿我们对中世纪政治、社会和思想文化解释的诸多方面。国内学术界对于这个问题的其中一个面相，即"政教"关系，给予了极大关注。更确切地说，研究者关注的是在法律制度、政治理论和实践的层面如何定义和描述体制教会与世俗政府的关系。[1]但在政治思想史之外，教俗关系是牵涉价值观念和社会心态的、意义远为广泛的问题。

　　本文将以10—13世纪的圣徒传记材料为中心，讨论基督教会如何将中世纪最重要的世俗人群——军事贵族领主——纳入道德宣化的范围，描述教会知识精英如何将世俗贵族的价值观放置到基督教价值序列之中，并借以了解这一时期教会与社会关系变化之一端。之所以选择人物传记这种文体的材料，是因为与神学或法律著作相比，传记是一种较"中层"的文体类型。圣徒传记的写作往往追求经典的格式套路和被视为亘古不变的价值观，其写作者也往往是通晓拉丁文的教会精英人群；但是，圣徒传记也是一种相对流行的文体，即面向更广泛的社会人群、以叙事性和戏剧冲突满足读者或听众更多样的情感诉求，目的是为了在地方社会推广以该圣徒为对象的敬拜活动。作

1　此处仅举几例：彭小瑜：《中世纪西欧教会法对教会与国家关系的理解和规范》，《历史研究》2000年第2期，第121—133页；王亚平：《中世纪基督教教会对世俗政治的影响》，《经济社会史评论》2018年第3期，第89—100页；包倩怡：《格里高利一世时期的政教关系》，《世界历史》2021年第1期，第104—120页。

为一种可能跨越精英到庶民各阶层的文体,圣徒传可以用来研究价值观在社会中的浸渗程度。虽则大体体现的仍然是教会人士的态度与价值观,但圣徒传面对的可能是较为"下沉"的、更为地方性的受众,是研究较广泛意义上社会观念变迁的上佳材料。

本文试图论证这样一个过程:从 10 世纪起,西欧的地方贵族领主开始进入拉丁传记文学传统,成为基督教圣徒传记刻绘和描摹的对象。11 世纪末到 13 世纪的十字军运动,作为中世纪欧洲最大规模的平信徒虔敬运动和宗教暴力使用,不可避免地催化了这个过程。 其结果是一种折中妥协:一方面,教会逐渐接受军事贵族生活方式与基督教道德的兼容性;另一方面,教会几乎没有正式封圣过一个十字军战士或者承认其殉教者地位,而是将宗教暴力活动安放在一个低于修道主义的"次佳"位置。

一、"内僧外兵":《奥利拉克的杰拉德传》作为中世纪第一部军事贵族圣传

在中世纪早期,为除帝王以外的俗人立传是极罕见的事情。"传"(Vita)这种文体几乎等同于"圣徒传",即以褒扬宗教德行或激发礼仪敬拜为目的的宗教人物传记。中世纪早期第一部俗人传记应当是 9 世纪前期艾因哈德所作的《查理大帝传》。但是除了查理曼这样的帝王君主以外,俗人很难成为"传"所描摹的对象。由于基督教会几乎垄断了教育、书写和文本传抄保存的技术,他们也就垄断了立传的活动。由教会认定的、生平与德行值得褒扬并被记录下来的人物主要是基督教主教和僧侣,其他世俗社会的广大人群没有资格成为传记记叙的对象。

大概成书于 10 世纪前期的《奥利拉克的杰拉德传》(*Vita Sancti Geraldi Auriliacensis*)可能是中世纪较早的除帝王传以外的俗人传记之一。这部传记开先河之处在于,传主杰拉德是未出家、未受圣秩的俗人,而且终其一生过着世俗领主的生活。奥利拉克的杰拉德(855—909 年)是出身法国南部奥维涅(Auvergne)地区的贵族。传统上认为,这部圣传作者是勃艮第地区的克吕尼修道院的院长奥多(Odo of

Cluny，878—942 年）。[1] 奥多在这部传记作品中试图调和军事贵族生活与基督教圣徒范式之间的矛盾龃龉，意图创造出一种俗人信徒可以模仿的成圣模式。《传序》以回应质疑开头——众人多以为杰拉德事迹不真；不但不真，且是虚妄幻象；另一些人则为自己的奢侈欲望和罪孽辩护，用"既强且富、生活优渥"这样的妄言来假意赞美。作者奥多认为应当为杰拉德立传以回应这些非议，但称起初听了杰拉德的神异故事，自己也是深表怀疑的。[2] 众人议论杰拉德身为贵族领主的"既强且富"（*potens et dives fuit*）显然被作者认为和基督教圣徒的生活方式并不相容，是需要辩解回护的不实之词。文中隐现的纠结犹疑的态度说明在时人心目中，贵族领主因其暴力征战和滥用权力的生活方式与道德生活无缘，而作者就是要解释世俗贵族成圣何以可能。

首先，作者需要解释杰拉德为何少习兵事。奥多对圣徒这一概念的预设前提是，和贵族身份一样，圣洁性是一种与生俱来甚至可以血缘继承的德行特质。他不但强调杰拉德的祖先中包括阿尔的主教凯萨利乌斯（Caesarius of Arles）这样的圣徒，而且杰拉德的亲生父母本就是义人。如果不是得到梦中预言会生下有德的儿子，他的父母甚至拒绝同房。[3] 奥多作为一个僧人无法完全接受有正常婚姻生活的俗人作为德行模范，强调基督教教化中婚姻生活应当以孕育后代为目的这一原则。杰拉德青年时期的习武被解释为身体天赋异禀，是一种天生的优势，而不是主动的选择。他更主动追求

---

1 这部传记较容易找到的通用版本是拉丁教父全集中的版本：*De Vita Sancti Geraldi Auriliacensis Comitis Libri Quatuor*, Patrologia Latina, Vol. 133, col. 639-703。这个版本是历史上留下的一个"长传"（*Vita prolixior*）；另有一个较简短的本子（*Vita brevior*）。这两者之间的关系以及作者略有争议，但以本文目前的使用目的来看，并不需要深入讨论这个问题，因此仍然引用通用的版本。见：Mathew Kuefler, *The Making and Unmaking of A Saint: Hagiography and Memory in the Cult of Gerald of Aurillac* (Philadelphia: University of Pennsylvania Press, 2014), pp. 9-43. 对这部作品的研究解读很多，例如：Stuart Airlie, "The Anxiety of Sanctity: St Gerald of Aurillac and his Maker", *Journal of Ecclesiastical History*, Vol. 43, No. 3 (July 1992), pp. 372-395; Janet Nelson, "Monks, Secular Men and Masculinity, c. 900", in *Masculinity in Medieval Europe*, ed. D. M. Hadley (London: Longman, 1999), pp. 121-142; Thomas Noble, "Secular Sanctity: Forging an Ethos for the Carolingian Nobility", in *Lay Intellectuals in the Carolingian World*, ed. Patrick Wormald and Janet Nelson (Cambridge: Cambridge University Press, 2007), pp. 8-36; Katherine Allen Smith, "Saints in Shining Amor: Martial Asceticism and Masculine Model of Sanctity, ca. 1050-1250", *Speculum* 83 (2008), pp. 572-602。

2 *De Vita Sancti Geraldi*, col. 639.

3 *Ibid.*, cols. 642-643.

和享受的其实是习文，尤其是与《圣经》经典有关的学习。奥多声称杰拉德孜孜不倦，最终学习了《圣经》各卷（*pleniter Scripturarum seriem*），经学知识甚至超过了很多一知半解的教士。[1] 此处可以有不同解读：如果将奥多的说法当作写实，那么这则材料可以作为 10 世纪法国南部贵族子弟接受文学和《圣经》教育的证据；但另一种可能性是，奥多仍然是在将僧侣和教士的传记格式套用在杰拉德这个俗人身上，因为他很难接受一个对基督教经典文本一窍不通的人作为圣徒。

暴力征战是杰拉德作为一个地方领主标志性的活动，也是他被认可为圣徒最大的障碍。奥多的修辞策略就是将传主塑造成"内僧外兵"的形象，即强调他勉强维持军人的外表，但实际却过着僧侣的生活。奥多通篇都将俗世的活动当作"表面"，而将僧侣修行作为杰拉德"内在"的秘密生活。不但杰拉德卷入地方暴力争斗的理由是扶持弱小、维护正义，而且他还教导自己的士兵打仗的时候要剑锋朝内、矛尖冲里（*mucronibus gladiorum retractis, hastas inantea dirigentes*），结果却战无不胜。[2] 杰拉德"不伤他人，亦绝不为他人所伤"（*nec ipse quemlibet unquam vulneraverit, nec prorsus ab aliquo vulneratus est*）。[3] 这种打仗不允许流血、暴力活动靠以德服人的想法显然是传记作者的一厢情愿。但是奥多耗费了颇多笔墨、设想了各种细节来解释这个问题，这说明在他或者他的目标读者群看来，流血暴力活动无法与基督教圣徒生活两相融合。

奥多声称杰拉德实际上已经秘密受戒剃发（*tonsuram*），即按照修道士的样式剃掉头顶头发而仅留下周围一圈，然后他戴着帽子把自己的发型隐藏起来。[4] 杰拉德还多次声称自己想倾尽家财来供奉高僧的愿望，但却一直对本地的僧侣很不满意。杰拉德表示，完美的僧侣近乎天使；而如果僧人复归世俗欲望，就相当于堕落天使；一个好的俗人远胜于于一个不守戒的僧人。[5] 也就是说，杰拉德实际上内心向往的仍然

1　*De Vita Sancti Geraldi*, col. 643.

2　*Ibid.*, cols. 646–647.

3　*Ibid.*, col. 647.

4　*Ibid.*, col. 671.

5　*Ibid.*, col. 675.

是修道生活，但是他迟迟不肯出家，原因是苦于找不到好的僧人群体为伴[1]；既然找不到，那么还不如做一个虽然身着俗人衣装但恪守戒律的俗人。一方面传记作者十分笃定地维护修道生活的无上优越性，另一方面又需要竭力解释何以杰拉德终生并没有真正出家。所以他把杰拉德塑造成了一个对修道生活一腔赤诚、无比向往，但正因为向往，所以选择标准尤其严格的俗人形象。

在奥多笔下，杰拉德作为一个披着俗人外衣的修道士，另一个最重要的特点就是终生未婚，至死仍是处子。《传》中提到，他年轻血气方刚时曾被一个美貌的奴隶女子所迷惑。待告知其母并与女子相会时，杰拉德看到的却是一个形貌丑陋的形象。他惊骇之余意识到自己因着神的慈悲得以摆脱诱惑。他马上赐给这名女子自由，并且给予陪嫁令其迅速成婚。[2] 杰拉德后来不愿婚配，甚至拒绝了与阿奎坦公爵姊妹的联姻。[3] 杰拉德死后被清洗尸身时，尸体手臂突然伸出遮盖私处，不欲裸袒。[4] 这种对于清贞，尤其是童贞异乎寻常的重视，又是中世纪修道主义价值观的体现。10 世纪欧洲大部分遵循本笃会规的修道士，包括奥多所在的克吕尼修会，接纳的是幼童献身修行。童贞被认为是修道士普遍具有的，并优越于俗人的德性。

总而言之，《奥利拉克的杰拉德传》塑造的是一个内外割裂的圣徒形象，即尘世贵族生活作为表象，修道僧侣的生活作为内里。作者突破中世纪早期圣徒传传统的地方在于，他试图将俗人纳入圣徒范式里，并承认"好的俗人远胜于不守戒律的修士"；然而他仍然拒绝接受俗世生活里的婚姻和性、军事贵族的杀伐征战作为基督教优越德行的可能性。因此杰拉德之所以能够被认可为圣徒，其实是因为他模仿修道士的生活，完全拒绝性与血腥。他没有真正出家，仅仅是因为选择修道团体的标准过于严苛。这部作品可以作为基督教会开始逐渐接纳俗人作为圣徒模范的证据，但更多的仍然是对修道主义的赞颂与宣扬；俗人最高的境界就是成为修道士。

1　*De Vita Sancti Geraldi*, col. 675；另一处同样的意思见 col. 679。

2　*Ibid.*, col. 648.

3　*Ibid.*, col. 662.

4　*Ibid.*, col. 696: "Fortassis enim per hoc coelitus monstrabatur, quod ad castitatis pudorem conservandum semper illa caro vivens verecundata fit."

二、"亦僧亦兵"：克莱沃的贝尔纳与骑士的"僧侣化"

欧洲军事贵族生活变得越来越与基督教价值观兼容，关键契机是十字军运动。十字军运动作为宗教战争，其暴力行为被正当化经历了一个长期复杂的过程。从思想史的角度，学者或是上溯其思想渊源到古罗马和古典晚期的正义战争理论，或是追溯到较晚近的 11 世纪格列高利改革中教宗对宗教暴力的态度转变。本文并不处理神学和教会法上的理论发展，而是关心较广泛的社会态度和精神风貌的变化。事实上，无论包括格列高利七世在内的改革派教宗如何试图将战争作为罗马教廷的政策工具，这种想法被基督教社会广泛接受和认可仍然是仰赖于十字军运动实际的推展，尤其是第一次十字军奇迹般的胜利这一特殊历史事件。

1095 年教宗乌尔班二世在法国南部的克莱蒙会议上号召驰援拜占庭，这是一件具有一定历史偶然性的事件——没有人，包括乌尔班自己会知道这是"第一次"十字军，更遑论将其视为可持续推行的"运动"。当时很多十字军参与者的心态是坚信神恩浩荡、圣地失而复得是一劳永逸的事件。无论是满足于战死殉道，还是认为末日将临、基督复现，那浩浩荡荡的数万男女老少大多不会认为胜利之后还有"然后"。十字军在攻占耶路撒冷之后，甚至并没有想清楚到底要如何占据和治理圣城，各派理念分歧极大。[1]"第一次十字军"的发生是一次极其特殊的、具有末日论意义的事件，不能够完全用正义战争或者教会法理论来定义和刻画。它显然不是一般意义上的"宗教战争"。事实上，在 1095 年之前虽然有一些思想要素整合起来可以用来正当化宗教暴力，但是教会并不是先期做了充分的理论准备然后发动战争的；恰恰相反，很多教会法和宗教礼仪上专门针对十字军的发展都是晚于 1099 年的，是第一次十字军夺取耶路撒冷的后果，而不是原因。

在取得耶路撒冷之后，十字军和欧洲社会才开始逐渐意识到战争变成了需要持续动员的长久运动。一直坚守在中东的欧洲人一直是少数，绝大多数人在完成"武装赎

---

[1] Jay Rubenstein, "Holy Fire and Sacral Kingship in Post-conquest Jerusalem", *Journal of Medieval History* (2017), pp. 470–484.

罪朝圣之旅"、游历圣地后便完成誓愿返回欧洲了；如果没有欧洲社会持续不断地输送武装人员，第一次十字军建立的包括耶路撒冷王国在内的四个领地一直处于强敌环伺、岌岌可危的境况。十字军理论上都是志愿人员，并无中央组织调配。在这种情况下，12世纪初的十字军运动需要解决两个问题：一是需要一支能够稳定驻扎中东的常备军；二是开展一种宣传运动和招募，能保证欧洲社会不断源源补给新的兵员。能够满足前者条件的便是所谓的军事僧团，即著名的圣殿骑士团和医院骑士团等；而以他们为对象的舆论宣传则帮助解决后续招募的问题。

军事修道团体这种"亦僧亦兵"组织的出现本身就说明十字军作为一个平信徒或者俗人宗教运动的性质。这类型组织的常态化和制度化是十字军运动常态化和制度化的表征之一。此处不讨论这种组织作为十字军领地常备军在军事上的有效性，而是关注其征募过程中的意识形态宣传对于欧洲社会本身的影响。可以说，与上文所介绍的《奥利拉克的杰拉德传》相比，圣殿骑士团成立本身就是对于军事暴力征战的伦理价值的肯定和正面宣扬。如果说在10世纪贵族领主的宗教德行仍然完全以修道生活为模范，执兵刃却不能见鲜血，那么到了12世纪，这些军人的杀伐征战在符合某种宗教原则指导下就被认为是有正面价值的了。

这个价值观的转变过程的代表性文本是克莱沃的贝尔纳（Bernard of Clairvaux, d. 1153）的《新骑士赞》（De laude novae militiae）。[1] 这部大约完成于12世纪30年代左右的名文形式上是克莱沃修道院院长贝尔纳对圣殿骑士团创始人的一封劝诫勉励书信。虽然以私人书信形式撰写，但以贝尔纳在当时西欧社会的隆盛声誉，这封信事实上起到了为军事修道生活进行辩护和背书的作用。圣殿骑士团本来的起源并不是因为意识形态理念，而是欧洲人在中东的切实需要：一些去中东朝圣的骑士自发结成修道团体，为源源不断去往圣地的欧洲朝圣者提供武装保护。这本来是一个"军事前线社会"不得已创造出的组织形态，从1099年攻占耶路撒冷开始到圣殿骑士出现在历史记载的1120年代末，中间有20年的时间。这个时间上的滞后，说明这一组织的出

1　Bernard de Clairvaux, *Éloge de la nouvelle chevalerie, vie de saint Malachie, epitaph, hymne, lettres*, Sources chrétiennes 367 (Paris: Cerf, 1990), pp. 48-133.

现并不是教会上层的预设构想。事实上，这个组织的缘起是一小撮来自香槟地区的骑士的自发结社。也就是说，结成"军事修道团体"是平信徒自发的宗教活动，但他们仍然需要体制教会的接纳和首肯。贝尔纳的劝勉书信便成了这一运动最好的宣传文书。

贝尔纳在这篇著名的文章中鼓吹一种"亦僧亦兵"的修道理想。他最激进的论述恐怕是褒扬圣殿骑士正在进行肉体与灵魂的"双重战争"："有人以肉身之力抗肉身之敌，这世所常见，不甚显著；另有以精神力量抗击罪孽鬼蜮者，这也无甚卓著。虽诚可赞誉，但这世上并不缺僧侣。"然后贝尔纳赞美军事修道僧不但是无畏之勇士，且"灵魂为信仰之甲胄所护，犹如肉身为钢铁之甲胄所护"。[1]

然而这里的说法并不仅仅是繁丽的文学修辞而已，贝尔纳在文中明确表示杀异教徒的暴力行为是可允许，甚至可鼓励的。他的逻辑为："如果他（指基督教骑士）杀死作恶的人（malefactorem），他不是杀人者（homicida），而是——如果我可以这么说的话——除恶者（malicida）。"[2] 贝尔纳进而说："如果有其他方法制止异教徒对信众的骚扰迫害，也不是说异教徒必须被杀死；但是以目前而言，杀死异教徒总比让罪人的棍棒高悬于义人头上要好。"[3] 以这样露骨的言辞不加掩饰地鼓励屠戮异教徒，贝尔纳代表了当时法国香槟、勃艮第地区军事贵族参与十字军的热望和第一次十字军成功之后欧洲社会狂热亢奋的精神状态。

贝尔纳随后想象了圣殿骑士在征战杀伐之余的生活方式，其所本的模型便是修道士的集体生活：他们纪律严整、一意服从；日常服饰与饮食十分朴素，仅满足基本需

1　Bernard de Clairvaux, *Éloge de la nouvelle chevalerie*, pp. 50–52: "Novum, inquam, militia genus, et saeculis inexpertum, qua gemino pariter conflictu atque infatigabiliter decertatur, tum adversus carnem et sanguinem, tum contra spiritualia nequinitiae in caelestibus. Et quidem ubi solis viribus corporis corporeo fortiter hosti resistitur, id quidem ego tam non iudico mirum, quam nec rarum existimo. Sed et quando animi virtute vitiis sive daemoniis bellum indicitur, ne hoc quidem mirabile, etsi laudabile dixerim, cum plenus monachis cernatur mundus...Impavidus profecto miles, et omni ex parte secures, qui ut corpus ferri, sic animum fidei lorica induitur."

2　*Ibid.*, p. 58.

3　*Ibid.*, p. 60: "Non quidem vel pagani necandi essent, si quo modo aliter possent a nimia infestatione seu oppressione fedelium cohiberi. Nunc autem melius est ut occidantur, quam certe relinquatur virga peccatorum super sortem iustorum."

求；他们像兄弟一样愉悦而整肃地生活在一起，无妻子儿女之累；他们平时没有任何轻浮享乐的活动，不会像一般世俗领主一样嬉戏玩乐、猎鹰走马，甚至不修边幅、不清洗修整头发。但是一旦到了战场上，这些人就勇猛无比，以一敌千。[1]这些描述显然是贝尔纳的文学想象，或者说他试图以此想象图景来规范圣殿骑士的日常生活，以达到劝诫勉励的效果。

作为中世纪最有名的宣传文书之一，贝尔纳的这篇《新骑士赞》有多种解读的可能性，可以作为 12 世纪西方教会尚武精神、黩武主义的宣言。其字面意思是将武力征伐与宗教修行合二为一，并认为这种生活甚至有超越传统修道主义的优越性。但是，这篇作品似乎又有很强的局限性。第一，此文的写作有十分具体的历史情境，那就是军事修道组织圣殿骑士团的成立以及骑士团统领向贝尔纳索求文字。这篇文章的限定文体就是一篇劝诫书信，自然是有褒扬勉励的成分。这是否就能够代表教会甚至贝尔纳本人对于宗教暴力的理论和法理立场，恐怕是个复杂的问题。第二，因为此文对圣殿骑士的生活是文学想象性的劝勉文字，并不意图写实，其中还包含大量文学修辞格套，所以这篇文字不一定能够用来合法化圣殿骑士实际上的军事活动。一个 12 世纪的读者，当拿到这篇宗教劝善文字的时候，他的反应未必是照单全收。第三，贝尔纳虽则肯定宗教暴力的合法性，但他的讨论是在屠戮异教徒，且是异教徒"迫害"义人的情况之下。这里的前提仍然是某种版本的"正义战争"理论，即强调暴力活动的自卫性质。贝尔纳并没有试图合法化欧洲军事贵族在"圣地"以外、针对非异教徒的暴力活动。总而言之，我们不能以这篇文章作为证据证明 12 世纪教会对暴力活动的毫无顾忌的全盘支持。一个可能的解读是，贝尔纳的《新骑士赞》是第一次十字军意外胜利后狂热社会心态的即时反应，当然也催化了 12 世纪教会对于宗教暴力的包容和接受；但这种赞成屠杀异教徒的公开表态即使在中世纪也是激进和极端的。本文的下一节就要指出 13 世纪教会对十字军军事活动的保守和暧昧态度。

1　Bernard de Clairvaux, *Éloge de la nouvelle chevalerie*, pp. 66–72.

三、"先兵后僧"：13 世纪圣徒传中的出家骑士

从 11 世纪末到 13 世纪末，贯穿两百年的中世纪十字军运动是教会教化世俗军事贵族最系统的时期。也正是在这两个世纪中，军事贵族的服务于宗教目的的暴力征战活动被逐渐接纳为基督教生活常态性的一部分。本文要描述的是一个更为复杂的图景，或者说要指出的是基督教会对宗教暴力的复杂、含糊的态度。从圣徒传记这种文体的材料角度出发，教会的中上层对于十字军活动的态度是复杂且有保留的。本文接下来要处理三类和十字军有关的圣徒传记材料：第一，已经有十字军研究者指出"十字军无圣徒"的问题，即真正毫无疑义的十字军战士被封圣，或者被作传的例子几乎不存在。[1] 这是个十字军研究和中世纪宗教社会史研究尚待解决的问题。中世纪唯一被封圣的"十字军战士"是法王路易九世，即"圣路易"，然而他的封圣和他的十字军活动的关系远不如卡佩王室为封圣而进行的政治游说造势活动重要。本文将分析他的圣传中关于他参与十字军活动的记述。第二，在中东的十字军领地的欧洲人中，没有任何人被教会官方封圣。其中仅有的最接近圣徒传体裁的文本是布洛瓦的彼得（Peter of Blois）为 1187 年死在哈丁之战中的夏第庸的雷诺（Reynold of Châtillon）所作《殉难记》（*Passio*）。第三类和十字军战士有关的材料是关于参与过十字军、之后回到家乡皈依修道生活的贵族领主的生平记述。

这三类材料体现出中世纪盛期基督教会对于十字军和其所代表的军事尚武精神的态度之两面性：一方面，教会从未官方封圣十字军战士，这种缄默本身令人玩味。而布洛瓦的彼得所作《殉难记》并没有被广泛接受，似乎也说时人的态度冷淡。另一方面，在相对数量更多的十字军退役军人返乡出家的圣传中，参加十字军已经变成了军事贵族日常生活的一部分，其价值被理所当然地肯定，并无争议；但这些人最终受到宗教团体崇奉敬拜仍然是因为最终进入修道院的传统出家生活。简而言之，十字军的暴力征战活动在当时基督教价值序列中获得了稳定的地位，但却是处于一个低于修

1　关于这个问题，目前表述最清晰的研究是 Bernard Hamilton, "Why Did the Crusader States Produce So Few Saints?" *Studies in Church History*, Vol. 47 (2011), pp. 103–111。

道主义的"次佳"位置。

作为贯穿整个中世纪盛期的、覆盖几乎全欧洲的基督教运动，十字军常常被认为是中世纪社会最有代表性的历史事件。一种耳熟能详的说法是，当时的社会认为凡是死在十字军运动过程中的人都自动获得基督教殉道者的地位，直升天堂。然而，这种说法从来没有得到过教会官方的明确阐述，可以说是大众态度和普遍认知，但却没有教义认可。[1]

关于"十字军无圣徒"的问题，这里需要解释一下中世纪认定"圣徒"的方式。一般而言，最常见的"圣徒"认定方式是大众敬拜，意思是一个地域性社会普遍认可某个生前德誉高隆、死后能行神异者，并围绕这个人有一系列崇奉、敬拜、祈愿等宗教活动；通常这种大众敬拜活动要形成一定传统，必然也意味着体制教会的介入。比如地方上教会人士搜罗走访关于这位圣人的事迹撰写圣徒传，修道院在圣徒日为其作专门仪式，以及主教在教区会议上宣布予以认可等。这种区域性的圣徒崇拜在少数情况下会上升进入罗马教廷官方封圣（canonization）的程序。到了 13 世纪，罗马教廷基本将正式封圣的权威从民众和地区主教那里收归中央，而且整个过程也逐渐规范化和制度化。[2] 事实上，从这个时候开始，享有地方民众崇奉和主教认可，然后完成了罗马教廷官方册封的圣徒是极少数。根据沃切茨（André Vauchez）的统计，从 1198 年到 1431 年，被官方封圣、成为普世教会圣徒的仅有三十余人。[3] 绝大多数这段时间的"新晋"圣徒崇拜仅仅止步于地方性的流行。也就是说，罗马教廷在 12 世纪以后在官方认定模范基督徒的问题上高度审慎，态度趋于保守。

在正式被罗马教宗册封的圣徒中，唯一的十字军战士是法国卡佩王朝的路易九世。在教宗博尼法斯八世（Boniface VIII）1297 年 8 月 11 日的册封谕令《荣

1　Bernard Hamilton, "'God Wills It': Signs of Divine Approval in the Crusade Movement", in Kate Cooper and Jeremy Gregory eds., *Signs, Wonders, Miracles: Representations of Divine Power in the Life of the Church* (Woodbridge: Boydell, 2005), pp. 90–91.

2　关于这个问题的名著是 André Vauchez, *Sainthood in the Later Middle Ages*, trans. Jean Birrell (Cambridge: Cambridge University Press, 1997)。

3　Vauchez, *Sainthood in the Later Middle Ages*, p. 250.

赞》(*Gloria Laus*)中,路易九世的军事活动,尤其是先后两次十字军,被大篇幅描述。[1]但是,路易九世并不是因为英武果敢和军事胜利被封圣,而是因为在惨败被俘的耻辱磨难中的忍耐与坚韧。虽然路易九世的十字军之行的确在军事上是灾难性的,可能没有太多军事胜利可颂扬,但是他本人死在第二次十字军行到突尼斯的途中,被认作是"殉道者"似乎并不为过。教宗在官方册封谕令中却并未强调这一点,而是选择了"忍耐"这一基督教宗教德行进行歌颂。

博尼法斯八世的修辞重点放在路易九世参与十字军被俘的经历上,他对于1249年路易如何带兵攻取埃及的杜牧亚特仅仅一笔带过;然后就说一场瘟疫突然袭来,感染全军,之后国王本人和整支十字军便被萨拉森人俘获,并被索要高昂的赎金。路易在诸多辱骂伤害面前保持"忍耐而谦卑"(patienter et humiliter)[2],他还身染痢疾等多种疾病,但仍然愿意与自己的军队士兵在一起共同承担困厄折磨。[3]最后敌方讨要赎金开出的条件是,或者国王本人自由离开但留下其他战俘(原文中用词是"其他基督徒")以等待赎金,或者国王本人留下但其他人全被释放。对此,路易立即毫不犹豫地表示要自己一人留下作为人质直到付清全部赎金。获释之后,路易并未马上返回欧洲,而是去到中东沿海港口城市阿卡(Acre,在今天以色列境内),用五年的时间归化异教徒、以金钱为基督徒赎买自由,并且监督修建防御工事。[4]

当得知自己的母亲、摄政太后卡斯蒂尔的白朗什亡故,路易终于不得已回到欧洲,他的生活似乎更加和治理国家无关,而围绕着慈善济贫、节食苦修、驱逐异端这类活动展开。博尼法斯的谕令中尤其详细的描写是路易九世面对贫病人士的谦恭自抑、柔善慈悲。比如有一个得了麻风病的僧人形容恐怖,眼瞎唇龇,鼻子全无。但是路易以国王之尊,跪在地上,亲自为其切肉,并一片片送到病人的嘴里。[5]路易还专

1　"Bonifacii VIII sermones et bulla de canonisatione Sancti Ludovici, Regis Francorum", *Recueil des historiens des Gaules et de la France*, Vol. 23 (Paris: Welter, 1894), pp. 154-160.

2　*Ibid.*, pp. 155-156.

3　*Ibid.*, p. 156.

4　*Ibid.*, p. 157.

5　*Ibid.*

门到贡比涅的医院照料病人。当他跪在一个病人面前，将一小片削好的梨送到病人嘴里，这个人的脓忽然从鼻子里流出，脏了国王的手。但路易仍然十分和善谦恭地忍受，不为所动。[1]

博尼法斯在列举了路易的一系列慈善和苦修活动之后，就转入描写他的第二次十字军之旅。路易九世1270年的十字军远征属于出师未捷身先死。他刚刚到突尼斯境内就一病沉疴。路易的临终遗言是模仿耶稣受难的遗言："父啊！我将我的灵魂交在你手里。"（《路加福音》23：46）[2] 从修辞的角度，路易九世的形象在教宗的封圣谕令中非常自洽和完整。几乎所有他作为一个君主的政治贤明、司法公正都被忽略，而其军事行动被突出仅仅是因为羞辱性的失败提供了展现基督徒忍耐这一德行的必要背景。这篇谕令强调一个君主和军事领袖沦为阶下囚、需要金钱赎身的经历，而不是他不惧异教徒、勇敢果毅、为信仰而殉道之类。关于路易的死亡，博尼法斯的谕令刻画的也是他忍耐辛苦病痛，最后在死亡面前的顺服态度。

我们知道，历史上的路易九世当然不仅仅是这样一个慈忍的宗教苦行者。[3] 如果对比另一位夏特尔的威廉（William of Chartres）为其作的传记，可以看到，威廉记录了稍多路易九世的政治活动。[4] 比如，他提到路易的识人之明，并能够预判事态的发展方向。[5] 路易在司法裁判的问题上恩威并施，以仁慈之心缓和法律的严厉，并且召集熟悉律法的人讨论废止决斗作为一种神判制度。[6] 然而当罪行不惩罚不足以为戒时，他便不再宽忍，而是坚定不移。[7] 此外，路易九世还勤于政务，选贤用能，指派品

1　"Bonifacii VIII sermones et bulla", pp. 157−158.

2　*Ibid.*, p. 159.

3　William Chester Jordan, *Louis IX and the Challenge of the Crusade: A Study in Rulership* (Princeton: Princeton University Press, 1979); Jacques Le Goff, *Saint Louis*, trans. Gareth Evan Gollrad (Notre Dame: University of Notre Dame Press, 2009).

4　William of Chartres, "De vita et actibus regis Francorum Ludovici et de miraculis", *Recueil des historiens des Gaules et de la France*, Vol. 20 (Paris: Imperimerie royale, 1840), pp. 28−41.

5　*Ibid.*, p. 32.

6　*Ibid.*, p. 34.

7　*Ibid.*

行端正、声誉良好、不曾收受贿赂的人为地方官员。[1]总而言之，夏特尔的威廉所纂路易九世的传记明显包括了更多一般意义上世俗统治者所应当进行的行政、司法等治理活动。虽则这些记录仍是为了说明路易的个人品行和所受到的神恩眷顾，但其塑造的形象更趋近一个"基督教君主"的理想形象，而不仅仅是一个谦卑自抑的僧侣形象。

法王路易九世作为唯一一个被罗马教廷正式封圣的中世纪十字军战士，其参战的军事背景和作为政治家的一面却在博尼法斯八世的封圣通谕中被极大虚化，甚至忽略了。而且我们知道，路易的封圣本身和他的家族、法国卡佩王室的极力政治游说有关，路易九世的孙子菲利普四世与博尼法斯八世的种种龃龉和政治摩擦一度是通过这个封圣事件来调和与缓冲的。也就是说，教廷并没有明显的意图要通过褒扬一个军事领袖和政治家来树立世俗贵族可效仿的典范，而更多的是出于向卡佩王室示好的政治考虑。

路易九世是中世纪盛期唯一一个被教廷正式封圣的十字军战士。这里还需要提及一个比较奇特的文本，即布洛瓦的彼得为夏第庸的雷诺所作的《殉难记》。[2]一方面，这部作品是中世纪最接近十字军圣传的一个文本。传主身在中东的耶路撒冷王国，作为安条克城的主君（Prince of Antioch），1187 年在与萨拉丁的哈丁之战中被俘，随后被萨拉丁亲手斩杀。也就是说，十字军战事在雷诺的生平事迹中占据毫无疑问的中心地位。而"殉难记"（Passio）这种文学体裁在基督教早期历史上，是用于褒扬在异教徒迫害之下为基督教信仰而死的殉道者事迹；从十字军宗教意识形态的角度，用这样的标题和文体来为十字军死者立传，似乎恰如其分，其意图便是宣扬雷诺的殉道者身份。

---

1 William of Chartres, "De vita et actibus regis", p. 34: "Fideles et discretos viros bonae conversationis et famae, et maxime mundas manus habentes a muneribus, cum summa diligentia exquirebat, tales baillivos et seneschallos instituens: et ex eis, postquam bene suas baillivias diutius rexerant, familiars suos et consiliarios faciebat. Acceptores munerum, et pauperum oppressors quasi quamdam pestem refugiens, si quando in officiis errant, aut bailliviis, amovebat."

2 Peter of Blois, *Petri Blesensis tractatus duo*, ed. R.B.C. Huygens, *Corpus Christianorum Continuatio Mediaeualis* CXCIV (Turnhout: Brepols, 2002), pp. 31–73.

但是另一方面，这个本来有希望成为十字军圣传范本的文本却被认作是"牵强附会的'伪圣徒传'"（farfetched pseudohagiography）。[1] 这部作品不但在中世纪甚少流传，不为当时社会所接受，而且后世风评不佳，被认作是作者布洛瓦的彼得个人的异想天开之作。其原因首先是传主夏第庸的雷诺在当时被广泛认为是需要为哈丁之战十字军惨败负责的罪魁祸首之一。雷诺在派系斗争中公然与耶路撒冷国王决裂，并且随后滋扰、劫掠从叙利亚到埃及的穆斯林商路；他桀骜不驯、鲁莽轻率的行为给了萨拉丁撕毁与耶路撒冷王国的停战协定、并向十字军宣战的口实。随后的哈丁战役是中世纪十字军历史的转折点。惨败的结果是耶路撒冷王被俘，镇国之宝"真十字架"被掳，十字军在中东的有生力量几乎被消灭殆尽。萨拉丁对于被俘的十字军领袖大多以礼相待，尤其是国王吕西农的盖（Guy de Lusignan），但是却亲手将挑起战端的雷诺斩首（并下令处死了所有被俘的圣殿骑士团和医院骑士团成员）。彼得在《殉难记》中明确将雷诺认定为"基督的见证者"，并将他的死认作是"殉道"。[2] 但是，在当时和后世的历史叙事里，夏第庸的雷诺都被认作是一个愚蠢、鲁莽、毫无政治智慧的武夫，并最终为自己的错误付出了沉重的代价。这样一个人，布洛瓦的彼得却为其立圣传，恐怕很难得到时人的认可。这部作品被历史学家嗤之以鼻的另一个原因就是，彼得本人并不在中东，根据的是哈丁战役幸存者回到欧洲后的回忆而创作了这部作品。文中不但缺乏有效历史信息，而且充斥着大量浮夸的修辞、《圣经》典故堆砌，其目的似乎更多是为了彰显彼得本人的文学技巧与略显矫揉造作的修辞风格。

因此，这部《殉难记》似乎是个十字军宗教文学中的异类。其重要性不在于内容所提供的史实或者价值观，而在于这竟然是唯一一部试图将十字军战死者刻画成基督教殉道者的作品，而且是一部缺乏中世纪社会广泛认可的失败作品。这个事实本身就颇可玩味。即便夏第庸的雷诺不是一个适合的十字军典范，但毕竟前仆后继、为所谓"收复圣地"慷慨赴死者并不在少数，比如参加哈丁之战、被萨拉丁下令处死的圣殿骑

1　John Cotts, *The Clerical Dilemma: Peter of Blois and Literate Culture in the Twelfth Century* (Washington, D.C.: The Catholic University of America Press, 2009), p. 228.

2　Peter of Blois, *Petri Blesensis tractatus duo*, p. 41: "Raginaldus, quondam princeps Antiochenus, dominus Montis Regalis, egregius atque constantissimus Christi confessor et in proximo felici martyrio coronandus."

士成员都可以是合适的宣传对象。中世纪基督教会在十字军圣传这一问题上出奇的"沉默"似乎显示出一种暧昧的态度，并不情愿明确赋予十字军战死者殉教者的地位。

如果我们再看第三类包括十字军活动的圣徒传记作品，仍然会发现这种暧昧的态度。这一类作品相对数量较多，讲的都是曾经参与过十字军征战、最终皈依传统修道生活的军事贵族。也就是说，这些"圣徒"最终的社会身份都是传统意义上的出家人、修道士，只是在人生中的某个阶段曾经参与过十字军或者其他"为教会服务"的军事活动。一方面，在这类作品中，传主的十字军活动被日常化和常规化，其正当性已经无须讨论，而被认可为军事贵族宗教虔敬生活的一部分。10世纪的《奥利拉克的杰拉德传》尚且需要为暴力杀戮活动找到各种超自然的、神异性的遮掩和回护；到了13世纪，法国的一些军事贵族传记中已经没有规避暴力主题的冲动了。但是另一方面，十字军等军事活动和贵族的行政治理活动被描述为这些圣徒宗教皈依旅程的一个阶段而已。他们无一例外最终选择了传统的修道出家生活作为归宿。

教会终于在圣徒传这种叙事文体中为宗教暴力在基督教伦理序列中找到了位置，即一方面承认服务于宗教目的的军事活动具有正当性，另一方面又将其放置在逊于传统宗教生活的"次佳"位置上。两种冲突的价值观终于达成了某种折中和妥协，并似乎被中世纪晚期的广大社会所接受。这里举蒙米哈依的约翰（John of Montmirail, d. 1217）的传记为例。[1] 约翰早年和法国国王菲利普二世奥古斯都过从甚密，并且是香槟伯爵的亲随，是当时法国最显赫的贵族之一。他晚年在苏瓦松主教区（Diocese of Soissons）的西多会隆邦修道院（Longpont）出家。[2] 在他死后，一位西多会匿名僧人为其撰写了圣徒传。

在这部传记作品中，世俗领主生活与宗教修行不再构成尖锐对立，而是人生旅途中循序渐进的前后阶段。这部西多会传记将蒙米哈依的约翰的一生分成三个阶段：开

1　*Vita B. Joannis de Monte-Mirabili*, in *Acta Sanctorum*, September, part 8 (Paris, 1867), pp. 218–235.

2　关于蒙米哈依的约翰的生平研究，见：Theodore Evergates, *The Aristocracy in the County of Champagne, 1100–1300* (Philadelphia: University of Pennsylvania Press, 2007), pp. 236–237; John Baldwin, *Knights, Lords, and Ladies: In Search of Aristocracy in the Paris Region, 1180–1220* (Philadelphia: University of Pennsylvania Press, 2019), pp. 183–191.

始是他身为俗人在俗世间的生活；之后是他心志转向宗教修行后以僧人的自我要求生活在俗世的阶段；最后是约翰最终以僧人的身份彻底在修院中了结一生的阶段。这种逐渐"精进"的"阶段论"本身是高度设计过的。从文中似乎也可以看出，约翰作为一个重要的军事贵族和土地所有者，与俗世生活多有牵绊，未必打算立刻放弃自己的世俗领主权力；而且约翰和妻子及众多儿女关系至少在初期是比较好的。约翰历经数十年才在风烛残年的时候彻底进入修道院，形式上彻底切断和世俗社会的联系，这个决定本身不能排除有个人的盘算和实用主义的考虑。但历史人物的主观意图与本文讨论无直接关系，更重要的是教会对其宗教生活进行了何种修辞学塑造，以及这种形象塑造之后的意识形态假设。

这部传记对于蒙米哈依的约翰皈依之前的世俗生活着墨不多，也并无强烈谴责之意。《传》不但赞美约翰"心性卓绝，身姿雄伟"(exigente animi et corporis probitate)，而且是"王室贵胄"(regis generis nobilitate)。对其放荡无行的俗世生活，作者仅仅强调约翰喜好浮华，曾经为一场比武赛事而豪掷千金。[1] 这其实是个相对不痛不痒、无伤大雅的批评，而且作者还使用了"慷慨"(liberalitas)这个不完全是贬义的词来形容这种贵族气派。之后，约翰受到一位不知姓名的教士的严厉训诫，直斥其沉溺于比武游戏，除了毫无意义的虚荣没有任何所得。[2] 约翰幡然醒悟，开始了虽然仍保持俗世身份但有德行的生活阶段。

《传》中宗教皈依后的约翰毫不忌惮地动用自己世俗领主权力，以达到某种社会改革目。传记作者作为僧侣，对于这种世俗领主的司法、军事强制力的使用，也并没有任何不安的紧张感。约翰第一个行动就是取缔领地上的犹太人会堂，并且宣布取消民众欠犹太人的高利贷债务等。[3] 这一举措应当是追随法国国王菲利普二世的犹太人政策。当教宗英诺森三世发动针对法国南部所谓阿尔比异端的十字军时，约翰也曾经跃跃欲试，打算到康布莱城用自己的土地换取大约 7000 里弗尔的现金作为路上布施

1　*Vita B. Joannis de Monte-Mirabili*, p. 219.

2　*Ibid.*

3　*Ibid.*

所用(实际上应当为军资);然而,这个变卖家庭不动产的决定没有得到他妻子的同意,所以约翰最终没有能够前往参加阿尔比十字军。[1]在另一则故事中,约翰遇到一个盲人,此人称自己曾经是个强盗、行巫术者、通奸和亵渎神明的人,因为约翰的判决而被剜去双眼;但正因如此,他感谢约翰使自己摆脱了灵魂的永罚而能得解脱。[2]

虽然以上这些故事是看似主题散乱、仅仅是宗教宣导性质的逸闻故事,但是我们可以发现,这些故事中的约翰都是在通过行使领主权力来追求一定的政策目标:无论是驱逐犹太人(等同于高利贷者)和减免债务的社会经济政策,还是参与阿尔比十字军的军事征战企图,抑或是实施将罪人剜去双眼的严刑峻法,都是有强烈暴力性质的权力使用。传记作者对于这一切权力行使没有表现出任何道德顾虑,而是理所当然地认定这些强力手段都是为了虔诚的宗教目的服务,因而具有无可置疑的正当性。在10世纪的《奥利拉克的杰拉德传》中,所有暴力行为都要被缘饰为虚假的表象;在12世纪贝尔纳的理想中,所有暴力活动都是针对异教徒的,并且是在"正邪交锋""守护圣地"这样宏大的神圣历史叙事之中;而到了13世纪《蒙米哈依的约翰传》中,世俗领主在基督教社会内部进行的日常政治、军事、司法等活动,只要是为着教会认可的社会改革目的,都被赋予了积极正面的意义。

《蒙米哈依的约翰传》塑造了一个具有高度主体性、自我意志强烈的俗人形象。也就是说,《传》中的约翰一直在积极主动地进行选择和决断,而不是一个被教会训导牵着鼻子走的对象,他更多是教会的施主与恩主。即使是他最终决定出家皈依修道生活,也经历了一个主动咨询、长期选择的过程:约翰在企图参加阿尔比十字军受挫之后,就萌生了索性出家的念头,但是他对于自己选择哪个修会、哪种修行生活举棋不定。于是约翰先是找到一位来自列日的、大有声名的隐修女,这位隐士给他的建议不是独居苦修,而是建议他加入西多会的群体修行。约翰仍然没有拿定主意,于是来到巴黎大学,向神学系的大师提出咨询。十名神学系的教师一起听取了约翰的诉求,然后由其中尤其谨慎持重的三位给出结论,并需要获得其他七人的附议。这个咨询结果

1 *Vita B. Joannis de Monte-Mirabili*, p. 220.
2 *Ibid.*, p. 223.

也是毫无异议：约翰最好的选择是西多修会。接下来的问题是，蒙米哈依的约翰自己的领地上有多所西多会修院，那么选择哪一个呢？他最终决定在自己的实际辖地之外、邻近的苏瓦松教区的隆邦修院出家，以远离家族事务可能带来的羁绊。[1] 这个故事在细节上未必完全真实，因为这太像西多会僧人的自我标榜、自我宣传。但很明显的是，这个故事中的俗人约翰是一个积极主动、按照自己的意志和需要来安排宗教事务的人。

也就是说，在 1210 年 5 月 27 日进入隆邦修道院之前，约翰一直履行世俗领主的正常职责。他曾经在 1190 年追随香槟伯爵参加第三次十字军，因此我们推算到了 1210 年他至少应该年逾 40。约翰选择在这个年龄退出公共生活、进入修道院，这意味着他实际上作为普通僧侣的时间只有人生最后的七年左右。而且，在 1210 年出家之前，约翰的家庭生活大约也是正常的。约翰与妻子当皮耶尔的赫尔维德（Helvide de Dampierre）关系不差，应当没有选择所谓 "灵性婚姻" 模式，因为我们知道夫妇二人至少诞育了七名子女。只是在约翰执意出家之后，他与妻子和长子的关系才宣告破裂、无法修补。重点是，在这部圣传中，约翰进入修道院之前的世俗生活被肯定为 "圣徒" 成长的一个阶段，而且他出家前后似乎没有转折性的、强烈的 "皈依" 体验。

《蒙米哈依的约翰传》给予传主世俗领主生活以充分的价值肯定，而这种态度并不是例外。此处再举 13 世纪的《阿普勒芒的戈贝尔传》为例说明这一点。[2] 传主是来自洛林地区的领主、阿普勒芒（拉丁语 Asperi-montis；法语 Aprémont）的戈贝尔（1187—1263）。和约翰类似，这位伯爵在经历长期功勋显赫的世俗生活之后，在 1239 年 50 来岁、接近当时人认知的 "晚年" 的时候加入了著名的西多会维耶（Villers）修道院。他被赞美作 "面对强敌而勇悍，面对弱小则柔顺"（contra hostes superbos atrocissimum, parvis et humilibus mansuetum）。[3] 文中对他的勇武十分激赏，并且用了很大篇幅描述他 1230 年前后参与十字军的经历，并且将他与皇帝腓特烈二

1　*Vita B. Joannis de Monte-Mirabili*, p. 221.

2　*Vita B. Goberti Confessoris, Acta Sanctorum*, August, pars 4 (Paris, 1867), pp. 377-395.

3　*Ibid.*, p. 379.

世参与十字军的表现作为对比：腓特烈二世是"极邪恶"（nefandissimus）、"叛教的"（apostatam），而戈贝尔则是"虔诚的"（pius）。[1] 戈贝尔不但在前往耶路撒冷途中以朝圣客的行为举止要求自己，一路唱诵关于玛利亚的日课经；而且到达中东之后，果断判断出腓特烈的意图，脱离他的指挥，而与当地的圣殿骑士团和医院骑士团联合作战。[2] 不仅是十字军战事，戈贝尔在归乡之后仍然继续了他的军事活动：在听到他的臣民痛诉受到其他领主欺压的时候，他义愤填膺地拿起武器捍卫被欺凌的弱小。戈贝尔不仅以武力保卫自己的领地，而且在其兄、梅斯主教约翰的教区遭受威胁的时候也毅然出战。其威名赫赫，敌人无不闻风丧胆。[3] 西多会的这位匿名僧人对戈贝尔这种锄强扶弱的侠义精神十分欣赏，甚至还用了一段不无幽默的文字描述其战甲和衣着，这在圣徒传写作中十分另类。[4]

即使是在正式成为僧人之后，戈贝尔也仍然被描述成一个会利用自己过去身为贵族领主的经验而急公好义的人。他在死前还在为位于让布卢的圣彼得修院奔走呼告，与布拉班的女公爵斡旋，以捍卫僧人的权益。[5] 传记结尾有一处这样总结戈贝尔一生：他"因为对邻人的爱而爱此生，而永生的希望和慰藉又使他厌弃此生"（propter dilectionem proximorum...presentem vitam diligebat; spes et consolatio vitae aeternae praesentem vitam se spernere cogebat）。[6] 如果说，10 世纪的奥利拉克的杰拉德被描绘成一个披着贵族领主外衣的僧侣，那么 13 世纪的蒙米哈依的约翰和阿普勒芒的戈贝尔则是披着僧衣的领主。

总而言之，在中世纪盛期的两百年间，世俗的军事领主的价值观念逐渐被接纳到基督教价值体系之中。不但性和婚姻不再成为一个需要规避和掩饰的问题，领主的军

1　*Vita B. Goberti Confessoris*, pp. 380–381.

2　*Ibid.*, p. 381.

3　*Ibid.*, p. 383.

4　*Ibid.*, p. 383: "Assumens ergo sibi ornamenta aurigae, nobilitati militia dissona, videlicet tabarum dilaniatum, ex lino et terra varias maculas habentem, et tunicam horribilem, quae ex grossis pilis asini et cameili potius, quam ex lana Angliae subtili context esse videbatur; ocreas duras habens, tam longo tempore dissiccatas..."

5　*Ibid.*, p. 393.

6　*Ibid.*, p. 394.

事、司法、维护地方秩序这样的日常统治活动，其伦理价值也获得充分的肯定。教会知识精英和世俗统治精英在这个问题上达成了某种默契和合作。但问题的另一面是，即使是在十字军宗教战争这样巨大的催化助力之下，从封圣和立传这一角度看，教会对于世俗统治和军事暴力仍然持某种谨慎和保守的态度，有时以不置可否来规避表态，有时是将世俗领主的生活当作一种固可褒奖、但仍须精进的暂时性阶段。中世纪教会和世俗权力之间的关系十分丰富与复杂，既有空前紧张、相互排抑制约，又有默契合作、互相参比塑造。教会的立场有时从教义层面很难看出一蹴而就的巨大变化，但教会的态度又的确是在与世俗社会的接触与摩擦中不断进行着或显或微的调适。

（本文作者为北京大学历史学系博士后）

书　评

攻破无主之城

蓝 草

《罗马最后的异教徒》(*The Last Pagans of Rome*)[1]一书出自哥伦比亚大学古典学教授、首屈一指的英国古典学家埃兰·卡梅隆(Alan Cameron)之手,共二十个章节,包含了卡梅隆对极大量文字与实物史料的扎实分析,作者四十年的研究成果汇集成了这本高屋建瓴的专业著作。同时,作者文采斐然,比喻精妙,书中内容由浅入深,能让普通读者也读来亲切。本书的主题是对传统的"4世纪晚期异教复兴"这一论点进行拆解和驳斥——卡梅隆认为,4世纪晚期的罗马异教徒们,从未进行过任何复兴"异教"、起义抵抗的尝试。这一理论主要以4、5世纪以反异教、宣扬罗马帝国基督教化进程为主题的各类基督教作品为史料基础,其学术影响力则多半来自安德里亚斯·阿尔弗迪(Andreas Alföldi)[2],以及赫伯特·布洛赫(Herbert Bloch)[3]笔下。尽管早在1971年,皮特·布朗(Peter Brown)就已在 *The World of Late Antiquity* 一书中重新审视了罗马帝国晚期异教徒的处境。[4]但这一"异教复兴"的理论依然占据着

1　Alan Cameron, *The Last Pagans of Rome* (New York: Oxford University Press, 2011).

2　Andreas Alföldi, *A Festival of Isis in Rome under the Christian Emperors of the 4ᵗʰ Century* (Budapest, 1937); *Die Kontorniaten. Ein verkanntes Propagandamittel der stadtrömische Aristokratie in ihrem Kampfe gegen das christliche Kaisertum* (Budapest, 1943); *The Conversion of Constantine and Pagan Rome* (Oxford, 1948); *A Conflict of Ideas in the Late Roman Empire* (Oxford, 1952).

3　Herbert Bloch, "A new document of the last pagan revival in the West", in *Havard Theological Review*, Vol. 38 (1945), pp. 199‒244; "The pagan revival in the West at the end of the fourth century", in *The Conflict between Paganism and Christianity in the Fourth Century*, ed. Arnaldo Momigliano (Oxford, 1963).

4　Peter Brown, *The World of Late Antiquity, AD 150‒750* (New York: Harcourt College Pub, 1971).

许多当代的历史学者的研究和古代史教科书。为了彻底打破"异教复兴"理论下人们对 4 世纪晚期罗马异教徒处境的幻想，卡梅隆在本书中做出了一系列的努力。他厘清了"异教徒"（pagan）、贵族（aristocracy）的概念，重新叙述了从君士坦提乌斯二世（Constantius II）到狄奥多西大帝（Theodosius I）的历史，条分缕析地分析每一部曾被用来证明"异教复兴""异教徒团体"的异教或基督教文学作品。总体来说，卡梅隆对"异教复兴"这一论点的解构是从参与者、外界背景、客观原因、主观动力、方式方法这几个角度入手的。在下文中，我将首先从这几个角度出发，对卡梅隆的论证逻辑进行简要的介绍，卡梅隆的研究方法以及他带来的启迪则放在本文的第二部分进行讨论。

在传统的"异教复兴"叙事中，叙马库斯（Quintus Aurelius Symmachus）、波拉特克塔图斯（Vettius Agorius Praetextatus）和老弗拉维（Virius Nicomachus Flavianus）被看作是复兴行动的组织者、领导者。而卡梅隆则认为，叙马库斯等人并非狂热分子。在 383 年和 385 年，叙马库斯之所以能够被异教元老们选为大使，带领使团前往米兰宫廷与皇帝交涉，要求恢复异教津贴，最主要的原因在于他的家学渊源、演说才能、过往经验以及官职所在。简而言之，他是个有头有脸、能在皇帝面前说得上话的人。从共和国到帝国，几乎所有大使的选择都参考了这套标准——派遣使团面见皇帝以解决问题，是罗马的中央权力统治幅员辽阔的帝国的惯用行政方式。[1] 因此，带领使团前往米兰与皇帝交涉并无法证明叙马库斯就是异教领袖。尽管在 385 年叙马库斯第二次带领使团前往米兰后，罗马又四次派出使团，试图说服皇帝恢复津贴，但叙马库斯再未参与此事。对他而言，异教祭司是否能够继续并没有儿子和女婿的仕途重要。而老弗拉维作为异教领袖的名声，则来源于阿奎利亚的鲁非努斯（Rufinus of Aquileia，即 Tyrannius Rufinus）笔下，在其对冷河战役（The Battle of the Frigidus）的描写中，老弗拉维被塑造成了使用羊肝占卜胜负、因神灵背叛而自尽的异教祭司，是尤吉尼厄斯（Flavius Eugenius）所代表的异教一方中的灵魂领袖。这段文字的真实

1　W. Eck, "Diplomacy as part of the administrative process in the Roman Empire", in *Diplomats and Diplomacy in the Roman World*, ed. Claudes Eilers (Leiden: Brill, 2009), pp. 193–208.

性几乎被卡梅隆彻底否定。他指出，老弗拉维之所以在 395 年和尤吉尼厄斯一起被"除名"（*abolitio memoriae*），是因为他政治立场上站错了队，而不是因为他是个所谓的"异教领袖"。冷河战役本身都无法被看作基督徒与异教徒之间的决战，也并没有如鲁非努斯宣称的那样，"彻底消灭了异教"。而波拉特克塔图斯更是早在 394 年就已经离世。除了著名的叙马库斯与安布罗斯的论战、鲁非努斯笔下的冷河战役，这种说法的另一个材料来源就是马克罗比乌斯（Macrobius Ambrosius Theodosius）的《农神节》（*Saturnalia*）。在这本书中，叙马库斯、波拉克特塔图斯、老弗拉维，以及其他几位同为异教徒的友人被马克罗比乌斯安排在农神节假期讨论异教的仪式。由此三人被看作异教复兴的领袖人物，"叙马库斯的圈子"（the circle of Symmachus）被看作是密谋异教复兴的领导团体。但与柏拉图的《理想国》、西塞罗的《共和国》一样，《农神节》中众人的发言只是被放进嘴里的，实质上是作者马克罗比乌斯的话。其讨论的主要内容，是维吉尔作品中早已废弃的古早异教传统。此外，这场谈话的时间被设定在了 382 年底，即格拉提安（Gratian）取消异教庄园津贴以前——马克罗比乌斯特地绕开了异教祭仪遭遇危机的年代。这就意味着，他不想将基督教与异教之争纳入讨论。在人物选择的标准上，马克罗比乌斯看中的几点分别是"异教徒""位高权重说话有分量""是现在同朝为官需要讨好的朋友们的祖辈"，与其是否是宗教领袖毫无关系。再者，即便"叙马库斯和他的朋友们"都曾担任异教祭司，但祭司的选择只看出身，与是否虔诚、是否狂热并无关系。甚至，根据叙马库斯的书信来看，老弗拉维和波拉特克塔图斯还总是因为不在罗马缺席各种宗教活动和会议。

所谓"异教"其实没有正经的党派团体。因为"异教"（paganism）并不是某一种宗教，而是基督徒对非基督教信仰者的称呼。卡梅隆在第一章就对 *paganus* 的词源进行了探究：*paganus* 是"他者"的意思。在本书的语境下，对"pagan"一词最准确的中文翻译应当是"非基督徒"。这个词真正能够界定的团体实际上只有基督徒。卡梅隆使用这个词很有一种反其道而行之的味道：提醒读者我们一直以来都在以基督教的视角去观察这群人。

从外部条件来看，4 世纪晚期的政治环境也并未对异教徒施加足够激起其反抗的压力。基督教政权并没有对异教徒施加毁灭性的打压政策，并不足以引起激烈的"反弹"。所有的禁令仅针对的是公开祭祀活动，从未对私人信仰进行过限制，更不曾有基督徒所遭受过的那些人身伤害。以狄奥多西一世在391、392年颁布的三条反异教的法令为例，尽管其被认为是激起冷河战役的导火索，但事实上，前两条法令（分别在391年2月发往罗马与392年6月发往亚历山大）只对公开祭祀以及进入庙宇进行了禁止。卡梅隆认为这不仅是早有先例的老生常谈，而且还是个别城市发生骚乱后，皇帝被动做出的、对官员上诉的回应，并不具有普适性。而被认为禁止了异教全部活动的392年11月的法令，是单独发给东部的禁卫军长官弗拉维·鲁非努斯（Flavius Rufinus）的，仅适用于鲁非努斯管辖下的东部省份，和尤吉尼厄斯治下的西部帝国并不相干，没有任何证据能够表明这项法令也被发往了西部。事实上，被认为是异教领袖的贵族和基督教领袖之间，也未因宗教问题发生过非常严重的对抗与冲突。被现代学者看重的叙马库斯与安布罗斯之间的辩论，似乎并未在当时的异教元老圈子之外激起很大的水花。例如，奥古斯丁当时就在罗马，也从来没将这场辩论作为异教与基督教之间的对决提及。卡梅隆认为这甚至无法被称为辩论——叙马库斯从来就没有对安布罗斯的论点做出过回应。而一些地方上的异教徒与基督徒之间的小型暴力冲突都是非官方授意的、发生在严格的基督教僧侣与异教民众之间的，不足以形成反抗力量与重大影响。此外，教会和皇帝在对待异教徒的态度上是不同的——对于皇帝来说，异教贵族不只是异教徒，更是手握实权的大地主大官僚，是需要拉拢和讨好的对象。不论格拉提安、瓦伦提安二世，还是狄奥多西，在驳回元老院恢复异教庄园津贴的申请后，都给予了异教贵族重要官职以作补偿。

此外，并没有强大的内在动力支持异教徒进行反抗。卡梅隆反驳了罗宾森（D.W.Robinson）和布洛赫提出的"东方宗教"（即除罗马国教以外的其他异教，卡梅隆沿用了"oriental cults"这个表达）是"异教复兴"的精神动力这一说法。[1] 尽管他承认，这些"东方宗教"能够比罗马国教更好地满足罗马人的精神需求，但并不能为所

---

[1] D. W. Robinson, "An analysis of the pagan revival of the late fourth century, with special reference to Symmachus", Vol. 46, *TAPA* (1915), 89; Bloch (1945).

谓 "异教复兴" 提供充足的精神动力。原因在于，这些教派的祭司职务和传教活动主要是以家族为单位运营的，很难向外扩展和传播。承担神职的贵族家族和宗教团体是命运共同体，一旦家族衰落，宗教团体也将解散，难以在社会上形成真正的影响力。

罗马异教贵族们最为看重的事情不是他们的精神世界，而是维持家族地位、发展仕途。因而顺应时代潮流、迎合米兰宫廷的宗教取向绝对是更好的选择。也就是说，皈依基督教反而有着充足的内在动力。在 4 世纪末基督教盛行的情况下，各类异教职务不再像帝国盛期那样标志着其所有者的高贵出身，而是意味着站在基督教的对立面，因此很容易招致麻烦、遭到基督教狂热分子的攻击。此外，这些宗教领袖的子女常不愿在父亲的职务履历（cursus honorum）上完整展示父亲宗教职务，因为父辈的异教背景也会为自己的仕途带来不良影响。异教徒们对局势有着清醒的认识。他们承认并安于异教 "大势已去" 的事实：在 383 年格拉提安移除胜利祭坛、废除祭祀津贴后，尽管异教元老六派使团，但并未对基督教提出攻击性的要求，其目的则是希望与基督教长期共存，为自己争取一隅生存空间。

在 "异教复兴" 的具体表现上，一些涉及世俗主题的文学、艺术作品以及属于异教徒的铭文都曾被看作是反抗基督教统治的手段。[1] 而卡梅隆则通过大量的文字和实物史料的分析提出，"文学复兴""艺术复兴" 等现象确实存在，然而这些 "运动" 是基督徒和异教徒共同参与的，而非异教的宣传攻势。在 4 世纪的罗马，古典文化（classical culture）是被异教徒和基督徒所共享的。比如在当时的观念中，不论是基督徒还是非基督徒，都更倾向于将 "古典文学" 看作 "世俗文学" 而非 "异教文学"。例如奥古斯丁也曾和朋友们一起阅读《埃涅阿斯纪》。卡梅隆还举了叙马库斯的岳父迈密乌斯·奥非图斯（Memmius Vitrasius Orfitus）的例子。奥非图斯是一名重要且活跃的异教徒，除了担任诸多神职，他还出资重建了一座阿波罗神庙。但奥非图斯被阿米阿努斯（Ammianus Marcellinus）评价为缺乏贵族应有的文学素养。很明显，这位

1　铭文：Bloch (1945), p. 211；文学：J. A. Jr. McGeachy, *Quintus Aurelius Symmachus and the Senatorial Aristocracy of the West* (Chicago, 1942), p. 153; A. Chastagnol, *Le sénat romain à l'époque impériale* (Paris, 1992), p. 336；艺术：Alföldi, p. 1976 (1990 年版)。

异教徒并不认为古典文化能对罗马的国教的宣传起到什么作用。此外，一些基督教贵族们还支持异教的诗人、文学家进行创作。例如异教徒阿鲁希雅努斯（Arusianus Messius）就将自己的著作献给了395年安尼西家族（the *Anicii*）的两位基督徒执政官。著名的诗人克劳迪安（Claudius Claudianus）也是异教徒，但他同时也是基督徒斯提里科（Flavius Stilicho）忠诚的门客。反而是基督徒擅长通过文学手段对异教徒进行回击，例如尤西庇乌斯（Eusebius）的《教会史》（*Ecclesiastical History*）及阿奎利亚的鲁非努斯对其的增补，*Carmen contra paganos*（*CCP*），*Carmen ad quondam senatorem*（*CAS*）等。因此如果从基督教文学入手观察这段历史，就很容易将异教徒放在与基督徒同等的心态上。但实际情况是，异教徒并没有基督徒那样传播教义和清除异己的热情。另一个例子是罗马的教育。罗马的传统教育被5世纪的基督教统治者沿用下去，其并没有创造出一种新的基督教的教育体系取而代之，这就说明了基督教统治者认为古典教育和异教之间并没有太多的关系，而是同样适用于基督徒的培养的。演说和修辞的技能更被认为是处理日常事务、入朝为官必备的技能。当"世俗的"（secular）和"异教的"（pagan）所表达的内涵开始混淆，不仅"异教何时终结"的问题就开始变得难以回答，而且异教复兴就会和文学复兴、艺术复兴的概念混淆、重合。当时的人们并未将古典文化与异教之间建立起特殊的联系。最后用一句话来总结作者的中心思想——4、5世纪初的基督教要占领的，本就是一座一攻即破的无主之城，断无必要将这段历史添油加醋成可歌可泣的英雄史诗。

卡梅隆的一大成功之处在于，通过对材料进行拷问，让人们对罗马帝国基督教化晚期的异教徒的认识从感性过渡到了理性。在驳斥"异教复兴"的论点过程中，他重新塑造了罗马帝国最后一个世纪的异教贵族的形象。在打碎了加诸他们身上的"传统文化、宗教、政治、艺术的无畏守护者"滤镜之后，卡梅隆还原出的是从共和国到帝国的罗马贵族经典形象：文人、祭司的身份之前，他们首先是傲慢的地主和追逐权力的官僚。他们受过良好教育，有一定经典文化基础，但绝大多数并不热衷且不从事文学创作，至多将一些文人纳为门客；他们因门第而获得神职，但更看重的是庄园财产和仕途。他们继承的是传统罗马贵族的价值观，是延续千年的罗马传统的一部分。即便其宣称基督徒身份的下一代，也依然是传统的罗马人。因此，罗马帝国时期各异教的神职是无法用基督教神职进行类比的——祭司只是异教贵族们众多身份中的一个，他们还拥有更重要的政治事业和家族生活。此外，卡梅隆还补充了异教（主要是罗马国教）的祭司遴选、仪式举行方式、异教徒的日常生活等内容，除佐证论点之外，也让4世纪末的异教徒贵族群体的形象更加真实。

卡梅隆还试图重新定义罗马帝国最后一百年中基督教化的节奏，打破此前节点化的认知。他成功证明了异教的消亡比传统认知中要到来得更早、更加悄无声息：异教祭祀津贴的取消使得异教最核心的部分，即公开祭祀，无法展开。事实上，罗马东部的公开祭祀在此时就已难见到了。402年以后，罗马就再没有卜鸟官（augur）、大祭司（pontifex）和十五人祭司团成员（quindecimvir）的名字流传下来了。异教的祭司团（priestly colleges）主持掌管的罗马国教的正式机构消失在5世纪到来之前。尽管祭司团从未被正式废除，但随着老一代死去，祭司无人担任，它也就逐渐消失了。5世纪基督教布道词以及法典中仍充斥着异教偶像、建筑物、节日等的抨击，这给人一种异教依然在罗马帝国的土地上繁荣兴盛的假象。但卡梅隆指出，这些布道预设的听众都是基督徒，目的在于防止新教徒思想"回潮"，重新沾染异教"恶习"。4世纪到6世纪，基督教会对异教徒的态度发生了很大的变化，从满足于取缔公开祭祀到反对观看游戏、拆除乡间塑像，以及禁止参与宴饮、庆祝新年，教会态度愈发严格苛刻。这一变化，反映了教会对"异教"（paganism）外延的扩展，其不再满足于仅对公开场合的异教活动进行打压，更将限制延伸至私人生活领域。这种变化是在前一个目标已经达成的前提下自然发生的——公开的异教已经消失了。异教贵族皈依基督教大多也是自愿而非被强制的，源自其维持家族地位、谋求仕途的需要。除个别的暴力事件外，罗马帝国基督教化的后期阶段基本上是以和平方式进行，呈现出一种渐进的态势。而这种渐进并不是基督教权威（皇帝、教会）有意识采取的措施，而是建立在双方力量此消彼长的基础之上。这种自然渐变的模式其实是非常经典的罗马政治制度变革模式，即在使用过程中随着需求变化不断进行逐步调整，从不追求一步到位。

但尽管卡梅隆不断强调异教消亡过程的渐进性，想要脱离教科书式的"节点"分割，他还是无法完全摆脱 383 年和 391—392 年等长期受到重视的"节点"所带来的影响——例如在讨论《农神节》一书谈话的时间设定上，他就着重强调了 382 年 12 月的农神节作为 383 年格拉提安取消异教津贴前的最后一个节日的意义，认为这是马克罗比乌斯选择这个时间点的主要原因。此外，在判断某位官员是否为基督徒时，卡梅隆很多时候还是会将 408 年禁止异教徒担任帝国官职的法案作为一个时间节点，尽管他自己也承认这项法令并没有被严格执行。但事实是，除了被无端赋予"异教的最后一役"称号的冷河战役之外，这些事件之所以被当作异教消亡过程中的节点，确实是有其深远意义的。格拉提安以没收异教庄园地产的方式，取消了异教的祭仪的财政供给。而由于罗马国教的传统是，宗教仪式必须在公共财政支持下举行公开的仪式，格拉提安的这一政策就对异教的消亡产生了决定性的影响。牺牲祭祀本就是异教最核心的内容，391 年和 392 年的法案在多地从法律层面上正式禁止了异教公开举行祭祀，尽管没有覆盖整个帝国，其对异教的打击也是可见一斑的。而禁止异教徒担任帝国官职的法令即便没有严格执行，然而但凡有官员希望仕途顺利、赢得皇帝青睐，都不会冒险继续公开承认自己的异教信仰。

卡梅隆在第四章提出的关于基督教和异教徒的类别划分，是用"渐进"模式研究个人信仰转变的例子。他认为，不应该在研究中简单将 4、5 世纪的罗马划分为基督徒和异教徒两个阵营，因为实际情况要复杂得多。例如一些贵族认同基督教教义，但不愿意和普通民众一起去教堂；一些人相信教义但依然遵循着异教文化下的民俗，参与异教庙宇前的宴饮活动；一些政治投机者跟随皇帝转变自己的信仰。但卡梅隆认为用"投机者""遵奉者""狂热分子""极端分子""不热心的"这些标签来定义对于每一个人来说是笼统的，因为每一个人皈依或不皈依的原因、过程、信念都不一样，是无法被标签化的。因此，卡梅隆自己做了一个五类的划分：坚定基督徒（committed Christians）——中间基督徒（center Christians）——不愿被归类者——中间异教徒（center pagans）——坚定异教徒（committed pagans）。这种划分的好处是，既能够让人意识到视角的差异，又足够宏大，以至于不会落入"贴标签"的圈套。想要辩证地、客观地处理材料，研究者首先要认识到材料提供者之间立场差。例如，不应当用教士（坚定基督徒）的标准，去衡量一个普通罗马公民的言行是否能证明其为一个基督徒——与神职人员相比，很多基督徒既不足够虔诚，也没有丰富的神学知识，甚至对基督教基本教义都一知半解，还遵循旧有民俗，但这些并不妨碍他成为一个基督徒。坚定基督徒在看待异教活动和异教官员的视角和中间基督徒肯定是有差别的。例如，单看批评异教活动塑像的教义，既不能证明当时社会上异教风行，也不能证明基督徒对异教徒充满敌意，只能证明基督教会内部有所警觉。但卡梅隆的这种过分宽松的标尺，除了对研究者示警以外，对描述当时罗马社会的基督教化程度与社会态度几乎无法起到任何作用。而且，这种过于简单的分类也无法准确地对当时异教徒和基督徒之间的关系进行定位。但反过来想，准确细分其实是无法做到的——除非建立连续的多维度坐标系，否则任何定性描述都无法准确涵盖到信仰的各个方面以及程度上的细微差别，反而更容易让研究者产生例如"某基督教狂热分子与某异教徒产生冲突，一定是因为宗教问题"的简单化幻想。因此我认为个体研究、传记研究是更加适合这一时期的。

以上几点，都是卡梅隆在突破原有研究模式后，为建立新的研究 4—5 世纪罗马帝国基督教化进程的框架所做出的努力。尽管卡梅隆对传统"异教复兴"理论的驳斥非常漂亮和彻底，但他所构想的新框架也难以完全脱离以往的研究模式的影响。正如卡梅隆本人所说，罗马帝国最后一个世纪的情况是非常复杂的，固定的框架几乎是建立不起来的。除开宗教问题以外，彼时的罗马帝国还存在着东西分裂中政治上的对立与站边、3 世纪危机带来的余波，以及家族之间的结盟与倾轧等一系列问题和矛盾，并非简单地用"基督教与异教的斗争"就可以解释一切。然而，这种矛盾简单化的倾向是可以理解的。特别是在古代史研究中，往往存在着史料匮乏且局限性强的问题，这一倾向常难以避免。特别是在对待被胜利者所主导的历史时，研究者尤其需要谨慎。此书所涉及的在罗马帝国最后一个世纪的基督教化问题上，大多数文字材料都来自基督教作品以及基督教皇权颁布的法令。卡梅隆在此书中举的最经典的例子就是阿奎利亚的鲁非努斯对冷河战役的描写。除了《反异教徒诗》（*Carmen contra paganos*），鲁非努斯几乎以一己之力塑造了现代学者认知中老弗拉维异教领袖的形象，将冷河战役描绘成了消灭异教的宗教大决战。而且鲁非努斯的作品还被同时代的包括奥古斯丁在内的数位作家借鉴，颇有"三人成虎"之势。

但导致矛盾简单化的最致命一步，还是研究的态度问题。若研究者自信地认为自己的结论是正确的，然后将一切似乎相关的东西作为论据，常会因急功近利而忽视文本隐含的其他信息。这种做法就有一点"碰瓷"的味道。强行解释、强行为自己的论点找证据反而容易过度解读、歪曲事件真相。忘记当时社会的主要矛盾，放大次要矛盾、以单一矛盾为中心是对历史的简化。这种问题在一定程度上可以通过广泛地搜集不同类型、不同立场的史料来解决。还是以冷河战役为例，卡梅隆就将目光投向了其他四篇没有受到足够重视的史料，并将其与鲁非努斯、奥古斯丁的记叙进行了仔细的对比，发现其中都没有狄奥多西在此役彻底消灭异教的说法。此外，卡梅隆还充分利用各类实物材料来突破文字史料的局限性。例如在考察基督徒数量与社会地位时，卡梅隆使用了 2 世纪早期到 5 世纪早期的石棺雕花统计数据。其中传统经典主题的石棺主人被分类为异教徒和少部分偏好传统文化的基督徒，《圣经》主题雕花的石棺主人被分类为基督徒。其中 270—330 年《圣经》主题石棺就有 540 个左右。鉴于使用大理石石棺包括给其定制雕花都是非常昂贵的，卡梅隆得出了基督徒在富有阶级中已经有了牢固地位的结论。这种研究方法非常新颖，而且在一定程度上可以让人们客观地看到整个富有阶层（但不是贵族）中基督徒和异教徒的数量对比，做到了贴标签的方法所不能及的定量研究。

在阅读此书的过程中，我感触颇深的另一点，是卡梅隆在论证的过程中悄然为我们展示的一个同时包含了罗马基督徒和异教徒的文化共同体。其上层部分就是真实的叙马库斯的圈子、马克罗比乌斯的圈子。4 世纪末 5 世纪初的基督徒和异教徒接受同样的教育，共同阅读维吉尔、西塞罗、撒路斯特。异教徒在写给基督徒文友的信中也可以顺畅地引经据典，绝不会担心对方读不懂。基督教平信徒在 5 世纪也继续为罗马传统的竞技游戏欢呼。马克罗比乌斯在写作《农神节》时，选用的谈话角色都是他现在的同僚朋友，即便一些人已经皈依了基督教，他们信奉异教的先祖也还将他们联系在一起。我们每一个人都是过去的后代，过去造就了现在的我们。回顾过去、温习历史其实是团结联系现在的圈层、建立现在的共同体的有效办法，我们中国人常说的"慎终追远，民德归厚矣"，也就是这个意思。人们之间的同与异是由观察的视角决定的。例如，在异教统治下的罗马产生的民俗、文学、艺术、建筑，也随着人们的血脉延续下来，成为中世纪基督教文化的一部分。在我看来，正是因为叙马库斯等异教徒们对"大势已去"的清醒认知，正是因为异教徒们的退让和妥协，这些古典文化的血脉才得以留存，否则会被更彻底地消灭。最后的异教徒们追求的目标是共存，从精神文化遗产的这个角度来看，他们成功了。这一成果同时也应归功于大多数不那么偏激和严格的基督徒，以及他们对罗马民俗的认同、参与和包容。也许"异教复兴"观点的产生和受到的认同，折射出了基督教和近现代观念中"为坚信的理念殉道"的想法。这种思维在一定程度上是超理性的。我认为将之比作核弹非常恰当——既蕴藏巨大力量，又容易酿成悲剧。在十字军东征、第二次世界大战以及冷战中，都能看到这种殉道者自信的影子。想要走出对一种思想过分自信带入的死胡同，如果不借助对超越的存在的敬畏——也就是说对无神论者们来说——寻求对他者的认同和共情也是一条出路。奋不顾身的殉道者精神固然充满力量，但包容多元、百川入海同样气势磅礴，远在罗马人建立帝国之前，波斯王居鲁士（Cyrus the Great）就用他的帝国证明了这个道理。所以文化多元造成的不一定是分裂，更有可能是统一。寻求文化共同体与民族团结，首先需要发掘更深层次的共同文化，建立不同群体之间的联系。共同体的建立主要取决于相同而非不同，因为差异是必然存在的。但在实际操作过程中，人们也需要为缩小差异做出努力，双方都需要做出或多或少的妥协。

（本文作者为北京大学历史学系硕士研究生）